소비자가 세상을 움직인다

- 소비자운동 · 소비자단체 -

소비자가 세상을 움직인다
- 소비자운동 · 소비자단체 -

찍은날 초판 1쇄 2007년 8월 24일
펴낸날 초판 1쇄 2007년 8월 31일

지은이 김시월
펴낸이 오 명

펴낸곳 건국대학교출판부
등록 : 제4-3호(1971. 6. 21.)
주소 : 143-701, 서울시 광진구 화양동 1번지
전화 : (02) 450-3891~3 팩스 / (02) 457-7202
홈페이지 : http://press.konkuk.ac.kr
전자우편 : press@konkuk.ac.kr

책임편집 임경희
찍 은 곳 (주)동화인쇄

값 16,000원

ISBN 978-89-7107-471-8 93330

(이 도서의 국립중앙도서관 출판시도서목록(CIP)은 e-CIP 홈페이지(www.nl.go.kr/cip.php)에서 이용하실 수 있습니다.(CIP제어번호:CIP2007002557)

소 비 자 가 세 상 을 움 직 인 다

– 소비자운동 · 소비자단체 –

김시월 지음

건국대학교 출판부

머리말

"우리나라의 대통령 후보자 중에서 소비자운동가는 왜 없을까요?"

소비자에 대해 관심을 갖고 늘 생각하는 저자는 이러한 의문을 갖고 있습니다.

미국의 소비자운동가이면서 대통령 후보자인 랄프 네이더는 일찍이 소비자운동에 관심을 갖게 된 계기가 남다릅니다. 법학을 전공한 젊은 변호사인 랄프 네이더는 1965년 당시 31세 무명의 변호사로, 국가예산에 버금가는 판매고를 올리던 미국 자동차업계의 거인인 제너럴모터스(GM)사에 정면으로 도전장을 냈습니다. 미국 자동차 사고의 주된 원인은 운전자의 부주의보다는 자동차 구조와 설계에 그 원인이 있다고 지적한 책 『어떤 속도에서도 안전하지 않다(*Unsafe at any speed*)』를 발간한 것입니다. 네이더는 미국의 승용차들이 갖고 있는 성능과 구조상의 결함을 지적하고, 특히 인기 절정이던 GM사의 소형승용차 코베어(Corvair)의 문제점을 낱낱이 지적하면서 자동차 생산업자를 '대규모 절도단'이라고 신랄하게 비판하였습니다. 미국 소비자를 위해서 행동하는 소비자운동가인 랄프 네이더의 활동과 철학은 이때부터 시작되었습니다.

랄프 네이더는 GM사와의 소송에서 발생한 기금으로 소비자운동 기금을 조성하여 미국 전역의 각 대학에서 특강 및 강연을 통해 젊은 소비자운동가(네이더 돌격대 Nader's Raiders)를 양성하였으며, 또한 소비자운동이 모든 국민에게 자리 잡도록 대통령후보자로 참여하고 있습니다. 물론 랄프 네이더도 미국인들에게 큰 영향력 있는 대통령 후보로서 인식되지는 못합니다. 그러나 늘 영향력 있는 소비자로서 인식되길 바라는 그의 운동이 몇 년마다 한 번씩 계속되고 있다는 데에 주목할 필요가 있습니다.

외국의 소비자운동 선봉자를 보면서 우리 모두 소비자, 소비자운동, 소비자단체에 대하여 진지하게 생각해 볼 필요가 있습니다. 특히 소비자가 보호받는 수동적인 역할에서 벗어나 스스로 자립하기 위하여 소비자교육을 선택하고, 소비자정보 활용에 능동적인 역할이 요구되는 이 시대에는 소비자운동가의 삶을 재조명하고, 소비자운동과 소비자단체에 대해서 재조명할 필요가 있습니다.

각 국가는 처해진 상황과 환경에 따라 그 나라 소비자운동의 역사, 배경, 특성, 그리고 현황 등이 다양합니다. 또한 이를 대변하는 소비자단체도 여러 활동 분야, 사회에서 끼치는 영향력 등이 다릅니다.

일본의 소비자단체는 일찍이 소비자운동을 시작하여 적극적인 활성화 단계를 거쳐 현재는 조용하고 미미한 활동을 하는 것으로 보이지만 새로운 NPO와 더불어 꾸준한 소비자운동을 펼치고 있으며, 우리나라의 경우는 이제야 활발하고도 기운찬 소비자운동을 펼치고 있습니다. 이는 국민성과도 관계가 있지만, 소비자단체의 지위 · 특성, 사회 조성 여건 등에서 심도 있게 그 사회와 관련성이 있습니다.

이 책은 각 국가의 처해진 상황에 따라 다른 소비자운동과 소비자단체를 가까운 지리적인 특성만으로 일본과 비교하고 분석하였습니다. 따라서 이것이 이 책의 제한점이 될 수 있으나, 반대로 이를 통해 각 나라의 환경에 따라 소비자운동 및 소비자단체의 특성이 다르다는 점을 시사하고자 하였습니다.

2002년 저자가 해외파견교수로서 일본에서 지내면서 무수히 방문했던 소비자단체, 신흥 NPO, 국민생활센터, 도쿄 소비생활센터, 요코하마 소비생활센터, 요코하마 시청, 요코하마 소비생활조례회의, 홋카이도 소비생활센터, 삿포로 소비생활센터, 소비자 관련 기관(ACAP, 소비자상담사연합회), 소비자교육지원센터, 그리고 기업(마쯔시다, 파나소닉, 다이에이, 선토리, 다이이치 생명 등), 금융중앙위원회의 소비자교육실행심포지엄, 소비자교육학회를 비롯한 각종 관련 학회, 국민생활센터포럼, 내각부 포럼, NPO단체의 심포지엄, 소비자교육 관련 방학연수(국민생활센터 시험부), 다중채무 관련 연구회 등의 전문가 면접 및 견학, 강연 및 토론이 이 책을 서술하는 데 많은 도움이 되었습니다.

또한 이전에는 소비자운동 및 소비자단체와 관련된 소비자학 측면의 저서가 없었으므로 체계적으로 집약해 보고자 한 것이 궁극적인 목적이었습니다. 따라서 새로운 이론보다는 현황 중심으로 정리・분석하였습니다. 아직은 부족한 면이 많습니다만, 공부하는 자세로 더욱 보완해 갈 생각입니다.

끝으로 이 책의 집필을 물심양면으로 도와준 연구실의 노영래, 김유진 선생님, 김미리, 김혜연 대학원생들과 건국대학교출판부의 관계자 여러분께 진심으로 감사를 드립니다.

2007년 8월

김시월

차 례

1 고도 소비사회에서 소비자문제

제1장 고도 소비사회로의 변화
제2장 고도 소비사회와 소비자문제

>>>주요용어

고도 소비사회 대중소비사회 소비자문제 소비자운동

소비자운동 및 소비자주의는 그 출발점이 소비자문제다.

이 소비자문제는 대중소비사회, 고도의 소비사회와 관련이 깊다. 소비자는 살아가기 위해서 생활에 필요한 다양한 물품이나 서비스를 조달하지 않으면 안 된다. 과거의 자급자족 단계에서 생활용품의 조달은 소비자 스스로에 의해 이루어졌고, 그것이 생활에 유용한지의 여부는 사실상 경험을 통해서 습득되어 갔다.

그러나 고도의 경제성장기를 지나서 현재 21세기에는 다양한 상품과 서비스 시장이 국제화되었다. 즉, 대량생산된 다양한 생활용품이 대중에 의해서 대량으로 소비되는 이른바 고도의 대중소비시대 도래를 지나, 생산이나 유통구조도 복잡다단해지고 생활용품의 유통을 촉진시키는 다양한 방법이 전개되어 생산에서 소비까지의 단계가 더욱 복잡하게 되었다.

현대는 유통구조의 복잡화 및 시장의 다양성을 특징으로 한다.

이러한 고도의 소비사회는 바로 소비자문제를 재양산하고 있다. 이에 제1부에서는 소비자문제와 소비자운동의 관련성 접근을 위하여 소비사회로의 변화와 소비자문제의 대두에 대하여 살펴보고자 한다.

제1장

고도 소비사회로의 변화

1. 소비사회의 변화과정

일반적으로 우리는 자본주의사회, 시민사회, 계급사회, 대중사회, 산업사회라는 말을 자주 언급하고 사용하여 왔다. 그러나 사회 변화에 따라 탈공업사회, 정보사회, 지식사회, 관리사회, 제로섬사회, 성숙사회, 고령화사회, 여가사회 등의 다양한 용어도 사용하였다. 이 중에서 소비사회는 비교적 최근에 나타난 용어라고 할 수 있다. 소비는 인간행동에서 가장 우선적이고 기본적인 것이지만, 어찌 보면 사회의 일부를 구성하는 하나의 요소에 불과하다고 볼 수 있다.

그러나 현대에는 소비가 일부가 아니라 사회 전체의 존재 방법·변화 등과 밀접하게 관련되어 있으며, 소비사회라는 말에는 많은 뜻이 내포되어 있다. 소비사회라는 단어는 1980년대 이후 세계적으로 널리 사용하게 되었으며, 영어권에서 '소비사회'를 나타내는 단어는 'Consumer

Society'이다. 저명한 경제학자인 갈브레이드(Galbraith)는 1984년에 출간한 『풍요로운 사회』의 제4판 서문에서 "소비가 문화적 기반 위에 존재한다는 것은 지금은 대부분의 경제학자가 동의할 것이다. 좀 더 광범위하게 보는 사람들은 소비자사회를 운운하고 있다. 이 단어는 본 저서가 처음 쓰여졌던 시기에는 일반적으로 사용되었던 것은 아니었다……."고 하였다.

사실 1950년대에도 이미 'Consumer Society'라는 단어가 사용된 예가 있었지만(Potter, 1954), 갈브레이드의 이러한 서술과 1960년대 후반부터 1970년대에 이 단어를 사용한 저서가 나타난 것(Jones, 1965 ; Hirst and Reekie, 1977)을 보면, 미국을 비롯한 영어권에서는 1970년대에 소비사회가 일반화된 것으로 추측된다.

따라서 1980년대 이후는 소비와 관련된 연구가 다양하게 이루어졌을 뿐만 아니라 이 단어가 빈번하게 사용되었다. 예를 들면, 이것과 유사한 단어로 미국의 경제학자 로스토우(Rostow)는 '고도대중소비시대(high-mass-consumption age)'라는 단어를 사용하였고, 미국의 경제심리학자인 카토나(Katona)는 『대중소비사회(*Mass Consumption Society*)』라는 저서를 남겼다.

일본에서는 처음에 카토나가 사용한 '대중소비사회'가 자주 사용되었지만, 1970년대 이후에는 이 단어보다 부어스틴(Boorstin)의 저서 『미국인』에 등장하는 'Consumption Communities'라는 단어가 '소비사회'로 번역된 적도 있었다고 한다(間々田孝夫, 2001).

여기에 프랑스의 사회학자 장 보들리야르(Baudrillard, 1970)의 저서 『소비사회의 신화와 구조』가 일본에서 번역되어 소비론이 사회적으로 붐을 이루었을 무렵부터 이 단어를 자주 사용하게 되었다. 이에 오늘날은 전문사전을 보지 않고 언어사전에서도 자주 취급되는 용어가 되었다.

'소비사회'라는 말은 프랑스어로는 'societe de consommation', 독일어로는 'Konsumsgesellschaft'(Tanner et al, 1998)이고, 한국어와 일본어

에서는 공통으로 '소비+사회'이며, 영어에서는 '소비자+사회'로 되어 있으나, 실질적인 의미는 거의 같다. 즉, 영어에서는 Consumer Society 이지만, 이것과 공통의 내용을 포함한 Consumerism(소비주의), Consumer Culture(소비문화)라는 용어와 함께 자주 사용되고 있다.

우리나라에서는 1980년대부터 장 보들리야르의 소비문화, 소비사회 관련 책, 그리고 대학에서의 소비자 및 소비 전문 관련학과의 대두 및 교육 등이 등장하여 오늘날에 이르고 있으며, '소비사회'는 이제 친숙한 용어가 되었다고 볼 수 있다.

그러면, 소비사회는 언제부터 출현했는가?

소비사회의 성립기는 좀 더 이전에서도 찾아볼 수 있다.

예를 들면, 윌리엄스(Williams, 1982)는 『꿈의 소비혁명』에서 19세기 후반부터 제1차 세계대전까지의 프랑스에서는 '소비혁명', 즉 대량소비시대로의 이행이 발생했다는 논리를 펼쳤다. 이 시기는 만국박람회 개최, 백화점 출현, 영화 보급 등으로 인하여, 소비자들은 소비에 둘러싸여 관심을 갖게 되었다. 또한 공업기술의 발전과 더불어 생존에 필요한 수준을 넘어선 소비가 대중적인 규모로 가능하게 되었다고 생각했다.

맥켄드릭 등(McKendric et al.)은 『소비사회의 탄생』에서 18세기 영국에서는 매년 패션이 변화하는 경향이 나타난 점, 도자기의 소비 붐이 일어난 점, 신문광고가 나타나게 된 점 등에서 산업혁명과 버금가는 '소비혁명'이 일어났다고 생각했다. 또한 서스크(Thirsk)는 17세기 영국에서 이미 여러 가지 공업제품이 대중화되어 생산되었고, 산업혁명 이전에 광범위한 대중소비시장이 성립되었다고 제시하였다.

맥크라켄(McCracken)은 16세기 말, 엘리자베스 1세 시대의 영국에서 '거대한 소비 붐'이 일어났음을 지적하였는데, 전통적인 소비스타일에서 신비로움과 개인의 자기과시를 추구하는 소비로의 커다란 변화가 일어난 점을 지적하였다.

이상은 소비재나 소비행동의 실태를 중심으로 소비사회를 분석한 것이나, 이와는 달리 소비자의 정신적인 존재에 눈을 돌린 연구도 있다.

예를 들면, 무커지(Mukerji)는 유럽에서 산업혁명과 자본주의의 발전으로 앞선 소비주의적 문화가 발생하고, 막스 베버가 금욕적 윤리를 습관화 한다고 상정한 프로테스탄트의 사이에서, 소비주의적 요소가 발전할 수 있었다고 주장했다. 또한 캠벨(Campbell)은 근대산업사회는 베버가 제시한 금욕적 직업윤리만이 아니라 소비주의적인 윤리가 성립되고 나서 그 발전이 가능하였다고 주장하였다. 그리고 직업윤리의 근원이 프로테스탄티즘(Protestantism)이라면, 소비주의의 근원은 18세기 말부터 19세기에 걸쳐 이루어졌던 낭만주의의 사상운동이라고 생각했다.

이와 같이 소비사회의 발달사에 관한 연구는 여러 가지 사실을 명확하게 하고, 대중소비시장의 발달이나 소비주의적 생활양식이 생각외로 오랜 역사를 지니고 있음을 시사하고 있다. 즉, 16~19세기의 서구근대사회에서 소비사회의 요소가 점차 출현해 왔음을 알 수 있다. 사실 그 당시의 소비 확대는 대중적인 규모는 아니었고 극히 범위가 국한되었으며, 소비주의 가치관이 대중적인 규모로 넓혀지지는 못했다. 따라서 소비사회의 성립이라기보다는 소비사회가 움트기 시작한 '발아기'로 보인다.

초기의 소비사회는 고도의 생산단계에 도달한 산업시스템에서 '물건=상품' 체계의 확대와 소비자 욕구흐름의 다양화 물결이 점차 일어나고 있는 상황이라고 볼 수 있다. 이러한 과잉 공급된 상품과 소비자의 욕구가 범람하는 측면은 종래에 기능적인 필요에 의해 상품이 필요하다는 상품의 기능적·감각적 의미를 초월하여, 상품의 논리에 따라 발생하는 새로운 유랑적인 감각의 세계가 도래하게 되었다(間々田孝夫, 2001).

소비사회는 단순한 대량소비의 시대가 아니라, 생성하고 소멸하는 다양한 상품의 보다 확대된 과정에 의해 특징 지워진 것으로 마치, 디자인·상품의 논리에 의해 규정되는 '초기능적 상품'이 범람하는 시대라고 할 수 있다(内田, 1987). 즉, 대량생산된 소비재가 필수불가결한 일용품이나 편리한 생활 도구가 되는 단계를 지나, 목적은 불확실한 면이 있지만 좀 더 소비의 즐거움과 관련된 요소가 많이 첨가되는 시대로 추측할 수 있다.

1920년대부터 1950년대까지 미국은 질보다는 양적으로 소비수준이 상승되는 시기였다. 획일적인 대량생산에서 다품종 소량생산으로 바뀐 시기는 1970년대 후반에서 1980년대 이후라고 본다. 즉 서구의 1950년대, 1960년대와 같이 대량생산되는 시기가 아니라 상품이 다품종화되고 소비의 상징주의적인 측면이 강해진 시기라고 볼 수 있다.

그러나 이와 같은 구별이 과연 타당하고 가능한가? 이러한 의미에서 사실, 소비사회는 질적으로 급격한 차이를 보이는 사회인가? 등에 대하여 신중하게 검토할 필요가 있다. 이러한 구체적인 이미지를 역사 속에서 찾아본다면 많은 사람들이 공유하고 동의하는 1950년대의 미국에서 찾아볼 수 있다.

1950년대 미국은 문자 그대로 'Good Old Days' 아메리카, 즉 세계에서 가장 부유하고 군사적으로도 세계 최강의 강대국으로(佐伯章一, 1997), 타의 추종을 불허하는 세계 제1위의 경제대국이었다. 경제의 호조, 대중적 규모에서 높은 소득수준을 실현하고, 충만한 의식주 생활, 자동차나 가전제품으로 자동화된 편리한 생활, 스포츠, 여행, 취미 등에도 금전 투자가 가능한 풍요로운 생활을 구가하였다.

1960년경 미국 내의 전체 세대 중에서 자동차 보급률은 75%였고, 전기냉장고 90%, 세탁기 73%, 청소기 73%, 텔레비전 87%, 수세식 화장실은 87%에 달하였다(Legergott, 1993)고 한다. 이미 이 시기에 가정의 기본적인 기계화는 어느 정도 완료단계에 이르렀다고 볼 수 있다.

그러나 빈곤층 문제는 잔존한 채, GNP의 급격한 상승, 풍요로운 생활을 영위하는 인구비율의 증가, 유례 없는 번영을 이룬 것 또한 그 시기의 미국이었다. 이러한 번영은 미국 내 연구자들 스스로 '풍요로운 사회', '대중소비사회'로 불렀으며, 높은 수준의 소비가 바로 실현된 시대로서 자각되었다. 이러한 소비생활을 지탱하기 위하여 공장은 대량생산 시스템을 확립하고, 유통은 합리화되었으며, 슈퍼마켓이나 쇼핑센터라는 새로운 장소가 눈에 띄게 증가하였다. 또한 광고나 마케팅 활동은 괄목할 정도로 발달하고, 결재수단으로서 신용카드 보급도 점차 진전되었다. 바야흐로 대량생산을 지지하는 여러 가지 사회구조의 변화가 도래한 것이다.

그러나 한편으로는 낭비적인 소비가 눈에 띄기 시작하여 소비자문제가 빈발하고, 사회적 소비(공원, 공공시설, 사회복지 등)와 사적 소비의 불균형이 지적되었던 것도 바로 이 시기이다. 더욱이 1960년대에 이르러 공해문제나 환경문제가 현저해지고, 소비주의적 생활양식에서 이탈하려는 '카운터 컬처(Counter Culture)'운동이 활발하게 나타났다. 소비사회의 부정적 측면인 소비자문제가 서서히 주목되기 시작한 시기도 바로 이 무렵이었다.

일반적으로 소비사회의 세 가지 요소는 다음과 같다.

첫째, 소비사회는 외면적으로 높은 수준의 소비가 이루어지는 사회이어야 한다. 여기에서 높은 수준은 건강과 안전을 기본적으로 유지할 정도의 생활에서 벗어나 여유로운 생활이 실현되고, 어느 정도 이상의 여유 · 사치 · 즐거움이 가능한 수준을 의미한다.

둘째, 소비사회에서는 소비자들이 소비에 대해 지금까지보다 더 몰입하고 열정적인 특징을 보인다.

셋째, 소비자들은 소비에 대해 높은 관심을 보이며, 소비 그 자체에 보다 더 높은 가치를 둔다.

소비사회에서는 소비자의 욕망이 팽배해지고, 다음에 무엇을 구매할 것인가 하는 구매에 강한 관심을 지니며, 소비과정에서 즐거움을 만끽하며, 소비자에 따라서는 소비를 자신의 정체성과 개성 표출의 수단으로 생각한다. 소비는 항상 의식에 다가가는 중요한 행위 자체이며, 생활 전체에서 큰 비중을 점유한다.

이와 같은 내면적 특징과 외면적 특징, 즉 소비에 대한 강한 관심과 높은 수준의 소비는 서로 밀접한 관계가 있다. 높은 소비 수준이 가능하게 된 것에서부터 소비에 대한 강한 관심, 여러 가지 주관적 의미를 보여주는 것, 그와는 반대로 이와 같은 강한 관심을 지니고 주관적 의미를 보이는 것이야말로 높은 수준의 소비를 행하는 것이다.

소비사회에서는 이를 실현하기 위해 행정, 생산현장, 유통, 수송 등 여러 가지 측면에서 이에 부응하고 걸맞는 사회조직이 필요하다. 또한 소비사회는 이러한 과정에서 여러 가지 문제를 내포하고 있다.

이처럼 소비사회는 외면적으로는 높은 수준의 소비, 내면적으로는 소비에 대한 강한 관심, 사회적으로는 여러 가지 사회조직이나 사회적 영향을 내포하고 있다.

이상의 세 가지 요소는 각기 '소비사회의 물질적 요소', '소비사회의 정신적 요소', '소비사회의 사회적 요소'라고 할 수 있다.

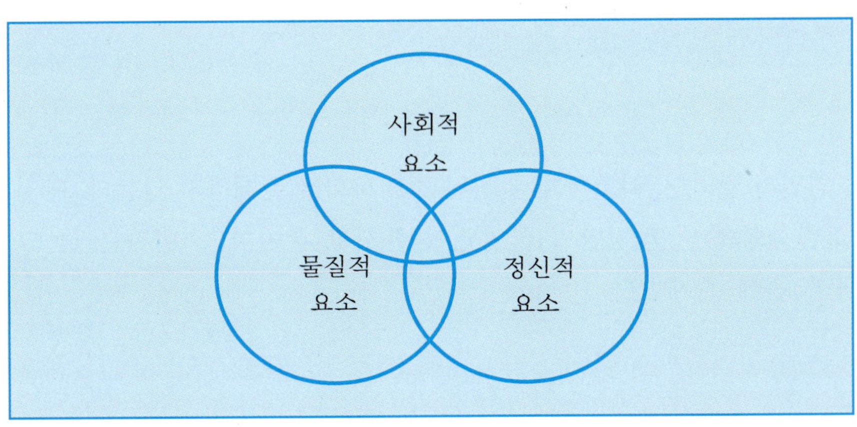

그림 1-1 소비사회의 3요소

표 1-1 소비사회의 구성요소

소비사회의 정신적 요소	· 물질적 욕망추구에 대한 긍정적 태도 · 구매나 소비행동을 오락적으로 즐기는 경향 · 끝없이 새로운 스타일의 소비재를 추구하려는 경향 · 소비재로 타인과 자신 간에 차별화를 꾀하는 경향 · 물질적 풍요로움의 실현으로 목표상실이나 권태감 발생
소비사회의 물질적 요소	· 대량생산으로 인한 소비재 보급 · (자가생산이 아니라) 시장을 통해 공급된 재화의 증대 · 대중적 규모에서 최저생활수준 확보 · 내구소비재의 보급 · 서비스소비나 레저소비의 확대 · 다품종 소량생산화 진전
소비사회의 사회적 요소	· 대량생산체제의 확립 · 대량유통시스템의 성립 · 마케팅 수단의 발달 · 소비자신용 발달이나 지불수단의 다양화 · 소비자문제 발생과 소비자운동 발전 · 소비로 인한 환경문제 심각화 · 소비자의 병리현상 발생 · 소비자범죄 증가 · 소비의 국제적 경향 증대

엄밀히 말하면, 확고하게 완성된 소비사회는 존재하지 않는다. 단지 '소비사회화'의 과정만이 끊임없이 존재할 뿐이며, 소비자는 늘 그 과정 속에 존재한다.

2. 고도 소비사회의 특성

고도 소비사회는 앞에서도 언급했듯이 소비자의 소비 증가, 다양한 상품 및 서비스 증가, 그리고 소비중심의 사회 구조적 변화를 의미한다. 이러한 소비중심 사회에서 이를 뒷받침하기 위하여 생산·유통 과정에서 다양한 방법의 확대 및 확장이 이루어져 왔다. 그러나 이것은 오히려 소비자문제의 발생을 촉진시킨 계기라고 볼 수 있다.

사실, 시장경제가 지금처럼 발달하기 전인 자급자족 단계에서는 소비자 스스로가 생활용품을 조달하였고, 그것이 유용한가와 관련된 지식은 살아가면서 다양하고 많은 경험을 통해 습득되었다. 20세기 초부터 생활용품 시장이 점차 거대한 상품시장화되었고, 관련 상품의 조달도 이 시장을 통해서 이루어졌다. 특히 일본의 경우, 1960년대 후반부터 고도 경제성장기에 접어들면서 시장 개발의 물결은 국내 도시를 초월하여 농촌, 그리고 해외시장에까지 이르게 되었다.

이를 가정 중심으로 살펴보면, 신가전제품(세탁기, 텔레비전, 냉장고)과 3C(자동차, 컬러텔레비전, 선풍기)로 상징되는 관련 전자제품의 수요가 증가되었고, 가계소득의 증가와 더불어 기성복, 조리식품, 플라스틱 및 신건축재료, IC제품 등의 공급 증가로 인하여 급격히 관련 시장이 확장되었다. 대량생산된 다양한 제품이 대중에 의해 대량으로 소비되는 이른바 고도 대중소비사회가 도래하게 된 것이다.

생활용품을 공급하는 생산자는 이것을 판매업자에게 인도하며, 생활용품의 수요자인 소비자는 판매업자로부터 구입하게 된다. 특히 이의 접촉점이 생활용품 시장이고, 소위 수요와 공급의 균형, 즉 수급관계의 균형이 깨지는 곳도 바로 이곳이다. 생활용품 관련 시장에서는 제품만 흘러가는 것이 아니라, 제품 뒤에는 반드시 그 대금의 흐름이 존재하고 있다. 소비자가 제품을 구입하고 지불하는 대금은 판매업자의 판매액이고, 생산자는 판매업자의 이익인 중간경비를 제외한 나머지를 소비자로부터 얻게 된다.

따라서 생산자와 판매업자가 내놓는 상품과 서비스는 무엇보다 소비자의 취향에 맞고 소비자의 요구에 부응해야 한다. 즉, 소비자의 심리, 기호 및 트렌드에 맞지 않는다면 그 제품은 판매고가 극히 낮아지고 대금의 회수 또한 원만하지 않을 것이다. 대금을 회수할 수 없다면 생산비용이나 이윤의 확보도 불가능하므로 생산 및 판매는 언젠가 중단될 수 있다.

소비자는 정치권에서만이 아니라, 날마다 생활을 위하여 화폐나 신용을 중심으로 기업이 내놓는 상품, 서비스를 선택하여 화폐를 지불하고 투표를 행사하는 화폐투표자이다. 그러므로 소비자의 이러한 화폐투표 기능은 기업의 이윤 증대 및 기업 경쟁적인 요소가 되므로 중요하다.

소비자는 스스로 구입한 상품과 서비스에 의해 만족감과 상품의 효과가 발휘되기를 기대한다. 그러한 수단으로 대금을 지불하므로 대금을 지불했음에도 불구하고 상품과 서비스로부터 적당한 효과가 획득되지 않거나, 역으로 피해를 입을 경우에는 문제가 발생한다. 이러한 문제를 소비자문제라고 하며, 소비자문제에 의해 발생하는 피해를 소비자피해라고 한다.

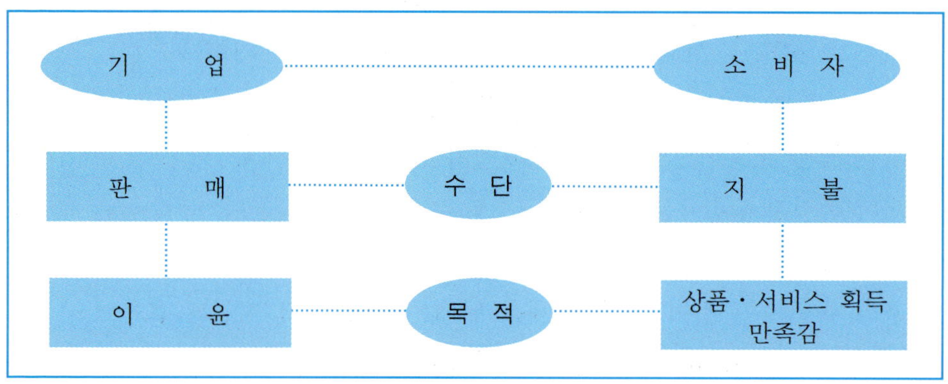

그림 1-2 기업과 소비자의 관계

또한 시장 측면에서 보면, 공급자와 수요자의 입장은 상반된다. 생산자나 판매업자 입장에서는 대금 회수가 목적이고 판매는 수단이지만, 소비자 입장에서 보면 생활용품의 획득이 목적이고 대금 지불은 수단이라고 할 수 있다. 따라서 이러한 소비자와 기업의 입장이 생활용품 시장에서 차이를 발생시킬 때 소비자문제가 발생하게 된다.

그다지 생활에 유용하지 않은 생활용품을 제공하는 생산자나 판매업자가 소비자의 합리적인 선택으로 인해 구축되는 조절기능이 자율적으로 움직일 수 있다면, 소비자문제 해결은 이 자동조절기능에 위임해야만 할 것이다. 그러나 이러한 자동조절기능은 공급자와 수요자가 대등한 입장에서 서로 상대방을 충분히 알고 있다는 완전경쟁시장을 전제로 하고 있다.

그러나 생산자나 판매업자가 독점적 행위나 관리 상태에 의해 소비자보다 우위에 있고, 생활용품의 소재, 판매 방법에 관한 정보가 충분히 게시되어 있지 않으므로 소비자는 객관적으로 유용한 제품을 스스로 선택할 수 없게 된다. 특히 우리나라에서 대중소비사회로 돌입한 시기가 일반적으로 1970년대인 점을 감안한다면 일본과 차이점이 있음을 알 수 있다.

기술혁신의 성과로 인한 다양한 제품 개발 및 생산뿐만이 아니라, 소비자에게 제품 및 서비스를 구매하도록, 즉 소비자에게 소비를 촉진하도록 쉽게 접근하기 위한 다양한 방안의 고안 및 보급 확대가 동반된다. 고도화된 소비촉진 마케팅 전략, 사회적인 소비확대 분위기 조성, 그리고 소비의 상징적인 표현주의 추구의 사회 전반화 등이 바로 이러한 예이다.

법원, 국내 첫 '담배소송' KT&G 손들어줘

국내 최초의 '담배소송'에서 법원이 KT&G(옛 담배인삼공사)의 손을 들어줬다. 25일 폐암 환자와 가족들이 KT&G와 국가를 상대로 낸 손해배상 청구소송에서 "폐암·후두암이 흡연으로 인한 것이라는 점을 인정할 증거가 없다."는 이유로 패소했다. 서울중앙지법 민사합의 13부(조○○ 부장판사)는 이날 김모 씨 등 폐암 환자와 가족 31명이 "흡연으로 인한 폐암 발병으로 정신적 고통을 입었다."며 낸 소송과 김모 씨 등 5명이 같은 취지로 낸 소송 등 2건에 대해 모두 원고 패소를 판결했다.

재판부는 판결문에서 "원고들은 장기간 흡연과 폐암이라는 공통점을 갖고 있지만 피고가 제조·판매한 담배에 제조상·설계상·표시상 결함이 있었다는 것을 인정할 증거가 없고 원고들의 질병이 피고가 판매한 담배 흡연으로 인한 것이라는 점을 인정할 증거가 없다."고 밝혔다. 이어 "'역학적 인과관계'는 집단을 대상으로 하여 다른 요인들이 모두 같다는 가정 아래 추출한 특정 요인과 질병 사이의 통계적 관련성이므로 이를 특정 개인의 구체적 질병 발생의 원인을 규명하는 개별적 인과관계에 직접 적용하기 어렵다."고 설명했다.

재판부는 또 "원고들의 발병이 니코틴 의존성으로 인한 부득이한 발병이라는 점을 인정할 증거가 없고 기타 불법행위에 대해서도 피고 측에게 책임이 있다는 원고들의 주장을 인정할 증거가 없다."고 덧붙였다. 특히 "역학적 관련성만으로 이 사건 폐암 발병과 흡연 사이의 개별적 인과관계를 인정할 수는 없고 제조물책임 소송이나 공해 소송에서의 '입증책임 완화' 법리가 적용될 수 있는 사안도 아니므로 이 사건에서는 인과관계를 직접 입증할 책임이 원고들에게 있는데 이를 입증하지 못했다."고 강조했다.

판결 직후 원고측 소송대리인인 배○○ 변호사는 "항소하겠다."는 뜻을 밝혀 '담배의 유해성'과 '흡연과 폐암의 인과관계'를 둘러싼 공방은 항소심에서 재연될 전망이다. 한편 김씨 등이 지난 1999년 12월 "30년 이상의 흡연으로 폐암이 유발됐으며 KT&G는 불충분한 경고 등으로 인해 국민의 생명·신체를 보호할 의무를 이행하지 않았다."며 3억 700만원의 배상을 요구하면서 시작된 담배소송은 원·피고측 공방이 치열하게 펼쳐지며 7년 넘게 진행돼 왔다.

－대전일보(2007. 1. 29)

美 항소법원, 담배회사 짐 일부 덜어줘

'스콧 판결'로 불리는 루이지애나 담배 소송의 항소심에서 법원이 담배회사에게 일부 유리한 판결을 내렸다. 8일 블룸버그통신에 따르면 뉴올리언스 항소법원은 지난 2003년 배심원들이 "담배회사는 흡연자의 금연 프로그램 지원을 위해 5억 9,000만 달러를 지급해 펀드를 조성해야 한다."고 판결한 것에 대해 프로그램의 대상자를 1988년 이전부터 담배를 피우기 시작한 사람으로 한정해야 한다고 한 발 후퇴했다.

재판부는 주정부가 제조물책임법(PL)을 제정한 1988년 이후 흡연자들은 금연 프로그램 지원 대상에서 제외한다고 설명했다. 재판부는 이와 함께 2003년 당시 배심원들이 인정한 담배의 유해 효과 중 반 정도만 인정하고 나머지에 대해서는 예심 법정으로 되돌려 보냈다.

1996년 처음 소송이 제기된 뒤 시간을 끌다 배심원들은 "필립모리스와 레이놀즈 등 메이저 담배회사는 흡연자들의 금연 지원을 위해 니코틴껌, 패치 개발과 금연 교육을 위해 5억 9,000만 달러를 지급하라."고 판결했지만 담배 회사들은 항소 법원에 재심을 요청했었다. 필립모리스와 알트리아 등 담배회사들은 "항소심 판결로 최소한 3억 1,200만~4억 4,000만 달러 정도의 비용을 줄일 수 있을 것으로 기대한다."고 밝혔다.

– 머니투데이(2007. 2. 8)

생각해 볼 과제

1. 고도의 소비사회 진입이 국가별로 어떻게 다른지 우리나라와 선진국을 비교해 보시오.
2. 소비자는 완성된 소비사회의 존재보다는 소비사회화로의 진행과정에 존재한다는 측면에서 토론해 보시오.

제2장

고도 소비사회와 소비자문제

1. 소비자문제의 특성

가족과 개인은 경제사회의 구조 속에서 궁극적으로 자아실현을 도모하고 있으며, 이러한 자아실현 과정에서 소비라는 것은 필수적인 요소이다. 그러나 생산과 소비의 분리 이후, 다양하고 복잡화된 사회경제구조 속에서 '인간'과 '환경 · 상품 · 서비스 · 정보 등'과의 상호작용이 가족과 개인의 자아실현에 정확하게 작용하지 못하고, 생활의 기본적인 가치(생명 · 안전 · 건강 · 평등 · 쾌적 · 창조 등)가 침해당하면서 진행되는 외재적 소비자문제와 인간의 능력(의사결정능력)이 감퇴되고 있는 내재적 소비자문제가 있다(日本消費者教育学会, 2000). 즉, 소비자문제는 소비자가 인식하는 문제와 소비자에게 인식되지 않는 문제 등으로 다양하게 나타나며, 경제사회의 구조로 인해 소비자문제가 양산된다고 볼 수 있다.

미국 최초의 소비자 항의

미국에서 기록상으로 나타난 최초의 소비자 항의는 1775년에 있었다. 소비자의 고발에 의해 상한 음식을 판매한 상인이 '조롱 받는' 처벌을 받았다(*New York Times*, 1985). 그 후 소비자보호운동은 20세기 초기에는 경쟁을 유도하거나 식품의 위생적 처리에 초점이 모아졌다(Assael, 1998).

1) 소비자문제의 발생배경

소비자문제가 본격적으로 대두되기 시작한 것은 18세기 산업혁명 이후 공장제의 대량생산체제가 확립된 뒤의 일이다. 그 후 자본주의가 고도로 발달하면서 소비자문제는 하나의 사회문제로 등장하였다. 즉, 경쟁의 자유가 상품의 과잉생산을 초래하였고, 이러한 과잉생산은 상품의 판매부진과 사업자들 간의 과도한 경쟁을 유발시켜, 조업단축과 실업을 초래하고, 나아가 상품의 질적 저하와 기만적인 상행위 등이 자행됨으로써 사업자에 대한 비난이 높아지게 되었다.

이미 20세기 진입 전에 이탈리아를 비롯한 유럽에서는 축산제품이나 홍차 등의 식료품 위생관리나 혼합물 기만이라는 행위가 사회문제로 대두된 적이 있었다고 한다. 그러나 여러 가지 측면에서 본다면, 소비자문제의 선진국은 모름지기 미국이라고 말할 수 있다.

미국에서는 1880년대에 일반화해 온 기업 활동의 트러스터 폐해를 규제하는 「셔먼법(Sherman Act)」에 의해 '독점금지책'이 시작되었고 「우편부정금지법(Mail Fraude Act)」에 「연방홍차법(Rederal Tea Act)」 등이 규정되기 시작하였다. 그 시기에는 또한 인체에 유해한 첨가물에 관한 실증적인 자료가 거의 없었으므로 「순정식품의약품법(Pure Food and Drug Act」의 기준을 명시한 허비(Harvey W. Willey)가 식품첨가물의 유해성을 검증하기 위하여 독물반(The Poison Sqard)이라고 불리는 인체실험 조직을 만들어낸 일은 유명하다.

1906년에 신진 소설가인 싱클레어(Sinclair)가 '『정글(*The Jungle*)』'이라는 소설을 발표했다. 현장보고서적인 이 소설은 미국 시카고의 거대한 정육공장에서 자행되는 비위생적인 상황을 낱낱이 고발한 것으로, 극히 부정적으로 묘사하여 세계 각국에 대반향을 불러 일으켰으며, 이러한 여론을 배경으로 「식육검사법」과 「순정식품의약품법」이 성립되었고 연방식품 의약품국이 필요하다고 주장하기에 이르렀다. 싱클레어는 이 소설을 빗대어 "심장을 겨누었지만, 위장을 맞추어 버렸다." 고 표현하였다.

1914년에는 '연방거래위원회'가 설립되었으며, 이것은 「셔먼법」의 효과적인 운영을 위해 제정된 것으로 특히 불공정한 거래방법에 대한 규제가 강화되었다. 그리고 1928년에 스튜어트 체이스(Stuart Chaise)와 슈링크(Frederik John Schlink)가 쓴 『당신의 돈의 가치— 소비자의 달러 낭비에 관한 연구(*Your Money' Worth –A Study in the Waste of the Consumer's Dollar*)』라는 책이 출간되었다. 이 책에서는 소비자가 품질이나 성능에 결함이 있고, 비위생적인 생활용품을 너무나 근거 없는 가격에 구매하고 있다는 사실을 구체적인 상품명을 지적하면서 폭로하였다. 결국 이 책은 베스트셀러가 되었고 소비자로부터 열광적인 추종을 받았다. "좋은 상품을 구매하려면 어떻게 해야 하는가?"에 대한 소비자의 질문도 쇄도했다.

그 당시 연방표준국에 근무하던 슈링크(Schlink)는 공업용 부품산업을 위해 모아둔 표준국의 각종 데이터가 소비자를 위해 제공되어야 한다는 데 뜻을 모아 '소비자연구회(Consumer's Research Incorporation)'를 설립하였다. 슈링크의 소비자연구회에서는 가정에서 구입한 다수의 생활용품을 조사하고 신뢰성을 검사한 후, 그 결과를 소비자가 이해할 수 있는 표현방법으로 보고하기 시작하였다. 이에 생활용품 상표에 추장품(recommended), 중간품(intermediate), 비추장품(not recommended)으로 규격을 만들어서 기관지인 『컨슈머 리포트 블러틴

(*Consumer's Research Bulletin*)』의 예약구독자에게 배포하였다. 그 규격에는 가격정보를 추가하여 특히 우수한 것은 AA, 싸고 우수한 것은 A로 선정하였다. 이러한 소비자정보의 배포는 예약구독자에게만 한정되었으며 이 기관지에는 광고를 삽입하지 않았는데, 그 이유는 반대하는 상표나 판매업자의 관여를 배제하기 위해서였다. 이에 슈링크의 상품 테스트를 지지하는 예약구독자의 수는 불과 2년 만에 3만 명에 이르게 되었다.

그러나 개척적인 길을 이끌어 가던 슈링크의 소비자연구회도 내부의 직원 고용문제와 처우 개선, 그리고 노동조합 결성 등을 요구하는 직원 파업을 계기로 1936년 새로운 조직인 '소비자연맹(Consumer Union)'을 분리·독립시켰으며, 소비자연맹은 1936년 5월 소비자 잡지인 『컨슈머 리포트(*Consumer Report*)』를 간행하였다. 소비자연맹의 잡지구독자는 점차 증가하여 슈링크 등의 『컨슈머 리서치 블러틴(*Consumer's Research Bulletin*)』을 앞섰으며, 1960년 자료에 의하면 『컨슈머 리포트』는 잡지구독회원 8만 명, 『컨슈머 리서치 블러틴』은 6만 명으로 소개하고 있다. 여기에서 우리는 객관적인 소비자정보지에 대해 주목할 필요가 있다.

한편, 세계 대공황에서 탈피를 모색했던 루스벨트의 뉴딜정책은 산업계와 노동계, 그리고 소비자의 협력을 요구하고 소비자의 지위를 높이며 소비자이익이라는 이념을 만들어 냈다. 이에 따라 생계비 상승과 더불어 소비자단체도 육성되기 시작하였다. 1940년 갤럽여론조사연구소의 소비자의식조사는 경기회복의 일환이 되는 소비자의 대중구매력 존재를 실증적으로 증명하였다.

이 시기인 1937년에 화농성 질환의 특효약인 슐폰아미드를 쉽게 먹도록 10%의 셀루판제와 72%의 에틸렌 그리콜을 혼합한 것으로 인해 76명의 사망자가 발생하였다. 이는 조사결과, 셀루판제가 혼합되어 있는 에틸렌 그리콜 중독으로 판명되었다. 이에 1938년 신약의 안정성 입증에 관한 규정을 추가하여 새로운 「식품의약품화장품법」이 성립되었으며, 이 법은 1906년 「식품의약품법」에서 제외되었던 불공정하고 기만적인 표시 · 규제 규정을 첨가하였다. 또한 식품성분이나 품질에 관한 표준을 확립하여 신약의 안전성을 확보하는 기준이나 유해물의 허용량을 정하고, 식품의약품 행정에 화장품과 의료기구를 추가하게 되었다.

제2차 세계대전 전후는 세계적으로 소비자운동의 암흑기였다. 전쟁이 종료되자 이제까지 억제되었던 소비자의 대중구매력은 일제히 증가추세를 보였다. 이에 따라 새로운 생활용품이 대량생산, 대량유통 시스템으로 전면 돌입하였으며, 기술혁신, 유통혁명, 소비혁명에 발맞추어 지금까지 부족하였던 생활용품의 급격한 구매 증가는 새로운 사태로 몰고 갔다. 소비자는 생활용품 선택의 지침과 가이드라인으로 『컨슈머 리포트(*Consumer Report*)』를 선택하였고, 1945년에는 70만 부라는 경이적인 상승을 보였다. 이때, 모피제품이나 섬유제품, 유해물질, 자동차 등에 관한 표시 정보, 가열성 직물, 식품첨가물, 착색료 등의 규제에 관한 입법이 눈길을 끌었다.

이렇듯 소비자의 지지를 받았던 소비자연맹의 조직적인 활동전개는 소비자 입장을 대변하고 있었으며, 그 후 케네디 대통령이 소비자문제와 관련하여 의회를 자극하는 동기를 부여하였다. 이로 인하여 1962년은 소비자문제에서 획기적인 한 해였다. 대통령 취임 1년 반이 지난 그 해 3월, 케네디는 노동 · 공공복지위원회에 부탁하고자 부통령에게 소비자이익보호의 계획 강화에 관한 대통령 특별교서를 상원에 제출하였다. 이것이 소위 〈케네디 교서〉이며, 여기에서 그는 신제품이나 새로운 판매 방법으로 인해 미국 소비자가 당면하는 다수의 문제점을 지적하였다. 그와 동시에 이를 해결하는 데에는 소비자의 마음가짐뿐만 아니라, 연방정부의 행정 최고책임자인 대통령 입장에서 구체적이고 행정적인 조치가 필요하다는 것을 지적하였다. 또한 소비자의 안전할 권리, 알 권리, 선택할 권리, 의견을 반영할 권리인 '소비자 권리'에 근거하여 의회에서 필요한 소비자보호입법을 조속히 정비하도록 요청하였다.

이러한 상황에 박차를 가한 것은 랄프 네이더(Ralph Nader)이다. 그는 1965년에 『어떤 속도에서도 안전하지 않다(*Any Speed is not Safe*)』를 출판하였는데, 이 책은 교통전쟁으로 일컬어질 정도로 매년 다수의 사망자를 발생시키는 교통안전문제를 역사적 · 체계적으로 연구하고 지금까지의 통설인 자동차사고는 운전자의 책임이라는 전통적 견해와는 달리, 많은 자동차사고가 안전성을 소홀히 한 자동차 설계상의 결함에서 발생한다고 지적하였다. 그 예로 제너럴모터스(GM)사의 코베어(Corvair)를 결함 자동차로 고발하였다. 네이더의 충고와 행정개혁소위원회의 노력에 의해 1966년 「전국교통 · 자동차안전법」, 「고속도로안전법」이 제정되었고, 미국의 자동차안전문제는 급속하게 개선되었다. 1971년 네이더는 시민옴부즈맨이나 시민로비스트의 역할을 하는 조직인 '공공시민'을 만들었다.

네이더의 활동은 단순한 교통안전문제에서 소비자문제로, 공해문제에서 환경문제로 대폭 확대해 갔으며, 그로 인하여 관심의 확대와 더불어 문제의 초점도 확산되어 갔다.

미국에서 소비자단체의 단결은 평소 주요한 과제이나, 1968년 4월 전국적 조직 21개 단체, 주단위 조직 26개 단체, 지방 지역적인 조직 9개 단체가 참가하여 '미국 소비자동맹'의 제1회 연차대회가 개최될 정도로 잘 이루어져 갔다. 1960년대의 소비자문제에 대한 관심 고조는 연방정부에 소비자청을 설치하도록 하는 움직임으로까지 나타났으나, 1970년부터 1978년에 이르는 기나긴 심의 결과에서도 성립되지 못했다. 또한 1974년에는 닉슨 대통령의 실각과 더불어 소비자운동 또한 일반대중의 시대로 돌입하였다.

1980년대 '기업을 위한 기업에 의한 기업의 정부'로 평가되는 레이건 정권에서는 소비자보호정책, 소비자입법에 소비자문제를 해결하기 위한 예산을 삭감하였고, 연방거래위원회, 연방항공위원회, 농무성 등에서 새롭게 제정하려고 했던 법률도 보류하였다. 또한 많은 주의 소비자보호 사무소도 축소되었다.

미국의 소비자연맹(Consumer Union)은 상품 테스트를 근간으로 하는 활동이 이루어지고 미국 소비자운동의 실질적인 지지를 도모하였다. 소비자연맹에서의 제안이 케네디를 비롯한 미국 소비자정책을 움직여 왔다는 것도 주목할 사실이다. 소비자연맹의 상품 테스트는 실증성과 계승성이 강하고 발표 수단인 『컨슈머 리포트(*Consumer Report*)』의 형식은 창간 당시와 마찬가지로 현재도 500만 부를 넘고 있다. 또한 소비자연맹은 세계 각지에서 소비자운동의 지주가 되어 국제소비자기구(Consumer International, CI)의 지도적인 입장에 있다. 미국에서는 '소비자이익', '소비자주의', '공적 시민'이라는 소비자에게 다가가는 알기 쉬운 이념에 의해 소비자 프로그램이 개발되었다. 미국의 소비자연맹은 100년의 역사를 지니고 있는 소비자단체 중에서 가장 역사가 오래된 비영리 사조직이다.

소비자연맹은 오로지 소비자에게만 서비스하는 독립적, 비영리의 상품 테스트 및 정보조직이다. 각종 상품과 서비스, 건강과 식품, 기타 소비자의 관심사에 대한 편견이 없는 포괄적 정보원이다. 1936년부터 이 단체의 목표는 상품을 검사하고, 대중에게 알리고, 소비자를 보호하는 것이다. 또한 모든 소비자들을 위한 공정·정당·안전한 시장을 만들고 소비자들이 스스로를 보호할 수 있도록 힘쓰고 있다.

일부 정보는 인터넷, 라디오, 텔레비전을 통해 무료로 제공되나, 월간지인 『컨슈머 리포트』 및 인쇄된 출판물들은 유료로 판매한다. 또한 이 단체의 수입은 『컨슈머 리포트』의 판매와 단체의 여러 서비스, 비상업적 기부와 보조금, 수수료 등으로만 구성되고 있다. 즉, 독립성과 공평성을 유지하기 위하여 외부 광고를 받지 않고, 테스트를 위한 샘플도 무료로는 받지 않으며, 소비자이익 이외의 다른 의제를 지니고 있지 않다. 또한 이 단체는 소비자들이 그들의 관심을 정부나 기업에 알리는 방법을 제공할 수 있으며, 소비자를 대표하여 전국 및 각 주에서 유권자적 접근을 강조하면서 연방과 주의 입법 및 규제기관, 청원 정부기관들 앞에서 증언하기도 한다.

국제소비자기구는 1982년 런던대회에서 〈케네디 교서〉를 확장하여 소비자권리와 책임을 강조하였는데, 이는 다음과 같다(표 2-1 참조).

표 2-1 국제소비자기구의 소비자권리와 책임

소비자권리	소비자책임
① 기본적인 요구·욕구의 보장	① 생활용품의 질이나 가격에 대한 문제의식
② 안전	② 공정한 거래에 대한 자기주장
③ 정보	③ 스스로의 행동에 대한 사회적 책임
④ 선택	④ 환경에 대한 책임
⑤ 의견 반영	⑤ 소비자로서의 연대
⑥ 보상	
⑦ 소비자교육	
⑧ 건전한 환경	

2007년 개정 및 시행된 우리나라의 「소비자기본법」에서 소비자의 권리와 책무(제2장)는 〈표 2-2〉와 같다.

고도 소비사회에서 나타나는 소비자문제는 고도 산업사회로의 변화에서 발생하는 독과점과 경제력 집중, 광고 관련 매체의 발달, 그로 인한 판매경쟁의 심화 등을 들 수 있다.

또한 소비자문제가 하나의 사회문제로 등장하기 위해서는 일정한 정도의 소비자피해 누적과 이를 통한 소비자들의 자각이 전제되어야 한다. 즉, 소비자들의 피해가 계속 누적됨에 따라서 소비자들이 그 문제의 심각성을 인식하고, 피해를 구제하고 예방하기 위하여 조직적인 운동을 전개하여야 하며, 나아가 이러한 운동이 정치적·경제적으로 상당한 영향력을 발휘할 수 있는 단계에 이르러야 한다.

표 2-2 소비자기본법의 소비자권리와 책무

소비자의 기본적 권리	소비자의 책무
① 물품 또는 용역(이하 '물품 등'이라 한다)으로 인한 생명·신체 또는 재산에 대한 위해로부터 보호받을 권리 ② 물품 등을 선택함에 있어서 필요한 지식 및 정보를 제공받을 권리 ③ 물품 등을 사용함에 있어서 거래상대방·구입 장소·가격 및 거래조건 등을 자유로이 선택할 권리 ④ 소비생활에 영향을 주는 국가 및 지방자치단체의 정책과 사업자의 사업활동 등에 대하여 의견을 반영시킬 권리 ⑤ 물품 등의 사용으로 인하여 입은 피해에 대하여 신속·공정한 절차에 따라 적절한 보상을 받을 권리 ⑥ 합리적인 소비생활을 위하여 필요한 교육을 받을 권리 ⑦ 소비자 스스로의 권익을 증진하기 위하여 단체를 조직하고 이를 통하여 활동할 수 있는 권리 ⑧ 안전하고 쾌적한 소비생활 환경에서 소비할 권리	① 소비자는 사업자 등과 더불어 자유시장경제를 구성하는 주체임을 인식하여 물품 등을 올바르게 선택하고, 제4조의 규정에 따른 소비자의 기본적 권리를 정당하게 행사하여야 한다. ② 소비자는 스스로의 권익을 증진하기 위하여 필요한 지식과 정보를 습득하도록 노력하여야 한다. ③ 소비자는 자주적이고 합리적인 행동과 자원절약적이고 환경친화적인 소비생활을 함으로써 소비생활의 향상과 국민경제의 발전에 적극적인 역할을 다하여야 한다.

표 2-3 소비자문제의 배경요인으로서 생활의 변화

생 활 요 인	
소비생활의 변화	소비자의 가치관 변화 소비자의 라이프스타일 다양화 소비생활의 양에서 생활의 질 추구화 소비생활의 고급화, 다양화 소비자의 서비스에 대한 지출 증가
소비자행동의 변화	소비자의 상품선택의 다양화, 개성화 소비자의 브랜드 지향화 상품사용 후 폐기화
생활시간의 변화	노동시간의 단축 주말시간의 증가 휴가의 증가 여가시간의 증가

표 2-4 소비자문제를 부각시킨 사회적 요인

사 회 적 요 인		
구조적 긴 장	기업에 대한 불만	기업의 반사회적 행위 등
	경제적 불만	물가 상승과 생활 불안 등
	사회적 불만	생활의 질에 대한 요구 등
	정치적 불만	정치나 행정의 무리수 등
	생태학적 불만	환경파괴의 문제 등
소비자 문제의 이 념 계 발	사회 비판	갈브레이드 등의 사상
	소비자교육	생활환경의 양성, 자기책임의 계발 등
	소비자 지향 입법	대통령 소비자 교서, 소비자보호법 등
	소비자의 조직화	다양한 사회 속에서 결집력으로서 소비자단체의 결성 등
	전문적인 소비자운동 리더 출현	랄프 네이더 등
촉진적 요 인	자유 시간의 증가	소비생활문제 목격, 시민활동 참가 여유
	자연발생적 소비자 활동	생활기본운동 등
행동적 요 인	매스컴	소비자문제 보도 등
	정치가의 득표 행위	소비자지향 행정 · 입법 등

*자료: 日本消費者教育学会 編(2000),『新 消費者保護論』, 光生館.

'불확실성의 시대' 저자 갈브레이드 사망

저명한 경제학자인 존 케네스 갈브레이드가 사망했다. 갈브레이드는 2006년 4월 29일(현지시간) 매사추세츠 주 캠브리지의 한 병원에서 97세를 일기로 숨을 거뒀다. 그는 캐나다 온타리오 주 태생으로 1943~48년 『포춘』지 편집위원, 1949~61년 하버드대학 교수, 1960~63년 인도대사를 역임했다. 1963년 하버드대학 교수로 복귀한 뒤 민주당 정부의 경제정책 입안자로써 큰 기여를 했다.

특히 우리나라에서도 널리 읽힌 '불확실성의 시대'를 비롯해 모두 33권의 저서를 출간하며 경제학 역사상 가장 명성을 떨친 저자로 평가 받고 있다. 그가 1958년에 저술한 『유복한 사회(*The Affluent Society*)』는 영어로 쓰여진 책 가운데 비소설 부문에서 '세기의 100대 책'에 선정되기도 했다.

1975년도에 출간된 『불확실성의 시대(*The Age of Uncertainty*)』는 지금까지도 베스트셀러로 남아 있다. 갈브레이드가 영국 BBC 방송에서 '불확실성의 시대'라는 동명의 제목으로 강연한 내용을 토대로 집필된 이 책은 200년간의 경제사와 경제사상사를 분석하고, 미래에 대한 전망을 제시한 책으로 현대사회에는 확고한 판단의 기준이 될 수 있는 경제철학이 부재한 불확실성의 시대가 열리고 있다는 내용을 담고 있다.

그는 미국의 진보 경제학자를 대표하는 인물로써 프랭클린 루스벨트 대통령 시절부터 케네디 대통령을 거쳐 클린턴 대통령에 이르기까지 50여년 동안 민주당의 경제정책에 관여했었다.

갈브레이드는 2004년 95세의 고령에도 불구하고 『결백한 사기의 경제학(*The Economics of Innocent Fraud*)』을 출간하며 말년에도 식지 않은 경제학의 열정을 보여줬다. 이 책에서 그는 시장이 스스로를 제어할 수 있는 능력과 통화정책의 유용성, 기업 지배구조의 효율성에 의문을 제기하면서 전통적인 경제 원칙에 회의를 표하기도 했다. 뉴욕타임스는 갈브레이드의 임종을 지킨 그의 아들 알란 갈브레이드가 "아버지의 심리적인 상태는 아주 좋았으며 운명의 순간까지 곧은 자세를 보였다."고 임종의 순간을 전했다고 보도했다.

– 이데일리(2006. 5. 1)

2) 소비자문제의 특징

세계적으로 볼 때, 현대적인 의미에서의 소비자문제가 인식되었던 것은 제2차 세계대전 후의 일로, 그것도 고도의 공업기술을 구사한 대량생산, 대량소비가 시작되었던 1960년대 이후라고 할 수 있다. 고도 산업사회에서의 대량생산, 대량소비는 경제성장, 소득상승, 물질의 풍요로움을 실현하고, 소비생활의 대폭적인 향상을 초래하였다. 한편으로는 생산과 소비가 분리되고, 생산자와 소비자 간에 정보력·기술력의 커다란 격차가 발생되었다. 이에 따라 사업자는 자본 집중이나 기술적인 경쟁 제한을 통하여 시장을 장악하기 시작하였으며, 기술혁신으로 인하여 새로운 상품 및 용역이 출현하고 마케팅 전략이 발달함에 따라 소비자의 판단력을 상실시키기에 충분한 결과를 나타내고 있다.

기술발전에 따른 생산력 증대는 대중소비자의 소득수준을 향상시켰고, 그 결과 대다수의 소비자들은 생활필수품뿐만 아니라, 그 밖의 상품이나 용역을 비교적 쉽게 구입할 수 있는 상황에 돌입하였다. 그리고 소비자신용제도가 널리 보급된 것도 이러한 현상을 더욱 촉진시킨 하나의 원인이 되었다. 이처럼 소비자의 구매기회가 현저히 증가하면서 그에 따른 소비자문제도 눈에 띄게 증가되었다. 또한 경제·사회는 일정한 속도로 발전해 가면서 일정한 시점에 이르면 소비자의 기대수준이 사회의 발전 속도를 훨씬 능가하게 되는데, 소비자문제는 불만의 형태로 사회에 표출되게 된다(권오승, 2000).

통상 소비자문제라고 할 경우에는 소비자피해를 어떻게 구제 또는 예방할 것인가 하는 문제와 관련된다. 소비자피해란 '사업자와 거래하는 상품과 서비스의 거래조건과 거래방법에 관하여, 소비자가 가졌던 합리적인 기대와 현실 사이에 부당한 불일치가 있는 상태'라고 할 수 있는데, 구체적으로는 상품의 결함, 부당표시, 부당한 내용의 계약체결 등이 소비자가 입는 손해 또는 불이익의 대표적인 예라고 할 수 있다.

오늘날과 같이 소비자문제가 사회적인 관심을 끌기까지는 많은 소비자피해의 누적이 있었다. 이러한 소비자피해의 사례를 역사적인 관점에서 살펴보면, 현대의 소비자피해는 다음과 같은 특징을 지니고 있다.

(1) 피해발생의 보편성

소비자피해는 기술혁신, 대량생산, 대량판매 체제와 수반되는 대량생산은 생산 공정이 극도로 분화되고 유통과정이 매우 복잡해진 시스템에 의해 이루어지고 있다. 이와 함께 제품의 품질관리도 점차 고도화되고 있지만, 품질검사는 표본추출에 의한 검사가 일반화되고 있다(권오승, 1996). 그 결과 이러한 시스템에서는 여러 단계의 생산 공정을 거치는 과정 중 어느 단계에서든지 결함상품이 발생할 가능성이 있다는 피해발생의 보편성을 그 특징으로 들 수 있다.

세탁기·청소기 소비자 불만 최고

생활가전 올 8월까지 8,512건 접수—"단일 제품으론 휴대폰이 1위"

현재 사용하고 있는 전기전자제품 가운데 소비자들의 불만이 가장 많은 제품은 세탁기와 청소기, 휴대폰 등인 것으로 나타났다. 이는 디지털타임스가 최근 한국소비자단체협의회(소비자단체)에 의뢰해 제공받은 '2002년부터 2006년 1~8월간 전기전자제품 관련 소비자 상담' 조사 통계 결과 드러났다.

소비자들이 제품에 대해 느끼는 불만은 품질 문제에서부터 가격, 안전, 서비스, 광고, 규격, 포장, 계약 등 다방면에 걸쳐 폭넓게 표출되고 있어 가전 제조사들의 끊임없는 품질 및 서비스 개선이 필요한 것으로 지적됐다. 이번 통계는 한국소비자단체협의회의 10개 회원사 중 소비자 상담 업무를 하고 있는 한국소비자연맹, 대한주부클럽연합회, 한국 YMCA 전국연맹, 녹색소비자연대 등 8개 단체의 전국 180개 지부의 상담 실적을 토대로 한 것이다.

통계에 따르면 올 1~8월간 전기전자제품과 관련된 소비자 상담은 3만 943건으로 작년 같은 기간의 3만 1,547건에 비해 600여 건 줄었으나 큰 차이는 없었다. 제품별 상담은 세탁기 · 청소기 · 에어콘 등의 생활가전제품이 8,512건, 휴대폰 · 유선전화 등의 통신제품이 8,104건으로 전체 대비 각각 27.5%와 26.2%를 차지해 절반을 넘었다. 협의회측 관계자는 "단일 제품으로 비교하면 휴대폰에 대한 소비자 상담이 가장 많은 것으로 집계된다."고 말했다.

다음으로는 냉장고 · 전기밥솥 · 세척기 · 가스레인지 등이 주류인 주방가전제품이 4,199건으로 13.6%, 텔레비전 · DVD플레이어 · 비디오 등 영상가전제품이 4,179건으로 13.5%의 비중을 나타냈다. PC · 프린터 등 컴퓨터 관련 제품은 3,055건(9.9%)이었으며 이밖에 음향가전제품 1,329건, 디지털카메라 · 캠코더 등 광학기기제품 1,055건 등의 순이었다. 소비자들이 상담을 요청한 내용 가운데는 3건 중 1건 꼴로 품질에 대한 불만이 단연 많았다. 9,928건으로 전체 대비 32%에 달했다.

다음으로는 '가격 및 요금'이 3,828건으로 12.4%를 차지했다. 주된 상담 내용은 '표시된 가격보다 높은 가격으로 판매하는 경우', '서비스에 대한 부당한 요금 청구', '판매자간 담합 행위로 인한 부당한 가격인상' 등이 대부분이었다. '불공정 계약' 관련 상담도 2,868건(9.3%)이었다. 이 가운데는 사업자에게 일방적으로 유리한 계약으로 판매하는 경우, 계약한 제품과 다른 제품을 인도하는 경우, 약관과 관련된 문제, 계약해지 및 갱신 등의 불만이 대부분이었다.

서비스에 불만을 갖고 상담을 요청한 경우도 2,589건(8.4%)이었다. 부당한 클레임 처리, AS(사후서비스) 불이행 및 지연, 부당한 판매태도 및 부실한 서비스, 운송 중 파손 및 손실 등이 주된 내용이었다. 협의회측 관계자는 "상담을 요청한 제품은 대부분 국산 전기전자제품으로 이 가운데 삼성전자와 LG전자 제품이 각각 30% 정도에 달하고 있다."며 "국산 가전제품의 품질과 서비스가 많이 좋아졌다고는 하지만 정작 사용자들의 불만은 좀처럼 줄어들지 않는 것 같다." 말했다.

– 디지털타임스(2006. 10. 24)

(2) 피해범위의 확대

대량생산·대량판매 체제하에서 상품이 공급될 경우에, 일단 피해가 발생하게 되면 일시적으로 광범위하게 파급된다. 만일 어떤 상품이 고도의 기술과정에 의해 생산된 상품이라면 그 피해의 원인을 발견하기는 더욱 어렵기 때문에 예방이 곤란하며, 따라서 피해가 미치는 범위는 더욱 확대된다. 그러므로 피해범위의 확대를 그 특징으로 들 수 있다. 뿐만 아니라 네트워크 시대인 현대에는 판매방법 및 서비스, 금융 관련 이윤 확대 등과 관련된 문제도 증가하고 있다.

이동통신사 문자요금, 배보다 배꼽이 크다?

"이번 달 휴대전화 요금 5만 3,980원씩이나 나왔다. 그런데 그 중에서 문자메시지 이용료가 2만 1,360원이나 된다. 어떻게 문자요금 덜 나오게 하는 방법이 없을까", "휴대전화 요금이 한달 평균 8만원 정도 나온다. 공짜 문자 사용권을 받고도 문자비가 추가로 2만원 정도 나온다."

최근 휴대전화 문자서비스(SMS)를 음성통화만큼이나 애용하는 이용자, 일명 엄지족이 늘어나면서 이동통신사에 대한 문자요금 인하 요구가 거세지고 있다. 3일 업계에 따르면 이동통신3사가 원가에 비해 수십 배가 높은 SMS 요금으로 소비자에게 부담을 가중시킬 뿐 아니라 SMS 시장의 활성화까지 막고 있다는 지적이 제기되고 있다.

이에 따라 향후 이통사가 SMS 요금 현실화를 위한 구체적인 방안을 제시할지 여부와 소비자단체 등의 대응에 업계 안팎의 관심이 주목되고 있다. 네티즌은 "데이터 요금 할인보다는 문자요금 할인이 전체 소비자를 위한 길"이라며 "정치권이 데이터 요금 할인 30% 관철로 생색을 내면서 문자요금 인하는 거론조차 못해 결국 이통사의 손을 들어준 꼴"이라고 지적했다.

지난 9월 말 당정이 이통사 무선데이터요금 인하 방침을 발표했을 때 상당수의 네티즌은 무선데이터요금보다 SMS 요금 인하의 필요성을 지적한 바 있다. 실제로 모바일 커뮤니티 세티즌(www.cetizen.com)이 당정의 발표 직후 자체적으로 실시한 여론조사 결과 응답자 중 절반이 넘는 58%가 무선데이터 요금 인하 폭을 20%로 낮추는 대신 SMS 요금 20%를 함께 인하하는 방안이 바람직하다고 의견을 내놓았다. 특히 SMS 요금만 30%를 낮추자는 의견도 39%에 달해 무선데이터 요금보다는 SMS 요금 인하가 필요하다는 입장을 나타냈다.

녹색소비자연대 등 시민단체는 "SMS 요금은 희소자원인 주파수를 이용하는 배타적 독점부가서비스"라며 "SMS 요금이 독과점 가격 수준에 해당하는지 여부를 확인할 수 있도록 정통부가 해당서비스와 관련된 비용, 수익에 대한 회계분리의무를 사업자들에게 부과해야 한다."고 말했다.

– 연합뉴스(2006. 12. 3)

(3) 피해원인 규명의 곤란

상품과 서비스는 생산과 유통 과정에서 여러 단계를 거칠 뿐만 아니라 생산과 유통 과정의 각 단계마다 많은 사업자들과 관계를 맺고 있다. 따라서 소비자피해가 발생한 경우, 그 원인이 무엇이며, 어느 단계에서 발생한 것인지, 그리고 그 책임이 누구에게 있는지를 규명하기 곤란한 경우가 많다. 따라서 피해원인 규명의 곤란을 소비자문제의 특징으로 들 수 있다.

'차 결함 사고 제조사 배상' 첫 판결

자동차 운행 중 사고가 제조물의 결함에 의한 것으로 보고 자동차 회사에 손해배상 책임을 인정한 첫 판결이 나왔다. 서울고법 민사1부(부장판사 유승정)는 이모 씨와 이씨의 회사 D사 등 12명이 "승합차의 결함으로 교통사고가 나 피해를 입었다."며 현대자동차를 상대로 낸 손해배상 청구소송 항소심에서 원고 패소 판결한 1심을 깨고 "제조사는 8,600여 만원을 배상하라."고 판결했다고 15일 밝혔다.

재판부는 판결문에서 "승합차의 차축 재료에는 결함이 없고 이 사건 승합차와 중앙분리대의 충돌 때문에 차축이 파손될 정도는 아니었다."며 "마찰로 베어링과 차축이 녹아 붙는 현상으로 차축이 부러졌고 이는 승합차가 사고 나기 전 발생한 것"이라고 밝혔다.

재판부는 이어 "베어링 주위가 녹아 붙은 현상이 승합차가 충돌하기 전에 발생했다면 이 사고는 승합차가 정상적으로 운행하는 상태에서 발생한 경우에 해당한다며 제조사의 과실 없이는 그러한 현상이 발생할 수 없다."고 덧붙였다. 재판부는 "구체적인 사고 원인을 규명할 수 없더라도 제조사가 제품의 결함이 아닌 다른 원인으로 사고가 일어난 것임을 밝히지 못하는 상황에서는 승합차가 사회통념상 당연히 구비할 것으로 생각되는 안전성을 갖추지 못했다고 볼 수 있다."고 설명했다.

이씨 등은 2001년 5월 현대자동차가 제조한 승합차를 타고 가다 차체가 흔들리며 중앙분리대와 부딪히는 사고를 당했다. 이씨 등은 차량이 신차였으며 조사결과 자동차 베어링 부분의 마찰열로 차축이 부러졌다는 사실을 알고 제조사를 상대로 소송을 제기했으나 1심에서 패소했다.

－동아일보(2007. 1. 16)

(4) 피해의 심각성

소비자피해는 단순한 금전적 · 재산적인 피해에 그치는 경우도 있지만, 결함상품이나 유해식품, 의약품 등과 같은 경우에는 그 피해가 소비자의 생명을 위협하거나 신체에 중대한 위해를 끼치는 경우가 있으므로 피해의 심각성을 그 특징으로 들 수 있다.

한국 BMS 쇳가루 파동 법정 가나? — 시민단체 소송 준비

지난달 한국 BMS 쇳가루 검출과 관련해 소비자시민모임(소시모)이 제조업체인 미국 미드존슨을 상대로 손해배상 청구소송을 준비 중에 있는 것으로 확인됐다. 그동안 미국산 조제분유에서 쇳가루가 검출됐다는 소식이 전해지면서 소비자들에게 비난을 받아왔다. 결국 법정 공방까지 휘말리게 됐다.

소시모 관계자에 따르면 "오늘까지 쇳가루가 나온 엔파밀 리필을 사용한 소비자들로부터 위임장을 받아 소송을 낼 계획이다."며 "앞으로 다시는 이런 일이 발생하지 않도록 책임을 끝까지 묻겠다."고 밝혔다.

법적 소송 사실이 알려지자 한국 BMS측은 당혹감을 감추지 못하고 있다. BMS 관계자는 "이번 쇳가루 검출은 한국 BMS 분유 생산 및 유통에는 전혀 관여하지 않고, 생산업체인 미드 존슨의 수입업체로 등록돼 있어 여론의 집중적인 포화를 맞아 회사 이미지에 상당한 피해를 입었다."고 말했다.

현재 국내에 진출해 있는 BMS 자회사로는 이번에 분유 파동의 수입 및 판매를 전담하고 있는 '미드 존슨', 상처치료제 판매사인 '컴바텍', 의약품을 담당하는 '한국 BMS' 등 3개사가 있다. 한편 지난달 17일 식약청은 한국 BMS 미국산 조제분유를 수거해 검사한 결과 자력을 가진 금속성 이물질이 발견됐다고 발표해 파문이 일었다.

–국민일보(2006. 3. 17)

(5) 피해당사자 간 지위의 불평등성

소비자는 상품과 용역에 대하여 정확한 정보를 지니고 있지 않으므로, 기술과 정보력을 지니고 있는 기업과 거래관계를 맺을 때 대등하지 못한 상태에서 출발하게 된다. 또한 소비자들은 가격이나 거래조건에 대해서도 교섭할 여지가 없으며, 단지 기업이 제시하는 조건에 따르고 있다. 이러한 상황에서 소비자가 사업자와 거래하는 경우에 소비자피해가 발생할 가능성이 확산적이며 불평등성을 지니고 있다.

시민단체들 '시민 곁으로'— 소비자 주권 찾기 목소리

시민단체들이 '소비자 주권 찾기'에 활발하게 나서고 있다. 한국소비자단체협의회, 녹색소비자연대, 소비자문제를 연구하는 시민모임(소시모) 등의 단체들은 토론회를 열고 소송을 제기하는 등의 방법으로 소비자들의 권익을 높이는 데 힘을 쏟고 있다. 영화관 관람료 인하 운동, 휘발유 가격 공개 등 생활밀착형 문제를 다루며 시민들 곁으로 한걸음 다가서는 것이다.

◇**가격 낮추기 압박** 한국소비자연맹은 시민들을 대표해 조만간 극장주들을 상대로 부당이익 반환청구 소송을 낼 예정이다. 현재까지 900여 명의 시민이 소송에 참가하겠다는 뜻을 밝혔다. 관람객들이 영화 한 편을 볼 때마다 문예진흥기금 427원을 내던 제도가 지난 1월 없어졌는데도 영화관들이 관람료를 내리지 않고 그대로 받고 있다는 것이다. 지난 한 해 동안 영화팬들이 낸 문예진흥기금은 300억원에 이른다.

에너지시민연대, 서울환경운동연합은 지난달 15일부터 네 차례에 걸쳐 서울 시내 720개 주유소의 휘발유 가격을 조사해 공개했다. 주유소들이 가격 자율화를 틈타 부당하게 많은 이득을 챙기는 것을 막겠다는 취지였다.

에너지시민연대는 "지난달 1차 조사 땐 휘발유 1l의 평균 가격이 1,415원이었으나 지난 6일 4차 발표 땐 1,384원으로 31원 싸졌다."면서 "서울시민 전체로 볼 때는 42억원의 유류비용을 줄인 것"이라고 밝혔다. 경실련은 지난 15일 "소비자보호와 분양가 책정의 투명성을 보장하는 원가공개를 하라."며 아파트 분양원가 공개를 요구했다. 건설사들이 지나치게 비싸게 분양해 부당한 이득을 봤다는 것이다. 경실련 박○○ 시민감시국장은 "주택건설업체를 위한 것이 아닌 시민을 위한 주택시장을 만들어야 한다."면서 "이를 위해 분양원가 공개는 필요하다."고 강조했다.

◇제품 업그레이드에도 주력 '자동차 10년 타기 시민운동연합'은 자동차 리콜 운동에 힘쓰고 있다. 홈페이지를 통해 자동차의 결함으로 인한 피해사례 등을 수집하여 자동차 회사를 압박해 GM대우의 레조, 기아자동차 카니발 등의 리콜 결정을 이끌어냈다. 또 지난 5월엔 국내에서 시판되는 차량이 수출용 차량에 비해 보증 수리기간 등에서 차별대우를 받고 있다며 건설교통부에 시정을 요구하고 자동차 엔진 출력을 과다 광고했다며 공정거래위원회에 자동차사 대표를 고발했다.

한국소비자단체협의회는 지난 16일 '식품안전관리체계 개선 소비자 포럼'을 열고 유해식품 사범 등에 대한 처벌 강화 등을 정부에 건의했다. 소시모는 지난 6월부터 건강기능식품의 실태를 조사하고 있다.

소시모 고○○ 박사는 "건강기능식품의 안전성뿐 아니라 품질, 가격 등을 소비자의 입장에서 살펴보고 있다."고 말했다. 녹색소비자연대 등 9개 시민단체는 지난달 서울시와 합동으로 음료, 빙과류 제조업체 등 122곳의 위생관리 실태를 점검해 14곳을 식품 위생법 위반으로 적발했다.

–중앙일보(2004. 7. 22)

(6) 피해회피의 곤란성

과거 생산자는 자신의 상품이 판매시장에서 우월한 지위를 확보하고, 나아가 신제품의 상품화에 급급한 나머지 상품의 안전성에 대한 철저한 조사나 확인을 하지 않아 내구성 경시, 부실한 상품, 유해한 상품, 부품 부족과 같은 문제가 발생했다. 현재 그러한 상황은 감소하였지만, 소기업 중심의 인터넷 상거래 등 다양한 판매방법이 속출하면서 단기간 소규모에서 대규모의 피해현상이 나타나고 있다. 반면 철저한 피해를 보상하는 체제의 미흡으로 인하여 효과적인 해결이 불가능한 경우가 발생하고 있으며, 피해의 책임회피로 인해 곤란한 점이 있다.

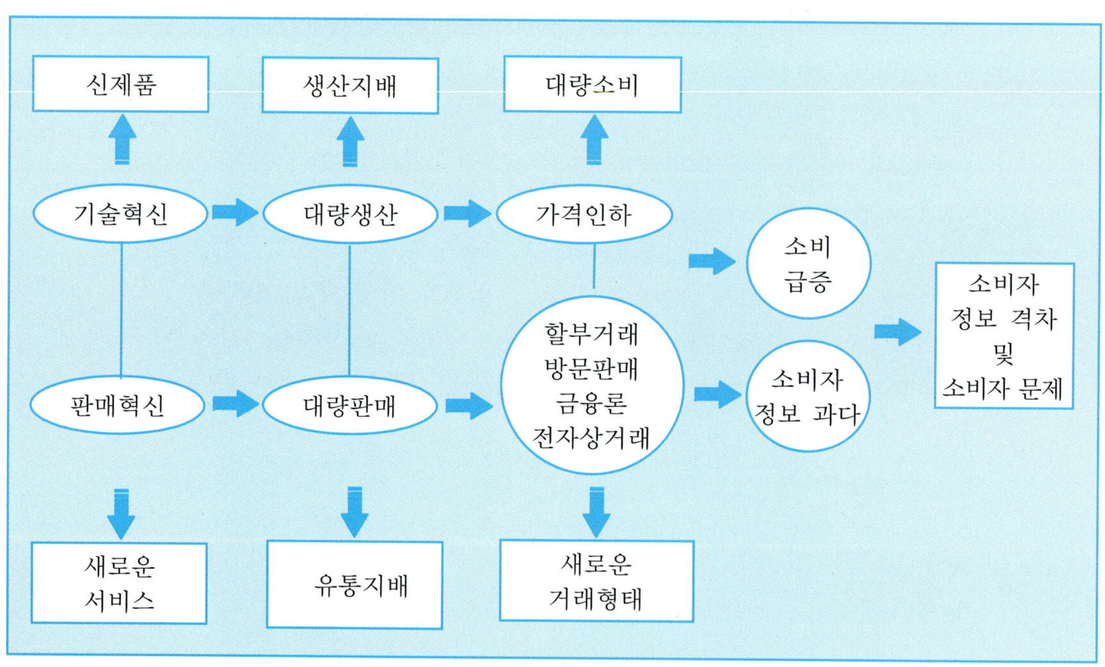

그림 2-1 소비자문제의 출현 배경

은나노 세탁기 성능 논란 "살균 세탁기 광고는 소비자 기만이다"

한국소비자보호원이 드럼세탁기의 은나노, 스팀 기능이 제균(除菌)과 큰 관계가 없다는 시험결과를 발표해 논란이 일고 있다. 소비자단체들은 효능에서 일반 세탁기와 별반 차이 없는 은나노, 스팀 세탁기를 과대 포장해 비싸게 팔았다며 소비자 기만행위에 따른 보상을 요구하고 있으나 은나노 효과를 집중 부각시켜온 삼성전자는 검증 기준이 잘못됐다며 강력 반발하고 있다.

소보원은 17일 가전업체들이 세탁기의 은나노, 은이온, 스팀 기능으로 살균 효과가 나타난다고 광고하고 있으나 실제로 이들 기능이 없어도 세균은 99.9% 제거되는 것으로 나타났다고 밝혔다. 산업자원부 기술표준원과 공동으로 드럼세탁기 4개 제품에 대해 살균 기능, 품질성능을 비교 시험한 결과다. 또 일본의 '가정전기제품의 표시에 관한 공정경쟁규약'을 들어 살균은 미생물을 사멸시키는 것으로 광고 등에서 '살균'이라는 용어를 사용하는 것은 적절치 않다고 지적했다.

제품별로는 대우일렉트로닉스(DWD-115RCH), 삼성전자(SEW-5HR125AT), LG전자(WD-CR200C) 제품, 그리고 살균을 전혀 언급하지 않은 '바흐네트' 제품 모두 99.9% 이상 제균됐다고 언급했다. 소비자시민모임 문○○ 기획실장은 "은나노의 살균기능이 제대로 입증되지도 않은 상태에서 과장광고를 통해 일반 세탁기보다 비싸게 팔았다면 소비자를 기만한 것"이라며 "부당한 이익은 소비자에게 되돌려줘야 한다."고 항의했다. 삼성전자는 그러나 소보원 발표를 전면 부인했다. 삼성전자측은 "살균과 제균은 서로 다른 개념인데도 제균이라는 동일한 잣대로 은나노 세탁기와 일반 세탁기의 제균성능을 비교 평가하는 것은 은나노 세탁기의 고유 살균기능을 왜곡할 수 있다."며 "일반 세탁으로 균이 99.9% 제거될 수 있다는 것은 물에 의한 희석효과일 뿐 살균은 아니다."고 주장했다. 삼성전자는 자사의 '하우젠' 은나노 드럼세탁기만이 99.9% 살균성능을 발휘한다고 광고해 왔다. 삼성전자측은 소보원에 이의를 제기하는 방안을 검토 중인 것으로 알려졌다. 소보원은 이번 검사결과를 공정거래위원회에 통보할 계획이며, 공정위는 통보가 오는 대로 과장광고 여부를 조사하게 된다.

－국민일보(2005. 11. 17)

(7) 소비자의 무관심

사실 소비자피해는 도처에서 발생할 가능성이 있으며, 소비자피해가 발생하더라도 소비자는 그 사실조차 제대로 인식하지 못하는 경우가 있다. 그러나 보다 큰 문제점은 소비자문제, 소비자피해가 발생해도 이를 어떻게 해결하는지 모르는 소비자나 무관심한 소비자가 많다는 데 있다.

역시 '엄마의 힘'은 강했다

23일 서울 신문로 피어선 빌딩에 있는 '소비자문제를 연구하는 시민의 모임(소시모)' 사무실. 직원들이 전화를 받느라 정신이 없었다. "내 아이에게 이물질을 먹였다니 경악을 금할 수 없습니다.", "혹시 우리 아이가 중금속에 중독된 것은 아닌가요?" 그동안 아기에게 미국계 다국적 기업인 M사의 분유제품을 먹여온 부모들의 하소연이었다. 이 문제가 최근 세상에 알려지고 이슈화된 것은 거대 기업의 횡포에 끈질기게 맞선 한 주부의 집념과 용기가 있었기에 가능했다.

6세인 딸과 9개월짜리 아들을 둔 주부 윤○○(32 · 경기도 용인시) 씨다. 올해 1월 중순 윤씨는 아들에게 분유를 타주려다 젖병 밑에 까만 물질이 가라앉아 있는 것을 보고 기겁했다. 수입 · 판매 업체에 전화로 문의했지만 "몸속에 들어가면 녹으니 안심하라"는 답변만 들을 수 있었다. 석연치 않은 답변에 안심할 수 없었던 윤씨는 혹시나 싶어서 자석을 젖병 밑에 대봤다. 그 순간 깜짝 놀랐다. 까만 물질이 자석을 따라 움직이는 게 아닌가. 그는 "당시 몸이 부들부들 떨렸고 심장이 멎는 것 같았다."고 했다. 윤씨는 이 업체를 소비자단체에 고발했다. 이어 식품의약품 안전청의 검사가 시작됐다. 그 결과 젖병 밑에 가라앉은 게 '금속성 이물질'로 드러났다. 이 업체는 농림부로부터 한 달간 영업정지 처분을 받았다. 농림부 축산물위생과 이○○ 서기관은 "인체에 직접적인 해는 없지만 '이물질이 있을 경우 행정처분이 가능하다'는 규정에 따라 영업정지 조치를 내렸다."고 밝혔다.

이 업체는 제품을 자발적으로 리콜했다. 그러면서도 "권위 있는 미국 의료센터 두 곳의 조사결과 문제의 이물질이 인체에 무해한 것으로 드러났다."는 해명을 계속했다. 이에 성난 소비자들은 추가적인 행동에 나섰다. 지난달에 인터넷 카페에 소비자대책위원회가 구성됐다. 카페운영자 이○○(30 · 치과의사) 씨는 "3월 중순 현재 회원수가 2,500명을 넘어섰다."고 밝혔다. 윤씨는 "업체측이 인체에 무해하다는 설명만 되풀이할 뿐 제조과정에서 이물질이 어떻게 들어갔는지에 대해선 밝히지 않고 있다."며 "소송을 해서라도 이 문제를 제대로 해결할 생각"이라고 말했다. 소시모 김○○ 부장은 "윤씨 외에 소송에 참여할 의사를 밝힌 소비자들이 쇄도해 곧 소송을 낼 계획"이라고 했다. 윤씨는 "괜한 일로 호들갑떤다는 지적에 신경이 무척 쓰였지만 내 아이의 건강과 직결된 일이라 용기를 냈다."며 "이번 일을 겪으면서 소비자들의 권리는 스스로 찾아야겠다는 생각을 하게 됐다."고 말했다.

－중앙일보(2006. 3. 29)

이에 소비자피해, 소비자문제를 종합해 보면, 현대의 경제구조에 기인한 구조적 피해라는 특징을 지니고 있다. 또한 유형의 상품에서 무형의 서비스로 인한 소비자문제, 오프라인상에서 온라인상으로의 소비자문제, 국내 중심의 소비자문제에서 국제화된 소비자문제, 그리고 금융 및 신용, 국제 경제나 정치적 여러 관계 등과 얽힌 소비자문제 등으로 확대 · 확산되었다고 볼 수 있다.

파업근로 손실 한국 한해 93일

한국의 노사관계가 일본이나 독일 등 선진국에 비해 훨씬 갈등적이라는 연구 결과가 나왔다. 파업에 따른 근로손실 일수를 선진국과 비교했을 때 월등히 높기 때문이다. 한국은행 금융경제연구원이 18일 내놓은 '선진국 노사관계의 특성 및 최근 변화－국가간 비교 분석과 국내에 대한 시사점' 보고서에 따르면 1992~2001년 10년 동안 국내 모든 산업에서의 근로자 1,000명당 근로손실은 연평균 93.5일로 집계되었다.

같은 기간 선진국들은 △일본이 연평균 2일 △독일 9일 △영국 21일 △스웨덴 30일 △미국 48일 등으로 한국에 비해 근로손실 일수가 훨씬 적었다. 1,000명당 근로손실 일수는 국가별로 쟁의행위에 따른 경제적 손실이 어느 정도인지를 보여주는 지표, 국가별로 1년 중 파업이 지속된 기간과 해당사업장 근로자 수를 곱한 다음 해당 국가 임금 근로자 수로 나누고 1,000을 곱해서 구한다.

이 보고서를 작성한 정 교수는 "근로손실 일수가 높다는 것은 노사관계가 갈등적이라는 의미"라며 "이 수치가 높을수록 경제적 손실이 커지기 때문에 파업을 줄일 수 있는 대책을 세워야 한다."고 밝혔다. 또한 "국내에서 노조활동이 본격화한 시기는 1987년 민주화항쟁 이후로 선진국보다 늦은 편"이라며 "상당기간 억압된 후에 나타난 노조의 폭발적 성장은 한국의 노조가 선진국과 비교해 여전히 전투적이고 노사협력을 거부하는 성향을 갖는 원인"이라고 지적했다.

－동아일보(2007. 1. 19)

2. 소비자문제의 동향

1) 한국의 소비자문제 동향

소득증가를 목표로 한 고도의 경제성장 정책이 궤도에 오르면서 대량생산, 대량판매 시스템이 확산되었으며, 이에 따라 소비자문제도 분출했다. 이러한 소비자문제는 각 국가의 경제발전, 문화적 배경에 따라 소비자문제의 발생시기, 현황, 문제해결 등이 다양하게 나타나지만 일반적인 특징은 다음과 같다.

첫째, 자유로운 시장개방 및 다양한 환경의 변화에 따라 국내에서 국제간으로의 지역적인 확대 변화를 들 수 있다.

둘째, 생활 중심의 상품에서 다양한 서비스로까지 제품의 다양화 변화를 들 수 있다.

셋째, 소비자가 상품이 있는 곳으로 이동하던 오프라인 중심에서 24시간 국제적인 온라인시장으로의 이동 변화를 들 수 있다.

그러면 구체적으로 한국의 연도별 소비자문제를 들여다보자.

〈표 2-5〉에서 알 수 있듯이, 1950년대와 1960년대는 국내에서의 소비자 관련 제도적인 미비로 인한 대형 소비자문제를 볼 수 있고, 1970년대와 1980년대, 그리고 1990년대에는 소비자의 안전을 중심으로 한 국제적인 수입교류로 인한 문제가 그 중심이 되고 있다. 2000년대에는 국제적인 수입과 정보 및 인터넷 네트워크와 관련된 소비자문제의 확대 등을 볼 수 있다. 특히 예기치 못한 환경 변화로 인한 먹을거리 중심의 소비자문제는 각 국가의 제한된 문제라기보다는 국제적인 소비자문제이므로 함께 그 대안을 모색할 필요가 있다.

표 2-5 한국의 연도별 소비자문제

연 도	사 례
1956	제과공업에서 표백제로 사용한 롱칼리트사건
1969	발암성이 논의되어 사용이 금지된 인공감미료사건
1970	비소가 든 소다를 먹고 연쇄 참사한 사건
1971	공업용 석회를 사용한 횟가루 두부사건
1975	콜라병 폭발사건
1977	경상사료사건
1978	농약오염으로 판명되어 환자 37명, 사망 9명이 발생한 번데기 식중독사건
1979	수입고춧가루에서 타르색소 검출사건
1986	인공조미료인 MSG안전성 문제 제기
1987	냉장고 병꽂이사건
1988	수입식품 및 사료오명, 비식용 우지 사용한 라면사건, 수입 자몽에서 발암성 알라성분 검출
1992	변압기 폭발사건
1993	미국산 수입 밀에서 발암 농약 검출
1994	녹즙기 손가락 절단사건
1997	미국산 쇠고기에서 O157병원균 검출사건
2000	벨기에산 돼지고기 다이옥신 오염 검출
2001	유럽산 쇠고기에서 광우병 발생 파동
2002	중국 마늘 수입제한 파문, 하프프라자사건
2003	미국발 광우병 파동
2004	쓰레기 만두 파동, 밥솥 폭발사건
2005	중국산 김치 파동
2006	JU사건
2007	부동산 관련 문제, 음악포털사이트 서비스 문제, 초고속 인터넷 관련 문제

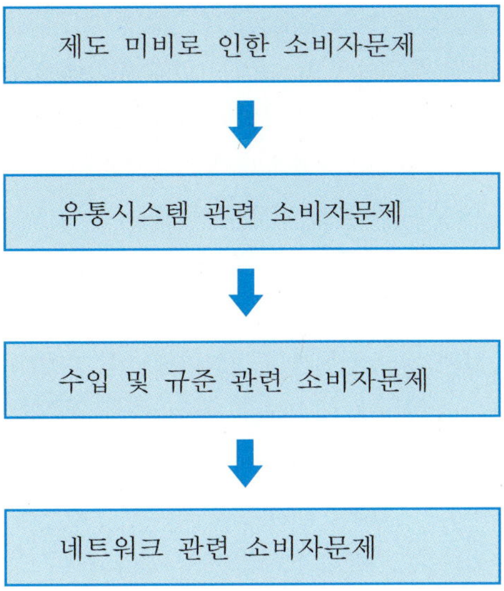

제도 미비로 인한 소비자문제

유통시스템 관련 소비자문제

수입 및 규준 관련 소비자문제

네트워크 관련 소비자문제

그림 2-2 한국 소비자문제의 변화

"돈 떼일 걱정 없어요"

◇**에스크로 제도란?** 에스크로 서비스는 공신력 있는 금융기관 등 제3자가 결제자금을 보관하고 있다가 거래가 안전하게 종결된 것을 확인한 뒤 판매자에게 대금을 지급하는 안전거래 금융서비스다. 지난 1997년 미국에서 처음 선보였으며, 우리말로 '결제대금예치제'로 통용되고 있다. 에스크로는 원래 법률용어로서 '조건부양도증서'를 의미한다. 그러나 전자상거래에서 거래대금을 제3자에게 맡기면 물품 배송을 확인한 뒤 판매자에게 대금을 지불하는 제도로 널리 사용되고 있다. 전자상거래에서 에스크로가 시행되면 배송이나 반품 여부가 확정된 뒤에 비로소 판매업체에 돈이 지급된다. 때문에 실제 물건도 없이 인터넷상으로 물건 주문 뒤 대금을 챙기거나, 제대로 된 물건을 보내주지 않는 등의 인터넷 사기를 원천 봉쇄할 수 있다. 주문한 상품이 도착할 때쯤 에스크로를 담당하는 제3의 기관에서 고객에게 전화를

걸어 배송 확인 및 교환, 반품의사 등 상품의 이상 유무를 체크하고 통화내용을 저장한다. 즉, 고객의 최종 구매결정을 확인한 뒤 은행이 물품대금은 판매자에게, 유통마진은 유통업자에게 결제한다. 이 같은 에스크로가 적용되는 것은 10만원 이상 거래액에 일단 한정된다.

◇**문제점은 없나?** 에스크로 제도를 부정적인 시각에서 바라보는 이들도 있다. 제도가 시행되면 업체들이 에스크로 서비스를 제공하는 제3의 기관에 지불해야 하는 수수료와 기타 경비까지 감안하면 유통업계가 부담하는 비용이 4~5%까지 증가되기 때문. 또 에스크로 서비스를 이용하면 모든 거래내역이 그대로 공개되기 때문에 세금 노출 등의 문제가 생겨 일부 유통업체들은 의무시행을 반대하고 있다. 더불어 에스크로 제도로 인해 대금지급이 늦어질 수 있으며, 자칫 한 달 이상 결제가 지연될 가능성도 있다고 우려의 목소리를 높이고 있다. 또 에스크로 제도 수수료를 쇼핑몰이 부담해야 하므로 수수료 비용이 물건 값에 반영돼 결국 소비자 부담으로 돌아가게 되어 소비자를 보호하기 위한 정책이 결국 소비자피해로 연결될 것이라는 주장도 제기되고 있다. 인터넷 오픈마켓이나 경매사이트 등을 통해 상품을 공급하는 일부 판매자들의 경우, 에스크로 제도 때문에 판매 수수료 부담이 커진다는 이유로 다른 사이트로 옮겨가는 경우도 발생하고 있다. 아예 카페나 블로그 등에 상품을 게재해 놓고, 쇼핑몰에서 파는 가격 대비 수수료만큼 싼 가격에 공급한다고 광고하고 있다.

◇**쇼핑몰, 어떻게 준비하고 시행하나?** 대구에 본사를 둔 온라인 마켓플레이스 동대문닷컴(www.ddm.com)은 옥션, G마켓처럼 판매자와 구매자를 이어주는 온라인장터로 최근 급성장하는 전자상거래 사이트. 동대문닷컴의 경우, 판매자가 에스크로제 시행 수수료로 인한 부담을 최소화하기 위해 단계적 시뮬레이션으로 에스크로제를 가상으로 가동한 결과물로 '일일정산시스템'을 도입하기로 했다. '일일정산시스템'은 판매자가 상품을 판매하고 제3의 기관이 받은 상품대금을 동대문닷컴을 거치지 않고 매일 판매자에게 지급하는 시스템. 특히 판매자에게 판매수수료를 떼지 않고 상품대금을 판매자에게 고스란히 지급한 뒤 일주일치 판매수수료를 합산해 매주 월요일에 판매자가 동대문닷컴에 송금토록 했다. 이는 에스크로 때문에 판매대금 지급이 늦어져 판매자들이 자금순환에 어려움을 겪을 것을 대비해 마련한 제도이다.

> 동대문닷컴 장○ 대표는 "인터넷 쇼핑몰마다 에스크로 제도 시행 이후 발생하는 추가 수수료 문제로 대책 마련에 나섰지만 결국 판매자와 쇼핑몰이 조금씩 손해를 보는 수밖에 없다."며 "동대문닷컴의 경우 에스크로 제도와 일일정산시스템을 효율적으로 접목시켜 에스크로가 판매자와 구매자 모두에게 이로운 제도로 자리 잡도록 최선을 다하겠다."고 말했다
>
> – 매일신문(2006. 3. 30).

한국소비자원에서 선정한 2004년과 2006년 소비자문제를 구체적으로 살펴보면 다음과 같다.

2004년 소비자문제	2006년 소비자문제
1. 불량 만두소 파동	1. 바다이야기 후폭풍
2. PPA 감기약 유통 파문	2. 학교급식, 집단식중독
3. 새집증후군 논란	3. SK-II 화장품 중금속 검출
4. 전기압력밥솥 폭발	4. 과자 아토피 피부염 논란
5. 조류독감 발생으로 닭고기 소비 급감	5. 한 · 미 FTA와 소비자문제
6. 미니컵 젤리 유통 · 판매 잠정 금지	6. 조류인플루엔자(AI, 조류독감) 발생
7. 이동전화 번호이동성 제도 실시	7. 플라스틱 용기 환경호르몬 논란
8. 할인점과 카드사간 수수료 분쟁	8. 분유에서 사카자키균 검출
9. 아파트 분양가 공개 논란	9. 인터넷쇼핑몰 에스크로제도 도입
10. 휴대폰 배터리 폭발	10. 소비자기본법 국회 통과
	11. 롯데월드 사고

서울 YMCA 시민중계실이 선정한 2005년 소비자문제는 다음과 같다.

서울 YMCA 시민중계실이 선정한 2005년 소비자문제
1. 저작권법 개정 논란 : 음악 등 네티즌들의 '펌을 통한 공유' 사실상 불법화
2. 공정위의 잇따른 통신사 카르텔 대규모 과징금 부과
3. 정보통신 소비자분쟁 · 피해사례 급증
4. 한국소비자보호원, 공정거래위원회 산하로 업무 이관
5. 부동산 투기 광풍과 8 · 31 부동산 대책
6. 중국산 김치파동으로 인한 식품안전 문제 확산
7. 이동통신 발신번호서비스 무료화 결정
8. 늘어나는 의료사고 피해, 관련법 입법청원운동
9. 유사수신 논란 일던 다단계업체 JU네트워크 판매방식 무죄 판결 논란
10. 3,525명 교복학부모 집단손해배상 1심 승소, 집단소송법 제정 연기

10대 뉴스 발표와 함께 서울 YMCA 시민중계실은 2005년을 "행동하는 소비자를 찾기는 아직 힘들고 정부의 정책방향도 미비하지만, 소비자의 힘이 세상을 바꿔가고 있음을 느낀 한 해"로 평가했다.

2002년 소비자단체협의회가 선정한 소비자문제는 다음과 같다.

2002년 소비자단체협의회가 선정한 소비자문제
1. 이동통신업체와 신용카드사 등의 불공정행위에 내려진 영업 정지
2. 소비자를 오인시키는 허위 · 과장 광고에 대한 강력 조치
3. 「제조물책임법」 시행
4. 텔레비전 드라마에서 흡연 장면 금지
5. 의약품 가격 거품 여전
6. 결함상품에 대한 리콜사례 증가
7. 신용카드로 인한 소비자문제 대두
8. 전자상거래 증가에 따른 소비자보호 대책 강화
9. 정보화의 역기능, 개인정보 침해, 스팸 메일 문제 확산
10. 환경 분쟁 증가

2) 일본의 소비자문제 동향

일본의 소비자문제를 보는 시각은 다양하다.

그러나 공통된 의견은 현대사회에서 소비자문제는 일본만이 아니라 세계적으로 확대되고 있으며, 매우 복잡한 대량생산과 대량판매의 경제조직 속에서 발생하므로 종종 구조적인 문제로 불린다. 이러한 구조적인 문제는 경제적인 조직에서 발생하고 경제기구를 통해서 증폭되므로 경제적인 활동 속에 있다는 것이다.

이를 중심으로 현대까지의 소비자문제를 크게 살펴보면,

첫째, 생산시스템을 둘러싼 소비자문제

둘째, 유통기구를 둘러싼 소비자문제

셋째, 생활용품의 기준 규격과 표시에 관한 소비자문제

넷째, 생활용품의 거래와 대금결제 방법을 둘러싼 소비자문제

다섯째, 생활용품의 판매와 관련된 소비자문제

여섯째, 소비자 피해구제와 소비자 의사표현을 둘러싼 소비자문제 등을 들 수 있다.

그러면 발생 시기부터 구체적으로 언급해 보면 다음과 같다.

사실 일본의 소비자문제 발생시기를 제2차 세계대전 후로 본다고 하더라도 그것이 언제쯤 시작됐는지의 결정은 그리 쉽지 않다. 전쟁 후 일본 소비자의 생활은 극단적인 생활용품의 결핍과 암거래 물품이나 불량생활용품의 횡행으로 곤궁에 처해 있었으며, 본능적인 생활보호를 위해 일어났다. 소득 증가를 목표로 하는 고도 경제성장 정책이 궤도에 오르고 대량생산과 대량판매 시스템 개발과 더불어 소비자문제가 바로 분출되었다.

최초의 일본 소비자문제는 1955년에 유아용 분유에 유화안정제로 첨가되었던 비소에 의해 다수의 비소중독 유아가 발생한 모리나가비

소밀크사건이었다. 이어서 살리도마이드·키소호르몬 등의 소위 약해환자가 속출했으며, 이는 식품이나 약이라고 믿었던 소비자를 우롱하는 심각한 소비자문제였다.

특히 그 시기에는 유해한 식품착색·식품첨가물 등 소위 부당표시를 문제로 하는 소비자단체인 주부연합회의 활동이 눈에 띄고 후생성의 '식품첨가물의 표시기준' 설정에 자극을 주었다. 특히 이 시기부터 꽤 장시간에 걸쳐서 투쟁이 계속된, 이른바 주스의 부당표시추방운동의 시작을 볼 수 있다. 이것은 또한 1962년의 「부당경품류및부당표시방지법」 제정의 계기가 되었으며, 가짜 고기통조림의 적발로도 이어졌다. 이 사건은 업계의 관행과 묵인되어 오던 표시방법이 소비자의 상식에 의해서 뒤집힌 '위장표시추방운동'의 원형이 되었다.

1960년에는 343품목에 달하는 식품첨가물의 위험성이 문제화되고, 또한 쇼크사를 일으키는 앰플 감기약, 헤어스프레이의 위험성, 유레아수지 제품식기의 포르말린 위험성 등의 소비자문제가 고발되었다. 1967년에는 레몬이나 야자유를 사용한 색물우유 등 허위·과장·기만표시의 문제가 있었다.

1968년, 식용유의 제조과정에서 PCB(Poly Cloro Bipheyl)를 투입한 카네미·라이스오일사건이나 치바오일사건이 발생했으며, 카네미사건은 1,081명의 병원환자와 약 14,000명의 신고환자를 발생시켰다. PCB의 광범위한 용도와 그 유해성이 명확하게 됨과 동시에 전국적으로 PCB추방운동이 활발히 펼쳐지고 PCB의 제조판매는 전면 금지되었다(후일, 2002년 3월에는 PCB뿐만 아니라 PCBF(Ploy Cloro Benzofran)가 있다는 것이 확인되었다).

1965년 5월에는 〈뉴욕 타임즈〉가 미국에서 시판중인 일본의 도요타와 닛산을 비롯한 외국 브랜드 자동차는 결함을 공표하지도 않고 회수율도 나쁘다고 보도한 내용을 일본의 〈아사히신문〉이 이를 공개하였다. 운수성의 지도에 의해 도요타와 닛산이 공표한 결함자동차의 수는 도요타 9차종 19만 대, 닛산 10차종 30만 대이었다. 게다가 전 자동차 브랜드 12개사의 결함자동차는 245만 6,544대에 이르렀다. 매스컴에 의해 결함자동차의 비밀이 폭로됨으로써 자동차 'User Union'이 탄생되었고, 5,000명의 회원을 확보하게 되었다.

그러나 1971년 말 혼다 N360의 사고시 결함자동차 문제에서 사면초가의 상황에 있던 자동차 브랜드의 약점을 이용한 공갈사건은 역으로 많은 비판을 받았다. 1995년에 결함자동차의 리콜제도(회수・무료수리의무화)가 발족되었지만, 닛산자동차 등의 결함 은폐가 문제화되어 예전의 체제를 완전히 불식시킬 수는 없었다.

1960년 말경부터는 물가상승과 더불어 가전의 암거래 재판매나 종합상사의 매점매석 문제에 초점이 모아졌다. 1966년 11월, 물가상승 원인의 하나를 암거래 카르텔로 간주한 공정거래위원회는 가전 6개사의 가격 카르텔 검사를 실행하고, 12개의 협정을 파기시켰다. 그 후 공정거래위원회는 이른바 이중가격 표시를 부당한 표시로써 간주하여 감시를 계속했다.

1970년 8월, '지역단체부인연합회'는 공정거래위원회 위탁으로 카르텔 등 가전제품의 이중가격 표시의 실태를 조사한 결과, 정가와 실판매가 간에 차이가 크고, 카르텔의 40%가 30% 이상 할인해서 판매하고 있으며, 평균 할인율도 28%에 달했다. 또한 수출가격이 국내가격에 비해 저렴한 이중가격 실태도 명확해졌다. 전자기계공업회의 반론도 있었지만, 이것은 여론의 반발을 초래하여 소비자 5단체가 컬러텔레비전 불매운동(1년간)을 시작했으며, 일반소비자로부터 무언의 지지를 받았다. 당시 큰 업체의 슈퍼타이어를 싸게 파는 것을 시작으로, 판매 부진에 고민하던 전기 브랜드는 드디어 그해 말, '가격선도제(price leadership)'로 마츠시다전기 회장이 신제품인 신기종을 정가에 비해 15~20% 인하를 결정함에 따라 문제는 종결되었다.

과거에는 일본 생활용품에서 안전이나 표시 문제가 주요한 소비자문제였다. 그러나 1970년대에 들어서 국민생활센터의 소비생활 상담건수는 품질, 기능, 안전성에 대한 상품상담보다는 계약・판매 방법에 관한 상담건수가 더 많아졌다. 이는 영문판 24권인 브리태니커 백과사전의 방문할부판매에서 보듯이 새로운 방법으로 조직적인 판매가 이루어지게 되었기 때문이다.

"판매는 거절될 때부터 시작된다."는 신념을 근거로 훌륭하게 마무리할 수 있는 매뉴얼에 따라서 교묘하게 전개되는 세일토크에 의한 설득과 법적인 절차의 한계를 극복하는 판매 방법은 전혀 구매의사가 없었던 소비자에게 본의 아니게 고액의 지출을 하게 만든다. 1970년 11월 일본 소비자동맹은 브리태니커 일본 지사를 도쿄 지검에 기만죄로 고발하고 공정거래위원회에 부당표시로 신고하였다. 불공정한 거래나 기만적인 상법이 급속도로 증가하자, 결국에는 상법과 범죄의 경계가 파괴되어 '생활경제범죄'라고 불릴 정도의 범죄 영역으로 깊이 파고들게 되었다.

1980년대에 들어서 혈우병 환자의 치료에 사용되던 비가열혈액제제에 에이즈 HIV가 투입되어 에이즈를 발생시켜 사망한 사건이 속출했다. 그리고 석유단백질 상품화 문제, 관련 사기 사건의 심각화, 수은건전지 문제 등이 있었다.

1990년대는 주로 수입농산물로 인한 소비자문제가 있었으며, O157 문제, 유전자재조합 식품표시 문제 등이 있었다.

2000년도에는 유키지루유업의 병원균 관련(HACCP) 사건으로 환자수 14,849명 발생, 그리고 다중채무 · 악질상업이 소비자문제로 대두, 광우병 · 구제역 문제, 닛산자동차공업 도로운송차량법 위반 고발 등이 있다. 2001년에는 광우병 소 확인 및 일본햄 사건, 그리고 PCB 뿐만 아니라 PCBF도 문제화된 사건, 2003년 또 다시 광우병 소 발견, 2004년 조류독감으로 인한 첫 인간감염 발생 확인, 그리고 2005년의 도요다 127만 대 리콜(헤드라이트 스위치 결함) 등의 문제가 있었다.

생산지상주의는 고도성장의 대가로 공해문제를 발생시켰으며, 소비자문제를 불러일으키는 등 기업환경은 1970년대에 들어서 크게 변화하였고, 기업도 독립된 소비자 대응 부문을 설치하는 등 소비자 고충이나 상담에 대응하지 않을 수 없게 되었다. 오늘날 대부분의 기업이 개설하고 있는 '고객상담센터' 등의 소비자 대응 부문은 이러한 기업과 소비자의 대립적 관계의 부산물로서 1970년대 전후에 생겨났다.

표 2-6 일본의 연도별 소비자문제

연 도	사 례
1945 ~ 1950	불량성냥 문제
1951 ~ 1957	가짜 소고기 통조림 사건 모리나가 비소밀크 사건(1955) 사리도마이드, 카소호르몬 등의 약해 사건(1955)
1958 ~ 1965	사리드마이드 사건, 합성세제 유해 논쟁 343품목 식품첨가물의 위험성 문제화, 앰플 감기약, 헤어스프레이 위험성 유레아 수지 제품 식기의 포르말린 위험성 문제 고발(1960) 과다한 경품 증정 판매(1962) 도요타와 닛산 결함자동차 문제(1965)
1966 ~ 1970	가네미 유증사건 치쿠로 발암성 문제 컬러텔레비전 이중가격 문제 결함 자동차 문제 발생 레몬이나 야자유를 사용한 색물우유 사건－기만적인 표시문제 (1967) PCB를 투입한 카네미・라이스오일 사건, 천엽오일 사건－PCB 유해성이 명확해지고 PCB 추방운동에 의해 PCB 제조판매 전면적 금지(1968) 100엔 화장품 치우레 재판상품 사건(1968) 브리태니커 상법(1970)
1971 ~ 1974	과일음료 표시 문제 불법 카르텔 다발 문제 SF 상법(1972) 피라미드 상법(1974)

1970 후반	대부(사채)가 사회 문제로 대두
1980	약해 에이즈 사건 : 혈우병 환자 치료에 사용되는 비가열혈액제제 에이즈 HIV 투입 사건
1981 ~ 1985	석유단백상품화 저지 문제 사기사건 심각화 수은 건전지 문제
1986 ~ 1994	수은레몬 농약 문제 소련체르노빌원자력 발전사고로 인한 환경 문제
1995 ~ 2000	O157문제 유전자 재조합 식품표시 문제 유키지루 유업의 병원균 관련(HACCP) 사건 : 환자수 14,849명(2000) 다중채무, 악질상업이 소비자문제로 대두(2000) 광우병, 구제역 문제(2000) 닛산자동차공업 도로운송차량법 위반으로 고발(2000)
2001 ~ 현재	광우병 소 확인, 일본 햄 사건(2001) PCB뿐만 아니라 PCBF도 문제화(2002) 폐암 피로제 사망사고 : 사망자 124명(2002) 광우병 소 발견(2003) 조류독감 첫 인간감염 발생 확인(2004) 도요타 127만 대 리콜 : 헤드라이트 스위치 결함(2005) 주택 리노베이션 사기 사건(2006)

일찍이 소니(1963. 4)를 비롯하여, 에스비식품(1967. 4), 산요전기(1969. 4), 라이온치약(현 라이온, 1969. 6), 에자키캬라멜(1970. 4), 아지노모토(1970. 10), 가오비누(현 가오, 1971. 1), 토리오(1971. 1), 도쿄시바우라전기(현 도시바, 1971. 2), 시세이도(1971. 2), 마츠시다전기산업(1971. 3), 모리나가제과(1971. 7), 히타치가전판매(1971. 9) 등 1970년경에는 각 기업 내에 소비자 대응 부분 개설이 집중되어 있다는 점이 흥미롭다(김시월 역, 2004).

사토우(左藤知恭, 1986)에 의하면 이러한 소비자 대응 부문의 새로운 설치는 통산사무차관 전달사항인 '업계의 고충처리 체제(1969. 1)'에 의해 영향이 컸으며, 이러한 전달 사항은 1968년 5월에 공표 시행된 「소비자보호기본법」 제15조 제1항에서 사업자가 소비자 고충처리 체제를 정비해야 한다는 요청을 받아들여, 각 업계와 단체에 확대되었다.

일본 기업의 소비자대응부서 정비는 앞에서 언급했듯이 1970년대의 산물이지만, 최근까지 설치상황을 엿볼 수 있다. 해를 거듭하면서 기업도 창구에 충실한 노력을 기울였으며, 또한 다른 기업이나 다른 업종의 소비자 대응 부서와의 교류를 시도해 왔다. 1980년에는 소비자대응부서의 횡단적 조직으로서 소비자 관련 전문가회(ACAP)를 발족시켜, 담당자 간의 정보교환 및 연구교류를 하게 되었다.

표 2-7 일본 기업의 소비자 대응 창구 설치 현황

조사년도	대상 기업수	응답 기업수	창구설치 기업수
1972	789	264	80
1973	1,286	285	129
1974	1,687	82	264
1976	1,689	486	341
1977	1,769	549	382
1978	1,723	868	513
1981	1,964	984	610
1984	2,384	1,087	764
1988	2,438	1,120	850
1997	2,400	1,228	1,062

*자료: 김시월 역(2004), 『일본의 소비자교육』; 국민생활센터 '주요 기업 소비자 관련 창구명칭'(1988) 및 전국소비자생활상담원협회 '소비자생활상담을 위한 기업의 소비자 관련 창구명칭'(1997)에 의해 작성함.

3) 한국과 일본의 소비자문제 비교

한국과 일본의 소비자문제는 확연한 차이가 있다. 이는 경제성장 단계의 시기적 차이, 고도의 소비사회로의 진입 시기 차이, 이에 대처하는 행정의 차이, 소비자의식의 차이, 그리고 그 기저에 있는 문화적 차이에 의한 것이다.

일본은 우리나라의 전쟁을 거점으로 경제성장의 발판이 마련되어 일찍이 경제발전에 돌입하였으며, 우리나라는 전쟁으로 폐허가 된 전 국토를 새롭게 다져서 경제발전 단계를 시작하는 데 10년의 준비기간을 거쳐 바야흐로 1962년부터 제1차 경제개발 5개년 계획에 돌입하게 되었다.

일본은 경제성장과 행정의 대처, 그리고 고도의 소비사회로의 진입은 일찍이 시작했지만, 소비자문제로 인한 인명과 신체적 피해는 오히려 더 컸다고 볼 수 있다. 따라서 일본은 소비자단체의 대두, 역할, 그리고 소비자운동의 역사가 더 빠를 수밖에 없다.

반면에, 한국은 일본에 비해 경제성장과 행정의 대처, 그리고 고도의 소비사회로의 진입은 늦었지만, 어느 정도 선진국에서의 소비자문제를 대처하고 예방하면서 인명과 신체적 피해는 오히려 더 적었다고 볼 수 있다.

이를 중심으로 볼 때, 일본의 경우는 극히 행정에 의존하는 행정중심적인 사회와 소비자의식을 엿볼 수 있고, 한국의 경우는 행정이 해야 할, 혹은 할 수 있는 것을 부분적으로 소비자단체 및 소비자운동이 대처한 경향이 있는 차이점을 볼 수 있다.

그러나 소비자문제는 이제 국제화되어 국가 내에서만의 문제가 아니라 국가 간 공유하는 경향으로 인하여 글로벌화되었다고 볼 수 있다. 이에 일본은 2004년 「소비자보호기본법」에서 「소비자기본법」으로 개정, 우리나라는 2007년 「소비자보호법」에서 「소비자기본법」으로 개정하여 소비자안전, 소비자교육, 그리고 소비자자립과 단합에 관한 사항들이 그 중요점으로 부각되고 있다.

이제 모든 산업 분야에 규제완화가 진행되고 그로 인하여 소비자 자신의 책임이 요구되는 가운데 각종 안전망의 정비가 필수불가결하게 되었다. 특히 국제화와 개방화로 인하여 소비자문제는 그 경계가 무너지고 있으므로, 행정, 기업, 소비자 등 모두 철저한 대비가 필요하며 관련 법률의 정비, 소비자교육 등이 필요하다.

생각해 볼 과제

1. 개인의 최근 소비자문제 경험을 살펴보고, 어떻게 처리했는지 토론해 보시오.
2. 소비자문제의 발생요인을 여러 가지 측면에서 살펴볼 수 있는데, 구체적으로 어떤 것이 있는지 말해 보시오.

2

소비자운동

>>>주요용어

소비자운동 소비자운동의 배경 소비자운동 이론
한국과 일본의 소비자운동 비교

소비자운동은 소비자문제의 해결 및 예방과 깊은 관련이 있다.

소비자운동은 소비자를 위한 소비자에 의한 소비생활 향상과 관련된 운동이다. 각 나라의 상황과 역사적 배경에 따라 소비자운동의 시작, 전개, 목표는 차별화된다. 혹자는 소비자단체의 운동 유형을 살펴볼 때, 미국과 일본은 정보제공형, 유럽의 프랑스는 네트워크 중심형, 그리고 한국은 소비자피해 상담형이라고 언급하지만, 어떤 것이 옳고 그름은 없다. 단지 소비자단체의 전문적인 성격과 사회를 바라보는 초점의 차이로 인한 것이며, 그 국가가 처한 상황의 차이로 인한 것이다.

소비자운동의 목표는 소비자보호에 중점을 두는지, 소비자보호와 더불어 소비자 관련 체제의 개혁 및 제안에 중점을 두는지 등 여러 가지 분류가 가능하다. 따라서 소비자운동의 목표 및 의의는 소비자단체별로 다르다.

소비자운동의 궁극적인 목적은 소비자를 위한 것이라고 볼 수 있다. 그러므로 소비자운동은 소비자의 적극적인 참여에 따라 그 향방이 변화할 것이다.

바야흐로 이제는 국제화 시대이다. 따라서 소비자운동 또한 국제적 연대화를 위하여 매진할 때이며, 이를 위해서는 소비자단체의 국제화・전문화 그리고 특성화가 필요하다.

제3장

소비자운동 관련 이론

1. 소비자운동의 개념

18세기 산업혁명 이전에는 가내수공업적 생산 방식으로 필요한 재화를 생산·공급해 왔다. 그 결과, 생산은 산술급수적으로 증가한 반면, 인구는 기하급수적으로 증가하여 생산은 적고 소비는 증가하는 현상이 나타났다. 그리하여 기업이나 국가의 주된 관심은 어떻게 생산을 증가시켜 생산과 소비를 균형화 시키느냐에 있었고, 그 당시 소비자보호 문제는 생각지도 못했으며, 소비자보호 문제가 대두된 것은 산업혁명 이후 자본주의의 발전으로 공장제 대량생산 체제가 확립된 이후였다. 사회적으로 소비자보호 문제가 시작된 것은 자본주의 경제의 고도화로 인하여 과잉생산과 과소비 문제가 심화되면서부터였다.

자유경쟁의 산물인 상품의 과잉생산은 상품의 판매 부진과 생산자 상호간에 과도한 경쟁을 유발시켜 생산 단축, 실업, 기만적인 상행위 등을 초래하여 각종 상품에 대한 비판의 목소리가 점차 높아졌으며, 이때부터 소비자보호 문제는 사회적 이슈로서 관심을 끌기 시작했다. 이러한 소비자문제는 산업혁명 이후부터 움트기 시작해서 20세기가 되어서 비로소 새로운 과제로 등장하였다. 이는 1930년대에 미국을 비롯한 캐나다, 영국 등이 고도의 대중소비시대로 들어서면서 대부분의 소비자가 자급자족을 할 수 없게 되었으며, 생활용품의 대부분을 구입하지 않을 수 없게 되었기 때문이다.

소비자운동이란 '소비자의 권리 및 이익을 수호하거나 증진을 목적으로 조직된, 소비자문제의 해결과 생활의 질을 향상시키고자 하는 사회적 단체 활동'이다. 현실적으로는 크고 작은 여러 규모의 소비자단체가 각자의 목표를 지향하고, 특정한 사회적 역할을 담당하고 운동을 진행하고 있으나, 소비자권리의 보호 또는 소비자이익의 증진을 기저에 깔고 있다. 이러한 소비자운동의 태도 및 유형은 다양하다.

시장논리에서 보면, 소비자의 선택행동은 기업에게 영향을 주고, 소비자의 요구나 의견은 소비자 스스로 잘 실현할 수 있어야 한다. 그러나 현실에서는 커다란 정보력, 자본력, 교섭력 등을 지닌 기업이 시장을 지배하고 있으며, 소비자의 의견은 어느 정도 무시되고 있다. 따라서 시장 시스템으로 구성된 경제사회 환경을 변화시키는 데에는 시장통제만으로는 불충분하며, 역동성 있는 소비자운동, 소비자단체, 소비자의 네트워크 활동이 필수불가결하다(国民生活センター, 2000).

특히 현대사회에서는 고도의 경제성장 속에서 대량생산, 대량판매가 일반화되고 과학기술이 진보함에 따라 새로운 상품도 다양하게 등장하고 있다. 따라서 소비생활에서는 큰 변화가 있는 반면, 소비자는 사업자에 비하여 상대적으로 나약한 입장에 서게 되었다. 즉, 소비자 자신의 지식이나 경험만으로 위험한 상품으로부터 자신을 지키기 위해 합리적인 선택을 하는 것은 지극히 힘든 일이다. 이 때문에 사업자의 활동을 적정화하는 것과 더불어 소비자를 지원하여 소비자이익을 보호하고 증진하기 위한 종합적인 대응이 중요하게 되었다.

소비자문제에 대한 대응에서 보다 중요한 것은 정부의 소비자정책만이 아니라 소비자 스스로 단결하여 사업자와의 사이에서 지위 회복을 도모하고, 소비자와의 사이에서도 지위회복을 도모하여 소비자의 권리나 이익의 보호・유지를 위해 행동하는 것이다. 이와 같은 소비자에 의한 조직적인 행동은 소비자운동으로서, 대부분의 국가에서 볼 때 그 전신은 생활 유지를 위한 기본적인 운동에서 출발하였다(馬場紀子外, 2002).

콜스톤(Colston E. Warne)은 "노동운동은 19세기의 발견이고 소비자운동은 20세기의 발명"이라고 하였다. 이는 노동운동은 소비자로서 노동자가 생산과정의 종속적 지위로부터 스스로를 해방하는 운동인 것에 비하여, 소비자운동은 고용노동자로서의 소비자가 소비과정의 종속적 지위로부터 자신을 해방시키는 운동임을 뜻한다. 이 두 가지 운동에서 우리는 소비자(고용노동자)가 생산과정(수입)과 소비과정(지출)의 양면에서 자주독립적인 해방을 실현하고 생존권을 확립하는 것이 가능하다(日本消費者教育学会, 1998, 재인용)는 인식을 가질 필요가 있다. 이러한 기본적인 인식을 통해 소비자운동의 의의를 필연적으로 이해할 수 있다.

소비자운동은 고도산업사회에서 소비자가 상품과 서비스의 구입 및 거래상 무지를 자각하고, 금전을 가치 있고 유용하게 사용하는가에 대해 문제의식을 지니고, 그 문제해결을 위해 상품이나 서비스의 가격, 품질, 공급가격, 효율 등에 관하여 충분한 정보를 습득하여, 생산자와의 불공평한 힘의 관계에서 종속적 지위로부터 스스로를 해방시켜 소비자권리를 명확하게 하는 것이다(国民生活センター, 2000).

또한 소비자운동은 소비자주권 실현을 방해하는 원인 — 그것이 기업・행정, 정책에 의한 것이든 — 을 소비자 스스로의 힘으로 배제하고, 소비자주권을 확보하는 운동이다. 따라서 소비자운동의 대상을 시장에서의 구매행위에 한정할 필요는 없으며, 소비자의 생활에 직접・간접적으로 관계가 있는 모든 것들이 포함된다. 이러한 의미에서 소비자운동은 극히 보편적인 운동으로써 모든 국민이 소비자이므로 시민운동으로도 직결된다고 볼 수 있다(日本消費者教育学会, 1998).

요네가와(米川五郎 外, 1997)는 경제거래에서 사업자에 비해 상대적으로 불리한 입장인 소비자가 대등성의 회복, 그리고 소비자주권을 확립하기 위해 단결하고, 학습하고, 항의하고, 행동하는 사회적 운동으로 평가하고 있다. 이에 소비자운동을 전개할 때에는 소비자운동에 대한 인식의 문제 제기(정의), 소비자운동을 해야 하는 이유(필요성), 최종 목적은 무엇인가(목표), 누가 할 것인가(추진의 주체), 무엇을 할 것인가(과제), 방법(조직화와 지역성), 그리고 그 결과를 통한 반성의 과정을 거쳐야 한다고 강조하였다.

사회의 변화와 더불어 사업자와 소비자 간의 격차가 발생한 요인을 살펴보면, 고도의 기술화로 인한 정보 격차의 확대, 대량생산으로 수반되는 소비자피해의 확대, 유통혁명에 의해 생산과 소비 간의 거리 확대, 시장의 독과점화에 수반되는 비경쟁적인 상황 출현의 문제, 그리고 판매기술의 혁신, 대량 광고, 새로운 판매 방법의 출현 등으로 일반 소비자의 정보력 격차의 확대 등을 들 수 있다. 여기에서 문제는 소비자 자신의 선택 능력이 부족하여 소비자문제가 발생하며, 그 문제는 점점 복잡하고 다양해지며 국제화된다는 것이다.

소비자운동의 통일적 견해는 아직 확립되지 않았지만, 그 중에서도 공통의 인식 사항은 기업 및 행정에 대한, 그리고 소비자의 자립을 위한 운동으로 개념화되고 있으며 구체적으로는 다음과 같다.

소비자운동은 소비자를 보호하고 권리를 강화하기 위해 정부, 기업 독립조직과 소비자들이 활동을 전개하는 것이다. 현대사회의 소비자운동은 기존의 좁은 의미에서의 피해구제를 통한 소비자문제에 집중하던 것에서 점차 그 영역을 확대하여 인간성 회복과 인권을 위한 시민운동에 이르기까지 다양한 양상을 보이고 있으며, 소비자주권 확립을 통한 사회변화를 이끌어 가는 중심세력으로서 자리잡아가고 있다.

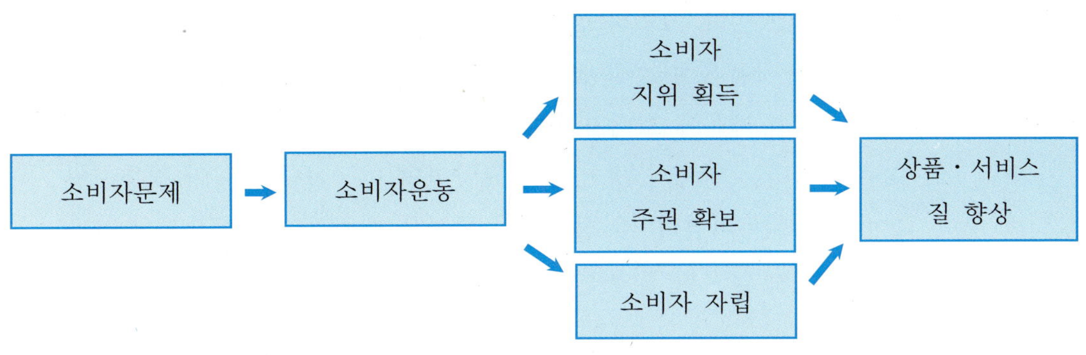

그림 3-1 소비자운동의 흐름

2. 소비자운동의 유형

앞에서 언급한 소비자운동에 대한 인식의 문제제기(정의), 소비자운동을 해야 하는 이유(필요성), 최종 목적은 무엇인가(목표), 누가 할 것인가(추진의 주체), 무엇을 할 것인가(과제), 방법(조직화와 지역성), 그리고 그 결과를 통한 반성의 과정 등과 더불어 현재 소비자단체에서 펼치고 있는 소비자운동의 유형별 현황은 다음과 같다. 또한 역사적인 경험에서 보여준 주요한 소비자운동의 형태를 살펴보자.

1) 상품 테스트형

미국이나 유럽에서 활동하는 전통적인 소비자단체는 소비자에게 정보를 제공함으로써 소비자의 선택을 돕는 것이 주요 활동이다. 이 과정에서 소비자는 반드시 월간지라는 형태로 정보를 구매하기 때문에 단체의 재정적인 독립을 가능하게 한다. 즉 미국 및 유럽의 소비자단체는 비영리단체로 월간 정보지를 통해 소비자에게 회비를 받고 정보를 제공하고 있다. 그러나 이러한 방식의 소비자단체 활동은 소비자들로 하여금 상품을 단순하게 구매하는 수동적인 역할로만 한정시키는 단점이 있기 때문에 소비자단체의 역할을 정책결정 참여 등에 적극적으로 확대하는 단체가 생겨났다. 요약하면 미국이나 유럽의 전통적인 소비자단체는 비영리·비정치적인 특성을 제외하면 월간잡지 출판판매회사이며 잡지의 내용은 주로 상품 검사의 결과이다.

미국의 소비자연맹은 생활용품의 비교테스트를 통해 소비자에게 제공하여 많은 소비자 지지를 얻었다. 이것에 의해 이탈리아소비자협회의 『위치(*which*)』, 독일테스트재단 스티프퉁 바렌테스트(Stiftung Warentest)의 『테스트(*TEST*)』 등도 발행되고 있다. 일본에서도 행정기관에서 보조금을 받아 (재)일본소비자협회의 『일간소비자』나 국민생활센터의 『확실한 눈』과 같은 생활용품 테스트지가 간행되고 있지만, 보급률도 그다지 많지 않아서, 미국의 『컨슈머 리포트(*Consumer Report*)』와 같이 자주적인 운동수단으로는 되고 있지 않다.

프랑스 소비자연맹(Union Federale des Consommateurs, 이하 UFC)의 경우 1951년에 창설된 단체로 프랑스 전국에 191개의 지부를 갖추고 있는데, 월간 『끄 슈와르(*QUE CHOISIR*, 무엇을 선택할 것인가?)』(이하 *QC*)와 부록(오르셀)을 함께 발행하며 텔레비전과 라디오 방송을 통해 소비자에게 정보를 제공하고 있다. *QC*는 매달 23만 부를 발행하고 있으며, 정기구독자는 16만 명이고, 특별부록 오르셀의 정기구독자는 10만 명, 『가이드(*GUID*)』의 정기구독자는 2만 명이다. *QC*에는 상품테스트와 각종 조사 자료가 게재된다. 조사 자료는 상품이나 서비스의 사기성이나 부정확성 여부에 초점을 두며 테스트는 UFC의 기술팀이 안전성과 품질, 가격을 조사하고 있다.

미국이나 프랑스의 소비자단체에서 제공하는 정보의 가장 큰 특징은 상품 테스트 위주의 정보를 제공함으로써 소비자가 정보의 유용성을 쉽게 느낄 수 있게 되고 이로 인해 회원의 확보와 재정의 자립이 가능하다는 점이다(이종혜 · 이기춘, 1998).

우리나라 소비자단체들의 경우 1982년 한국소비자연맹이 상품 검사실을 개설하였고, 1983년 4월에는 소비자단체협의회에 상품검사실을 마련함으로써 검사대상이 제한적이기는 하지만 소비자가 요청하는 상품에 대한 검사를 중심으로 운영해오고 있으며, 전문적인 시험기관으로 활동, 식품과 공산품 등 매년 10개 내지 20개 품목에 대한 상품테스트를 실시하고 있다.

소비자단체협의회는 소비자에게 각종 소비생활과 관련된 정확한 정보를 제공하기 위하여 1978년 9월부터 『월간 소비자』를 연 10회씩 발행하고 있다. 『월간 소비자』에는 소비자단체협의회와 각 단체들의 활동내용, 상품 테스트 결과, 소비자안전과 관련된 각종 정보, 소비자고발사례와 처리 방법, 환경문제, 식품 등 각종 상품과 서비스에 대한 소비생활 관련 정보, 해외소비자운동사례 등 소비자문제 전반에 대한 소식을 담고 있다. 주로 각 단체의 회원 등 일반 소비자를 주요 독자로 하고 있으나, 행정당국, 각급 학교, 소비자 관련 학계, 보도기관 등에도 많이 배포되고 있다.

또한 고발사례집, 상품 테스트총람, 어린이 소비자교육 교재, 소비자지식 등 정기간행물 외의 자료 등을 수시로 발간하고 있으며, 단체활동에 대한 단체 간의 정보교류와 대외홍보를 위해 1992년 6월부터 매주 수요일 뉴스레터를 발행하고 있다(한국소비자단체협의회, 1996). 그리고 소비자를 위한 시민의 모임의 『컨슈머 리포트』, 한국소비자원의 『소비자시대』 등이 간행되고 있다.

소비자단체의 테스트

(사)한국소비생활연구원 소비자정책연구팀(이하 연구팀)은 "알칼리 이온수기에 대한 정의, 관련법령, 선호도조사 등 각종 자료조사 결과와 환경부 및 식약청의 입장을 종합적으로 정리해 이온수기에 대한 정보를 제공함으로써 소비자들이 올바른 선택을 하는 데 도움을 주고자 한다."
며 「이온수기의 진실과 오해」를 발표했다. 실태보고서에서 연구팀은 "2005년 말 현재 환경부 조사통계에 따르면 정수기시장은 연간 약 400억원 정도이며 이온수기는 약 400억원 정도의 시장규모가 형성되어 있는 것으로 판단된다."고 전제했다. 이어 "이온수기는 의료기기법과 의료기기 허가 등에 관한 규정, 의료기기 품목 및 품목별 등급에 관한 규정, 의료기기 기술문서 등 심사에 관한 규정'등에 의해 관리된다."며 "이온수기는 의료기기품목 및 품목별 등급에 관한 규정(식약청고시 제2005-17호)과 의료용 물질 생성기 기술문서 해설서(기술문서 해설서 시리즈 No. 56)에서 '의료용 물질 생성기기는 물을 전기분해해 알칼리수를 생성하는 기구로서 음용으로 위산의 중화에 사용하는 기구'로 정의돼 있어 정수기와 같은 먹는 물 장치가 아니다."라고 설명했다.

연구팀은 "식약청에서는 의료용 물질 생성기는 정수기능이 있는 의료용 물질 생성기기라고 할 수는 있어도 정수기 개념으로 볼 수는 없다는 입장이며 의료기기로 허가받은 제품을 허가 또는 신고된 내용과 다르게 광고하여 판매하는 것은 의료기기법 제23조 제1항 내지 제2항의 규정을 위반한 사항이므로 행정처분기준에 따라 처분한다는 입장"이라고 설명했다. 무엇보다 보고서는 "우리 연구원에서 실시한 소비자 인식도 조사결과에 따르면 알칼리이온수기가 의료기기로 등록되어 있다는 사실을 알고 있는 소비자는 전체의 약 20% 정도에 불과했으며 알칼리이온수의 효과에 대한 신뢰도는 다소 낮은 수준이었다."며 "효과를 신뢰하지 않는 이유는 '정확한 정보제공이 미흡해 잘 몰라서'와 '홍보내용이 과장되어 있는 것으로 생각되기 때문'이 전체의 약 70%를 차지해 업체에서 알칼리 이온수에 대한 정확한 정보를 제공하기 위한 노력이 필요할 것으로 판단된다."고 강조했다.

이뿐 아니라 "반드시 의사와 상담 후 이온수기를 사용하도록 함으로써 이를 제대로 인지하지 못하는 어린이나 노약자가 먹는 물로 상시 음용하는 일이 없도록 사전적 예방활동을 강화해야 할 것이며 과대·과장광고 등으로 소비자를 현혹시키는 경우에는 철저한 규제를 해야 할 것"이라며 "이는 비단 이온수기뿐만 아니라 건강에 좋다는 등의 과장광고를 하는 정수기에 대해서도 예외 없이 적용돼야 할 것"이라고 밝혔다. 더불어 "소비자들도 내가 어떤 물을 마실 것인지에 대해 충분한 검토와 올바른 인식을 갖는 것이 필요하며 분명한 사실인 '이온수(pH 9.5 이상)는 위산중화 등에 사용하는 의료용 물질이지 정수기나 먹는 샘물과 같이 먹는 물이 아니다'라는 사실을 분명히 인지해야 할 것"이라고 전했다.

－뉴시스(2006. 11. 30)

2) 소비자교육형

우리나라의 경우 대부분의 소비자단체에서 소비자를 대상으로 소비자교육을 실시하고 있으며, 현대에는 시대적인 이슈와 관련하여 일반교육에서부터 전문화된 영역까지 교육을 실시하고 있다. 특히 소비자교육 방법도 소비자가 있는 곳으로 달려가는 다양한 방법을 도입하고 있다.

일본에서는 1960년대 중반부터 (재)일본소비자협회나 국민생활센터, 게다가 지방공공단체의 소비생활센터 등이 주최하여 소비자리더나 소비생활컨설턴트의 양성강좌를 정기적으로 개최하고 있으며, 이곳의 졸업자들이 행정기관의 창구에서 활약하고 있다. 그러나 주부연합회나 생활협동조합 등이 주최한 강좌의 수료자들이 소비자운동의 리더로 양성되는 경우는 드물다.

소비자단체의 교육

김○○(19)은 수시모집에 합격돼 호프집 아르바이트를 했다. 계약할 때 3일 안에 그만두면 임금을 한 푼도 받을 수 없고 15일 내 그만두면 임금 중 50%와 구인광고료 3만원을 공제한 후 임금을 받겠다는 계약서를 작성했다. 사정이 생겨 8일째 되던 날 일을 그만두었는데, 계약내용이 너무 불합리한 것 같아 억울하다. 이처럼 수능시험을 마친 고3학생들의 소비자 민원이 끊이질 않고 있는 가운데 지역소비자단체들이 청소년 소비자피해 예방을 위해 '찾아가는 청소년 소비자교육'을 실시하고 있다.

대전주부교실은 지난 14일 유성생명과학고를 시작으로 내달 18일까지 12개 학교를 찾아가 청소년 소비자교육을 실시하고 있다. 교육내용도 최근에 자주 피해가 발생하는 방문판매, 통신판매, 마켓플레이스(온라인상에서 판매자와 구매자가 직거래할 수 있는 웹사이트, 옥션 · G마켓 등)에서 일어나는 피해사례와 대처방법을 사례별로 제시해줘 학생들로부터 호응을 얻고 있다.

대전소비자연맹도 지난 22일부터 내달 15일까지 수능을 마친 10개교 고3학생들을 대상으로 찾아가는 경제 · 소비 교육을 하고 있다. 특히, 지난 28일 보문고등학교에서는 교육을 마친 학생들이 대거 상담을 요청하는 등 호응이 좋아 현장 접수 처리도 해주고 있다.

대전소비자시민모임은 지난 28일부터 내달 22일까지 5개교를 대상으로 다이어트 피해 중심의 소비자피해 예방과 환경 등 다양한 주제로 소비자교육을 실시하고 있다. 내달 1일 서대전고등학교에서는 소비자교육과 함께 흡연과 관련된 영상물과 사례 중심으로 교육할 예정이다.

찾아가는 소비자교육을 받은 한 학생은 "수능 후 충동구매한 물건을 반품하려 해도 방법을 몰라 답답했던 적이 한두 번이 아니었다."며 "이번 기회에 대처 방법 등을 배울 수 있어 좋았다."고 말했다.

－대전일보(2006. 11. 29)

3) 문제수집형

구체적인 채널을 통해 소비자의 피해사례를 수집하고, 또 표면화되지 않는 소비자문제를 파악하여 이를 신속하게 해결하려는 방법이다.

4) 행정 · 입법자극형

미국의 랄프 네이더는 자동차의 안전문제에 관한 저서나 상원의 입법위원회 자문으로서의 활약을 통하여 자동차의 안전성을 고취시켜 입법을 성립시켰다. 또한 공공의 이익을 위하여 운동하고, 학생이나 젊은 법률가를 조직하여 소비자문제나 공해문제를 연구시켜 행정이나 입법을 개혁시키는 운동을 하였다. 이러한 소비자운동 유형은 소비자문제 해결을 위해 행정을 보다 많이 자극하는 방법이다.

소비자단체의 자극

투자자 35만 명, 최대 5조원의 피해가 예상되는 제이유 사태에 대해 관리감독 부서인 공정거래위원회의 정책 실패가 원인이라는 지적이 나왔다. 서울 YMCA 시민중계실은 11일 기자회견에서 "사실상 공정위의 주도로 이뤄진 2002년 방문판매법 개정 당시 후원수당 처벌 조항과 가격 제한 조치들이 폐지되면서 사행성이 극대화됐고 제이유라는 괴물이 나왔다."고 밝혔다.

시민중계실은 "다단계 시장을 업계 자율에 맡기면 정화될 것이라는 공정위의 기대는 완벽한 실패"라며 "선량한 소비자보호를 위해 공정위가 상시감시와 과징금 처분을 강화해야 하며 정책실패 책임 규명도 이뤄져야 한다."고 주장했다. 「방문판매등에관한법률(방판법)」은 2001년 당시 민주당 김부

겸 의원이 개정안을 냈고 이듬해 2월 국회 본회의를 통과했다. 매출액 대비 35% 후원수당 초과 때 처벌규정(7년 이하의 징역 혹은 2,000만원 이하의 벌금)이 삭제됐으며 상품 가격제한과 후원수당 지급 기준이 완화됐다.

중계실 김○○ 팀장은 "제이유가 250%의 수익보장을 선전하고 수억원대의 투자자를 모집할 수 있었던 배경이 바로 완화된 법 개정안"이라고 설명했다. 2005년 제이유 네트워크의 판매원들의 1인당 연간 평균 물품 구입비용은 2,000만원 상당을 기록해 3년 전 업계 평균 수치와 견줘 18배나 됐다.

제이유 네트워크가 제이유 피닉스, 디포믹 코리아 등으로 법인명을 변경하면서 법망을 빠져 나갔지만 공정위는 수년간의 검토 끝에 지난 3월에야 과징금을 제이유 네트워크에 부과했다. 이 때문에 공정위가 징수한 과징금은 0원이다. 중계실은 대안으로 처벌 조항을 다시 방판법에 포함하고 신속한 관리 감독의 실효성을 확보해야 한다고 주장했다. 서울 YMCA 신○○ 부장은 "제이유 사태로 떠들썩한 시점에도 여전히 제이유를 모방한 다단계 및 방문판매업자들의 유사 마케팅이 성행 중"이라며 "다이너스티 등 업체를 형사고발하기 위한 피해 사례를 수집 중"이라고 말했다.

－국민일보(2006. 12. 11)

5) 수색형

일본의 경우, 1974년 석유쇼크 이후, 지역에 밀착한 비교적 소규모적인 단체가 식품의 안전문제 등 인체와 관련된 문제를 집중적으로 다루었으며, 문제를 해결하려는 활동이 급증해 왔다. 기업 내부에서 상품의 위험성이나 부당한 거래관계를 고발하는 내부고발의 행동도 여기에 속한다.

특히 일본과 같이 공익통보제(내부고발제도) 및 공익통보자보호제(내부고발자보호제도) 등이 마련된 경우에는 이러한 수색을 자극하는 소비자운동의 유형을 볼 수 있다.

6) 소비자피해구제형

일본의 경우, '모리나가 비소밀크사건'이나 '스몬스병 사건', 혹은 결함자동차로 인한 피해 구제를 목적으로 한 '일본자동차 User Union'이 있다. 그리고 '일본소비자연맹'은 백과사전 브리태니커의 해약 중재를 위해서 피해자를 조직하여, 가해자인 기업이나 감독자인 행정기관을 상대로 피해보상소송을 하거나 '소비자구제재단'이나 '피해구제기금' 등의 제정을 촉진하고, 소비자 피해구제를 위한 연대 및 계몽을 하였다. 그러나 한국의 경우에는 일본의 소비자단체와 달리, 소비자상담을 통한 소비자 피해구제가 활발하다. 즉, 개별 소비자상담을 통한 소비자서비스는 소비자운동의 일환이며, 소비자단체의 재정 조달에 기여하며, 그로 인해 주요한 과제가 되기도 한다.

7) 정보제공형

소비자가 필요한 정보 검색이 가능하도록 하는 시스템은 소비자운동의 기초를 이루고 있다. 소비자가 필요한 정보는 데이터베이스, 팸플릿, 카탈로그, 광고, 사용설명서, 계약서형, 결함상품이나 거래 기록과 처리 상황, 소비자고충·소비자소송이나 생활경제범죄의 기록, 소비자문제에 관한 신문·잡지·단행본의 기사, 외국자료 등으로 그 범위가 넓다. 따라서 훈련된 전문지식을 겸비한 직원이 필요하다.

예를 들면, 특히 내구소비재를 구매할 때 참고가 되는 소비자동맹의 '구매연감'인 『바잉 가이드 이슈(*Buying Guide Issue*)』의 내구소비재의 수리 빈도조사와 같은 새로운 조사나 정보는 공개가 필요하다. IT시대이므로 전자화도 진행되고 있으며, 데이터의 기억용량도 비약적으로 증가하고 있으므로, 이러한 시설을 이용하는 새로운 소비자운동의 영역이 개발되지 않으면 안 된다.

또한 정보제공에서 상품비교테스트 등을 중심으로 한 경우는 상품 테스트형과 관련성이 밀접하다.

8) 지역네트워크 형성

소비자운동의 근원은 회원수이며, 이는 단체 영향력의 밑거름이 된다. 물론 회원의 규모가 크더라도 응집성이 없거나 분열되어 있는 집단은 다수의 회원을 동원하는 전략을 구사하기 어려우며, 이러한 조직은 지도부의 과시적 활동에 보다 의존하게 된다. 따라서 다수의 명목상 회원보다는 적극적으로 참여하는 회원들의 수가 중요하며 이들이 지역에 따라 어느 정도 네트워크화되어 있는가는 소비자운동의 중요한 요인이다. 대부분의 소비자운동 단체가 중앙을 중심으로 하고 지부를 확대하여 전국적인 네트워크를 이루는 이유도 여기에 있다.

이것을 총괄해서 보면, 소비자운동은 소비자의 여론이 매스컴이나 행정을 자극하여 행정이 이것에 대응하여 소비자보호 시스템을 정비하도록 하는 움직임이 있다는 것을 알 수 있다. 잘 생각해 보면 미국의 상품테스형이라고 일컬어지고 있는 소비자운동도 결국에는 행정의 소비자보호 시스템의 정비를 도모하는 효과적인 수단의 하나를 담당하고 있다. 일본과 우리나라에서는 소비자연맹과 같이 특별하고 커다란 조직이 보이지는 않지만, 소비자의 여론이나 대중적인 활동은 소비자행정이나 소비자입법을 항상 자극하고 있다.

그 외 소비자운동의 성과를 중심으로 분석한 후, 소비자운동 평가의 틀을 유형화한 경우는 다음과 같이 열거하고 있다(박인례, 2004).

■ 환경 유형

사회적 · 경제적 정치기회구조, 외부행사 및 행동, 운동사전활동을 제시할 수 있다.

■ 운동 유형

목표・리더십・조직구조・자원・전술 등의 기반구조와 연대활동의 내부 역동성 그리고 언론・관료・기업 등과의 외부역동성인 운동역동성을 지적할 수 있다.

■ 영향 유형

성과목표는 목표달성에 있고, 광범위한 변화는 사회 변화, 정치 변화, 시장 변화, 소비자운동 변화를 제시할 수 있다.

임영순(1998)・김경배(1990)는 소비자보호운동의 발전방안에 대해 연구하였는데, 소비자운동은 소비자단체, 기업, 정부 등이 주체가 되어 추진되어야 한다고 주장하고 각 부문별로 소비자보호 활동의 현황을 직시하면서 더불어 발전 방안에 대해 제안하였다. 소비자단체에는 전문성 확보, 재정 자립, 지역조직 확산, 소비자교육 활성화, 소비자의식 제고의 필요성 등을 제안하였다. 또 기업에는 소비자 정보제공 활성화, 소비자 전담기구 설치, 소비자 불만처리 담당자의 훈련, 기업의 소비자교육 의무 강화와 기구 설립을 제시하였다. 정부에는 소비자행정에 소비자 참여 강화, 한국소비자원의 역할 재정비, 소비자단체 활동 지원을 강화하도록 소비자보호법 개정, 정부의 소비자보조금 확대, 공교육의 소비자교육 강화를 제시하였다.

또한 일반적인 소비자운동의 유형을 제시한 연구들을 보면, 기능상 크게 정보제공형 운동과 생활협동조합운동으로 구분하고 있다.

운영자금원으로서의 유형을 보면 운영주체에 따라 민간주도형, 정부주도형으로 나누거나 운동의 후원자 및 지도자를 기준으로 양심적 지지자, 수혜적 후원자, 자원봉사, 전문운동가로 구분하기도 한다.

사회운동단체의 유형을 구분한 예를 보면, 동원구조에 따라 '시장적 유형'과 '공동체적 유형'을 하나의 기준으로, 경제 또는 정치와의 관계에 따라 '성원형'과 '도전형'을 또 하나의 분류기준으로 구분하였다.

정보제공형과 생활협동운동으로 대표되던 전통적인 소비자운동의 분류에 추가하여 최근에는 공간과 시간을 초월한 사이버 공간에서의 소비자운동이 확산되면서, 인터넷과 소비자운동 간의 관계에 관심이 모아지고 있다.

네트워크와 사회운동에 관한 논의에서 운동의 출발과 확산방향이 어떠한가에 따라 첫째, 현실에서 사이버공간으로 옮겨가는 운동과 둘째, 사이버공간에서 현실로 진입해 가는 운동으로 구분하였다.

소비자는 '지갑의 힘'을 가졌다

소비자는 '지갑의 힘'을 가졌다.

소비자는 값을 치른 물건이나 서비스에 조그마한 불만이라도 있으면 가만히 있지 않는다. 과거에는 해당 기업의 어느 부서에 불평해야 하는지 알기 어려운 데다 그것도 낮 업무시간으로 제한돼 불만이 있어도 그냥 지나가는 게 대부분이었다. 하지만 인터넷이 생활의 한 부분이 되면서 소비자들은 이 강력한 '지갑의 힘'을 손쉽게 발휘하고 있다. 하루 24시간 거의 공짜인 인터넷에 접속해 마음에 들지 않는 기업에 간단하게 화살을 날리고 있다.

인터넷 포털 다음의 '아고라 토론방'에 최근 게재된, 한 자동차 회사에 대한 불평 글은 12만 8,497건의 조회 수를 기록하고 있다. 한 식품 대기업에 대한 불평 글은 다음과 네이버에 똑같이 올라가 있다. 이런 불평 글에는 그 글 작성자의 주장에 맞장구를 치는 댓글도 다닥다닥 붙어 있다.

다음 검색창에 10월 19일 '불매운동'이라는 검색어를 넣어 보니 카페 글만 모두 2만 3,161건이 올라 있었다. 같은 검색어로 튀어나오는 블로그・게시판・신지식 코너의 글도 각각 수천 건이고 사이트도 수십 개에 이르고 있다. 대부분 해당 기업의 제품을 사지 말자고 선동하는 글이다.

–중앙일보(2006. 10. 30)

소비자문제의 해결에 있어서 소비자운동은 소비자정책, 소비자교육과 더불어 국민생활에 중요한 인식으로 정착화해 가야 하는 것이다. 그러나 소비자운동에 관한 연구는 아직 통일된 견해가 존재하지 않고 있는데, 그 이유 중의 하나는 소비자운동을 바라보는 관점이 다양하다는 점이다.

특히 소비자운동을 '기업 대 소비자, 행정 대 소비자'라는 구도를 어떻게 묘사하느냐에 따라 문제점이 명확해지며 정리될 것이다.

'기업 대 소비자'의 구도는 기업의 기술혁신에 따른 대량생산방식의 확립, 기업의 고압적인 마케팅 정책 전개에 의해 유통지배가 강화되었으며, 이것이 소비생활의 공간으로 파고들어 상품의 질적인 가치에 관련된 문제를 항상 내포하고 있다는 점이다.

1989년 IOCU에서 발표한 새로운 소비사회에서 상품의 조건은 다음과 같다.

첫째, 상품에서 볼 때, 생산과정에서의 기업 태도는 '일상생활자원에서는 단순히 양의 많고 적음, 내구성, 성능, 가격, AS만으로 상품을 판단'하는 것이 아니라 구매할 것인가 말 것인가를 판단하는 데에는 다음과 같은 세 가지 측면에서 정보를 얻을 필요가 있다.

① 생산 윤리성 : 기업은 그 국가의 법률, 행정이 구비하지 못한 맹점을 이용한 상행위, 매수나 오염 등의 부정행위를 하고 있지 않은가?

② 생산 에코로지성 : 생산 활동은 환경보호에 주의를 기울이고 있는가?

③ 생산 공정성 : 생산 활동은 지역의 생산이나 경제, 제3세계의 안정과 관련하여 사회에 대해 공정한 입장을 취하고 있는가?

둘째, 기업 판단이라는 관점에 대해서는 다음과 같이 지적하고 있다.

① 환경보호의 중시

② 정보공개에 대한 사회적 책임

③ 지역사회에 근거한 기업 활동

④ 고용정책에 있어 공정한 노동조건, 직장위생 및 안전기준의 확립

리우선언 운동

1992년 6월 3일부터 14일까지 브라질의 수도 리우데자네이루에서 '지구를 건강하게, 미래를 풍요롭게'라는 슬로건 아래 개최된 지구 정상회담에서 환경과 개발에 관한 기본원칙을 담은 선언문이다. 1972년 스웨덴 스톡홀름에서 열렸던 국제연합인간환경회의의 인간환경선언을 재확인하면서 리우회의 마지막 날에 채택되었다. 당초에는 헌장으로 발표될 예정이었으나 개발도상국의 반대로 선언으로 조정되었다.

리우선언의 전문은 "환경과 개발에 관한 리우선언은 스톡홀름 선언을 재확인하고 모든 국가와 사회의 주요 분야, 그리고 모든 사람들 사이에 새로운 사회의 주요 분야와 새로운 차원의 협력을 창조함으로써 새롭고 공평한 범세계적 동반자 관계를 수립할 목적으로 모두의 이익을 존중하고, 지구의 환경 및 개발 체제의 통합성을 보호하기 위한 국제 협정 체결을 위하여 노력하며, 우리들의 고향인 지구의 통합적·상호 의존적인 성격을 인식하면서 다음과 같이 선언한다."로 시작하여 총 27개 기본 원칙으로 구성되어 있다.

주요 원칙으로는 인간은 지속가능한 개발을 위한 관심의 중심으로 자연과 조화를 이룬 건강하고 생산적인 삶을 향유하여야 하며(원칙1), 환경영향평가 제도가 국가적 제도로 실시되어야 하고(원칙17), 여성은 환경관리 개발에 중요한 역할을 맡으며(원칙20), 국가는 환경분쟁을 국제연합 헌장에 따라 평화적이고 적절한 방법으로 해결해야 하고(원칙26), 각 국가와 국민은 이 선언에 표명된 원칙의 실천을 향하여 성실히 또한 동반자의 정신으로 협력해야 한다(원칙27)는 내용을 담고 있다.

리우선언은 하나의 선언이기 때문에 법적 구속력은 없다. 그러나 향후 지구 환경보전과 관련된 국제적 합의나 협약의 기본 지침이 될 것이다. 리우 선언은 자연 보호와 오염 방지를 위한 국제적인 약속으로, 1992년에 브라질의 리우데자네이루에서 열린 국제연합환경개발회의에서 만들었다. 국제연합환경계획은 리우 회의의 의견에 따라, 1995년에 최초로 세계 어린이 환경 회의를 열었다.

환경과 개발에 관한 리우 선언(요약)

원칙 1. 인간은 자연과 조화를 이룬 건강하고 생산적인 삶을 누릴 수 있어야 한다.

원칙 2. 자기 나라의 환경 개발이 다른 나라에 피해를 주지 않아야 한다.

원칙 3. 개발을 할 때에는 지금 세대와 다음 세대 사람들의 요구를 공평하게 충족시켜야 한다.

원칙 4. 지속 가능한 개발을 위해 개발과 환경 보전을 따로 생각하지 않아야 한다.

셋째, '상품'에서는 그 자체가 환경파괴와 관련이 있는가 하는 측면으로 다음과 같은 에코로지의 일곱 가지 관점을 언급하고 있다.

① 소비자의 건강에 해로운 상품

② 제조·사용·폐기물처리 과정에서 환경문제를 일으키는 상품

③ 제조·사용·폐기물처리 과정에서 에너지를 낭비하는 상품

④ 과잉포장이나 내구성이 없어 폐기물이 쌓이는 상품

⑤ 생물의 종을 감소하거나 환경을 파괴하여 얻은 재료를 사용하여 생산한 상품

⑥ 독성실험을 하거나, 혹은 다른 목적을 위해 필요 없이 동물을 이용하거나 잔혹하게 피해를 준 상품

⑦ 다른 국가나 지역, 혹은 제3국에 악영향을 미치는 것 등

위의 내용은 아시아태평양소비자대회 선언으로 '소비자운동이란 무엇인가'를 충분히 보여주고 있으며, 불매운동·규제운동으로서 위치를 부여하는 '기업 대 소비자'의 구도를 통해서 선명하게 알 수 있다. 이것은 주로 선진 국가에서 보이는 운동방향이라고 볼 수 있다.

3. 소비자운동의 활동

소비자운동은 행동주체, 즉, 기업, 노동조합, 지방자치단체, 정부 등에 대해 활동하고 있으며, 이를 구체적으로 보면 다음과 같다.

1) 소비자운동의 활동대상

■ 기 업

미국의 랄프 네이더는 "소비자운동이란 산업제품을 만들고, 가공하는 데에서 발생하는 유해한 부산물에 의해 인간의 생리적 안전성이 침해당하고, 붕괴되고, 파괴되는 것으로부터 그 안전성의 권리를 지키기 위하여 맞서서 투쟁하는 운동"이라고 하였다. 이러한 관점에서 보면 유해한 부산물을 제공하는 기업에 대해 저항하는 것이 소비자운동의 최종점이라고 말할 수 있다. "소비자의 소리를 기업 활동에 반영시키고, 기업에 사회적 존재로서 의식이나 사회성을 지니도록 부르짖는" 혹은 "사회적 책임이나 소비자문제의 이해와 대처행동의 적정화를 가르친다."는 것이다. 기업에게 책임감을 주어 소비자 및 소비자운동을 바르게 인식시키는 것이 중요하다고 말할 수 있다.

구체적인 행동으로는 소비자가 원하는 상품 및 서비스를 싼 가격에 공급하고 소비자와 대화의 장 설정, 결합상품 · 결합서비스 배제, 공동구입 및 불매운동의 전개, 가격 인상시 자료 공개, 정치헌금의 발표 등을 권장하고 기업에게 이 모든 것을 실현하고 실행하도록 요구할 필요가 있다.

■ 정 부

정부에 대한 소비자운동의 최대 초점은 소비자 관련 법률의 정비와 소비자정책의 중앙 일원화이다. 또한 행정의 부조화 · 불합리화를 제거하는 것은 중요하며, 소비자주권 확립을 위하여 법의 개정·강화가 기본적으로 필요하다. 궁극적으로 정부의 자세가 바르다면, 지방자치단체의 자세 또한 바르지 않을 수 없기 때문이다.

■ *지방자치단체*

소비자문제가 국민생활 자체의 직접적 문제이며, 그것이 구체적인 생활요구의 제기에서부터 생활에 밀접한 행정기관인 지방자치단체의 대응이 중요한 의미가 있는 것은 두말할 필요가 없다. 지역주민의 권리 생활 이양이 가장 중요한 책무인 지방자치단체가 소비자의 권리를 보호하기 위하여 소비자의 자주적 운동과의 관계에서 수행하는 역할은 모름지기 크다고 할 수 있다.

따라서 지방자치단체는 자각, 협력, 중재, 감시 등 여러 가지 측면의 역할이 필요하다. 또한 소비자문제 해결의 방향성은 국가·지방 소비자행정의 나아갈 길인 존재방향을 자각시키므로 소비자의식을 고취시키는 정책을 입안하고 추진을 도모하는 기관으로 충실하게 강화될 수 있는 지방자치단체 활동이 항상 필요하다.

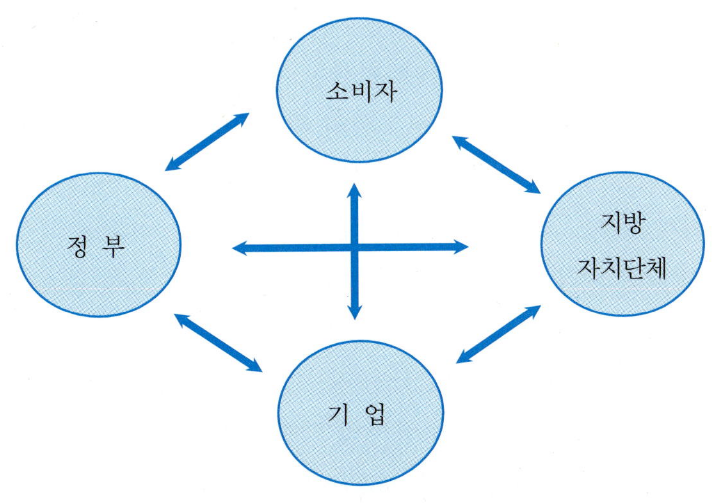

그림 3-2 소비자운동의 활동대상

2) 소비자운동의 조직 강화

소비자운동의 조직을 강화하기 위해서는 소비자단체를 어떻게 조직화해 갈 것인가?, 활동범위는 총괄적인가?, 대상은 누구인가?, 조직은 지역별인가?, 전국적 규모인가?, 독립해서 행동하는가?, 다른 조직과 협조해서 활동하는가? 등의 문제가 있다.

소비자운동은 본래 생활을 근거로 한 운동이라는 인식이 있으므로, 소비자운동은 지역별·대상별로 달리 발생했다고 전제할 수 있다. 지역으로부터의 발전이 기본이며, 지역별조직에서 각 조직이 연대를 밀접하게 하고, 전국적인 연계를 하는 것이 소비자운동의 계속성에서 요구되는 사항이다.

3) 소비자운동의 조직 재원

소비자운동을 지원하는 자금을 어떻게 조달하는가? 하는 문제는 극히 중요하다고 말할 수 있다. 일반적으로 회원의 회비에 의한 운영이 기본이라는 인식이 높지만, 운동이 활발해지기 위해서는 회비만으로는 재원이 부족한 실정이다. 사실 사업수입이나 기부에 의존하는 것은 결과적으로 단점이 될 수 있다. 현재는 정부로부터 보조금 등의 재정적 지원을 받고 있거나 행정으로부터의 위탁조사, 집회시설의 제공, 상품테스트 실시 등의 협력인 간접적 원조를 받는 경우도 있다.

소비자운동은 소비자문제의 다발화 및 다양화, 소비자의식의 변화와 동반하여 앞으로 소비자권리 주장을 중심으로 더욱 활발해질 것으로 예측된다. 그러므로 기업과 행정은 소비자운동을 저항의식으로만 간주하지 말고, 소비자복지, 국민복지를 향상시키는 적극적인 변화요인으로서 간주하여, 일반 소비자의 의향을 기업경영이나 행정운영에 반영시킬 필요가 있다. 이것은 소비자의 안전할 권리에 대해서, 행정은 각종 상품서비스의 안전기준 책정과 점검체제를 정비하는 것을 의미하며, 기업은 품질관리를 철저히 하고 안전정보를 제공하여 소비자로부터 신뢰를 확보하는 것을 의미한다. 이와 같이 경제사회에서 소비자의 지위를 인정하고, 높이는 것은 자유경제사회가 이상으로 하고 있는 진정한 소비자주권의 확보를 목표로 한다. 이를 위해서는 소비자측에서도 단순한 권리주장에 연연하지 않고, 소비자 스스로 사회의 주체적인 역할을 자각하여 사회연대를 해야 할 필요가 있다. 또 소비자운동이 더욱 전진하기 위해서는 소비자 스스로가 학습해야 하며, 특히 기업과 행정을 움직이기 위한 효과적인 준비와 이론적 재무장이 필요하다.

보걸(David Vogal)은 정부가 공익단체를 지원하는 세 가지 방법을 제시하였다. 첫째는 절차적 수단을 마련해 주는 것이다. 소비자 및 단체들이 공익에 위배되는 것으로 여겨지는 행정기관과 기업의 결정에 대해 사법적인 절차를 통해 의의를 제기할 수 있는 방법과 정부가 기업에 대해 공익단체들이 필요한 정보를 요구할 수 있도록 정보청구권을 부여해 주는 방법을 들고 있다. 둘째는 국가의 보조금 지원이다. 기업과 공익단체 간의 외형적인 평등보장만으로는 불충분한 자원을 지니고 있는 공익단체의 효과적인 참여를 기대할 수 없다. 따라서 직접적인 국가의 보조금 지원 외에도 간접적 보조의 형태로서 소송비용에 대해 보상을 하는 방법도 있다. 셋째는 국가가 직접 새로운 행정단위를 설립해 그 기관에서 공익단체를 지원하도록 하는 방법이 있다고 하였다.

파그린(Mas D. Paglin)도 보걸과 유사한 세 가지 방법을 제시하였다. 첫째는 가장 일반적인 방법으로 소비자단체에게 직접적인 재정적 지원을 제공하는 것이며, 둘째는 소비자단체의 접근이 용이하도록 각종 편이를 제공하고 참여에 따른 비용이나 절차적 부담을 경감시켜 주는 방법을 들고 있다. 즉, 소비자단체가 정부 내부 자료와 정보에의 접근을 보다 용이하도록 지원하고, 전문적이고 기술적인 문제에 대한 지원을 제공하는 것이다. 셋째는 정부 내에 공식적인 기관을 설립하여 소비자단체에 대한 정부 내적 대표와 접근통로를 제공하는 방법 등을 제시하고 있다.

그러나 궁극적으로 소비자단체가 외부의 의견에 관련 없이 추구하는 목적으로 나아가기 위해서는 지원체계에서 벗어나 독자적으로 활동하는 것이 가장 바람직하다고 볼 수 있다.

4. 소비자단체 형성 및 발전 관련 이론

소비자단체 형성을 중심으로 한 관련 이론을 NGO와 관련하여 설명하면 다음과 같다.

1) 시장실패 · 정부실패 이론

와이스보드(Weisbord)는 공공재 수요는 1차적으로 시장경제에 의해 충족되고 불충분한 분야는 2차적으로 정부를 통해 충족하게 된다는 기본적 가정을 전제로 하고 있다. 그러나 시장과 정부의 실패로 인해 충족되지 않는 영역이 존재하며, 이 틈새 영역을 담당하기 위해 NGO가 형성되고 활동하게 된다고 한다. 즉, NGO는 시장과 정부의 기능을 보완하여 공공재에 대한 민간 부분의 공급자로서 역할을 수행하게 된다.

2) 계약실패 이론

시장재와 공공재를 생산하여 소비자에게 제공할 때, 계약을 위반하면 그 문제를 처리할 필요가 있는데, 생산자인 정부와 기업이 처리하는 것은 논리적으로 맞지 않는다. 그러므로 제3자인 NGO가 개입할 필요가 있다. NGO의 형성과 활동을 이러한 논리적 근거로 설명할 수 있다.

또한 헌스먼(Hansmann)은 소비자가 상품이나 용역을 구매하는 상황에서 기업이 제공하는 품질과 서비스의 질을 정확하게 평가하지 못하기 때문에 소비자가 신뢰할 수 있는 정확한 정보를 제공하는 역할을 수행하는 기관이 필요하게 된다고 하였다. 신뢰성에 있어서 기업은 보다 많은 이윤을 목적으로 하므로 소비자의 신뢰를 저버릴 수 있으나, NGO는 구조적으로 이익배분이 법적으로 제한되어 있는 비영리적인 조직이므로 경쟁적으로 우위에 있게 된다. 즉, 소비자는 비영리단체의 특성으로 기업이나 정부가 제공하는 것보다 소비자단체가 제공하는 서비스에 대해 신뢰하게 된다.

3) 파트너십 이론

정부는 부족한 공공재를 공급하기 위하여 치러야 하는 거래비용이 일반 NGO보다 높다. 즉, 정부는 특정 사안이 발생하면, 이를 해결하기 위해서 먼저 관료집단이 인지해야 하고 법률과 예산을 준비해야 하고 구체적인 정책프로그램이 만들어야 하는 등 복잡한 과정과 비용이 발생한다. 이에 비해 NGO의 서비스 공급은 외부의 자원 유무나 제도와는 관계없이 문제 해결만을 위해 신속히 대응할 수 있는 장점이 있다.

따라서 NGO는 신속하게 문제를 인식하고 사회문제를 가시화 할 수 있는 장점이 있는 반면, 정부는 조직의 능력, 정보력, 제재수단의 장점이 있으므로 정부와 NGO가 서로 협력적인 관계를 구축하면 보다 효율적인 서비스를 제공하게 된다. 즉, 정부와 소비자단체의 활동이 점차 증대되어 가고 있는 현상을 파트너십 이론이라고 한다.

4) 자원동원 이론

잘드와 맥커시(Zald and McCarthy)가 1988년 처음으로 ‘자원동원 이론’이라는 명칭을 사용하였다. 이는 시민들이 사회운동에 참여하기

원하면 참여할 수 있는 방법을 제시하여 시민의 목소리를 내게 해야 한다는 이론이다. 즉, 사회는 항상 긴장과 불만이 존재하므로 이 긴장과 불만을 해결하기 위하여 자원을 동원해서 사회 불만을 해소해야 한다는 이론이다. 이러한 운동의 성공은 내부자원(회원, 리더십, 재정 등)과 외부자원(타 단체와의 연대, 정치체제와의 관계, 언론의 협조 등)이 어떻게 조화를 이루고 이를 어떻게 동원하는가에 달려 있다.

5) 합리적 선택이론

올슨(Olson, 1965)은 집합행동론을 통해 이익집단의 형성과 역할에 대한 시각을 경제적 측면에서 제시하였다. 이 이론에 의하면 사회적 약자나 광범위한 대중의 이익은 비조직화되어 있는 잠재적 집단이라고 하였다. 이러한 잠재적 집단은 공동의 목표를 추구하기 위해 개인이 행동하지는 않지만, 어떤 편익이 제공된다면 자신의 이익을 위해 단체에 가입하게 된다.

클락과 윌슨(Clark and Wilson, 1961)은 선택유인론을 제시하여, 개인의 단체 가입과 참여를 유도할 수 있는 편익을 세분화 하였다. 이를 구체적으로 보면, 첫째, 물질적 편익 제공, 둘째, 연대적인 편익 제공, 셋째, 목적적 편익 제공 등으로 분류한다.

위에서 언급한 관련 이론은 전체적인 분야에서 접근한 것이며, 그 외에 접근과 전략적인 측면에서 요인들의 중요함을 설명하고 있다. 즉, 이러한 영향요인을 어떻게 전개시키는 것이 단체의 현황과 발전에 중요한 요소로 작용하고 있다. 그 예로 이념, 조직력, 재정능력, 대표성, 그리고 목표와 조직의 구조, 리더십, 구성원의 특징, 구성원의 응집력 등을 제시하고 있다.

또한 단체는 시민의 관심을 유도하거나 여론을 조성하여 보다 많은 대중의 지지를 확산하고 이를 정책결정체계에 투입하고자 다양한 전략을 활용한다. 첫째, 대상별 전략으로는 입법부, 행정부, 사법부와 같은 정치체제는 물론 이익단체, 타 시민단체, 언론, 학자 등 전문가 집단과 일반대중사회 전반에 걸쳐 대응하게 된다. 둘째, 방법론적 전략으로 행정관료 및 의원과의 대면접촉과 공식화된 각종 자문위원회 및 공청회, 건의, 청원 사법활동 등의 직접적인 전략과 성명서, 토론회, 캠페인, 시위, 피케팅, 불매운동 등과 같은 정치적 항의 등 간접적인 전략이 있다.

5. 소비자운동의 의의

현대 경제사회에서 기본적인 경제 주체는 생산자와 소비자이다. 이 양자는 법적으로 대등한 입장이며, 경제의 기본원리로 볼 때는 소비자에게 주권이 있다고 할 수 있다.

그러나 오늘날의 소비자와 생산자를 비교해 볼 때, 소비자는 생산자에 비해서 경제적 · 사회적으로 너무나 미약한 존재가 아닐 수 없다. 학자마다 견해는 다르지만, 이러한 약자들이 자기 자신을 보호하겠다고 한 것이 소비자보호운동의 시발점이라고 할 수가 있다.

1) 정치적 의의

소비자보호운동은 오늘날 모든 국가의 정당들이 정치망령으로 내세울 만큼 정치문제화되었다. 각종 공해로부터 소비자를 보호하려는 공해에 대한 정책 · 각종 위해 · 사기 · 허위 · 부정 · 불량식품 등으로부터 소비자를 보호하려는 대기업 정책은 정치권력의 힘을 빌리지 않고는 해결하기 어렵다.

그 결과 조직된 소비자운동은 정치권력을 작용시켜 각종 소비자보호 정책을 수립·실시케 하는 정치적 의의를 지니고 있다. 우리나라에서도 조직적인 소비자운동이 실시되면서 정부나 정당 또는 정치인들이 소비자보호에 많은 관심을 보이고 있으며 소비자기본법이 제정되어, 한국소비자원을 중심으로 소비자보호행정이 강화되고 있다. 특히 관련 법 개정 및 시행령의 조정을 위한 소비자의 의견 수렴, 그리고 관련 기관의 역할 확대 등을 볼 수 있다.

2) 사회적 의의

오늘날의 소비자운동은 단순히 경제적 이익의 추구에만 그치는 것이 아니라, 인간의 기본법을 보호·신장하려는 인권보호운동이고 사회의 부정·불법을 제거하려는 사회개혁 운동이며, 소비자의 보건위생을 향상시키고 생활의 질을 높이려는 생활개선 운동이라고 볼 수 있다. 따라서 경제적으로 약자인 소비자를 보호하여 소비자의 지위를 향상시키고 일부 악덕기업에서 자행하는 부정·불법 상행위를 종식시키고 인간성 회복을 가능케 한다는 데 소비자보호운동의 사회적 의의를 찾아볼 수 있다.

뿐만 아니라, 소비자 스스로의 인식 및 행동이 적극화되어 네트워크를 통한 자율적인 집단이 조성되며, 그 속에서 소비자 스스로 사회적 의미를 부여하고 있다. 특히 안티 사이트의 건전한 형성 및 운영, 그리고 소비자정보 및 가격비교 사이트의 운영 등 그 예는 많다.

3) 경제적 의의

소비자보호운동은 소비자 개개인의 합리적인 경제활동을 영위케 하고 부정·불량상품의 제거와 추방을 통한 기업 경영자의 경제적이고 합리적인 기업 활동의 조성을 가능하게 하여 소비자나 기업으로 하여금 가장 합리적인 경제활동을 전개하도록 만들어 준다는 데 가장 큰 경제적 의의를 찾아볼 수 있다. 즉, 개인의 경제적 의의만이 아니라 기업, 국가, 그리고 사회 전체의 경비 절감 효과까지 꾀할 수 있다는 데 의미가 크다.

사회의 전반적인 동향을 볼 때, 소비자운동의 전개는 여러 가지 사회 변화를 동반하고 있다. 특히 소비자 중심의 시각 전환은 과거 기업에 대항하는 소비자운동이라는 시각에서 기업과 공존하는 소비자운동으로 전환되고 있다. 이에 규제완화적인 사회 분위기와 맞물려 기업의 소비자·고객 중심의 다양한 자율적인 시스템이 도입되고 있다. 이러한 예는 전체 업종을 대상으로 하는 공정거래위원회의 CCMS(Consumer Complaints Management System, 소비자 불만 자율관리 프로그램), 금융회사를 대상으로 하는 금융감독원의 소비자보호인증제, 그리고 영국 금융청의 TCF이니셔티브(Treating Customers Fairly Initiative, 금융회사가 비즈니스의 중심에 고객을 위치시켜 소비자신뢰를 구축하고자 하는 프로그램) 등에서 찾아볼 수 있다. 이러한 기업 관련 시스템은 특정 부서에서 소비자와의 관계에 국한하는 것이 아니라 기업 전체가 경영자를 중심으로 소비자보호 경영에 주력해야 함을 의미하며, 경쟁사 간에 소비자 중심의 경쟁을 유도하고 소비자와의 관계를 개선하는 데 그 의미가 있다고 볼 수 있다. 이러한 시스템은 국내 경쟁력만이 아니라 국제 경쟁력 증진에도 도움이 될 것이다.

노조파업으로 인한 소비자 배상 가능

공정거래위원회의 '자동차매매 표준약관' 제4조는 정부조치, 천재지변과 함께 "자동차업체 노조의 쟁의행위가 일어날 경우 자동차의 인도·인수 기한이 연장된 것으로 한다."고 언급, 출고 지연에 따른 손해배상을 할 수 없도록 했다. 약관이 개정되면 현대차 노조의 부분 파업과 같은 쟁의행위로 차량 인도가 늦어져 피해를 본 소비자들이 회사로부터 배상받을 수 있는 길이 열리게 된다. 현대차에 따르면 지난해 12월 28일부터 현대차 노조의 잔업 특근 거부와 부분파업으로 출고되지 않은 차량은 이날 현재까지 1만 5,000대에 이른다. 김○○ 소비자시민모임 사무총장은 "노조 파업을 천재지변이라고 여기는 국민은 거의 없음에도 회사측이 약관을 근거로 소비자에 대한 피해배상을 외면해 왔다"고 지적했다.

다른 소비자단체들도 소비자시민모임의 약관 개정 주장에 공감하고 있다. 한국소비자보호원 황○○ 금융보험팀 차장은 "약관이 개정될 경우 노조의 무분별한 파업에 제동이 걸릴 수 있을 것"이라고 언급했다. 녹색소비자연대 최○○ 변호사는 "소비자의 우려에 맞춰 약관 내용을 구체화할 필요는 있다" 면서도 "그러나 합법 파업은 노동권에 속한 것이기 때문에 소비자 배상을 불법파업에 국한하는 것이 바람직할 것"이라고 제안했다.

공정거래위원회는 접수된 소비자단체의 약관 개정 의견서를 검토하겠다는 입장이다. 김○○ 공정거래위원회 약관제도팀장은 "그동안 자동차 약관의 노조 파업 면책조항에 대한 문제가 제기돼 왔고 문제점에 대해서도 잘 알고 있다"며 "소비자·사업자 단체의 의견을 수렴해 입장을 정할 것"이라고 말했다. 반면 자동차업체들은 약관 개정 의견에 대해 크게 우려하고 있다. 취지는 이해하지만 약관이 개정될 경우 회사 경영에 엄청난 타격을 줄 수 있다는 것이다. 현대차 관계자는 "파업에 따른 배상을 일일이 해주면 파업을 막기보다 회사 존립을 흔드는 결과를 낳을 것"이라고 말했다. 김○○ 한국자동차공업협회 상무도 "노조 파업은 회사가 간여할 수 없는 것인데 이에 따른 소비자피해를 기업이 배상토록 하면 경영난이 우려된다"며 "회사가 노조에 구상권을 청구하는 방안도 있지만 이 경우 노사갈등이 더욱 극심해질 것"이라고 밝혔다.

－세계일보(2007. 1. 15)

생각해 볼 과제

1. 한국과 외국의 소비자운동 계기를 살펴보고, 사회·경제 환경과 비교해 보시오.
2. 네트워크를 통한 소비자운동의 구체적 사례를 조사하고, 시대적 변화를 살펴보시오.

제4장

소비자운동의 역사적 배경

1. 한국 소비자운동의 역사적 배경

소비자들이 중심이 되어 소비생활과 관련된 다양한 연구, 교육, 소비자문제의 상담 및 해결 등에 기여하여 소비자의 삶의 질을 추구하고 있는 주된 곳으로 민간 소비자단체를 들 수 있다. 우리나라 소비자의 소비자권익 및 소비자주권, 그리고 소비자보호를 위한 오늘날의 발전은 소비자 자신의 인식 향상 및 적극적인 행동의 집결점인 소비자단체가 중요한 몫을 하였다.

소비자의 입장에서 소비자운동의 본격화는 대량생산, 대량소비의 보급 등을 배경으로 한 소비자문제가 발생한 후부터라고 할 수 있다. 특히 소비자운동은 '생산이나 판매하는 측에 대해 구매하는 측과의 권리와 힘의 강화를 요구하는 사회적인 운동'이라는 정의(米川五郎外, 1995)를 볼 때에도 어느 정도 소비자문제가 발생하고부터이다.

우리나라에서 소비자운동은 그 시작이 소비자의 권익보호라는 소비자운동의 순수한 목적이 아닌 국산품 보호라는 민족주의적 입장에서 시작되었다는 견해가 있다. 그 시기는 대체로 1950년대 중반기부터이고, 즉 1955년 서울 YMCA가 소비자보호운동에 착수한 것이 그 시발점이며, 1960년대에 이르러 한국부인회, 대한어머니회, 주부클럽연합회, 전국주부교실중앙회, 한국여성단체협의회 등이 본 운동에 계속 참가함으로써 소비자보호운동이 적극적으로 전개되었다.

소비자보호운동이 활발하게 전개된 사회적 여건은 한・일 국교정상화와 경제개발 5개년 계획이라 하겠다. 소비자보호운동은 한・일 국교정상화로 일본 상품의 무차별 진출을 예상하여 '국산품 애용'이라는 슬로건을 내걸고 출발한 애국적인 운동으로 외래상품의 국내 진출을 약화시키기 위하여 여성단체 중심으로 시작되었다. 또 경제개발계획 실행으로 산업이 발전됨에 따라 상품의 다양화, 새로운 상품의 출현, 시장구조의 복잡화 등으로 소비자교육, 소비자계몽의 필요성이 증대된 것이 소비자보호운동을 활발하게 전개되도록 하였다.

따라서 한국소비자운동은 여성단체에 의한 순수한 민간 주도로 발전되어 왔으며, 1955년 서울여자기독교청년회의의 소비자보호운동으로부터 시작되었고(김만수, 1990), 한국의 소비자보호활동인 본격적인 소비자운동은 1960년대부터 시작되었다는 견해가 일반적이다(전정환, 1993). 1950년대 중반부터 대한YWCA, 한국부인회, 대한어머니회 등 여성단체가 소비 절약, 저축생활 계몽과 국산품 애용 등의 활동을 시작하였으나, 실질적인 소비자운동은 아니었다(송보경・김재옥, 1988). 한국부인회는 1967년 소비자 불만 창구를 개설하고 월간지 『소비자보호』를 발간하기 시작하였으며, 서울 YWCA는 1968년에 소비자보호위원회를 설치하였다. 1967년에는 소비자전문단체로서 한국소비자보호협회가 조직되어 상공부에 소비자단체로 등록하고 활동하였으나 '우수상품시상'을 특정기업에 부여하는 등의 사업이 문제되어 1년 뒤에 해산되기도 하였다. 그 후 주부클럽연합회와 주부교실중앙회, 여성단체협의회가 소비자활동을 시작하였으나 지속적인 활동을 하지는 못하였다.

1970년에는 소비자권익의 보호만을 목적으로 하는 한국소비자연맹이 조직되어 여성운동의 일환으로 추진되어오던 소비자운동이 소비자 주도권을 갖는 운동의 성격을 갖게 되었다. 1978년에는 한국여성단체협의회, 대한YWCA연합회, 전국주부교실중앙회 및 전국주부클럽연합회 등 4개의 단체가 정부의 지원에 의해 '소비자단체협의회'를 조직하여 보다 조직적이고 행동적인 소비자운동과 소비자보호법 제정운동을 펴기 시작했으며, 정부도 소비자운동의 필요성을 인정하여 소비자단체에 보조금을 지원하기 시작하였다. 1979년에는 한국소비자연맹이, 1981년에는 소비자문제연구원이, 1985년에는 소비자문제를 연구하는 시민의 모임이 그리고 연이어 한국소비생활연구원, 녹색소비자연대 등이 참여하고 있다. 이를 중심으로 국내 소비자보호운동의 전개과정을 운동진행과정을 중심으로 구분해 보면 다음과 같다.

첫째, 제1기 태동기(1950~1970)로서 1950년대부터 1970년 소비자단체협의회의 발족까지를 말한다. 즉, 1950년 중반에 대한YWCA(1922), 한국부인회(1963), 대한어머니회(1958), 여성문제연구회(1965), 주부클럽연구회(1966) 등의 민간 여성단체가 소비절약, 저축생활계몽, 국산품애용 등을 위해 활동하면서부터 소비자보호운동이 시작되었으며, 상품 테스트는 한국부인회, 서울YWCA, 주부클럽연합회만이 실시하고 있다. 이렇듯 소비자보호의 필요성을 인식하여 소비자보호활동이 시작되는 시기이다. 정부 차원이 아닌 민간 차원에서 부당한 기업의 행태를 고발하며 공동으로 대처하기 시작하고 소비자보호를 목적으로 한 단체들이 구성되는 시기이다.

태동기의 소비자보호운동 특징은 주체가 민간여성단체 중심이었고, 국산품 애용이라는 애국심의 발로였으며, 소비자를 계몽하고 교육하기 위한 목표에서 출발되었다고 요약할 수 있다.

둘째, 제2기 성장기(1970~1980)로서 일부 민간단체를 중심으로 하여 소비자보호운동이 활발히 전개되면서 그 중요성이 인식되어 많은 단체들이 이 운동에 참가하게 되고 소비자문제만을 다루는 단체들도 생기게 되었다. 이 당시 조직되거나 소비자운동에 참가한 민간소비자단체로는 한국소비자연맹(1970), 한국여성단체협의회(1970), 전국주부교실중앙회(1971), 소비자단체협의회(1976) 등이 소비자운동에 가담하게 된다. 이 단체들의 역할은 소비자교육, 소비자고발센터 운영, 소비자절약운동 및 캠페인, 신용협동조합운영, 불량상품 추방운동, 간행물 발행, 소비자교육세미나, 국제소비자단체가입 등 태동기에 비해서 많이 확장되었으며, 운동 전개방법 등이 계획적이고 체계적인 면을 보여주고 있다.

또한 본격적인 소비자운동이 시작되어 소비자운동가가 출현하게 되고 상당수의 여성단체들이 활동의 일부로서 소비자운동에 참여하게 된다. 소비자문제를 보는 시각이 개인적인 차원으로부터 국가·사회적인 차원으로 발전하게 되어 소비자보호를 위한 구체적인 법률이 제정되었던 시기로서 우리나라의 1970년대가 이에 속한다.

성장기의 특징으로는 민간단체의 활발한 활동의 전개, 소비자보호에 정부가 참여하기 시작한 것과 이를 위한 연합기구의 설립 등을 들 수 있다.

셋째, 제3기 성숙기(1980~2000)로 이 시기는 공정거래법의 시행 이후로서, 1980년 12월 31일 법률 제3320호로 공표된 「독점규제및공정거래에관한법률」이 다음해 4월부터 시행되고 1982년 대통령령으로 소비자보호법 시행령이 제정됨으로써 소비자보호는 일대 전환점을 맞이하게 된다. 소비자와 관련된 문제들이 많이 다루어지고 이를 통해 시민들의 소비자문제의식이 고조되는 시기로서, 정부에 의해 소비자권리가 명시되어 소비자의 권익을 향상시키고 소비자보호를 위한 법률이 보다 구체적으로 제정되는 시기이다. 우리나라의 1980년대가 이에 속한다.

한편, 1983년에는 소비자시민의 모임 등 몇 개의 소비자단체들이 생겨나게 되고 이 단체들은 모두 경제기획원에 사회단체로 등록되어 있으며 국제소비자연맹기구(CI)에도 가입되어 있다. 또한 1980년 이후 소비자전문단체는 국제적인 교류도 활발해져 국제회의 참석 및 국제적인 소비자문제에 참여하기 시작한다.

1986년 7월 「소비자보호법」의 개정이 발표되고, 같은 해 12월 18일 국회를 통과한다. 이 개정안의 주요 골자는 소비자의 7가지 권리를 첨가하고 소비자보호원이 설립·개원되었다(1987년 7월 1일). 정부가 추진하는 소비자보호원의 설립으로 소비자운동은 본 궤도에 올랐다고 해석된다.

이 시기에서 소비자보호운동의 특징은 정부의 적극적인 개입으로 「소비자보호법」이 제정된다. 그리고 민간 소비자단체의 활발한 국제소비자운동의 참여, 기존 소비자단체들의 활성화를 계기로 하여 우리나라의 소비자운동은 한층 더 강화·성숙된다.

또한 소비자주의가 성숙하고 소비자보호 활동의 범위가 확대되며, 소비자교육이 연구 분야로서 정착되는 시기이다. 또한 소비자참여가 강조되어 정부의 정책 결정에 소비자가 대표성을 가지고 의견을 반영하게 되며, 보다 정보를 갖추고 책임 있는 시민 소비자로서의 역할을 하게 되는 시기이다. 기업과 소비자가 대립관계가 아닌 함께 발전하는 공생의 개념으로 받아들여지며, 소비자보호와 관련된 제 규정(안전, 환경 등)들이 큰 힘을 발휘하게 되어 실질적인 소비자보호가 이루어지는 시기이다. 우리나라의 1990년대가 이 시기에 속하게 된다(김수경, 1998).

정부는 소비자보호 관계 법규를 보다 체계화하며 이를 집행할 기구를 격상하고 이원화할 필요가 있다. 그러나 무엇보다 중요한 것은 정부가 이 운동에 대하여 관심과 성의를 가져야 한다.

이 단계에서 기업은 소비자보호운동의 투쟁대상이 아닌 보호운동의 주체로서 참여해야 한다. 그러기 위해서는 기업인의 윤리적·사회적 감각의 성숙이 선행되어야 한다. 학계는 성숙기의 소비자보호가 예정

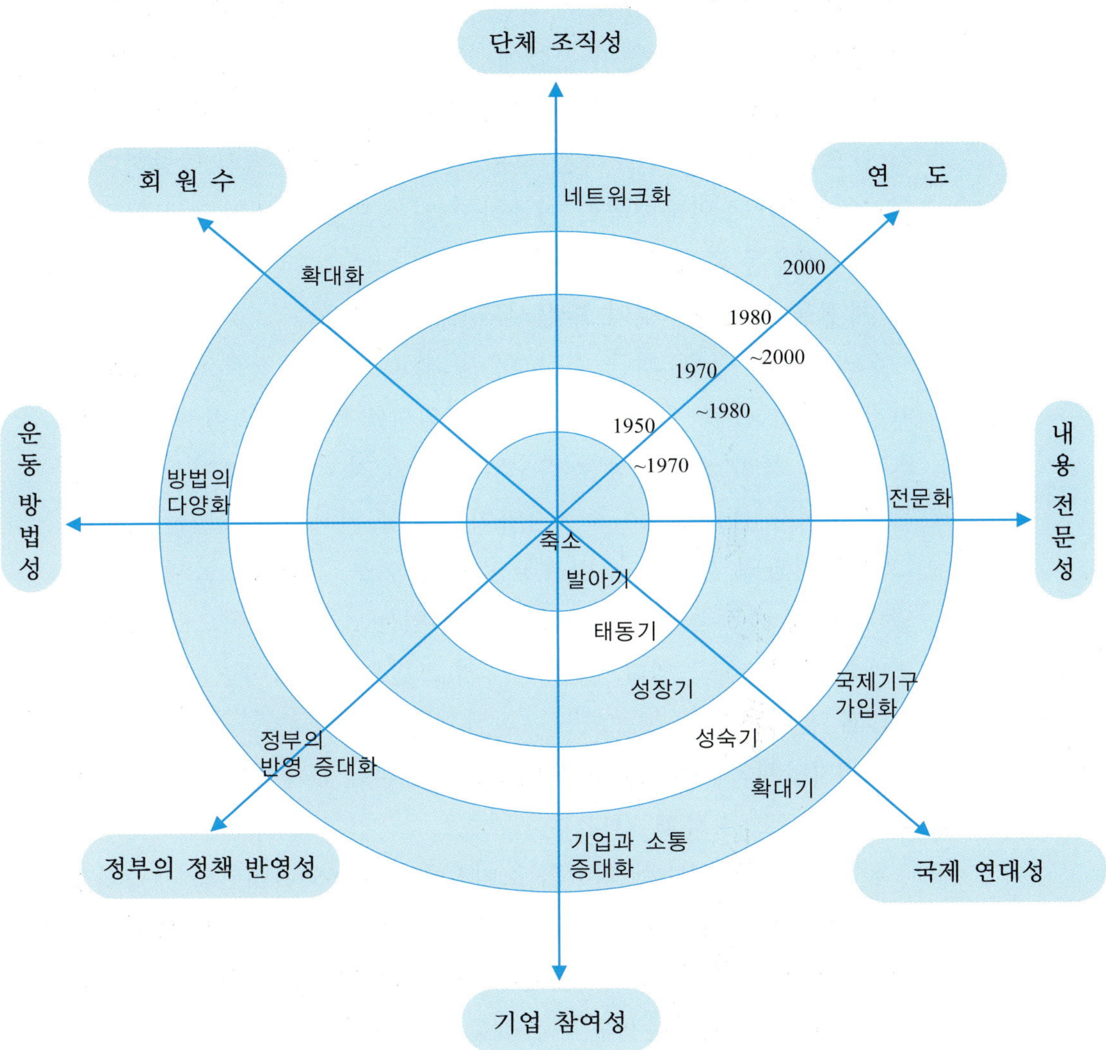

그림 4-1 우리나라 소비자보호운동의 현 위치

대로 결실을 맺을 수 있도록 다른 주체들을 계몽시켜야 한다. 특히 각 주체들이 이 운동을 추진함에 있어 고도의 전문성을 유지할 수 있도록 이들에게 전문적 정보를 제공할 수 있어야 한다. 이러한 의미에서 앞으로 소비자를 연구하는 전문가들의 역할이 특별히 막중하다고 본다. 기업이 소비자행동을 이해하고 있는 만큼 소비자단체나 정부 등 소비자운동 주체들도 이를 숙지하지 않고는 효과적인 소비자보호에 차질을 빚게 될 것이 확실시되기 때문이다.

우리나라의 경우, 최근 소비자운동의 또 다른 특징으로 정보화에 따른 변화를 들 수 있다. 소비자단체협의회를 비롯한 소비자단체들은 PC통신을 통한 소비자상담 접수와 더불어 자체의 홈페이지 구축을 통한 소비자상담 접수와 소비자와의 양방향 의사소통 채널을 마련하고 운동성과의 홍보와 소비자상담 등에 이를 적극적으로 활용하고 있다. 이에 네트워크화를 통한 전문성 있는 소비자운동으로 국제적 연대화를 시도하고 있다. 이를 하나의 그림으로 함축하면 위의 〈그림 4-1〉과 같다.

소비자단체의 소비자운동을 연도별로 구분한 구체적인 주요 내용을 살펴보면 〈표 4-1〉과 같다.

우리나라에서 현대적 의미의 소비자운동은 1960년대부터 시작되었다. 초기 소비자운동은 여성 단체를 중심으로 한 여성운동의 일환으로 시작되었으나, 그 후 소비자문제가 점차 광범위하고 심각하게 발생하기 시작하자 소비자문제를 해결하고 소비자의 복지증진을 추구하기 위한 소비자전문단체가 발족되기에 이르렀다. 소비자운동의 흐름을 시대별로 1960, 1970, 1980, 1990, 2000년대로 나누어 소비자운동의 전개 및 주요 소비자문제 발생사건, 대표적인 소비자단체들을 소개하면 다음과 같다.

표 4-1 한국 소비자단체 소비자운동의 주요 내용

시기 구분	주 요 내 용
1960년대	· 부정, 불량상품 개선을 위한 고발활동 · 소비자고발센터 개설(1968년 대한 YMCA연합회)
1970년대	· 소비자의 조직화(1976년 소비자단체협의회 조직) · 소비자운동의 인권 운동화 · 소비자 이동고발 센터 개설 · 소비자보호법 제정 촉구
1980년대	· 소비자고발 창구의 확대 · 소비자운동의 지역별 · 계층별 확산 · 지부의 조직화로 소비자운동 확산 · 식품 위생검사 · 소비자모니터 실시 · 녹색 소비자운동
1990년대 초반	· 식품 유해성에 대한 논란 · 쓰레기 줄이기 운동 · 우리 농산물 애용 · 수입농산물의 농약 및 발암성 물질 검사 촉구 · 쓰레기 종량제 시범사업 민간 평가단 활동 · 청소년 소비자운동 실시
1990년대 후반	· 지방자치제 실시에 따른 지방소비자 활동 전개 · 지속가능한 소비문화 정착 · 경제위기를 극복하는 물가안정 · 소비자 주권신장을 위해 소비자의 참여 촉구
2000년	· New-Technology(Bio-Technology)에 따른 소비자안전 확보 · 정보화 사회, 소비자보호 확충 · 거래의 공정화 확립 · 성숙한 소비문화구축 · 지속가능한 소비사회 구축
2001년	· 지방소비자운동의 강화 · 소비자 정보제공 기능의 강화 · 물가 및 국민생활안전운동 · 소비자안전 확립 운동 · 지속가능한 소비자사회 구축 · 공정한 경제질서 확립 · 소비자신용사회 확립
2002년	· 온라인 소비자운동 · 식품안전에 대한 지속적인 감시 · 정보 소외계층에 대한 배려 · 전자상거래에서의 소비자보호 · 환경보존에 대한 관심 · 소비자와 기업이 함께 하는 소비자운동

*자료: 각 연도별『월간 소비자』1~2월호 ; 소비자단체협의회(1996), 소협 20년 ; 소비자단체협의회(1997), 새로운 소비자주권시대를 열어가는 민간 소비자운동 등을 참조하여 저자가 재구성함.

1) 1960년대의 소비자운동

1960년대부터 여성단체들은 여성운동 활동의 일부로써 소비자보호 활동을 전개하기 시작하였다. 1967년 '한국부인회'는 소비자 불만 창구를 개설하여 소비자문제를 다루기 시작하였으며, 소비자정보지인 『소비자보호』를 발간하면서 소비자정보를 제공하기 시작하였다. 1968년 서울 YMCA에서는 사회문제부 내에 소비자보호위원회를 구성하여 소비자운동을 개시하였다.

소비자운동의 중요성에 대한 인식은 외국 소비자운동가의 초청 및 강연 등을 통해서 조금씩 싹트기 시작하였다. 1969년 미국 존슨 대통령 재임시 대통령 특별보좌관이었던 에스터 피터슨(Ester Peterson) 여사를 초청하여 소비자보호에 대한 강연을 실시하였고, 같은 해 국제소비자기구(당시 IOCU)의 창설자이며 미국소비자연맹의 회장이었던 콜스턴 원(Colston Warne) 박사가 방문하여 소비자운동의 필요성을 강조하였다. 그러나 이 시기는 소비자라는 단어조차 생소한 상황에서 소비자문제 및 소비자의식이 조금씩 싹트기 시작한 초기단계라고 할 수 있다(이강현, 2005 ; 백병성, 2005).

2) 1970년대의 소비자운동

1970년대 초반에는 많은 여성 단체, 즉 '주부클럽연합회(1972)', '주부교실중앙회(1972)', '여성단체연합회(1972)'가 창설되어 소비자보호활동이 보다 활발하게 전개되기 시작하였다. 그리고 1976년에는 조직적이고 협조적인 소비자운동을 전개하기 위한 소비자단체협의회가 결성되면서 소비자운동은 여성단체가 아닌 소비자단체에 의해 주도되는 전환점을 맞게 되었다. 또한 1978년에 '한국소비자연맹'이 창설되어 소비자문제를 전문적으로 다루는 소비자단체로서의 역할을 수행하기 시작하였다.

그러나 이 시기에는 1960년대보다 훨씬 다양한 소비자문제가 발생하여 사회 문제로 대두되기 시작하였다. 대표적인 소비자문제나 사건의 예를 들면, 1970년 비소가 든 소다를 먹고 연쇄참사를 당한 '소다 사건', 1971년 공업용 석회를 사용한 '횟가루 두부 사건', 1978년 '경상 사료 사건', '번데기 식중독 사건', 1979년 '수입 고춧가루에 타르 색소가 검출되어 폐기시킨 사건', '서울적십자병원 질소 사건', '주사기 결함 사건' 등 많은 소비자문제 관련 사건이 발생하였다. 이에 따라 이 시기의 소비자단체의 활동은 주로 소비자의식을 고취시키기 위한 불량상품 전시회 또는 우수 공산품 전시회, 실량검사, 소비자교육 실시, 외국소비자단체나 소비자운동가와의 교류 등을 중심으로 이루어졌다. 즉, 소비자권리 및 권익에 대한 인식이 부족한 상태에서 소비자보호에 대한 사회적 인식과 관심을 높이기 위해 시작한 활동이라 볼 수 있다. 따라서 소비자운동의 특징을 몇 가지로 요약하면 다음과 같다.

첫째, 1960년대보다는 소비자보호운동이 다소 활발하게 진전되어 소비자문제 및 소비자보호의 필요성에 대한 인식이 높아지기 시작하였다.

둘째, 여성단체 및 소비자단체 대부분이 재정적 어려움과 인력 부족으로 보다 적극적이고 활발한 활동을 하지 못했다.

셋째, 이 시기의 여성단체 및 소비자단체들은 다른 이익 단체에 비해 사회적·정치적·기술적 측면에서 미숙하여 독자적인 이익 단체로서의 활발한 역할을 하지 못했다. 그 결과 여성단체 중심의 소비자운동은 뚜렷한 이념을 갖지 못했으며, 소비자의 입장을 인식시키는 정도의 역할과 계몽 운동만을 수행하였다.

3) 1980년대의 소비자운동

1980년대는 우리나라 소비자보호운동의 성숙기라 할 수 있다. 1980년대 소비자단체의 적극적인 소비자보호운동은 정부의 소비자보호정책을 촉진시켰다. 소비자단체들의 계속적인 촉구에 힘입어 1980년 소비자보호를 일차적 목적으로 하는 최초의 단독법인 「소비자보호법」이 제정되었고, 1982년 '소비자보호법시행령'이 제정되었다. 그 후 1986년 소비자보호법을 개정하여 한국소비자보호원이 개원함으로써 정부의 소비자보호정책이 활발하게 전개되는 토대가 되었다.

또한 과거 여성단체 중심의 소비자보호운동에서 탈피하여 소비자문제만을 전문적으로 담당하는 소비자단체들의 활동이 점차 활기를 띠기 시작하였다. 1981년 소비자단체협의회에서는 자체적으로 12월 3일을 '소비자의 날'로 정하였다. 그리고 1983년에는 '소비자문제를 연구하는 시민의 모임(이하 시민의 모임)'이 설립되었다. '시민의 모임'은 1984년 모유권장 국제세미나를 개최하였고, 1985년에는 모유권장과 「영유아식품제조・판매에관한법률(안)」을 작성하였으며, 1984년 국제소비자기구(IOCU, 현 CI)에도 정회원으로 가입하고 국제소비자경찰(Consumer Interpol)에 가입하는 등 활발한 국제적 활동을 전개하였다. 한편, 소비자단체협의회는 1982년 광주에서 불량상품 전시회를 개최한 후 1984년까지 지방의 여러 도시를 순회하며 이 행사를 개최하였다. 또한 많은 소비자보호법제의 제정・개정을 요청하였다. 즉, 1986년 품목별 소비자피해보상규정안에 대한 개정안 제출, 「소비자보호법」 개정 요구, 1987년 약관에 대한 실태조사 및 개선책에 대한 의견 제출, 1989년 식품위생법 시행령 개정안에 대한 의견서 제출 등을 통하여 소비자보호법제의 제・개정을 촉구하였다(이강현, 2005).

이와 같이 적극적인 소비자운동에도 불구하고 1980년대에도 많은 소비자문제가 계속적으로 발생하였다. 1986년에는 인공 감미료인 MSG의 안전성에 대한 문제가 제기되었으며, 1987년에는 냉장고 병꽂이 사건, 1988년에는 콩나물 농약사건이 발생하였다. 1989년에는 수입식품 및 사료의 오염 문제, 비식용 우지를 사용한 라면 사건, 백화점 사기 바겐세일 사건, 발암성 물질이 검출된 자몽 사건 등이 발생하였다. 이처럼 많은 소비자문제가 발생함에 따라 불매 운동이나 캠페인 등이 활발히 전개되기 시작하였으며, 소비자단체는 이러한 활동의 가장 중요한 역할을 지속적으로 담당해 왔다.

라면도 이제 웰빙 식품

라면이 웰빙 식품으로 변신하고 있다.

농심은 웰빙 트렌드에 맞춰 만든 논프라잉(non-frying) 용기면 '건면세대(健麵世代)'를 9일부터 출시, 건면 사업을 본격화한다고 8일 밝혔다. 건면 사업 확대를 위해 농심은 부산 강서구 송정동 녹산공단에 논프라잉면 전용공장을 준공했다. 농심은 지난해 '녹두국수 봄비', '쌀국수 포들면' 등 건면 제품을 출시한 데 이어 건면세대를 차세대 주력제품으로 육성하기 위해 '건면세대'를 중심으로 전사적인 역량을 집중할 계획이다. 농심 관계자는 "라면이 국내에 들어온 지 40여 년 만에 건면 시대가 본격적으로 시작됐다."며 "앞으로 5년 후 2조원 규모로 예상되는 국내 라면시장에서 건면은 20%를 차지할 것으로 전망하고 있다."고 말했다.

기름에 튀기지 않은 건면세대는 스프에 지오드레이션(원재료의 맛과 향은 유지시켜 주고 수분만을 배출하는 새로운 스프공법) 기술을 적용, 원재료의 맛과 향을 그대로 살렸다. 또 MSG를 첨가하지 않았으며 체지방 연소에 도움을 주는 콩펩타이드 200mg이 들어가 있다.

삼양식품도 웰빙 트렌드에 맞춰 60여 가지 재료를 사용한 '맛있는 라면'을 오는 20일 출시한다. 이 제품은 MSG를 첨가하지 않았으며 브로콜리, 표고버섯 등 건강지향성 재료는 물론 베타글루칸, 겨우살이 추출물 등 기능성 원료를 첨가, 기존 라면과 차별화 시켰다고 회사측은 설명했다.

삼양식품은 이 달 중순부터 텔레비전 등을 통해 광고를 내보내는 한편 학교 앞, 사무실 밀집지역 등지에서 '맛있는 라면차'를 운영하는 등 적극적인 홍보에 나설 계획이다. 회사 관계자는 "화의 종결 후 재무구조 개선을 마무리, 올해부터 신제품 출시와 마케팅을 통해 과거 라면시장에서 잃었던 입지를 되찾는다는 각오를 다지고 있다."고 밝혔다.

특히 웰빙 식품을 지향하는 라면들은 가격대도 기존 제품에 비해 40%에서 최고 2배가량 비싼 프리미엄 제품을 표방하고 있다.

– 서울경제신문(2007. 2. 8)

4) 1990년대의 소비자운동

1990년대 이후에도 각종 소비자문제는 계속 발생하였다. 주요 문제로는 1992년 변압기 폭발 사건, 1994년 녹즙기 손가락 절단 사건 및 뇌염백신 사건, 1995년 고름우유 사건, 1996년 우유 및 분유의 발암물질 검출 사건, 화학간장에서의 유해물질 검출 사건 등을 들 수 있다. 한편, 이 시기에는 종전과 다른 새로운 소비자문제도 등장하기 시작하였다. 즉, 시장 개방으로 수입제품이 증가하면서 이로 인한 소비자 안전문제가 계속적으로 제기되기 시작한 것이었다. 예를 들면, 1997년 미국산 쇠고기에서 O-157 병원균 검출, 수입 아이스크림에서 유해물질 검출, 1999년 벨기에산 돼지고기의 다이옥신 파동 문제 및 유전자재조합 콩 문제 등이 대표적인 사건이었다. 또한 인터넷의 급속한 보급으로 전자상거래 사기 등 불법행위로 인한 소비자피해가 새로운 문제로 제기되기 시작하였다.

소비자문제에 대응하여 소비자단체들은 1991년 합성세제 덜 쓰기 운동 및 분유광고 금지 대회, 1993년 미국산 수입밀 사용 저지 캠페인, 1994년 에너지절약 캠페인 등을 전개하였다. 또한 유전자조작제품 여부 표시의무화, 전자상거래 관련 소비자보호지침 및 표준약관 등이 마련되었다.

또한 이 시기에 들어서는 소비자단체들의 국제적 활동도 더욱 활발해졌다. '시민의 모임'은 1994년 14차 국제소비자기구 총회에서 이사단체로 선출되었으며, 이 총회에서 '시민의 모임' 회장이 8명의 자문위원 중 한 사람으로 위촉되기도 하였다. 1996년 소비자단체협의회는 EU 공동포럼을 개최하여 한국과 EU의 소비자정책, 수질오염 문제, EU와의 협력방안을 논의하였다. 그리고 미국의 유명한 소비자운동가인 랄프 네이더가 한국부인회의 초청으로 한국을 방문하였다.

소비자보호법제의 제정・개정에 대한 소비자단체의 활동도 계속되었다. 소비자단체협의회에서는 1994년 「소비자보호법」 개정, 1996년

「리콜제도」 제정을 요구하였으며, 1997년에는 「소비자생활협동조합법」 제정을 적극적으로 요구하였다. 그 결과 1990년대 후반 리콜제도를 적극적으로 도입하게 되었으며, 1998년 「소비자생활협동조합법」이 제정되었고, 1999년 12월 「제조물책임법」이 제정되었으며, 2002년부터 시행되었다.

유전자재조합식품(GMO)을 해부한다

유전자재조합식품(GMO)은 과연 무엇이고, 이것을 섭취했을 때 우리 몸에는 어떤 영향을 미칠까? 유전자재조합식품은 유전자재조합 기술을 활용해 재배·육성된 농·축·수산물로서 안전성 평가를 받은 식품이나 이를 원료로 제조·가공된 식품을 말한다. 유전자재조합식품을 둘러싼 찬반논쟁이 한창 진행 중이며 현재 소비자들에게는 긍정적인 면보다 부정적인 부분이 더 부각된 것으로 관련 당국은 파악하고 있다. 하지만 이런 논쟁 속에서도 유전자재조합 작물의 재배는 전 세계적으로 급속하게 확산되고 있다.

유전자재조합 작물 재배 면적은 지난 1996년 6개 나라 170만ha이던 것이 지난해에는 22개 나라 10,200만ha로 60배가량 늘어났다. 우리나라도 현재 농촌진흥청에서 벼와 밀, 고추 등 16개 작물 48종을 개발하고 있다. 지난해 말 현재 우리나라는 11,467건, 3,138,812톤의 유전자재조합식품을 수입했으며 이 가운데 유전자재조합식품이 표시된 것은 2,523건, 892,302톤이었으며 나머지 8,944건, 2,246,511톤이 무표시 제품이었다. 이처럼 수입이 급격하게 늘자 정부는 유전자재조합식품의 안전성 확보를 위한 평가 심사를 지난 2004년 2월부터 의무화했다.

안전성 평가 심사는 분과별 4명 내외의 전문가(총 20명)로 구성된 '유전자재조합식품 안전성 평가자료 심사위원회'에서 실시하고 있다. 대상은 유전자재조합 기술을 활용해 재배·육성된 농·축·수산물이며 안전성 평가 미승인 품목은 수입과 유통을 금지하고 있다. 최근 국내 유입으로 논란이 됐던 중국산 해충저항성 GM쌀과 미국산 제초제내성 LLRice601 등이 대표적인 미승인 품목이다.

2007년 1월 말 현재 안전성 평가 승인 품목은 모두 61개 품목이며 이 가운데 농작물의 경우 옥수수가 24개로 가장 많고 이어 면화(13), 캐놀라(6), 감자(4), 콩(1), 사탕무(1) 순으로 뒤를 잇고 있다. 또 첨가물은 12건이나 된다. 최근 이 같은 유전자재조합식품에 대한 소비자교육이 한창 진행되고 있다. 식품의약품안전청은 7일 소비자단체인 한국소비자연맹을 통해 '유전자재조합식품 교육 홍보 지원' 용역사업을 수행하고 있다고 밝혔다. 식약청은 학계와 연구계 등 전문가로 구성된 인력풀을 활용해 연간 총 26회에 걸쳐 1,381명에 대한 교육과 홍보를 실시했다. 식약청은 학생과 소비자는 물론 이 식품에 대해 사회적 여론을 주도하는 과학·가정교사, 영양사 등을 상대로 교육을 실시하고 있다.

식약청은 또 식품업계를 대상으로 세미나와 토론회 등을 통해 소비자들에게 막연하게 불안감을 유발하는 부정확한 보도 등 유전자재조합식품의 안전성 논란 사례에 대해 전문가의 과학적 설명을 제공하고 있다. 식약청 관계자는 "유전자재조합식품이 아직까지 찬반 논란이 있는 만큼 국민에게 보다 객관적 사실을 전달하기 위해 소비자단체를 주관 용역 수행자로 선정하게 됐다."고 이번 사업의 추진 배경을 설명했다. 유전자재조합식품이 인류 식량에 대한 축복이 될 것인지 아니면 재앙으로 다가올 것인지 보다 많은 관심과 연구가 필요한 것으로 보인다.

－노컷뉴스(2007. 2. 7)

도내 여성 절반 충동구매 경험

제주지역 주부 등 여성들이 인터넷쇼핑을 하면서 지불능력을 초과한 충동구매를 하는 것으로 나타났다. 12일 제주녹색소비자연대에 따르면 도내 여성 500명을 대상으로 인터넷쇼핑몰 이용실태를 조사한 결과 응답자의 52%는 충동구매나 구매를 후회했다. 도내 여성들의 불합리한 소비행태를 보면 응답자 52%가 '가격할인 또는 사은품을 받기 위한 구매', '구매 후 후회', '지불능력을 초과한 충동구매'를 했다고 밝혔다. 또 응답자의 17%는 인터넷으로 쇼핑을 한 후 최근 1년 이내에 반품한 경험이 있었다고 밝혔다. 평균 반품횟수는 1.5회로 집계됐다. 특히 인터넷쇼핑에서 적극적으로 품질 정보를 확인한 경우는 48%, 가격비교 정보를 확인하는 경우도 49%에 불과해 구매정보의 탐색이나 활용수준이 떨어지는 것으로 나타났다. 불합리한 소비 행태에서는 또 응답자 65~90%가 경품, 사은품, 무이자 할부 등 구매유인에 대해 영향을 받고 있다고 응답했다. 녹색소비자연대 관계자는 "일부 인터넷 쇼핑은 소비자법상 권리를 임의로 제한하는 등 부당거래행위가 빈번해 올바른 구매가 중요하다."고 강조했다.

수능시험을 마친 수험생이나 대학 신입생들에게 설문조사를 빙자, 충동구매를 부추기는 악덕상술이 다시 고개를 들고 있다. 17일 광주 YWCA 소비자상담실 등 소비자단체에 따르면 최근 광주 시내 중심가인 충장로나 대학가 주변 등에서 설문조사를 빙자, 화장품·다이어트 식품을 고가로 판매하는 악덕상술의 피해사례가 서너건 접수되고 있다. 더구나 일부 영업사원들은 "화장품 등을 구입하더라도 용돈을 충분히 해결할 수 있다. 부모들 모르게 매달 10만원을 지불하면 된다."며 10대들을 현혹하고 있는 것으로 밝혀졌다. 수험생 김OO 양(18. 고 3)은 지난 4일 광주 동구 충장로 인근을 지나던 중 20대 영업사원에게 설문조사 제의를 받았다. 김양은 곧바로 인근 주차돼 있던 승합차에서 설문조사 등을 받은 뒤 50여 만원에 달하는 화장품을 충동구매하게 됐다. 이후 김양의 부모들은 계약을 해지하려고 했으나 해당 화장품 업체가 연락이 되지 않자 소비자상담실을 찾았다.

또 대학생 김OO 양(19. 대학 1년)도 최근 광주시 소비생활센터를 찾았다. 김양도 100여 만원에 달하는 화장품을 충동 구매했고 영업사원들은 "부모들 모르게 용돈으로 해결하라."는 은밀한 지도까지 한 것으로 알려졌다. 하지만 김 양은 2~3개월 동안 매달 10만원에 달하는 할부금을 납입하다 부모에게 실토를 했고 비슷한 제품의 시중가격을 알아본 결과, 10여 만원에 불과한 저가상품이라는 것을 확인했다.

광주 YWCA 소비자상담실 관계자는 "최근 수험생 등을 노린 악덕상술이 다시 고개를 들고 있는 것 같다."며 "미성년자들에게 물건을 판매할 경우 부모동의가 없는 경우 무효이지만 학생들 스스로 충동구매를 자제하는 판단력을 키워야 한다."고 말했다

– 제주일보(2007. 1. 13)

5) 2000년대의 소비자운동

2000년대의 소비자운동은 좀 더 체계적이고, 전문화된 성격을 보인다. 특히 관련 정보 · 기술이 발전되고 신용이 중요하며 시장채널이 온라인화되면서 소비자의 서비스 산업이 맞춤화되는 사회적 요구와 맞물려 기업의 프로슈머화, 소비자안전, 지역화, 온라인화 등과 관련된 내용 확대를 볼 수 있다.

그러나 우리나라 소비자단체는 주로 대도시에 집중되어 있고, 여러 활동의 한 부분으로 상담을 다루는 점, 대부분 소규모인 점, 30대에서 50대의 주부를 중심으로 하는 여성 중심인 점, 재정적 기반이 약한 점, 그로 인해 운영과 활동에 제한이 있는 점, 소비자단체가 거의 차별화되지 못하고 비슷한 활동을 한다는 점에서 비판받고 있다.

또한 민간 소비자단체에서의 소비자교육활동에 대한 선행연구들도(강호균, 1990 ; 이득연 · 송순영, 1992 ; 홍연금, 1999) 대부분의 민간 소비자단체가 소비자교육을 실시하지만, 교육대상이 대부분 주부이고 단기적이며 체계적 · 조직적이지 못하다고 언급하고 있다.

이러한 개선을 위하여 소비자교육은 프로그램 개발과 프로그램 실시가 전문화·분리화될 필요가 있다. 특히 소비자교육 프로그램 개발을 위한 행정·단체·학계 간의 특정협력체를 중심으로 개발한 소비자교육의 내용 및 프로그램을 실시기관인 학교, 단체, 행정에서 함께 시행한다면 그 효과가 클 것으로 보이며, 또한 경비 절감의 효과를 이룰 것이다.

2. 일본 소비자운동의 역사적 배경

일본의 경우 '소비자문제'라는 말이 세간에 인식된 것은 1960년대이며, 1919년에 발족한 전국관서부인연합회(全国関西婦人聯合会)를 비롯하여 부인 운동은 전쟁 전부터 긴 역사적 배경을 지니고 있지만, 본격적인 소비자운동으로 인식된 것은 전쟁 후라고 할 수 있다(国民生活センター, 1993). 그리고 전쟁직후는 식량 배급을 요구하는 것이 주된 소비자운동의 목표였다.

특히 전쟁 후에 본격적으로 시작한 일본 소비자운동의 주체 형성과 전개과정을 경제동향과 관련하여 살펴보면, 지난 50년간의 소비자운동은 주부운동에서 광범위한 시민운동으로 넓혀져, 공동행동 및 네트워크화가 진행되었다. 또한 자발적인 방안과 소비자 스스로 구성한 활동도 활발하게 진행되고 있으며, 활동범위도 에너지문제나 환경문제, 남북문제 등 내용 면(단무지에서 원자력까지라는 말이 있음, 米川五郎 外, 1995)에서 광범위해졌고, 생산우선주의에서 탈피하자는 자성의 목소리도 높다. 이제 일본의 소비자운동은 상품과 서비스의 가격문제를 초월하여 생명에 대한 존엄, 다음 세대에 좀 더 나은 환경을 물려주고자 하는 생활철학까지 포함하여 사람들의 권리실현을 목표로 한 운동으로서 발전·승화해 가고 있다(国民生活センター, 1999).

연도별로 보면, 1950년대 후반부터 1960년대 전반까지는 식품, 의약품, 일용품 등의 안전성이나 표시에 관한 소비자피해의 출현에 대해 우선 소비자계발활동이 전개되었다. 1960년대 후반부터 1970년대 초반까지는 소비자의 권리를 주장하는 기업고발형의 소비자운동이나, 여러 소비자단체가 공동으로 행동하는 새로운 소비자운동이 전개되었다. 그리고 1980년대 이후가 되자 경제의 저성장으로 인한 자원·에너지 문제, 전체 지구 규모로 진행되는 환경문제, 국제화의 진전으로 수입식품의 안전성문제, 악질상법의 피해에 대한 법률의 개정이나 정비운동 등 다양한 테마로 활동이 전개되었다(馬場紀子 外, 2002). 1990년대 이후는 서비스와 수반되는 문제가 다발적으로 발생하고, 국제화와 관련된 문제, 식품의 안전성문제, 개인정보의 보호문제 등이 많아지고 있다(国民生活センター, 1993).

일본 소비자운동의 역사적 분류는 분석한 시각에 따라 다양한 차이를 보이고 있으나, 소비자운동을 중심으로 분석한 국민생활센터(国民生活センター, 2000)에 의하면 1945~1950년대를 생활재건과 소비자의 자기 확인, 1960년대를 소비자문제에 대한 본격적인 대응기, 1970년대를 자발적인 소비자운동의 고양기, 1980년대를 소비자문제와 운동의 다양화기, 1990년대를 소비자운동의 전환기로 보고 있다.

일본의 국민생활센터(国民生活センター, 1996), 스즈끼(鈴木深雪, 1999), 일본 내각부(内閣府, 2002) 등은 소비자문제를 중심으로 소비자운동을 살펴본 결과, 1950년대를 물자확보의 문제기, 1960년대 전반을 소비자문제의 현저화·표시문제 중심기, 1960년대 후반을 물가문제 중심기, 1970년대 전반을 안전의식의 고취·물품 부족기, 1970년대 후반을 다단계판매문제 다발기, 1980년대 전반을 무역마찰의 반영기, 1980년대 후반을 규제완화기, 1990년대 전반을 국제화·규제완화, 자기책임의 문제기, 1990년대 후반을 국제화·자기책임문제, 정보네트워크 중심기로 보고 있다.

우스이(臼井栄治 外, 1990)는 전쟁 후 소비자운동사를, 전쟁 후부터 제1회 전국소비자대회까지(생활위기와 공동구입형 운동조직), 일본 생산성본부의 ‘소비자준비위원회’ 설치부터 「소비자보호기본법」 공표까지(소비혁명과 정보제공형 운동조직), 일본소비자연맹창립위원회 결성부터 전국소비자단체 연락회 설립까지(소비자단체 조직화의 진전과 고발형 운동 조직), 감속경제시기(소비자의 권리확립을 목적으로 한 소비자운동) 등 4기로 구분하였다.

특히 1990년대부터 소비자의 자기책임문제가 대두되면서 소비자교육의 중요성이 대두되었다(今井光映 외, 1994 ; 米川五郎 외, 1997; 西村隆男, 1999 ; 松村晴路, 2001 ; 馬場紀子 외, 2002). 이전까지는 소비자보호가 기본적인 것이었으나 지금부터는 소비자의 자기책임이 문제가 되며, 행정은 지금까지 사업자에 대한 사전규제에서 시장정책을 정비한 사후규제 및 통제의 방향으로 전환하고, 소비자행정도 소비자의 보호에서 자립지원으로 변화하고 있다. 따라서 소비자는 다양하고 빠르게 변화하는 시장환경에 적응하기 위하여 스스로 자립하고 책임있는 행동을 해야만 하며, 그 기저에는 소비자교육이 필요하다.

소비자보호의 가장 중요한 핵심적인 주체는 역시 소비자 자신이다. 소비자운동은 소비자 스스로가 그의 입장 역할을 자각하여 단결하고 정부의 보호에 의해서 판매 기업에 대한 대항력을 확보하는 것이므로 소비자단체의 역할이 중요하다.

현대적 의미에서 일본 소비자운동은 제2차 세계대전 이후 전개되기 시작하였다(표 4-2 참조). 일본은 미국식의 정보제시형과 영국식 협동조합형의 소비자운동을 병행하여 왔다고 볼 수 있다. 1844년 영국의 ‘공적개척자조합’운동이 일본에 영향을 미쳐 1900년대 이후부터 영국식의 협동조합형의 운동이 전개되어 왔으나, 1960년대 접어들면서 점차 정보제시 형태의 방향으로 나아가면서도 생활협동조합의 활동이 여전히 활발하게 전개되었고 최근 들어 소비자운동은 점차 다양한 양상으로 전개되어 고발형, 생활협동조합형, 정보제공형의 분위기로 전개되고 있다.

표 4-2 일본의 주요 소비자문제 및 소비자운동

구 분	기 간	소비자운동의 지표	주요 소비자문제	전후사의 지표	특 성
제1기	1945 ~ 1950	주부연합회, 관서주부연합회의 설립, 생활협동조합의 재건(생활협동조합법 제정)	불량성냥문제, 주부연 '일용품심사부' 개설	· 패전에 의한 붕괴와 전쟁 후의 인플레이션 · GHQ 주도의 제도적 개혁	주부중심형
제2기	1951 ~ 1957	전국소비자단체연락회 결성, 제1회 전국소비자대회에서 '소비자 선언' 채택	모리나가비소밀크사건, 가짜소고기통조림사건	· 전쟁 전 수준의 회복 · 기술혁신의 진전 · 55년체제의 확립	소비자선언
제3기	1958 ~ 1965	일본소비자협회설립(소비자 선언), 케네디 '소비자의 4대 권리' 선언, 소비자행정추진	사리드마이드사건, 합성세제 문제	· 소득배증가계획의 책정과 고도경제 성장의 진전	현명한 소비자
제4기	1966 ~ 1970	일본소비자연맹창립위원회, 자동차사용자연맹결성(고발형소비자운동), 소비자보호기본법 제정	가네미유증사건, 치쿠로발암성 문제화, 컬러텔레비전 이중가격문제	· 고도경제성장으로 진전 (성장 인플레이션 경향)	고발형
제5기	1971 ~ 1974	컬러텔레비전 가격인하(불매운동의 성과), 석유암거래카르텔 사건, 등유재판	과일음료 표시문제, 불법카르텔 다발, AF2 금지	· 제1차 석유쇼크 · 고도성장의 왜곡	소비자운동의 고조기 : 공동행동, 법 제정
제6기	1975 ~ 1980	독점금지법 개정, 방문판매법 공포, 일반소비세 반대운동	결함주택문제, 샐러리맨 대상 고리대금업문제, 피라미드판매 피해 급상, 부동산 함정광고문제	· 스태그플레이션 · 카드(기술적 장해에 관한 협정을 받아들임) · 본격적인 무역자유화	소비세 반대운동
제7기	1981 ~ 1985	IOCU(현 CI) '세계소비자권리의 날' 제창, 일본에서 IOCU의 국제세미나 개회, 식품첨가물의 사용기준 완화, 시장개방에 대한 '행동지침' 제정	석유단백상품화 저지운동, AF2의 허가취소운동, 풍전 상사사건 문제화, 수은건전지 문제	· 스태그플레이션의 지속화 · 불황에서 물가상승으로 인하 소비수준의 저하 · 장기호황국면(버블경제)에 돌입	식품의 안전성 문제 운동기
제8기	1986 ~ 1994	일반소비세도입, 지구환경원년(1989), 아스티(1990) 각지에서 개최, 소비자계약법 제정 운동	소련체르노빌 원자력발전 사고, 환경문제, 수입레몬농약문제	· 버블경제의 진전과 붕괴 · 심각한 불황	환경문제 운동기
제9기	1995 ~ 2000	제조물책임법 제정, 소비자계약법 제정 운동, 유전자재조합식품의 안전성심사의무화에 관한 고시 공표, 소비생활용 제품 안전법 개정	O157문제, 유전자재조합식품 표시문제, 유끼지루유업식중독사고 발생 : 환자수 14,849명	· 장기 불황하에서 고용불안과 소비의 장기적인 저조 · WTO 성립	소비자운동의 국제화
제10기	2001 ~ 현재	소비자계약법 시행, 전기용품안전법 시행, 전자소비자계약법 시행, 전자상거래 등에 관한 준칙 책정, 부정접근금지법 시행, 유전자변환식품의 안전성심사의무화에 관한 고시 공표, 소비생활용제품안전법 개정, 전자상거래 등에 관한 준칙 책정, 소비자기본법 개정	광우병 소 확인 일본햄 사건	· 불황 지속 · 불황 극복	기업의 신뢰성 및 책임의식 문제화, 소비자교육강화 및 추진

*자료: 米川五郎·高橋明子·小木記之 編(1997), 消費者教育のすすめ, 有斐閣 ; 国民生活センター(1999), 戦後消費者運動史(資料編), 国民生活センター ; 国民生活センター(1999), 戦後消費者運動史, 国民生活センター ; 内閣府国民生活局 編(2002), ハンドブック 消費者(2002), 内閣府; 半鶴広志(1999), 消費者運動の時代区分と類型化に関する一考察, 国民生活研究 ; 第39巻 3号, 20-36, www.kokusen.go.jp 등을 참조하여 저자가 재구성함.

3. 한국과 일본의 소비자운동 비교

한국과 일본은 각 국가의 상황에 따라 소비자단체를 중심으로 소비자운동을 실시하고 있다.

일본은 미국의 영향을 받은 상품 테스트 중심형, 그리고 대중운동 중심형인 불매운동과 소비자에 대한 대중적인 인식강화형, 그리고 소비자 정보제공 및 계몽형 등으로도 대별 분류할 수 있다.

우리나라의 소비자운동은 소비자문제 및 소비자 피해구제를 중심으로 하는 소비자 피해구제형, 상품 테스트 결과에 따른 소비자에게 객관적인 정보를 제공하고 교육하는 소비자정보 제공 및 교육형, 대중운동 중심형이면서 전국적인 지역네트워크를 활용하여 보다 많은 회원 확보 및 전국적인 망을 형성하는 네트워크 중심형의 유형 등으로 분석이 가능하다.

특히 최근 소비자들의 소득 및 생활수준이 향상되면서, 삶의 질에 대한 요구가 상승하고 있다. 보다 인간다운 삶을 추구하게 된 소비자들은 환경에 대한 요구 또한 상승하고 있다. 이에 소비자단체의 역할도 단체별 특성화・전문화가 요구되며, 단체 간의 연계망 조직도 필요하다.

허경옥(1998)은 일본의 민간 소비자운동을 우리의 상황과 비교・분석하여 다음 사항을 지적하였다.

첫째, 일본 민간단체의 소비자운동이 재정적 안정을 토대로 독립적인 활동을 하고 있음을 간과하여서는 안 된다.

둘째, 일본의 민간소비자운동과 정부의 소비자보호정책은 지방자치 중심으로 전개되고 있어 서울 중심의 우리나라 소비자보호활동과 대조적임을 알 수 있다.

셋째, 일본의 각종 소비자정보수집체계는 전산망을 통해 매우 신속하고 효율적으로 운영되고 있다.

넷째, 일본의 경우 민간단체보다는 정부의 적극적인 소비자정책

활동이 매우 활발하게 전개되고 있으나, 우리의 경우 아직도 경제, 산업, 무역 등을 우선적 정책과제로 하고 있어 소비자정책은 정책순위에서 밀려나고 있다. 따라서 보다 적극적인 소비자정책을 펼치지 못하고 있다.

끝으로, 일본 기업의 경우 일찍부터 소비자주의적 경영을 최우선 경영정책으로 전개하여 경쟁력을 키워 왔다고 지적하였다.

결국 소비자운동은 기업의 경영체계 및 정부의 기업 경영 정책에 영향을 미치며, 사회의 경쟁력을 키우는 토대가 됨을 알 수 있다.

생각해 볼 과제

1. 향후 한국의 소비자운동이 어떤 방향으로 어떻게 진행되어 나아갈지에 대해서 토론해 보시오.
2. 한국의 소비자운동과 선진국의 소비자운동과의 공통점 및 차이점을 분석해 보시오.

3

소비자단체

제5장 한국 소비자단체의 분포
제6장 일본 소비자단체의 분포

>>>주요용어

소비자단체　소비자단체의 분포　소비자단체의 현황
한국과 일본의 소비자단체 분포 비교

소비자운동의 집약적인 결과는 소비자단체이다.

소비자단체의 대두 및 특성은 각 국가, 지역마다 상이하지만 소비자단체의 현황은 단순한 수치의 나열이 아니라 소비자의 의식·행동을 알 수 있고, 그 사회의 동향을 파악하는 중요한 자료이다.

특히 가까운 지리적 위치에 있는 일본은 경제적 관계가 밀접한 국가로 소비자운동과 소비자단체 또한 상호 영향이 많은 대표적인 국가이다.

따라서 일본과의 비교는 좁게는 인접국가와의 비교이지만 크게는 미래를 대비하고, 도약하는 하나의 계기가 될 것이다.

이를 위해 좀 더 구체적으로 한국과 일본의 소비자단체를 들여다보고자 한다.

제5장

한국 소비자단체의 분포

1. 한국 소비자단체의 개요

우리나라의 소비자단체는 한국소비자단체협의회에 소속된 10개의 단체로, 각 소비자단체의 명칭, 설립년도, 형태, 규모, 그리고 발간잡지명은 다음 〈표 5-1〉과 같다.

또한 그 구체적인 활동상황은 홈페이지에서 자세히 알 수 있다.

표 5-1 주요 소비자단체(2007. 1. 현재)

단체명	설립년도	형태	규모		발간잡지명
			지부 수 (개)	회원 수(천명)	
한국소비자단체협의회	1978	사단법인	10개 소비자 운동단체	-	월간 『소비자』
대한YWCA연합회	1922	사단법인	53개 지부	74	월간 『한국YWCA』 연간 『KOREA YWCA』
대한주부클럽연합회	1966	사단법인	13개 지회, 51개 지부, 5,000개 클럽	300	월간 『주부클럽저널』
소비자문제를 연구하는 시민의 모임	1983	사단법인	7개 지부	45	월간 『시민의 모임』
전국주부교실중앙회	1971	사단법인	16개 시·도시부, 232개 시·군·구 지회	316	월간 『주부교실』
한국소비자교육원	1981	사회단체	3개 지부	51	월간 『소비자 뉴스』
한국소비자연맹	1970	사단법인	7개 지부	885	교육교재 시리즈
한국여성단체협의회	1959	사단법인	42개 여성 운동단체	-	월간 『여성』
한국YMCA전국연맹	1903	재단법인	51개 지부	105	월간 『한국YMCA소식』
한국소비생활연구원	1994	사단법인	4개 지부, 8개 지부	30	월간 『녹색소비자』
녹색소비자연대	1996	사단법인	6개 지부	6	월간 『녹색소비자 소식』

2. 한국 소비자단체의 현황

우리나라의 소비자단체는 한국소비자단체협의회를 중심으로 활동하고 있다. 한국소비자단체협의회는 소비자의 건전하고도 자주적인 조직 활동을 촉진하고 권익을 보호하기 위하여 소비자보호활동을 하고 있는 단체를 결합, 협의회를 구성함으로써 소비자보호운동의 효과적인 전개를 목적으로 하여 1978년 설립된 국내 소비자단체의 협의기구이다.

한국소비자단체협의회는 대한YWCA연합회, 대한주부클럽연합회, 소비자문제를 연구하는 시민의 모임, 전국주부교실중앙회, 한국소비자교육원, 한국소비자연맹, 한국여성단체협의회, 한국YMCA전국연맹, 한국소비생활연구원, 녹색소비자연대 등 10개의 소비자단체가 회원으로 가입되어 있다. 소비자단체협의회에는 각 단체 회장 및 대표 1명씩으로 구성된 이사회가 있고, 회장 아래에 실행위원회와 5개 부서를 총괄하는 사무총장이 있다.

한국소비자단체협의회의 주요 활동 및 사업으로는 소비자교육, 소비자상담과 피해구제, 상품 검사 및 실량 검사, 소비자의식 조사 및 소비생활환경실태 조사, 국제소비자기구(CI) 등과의 국제협력, 정책연구 및 제안 활동, 기타 캠페인 활동, 출판물 발간(월간 『소비자』 등)을 하고 있다.

한국소비자단체협의회에 소속된 소비자단체의 목표를 중심으로 살펴보면 다음과 같다.

■ 대한YWCA연합회

대한YWCA(www.ywca.or.kr)는 창립 때부터 지금까지 근본적인 변함없이 목적을 설정하고 있고, 그 성취를 위하여 노력하고 있다. 그런데 회원들이 함께 외우고 다짐하는 이 목적문은 연합회 활동의 골격을 이루는 것으로 매우 광범위한 내용으로 표현되어 있다.

목적문의 구성을 살펴보면 먼저 YWCA활동의 주체가 누구인가를 밝히고 있다. 그 다음에는 YWCA의 신앙고백이 나오며, 세 번째로는 온 인류의 관계성에 대한 YWCA의 이해를 표현한다. 그리고 네 번째로 예수그리스도에 대한 믿음과 그 믿음에 의한 생활 실천의 태도와 정신을 이야기하며, 다섯째로는 YWCA회원 곧 그리스도를 믿는 신앙인으로서 이 땅 위에서 가져야 할 사명과 그 사명을 위한 결단을 나타내고 있다.

여성의 주체적 성장과 발전을 위해 노력해 온 YWCA는 제35회 전국대회를 맞아 '여성이 만드는 건강한 세상'이라는 주제로 다음과 같은 프로그램 정책을 제시하였다.

① 건강한 생활공동체 만들기

② 50/50 사회 만들기

③ 평화세상 이루기 운동을 중점으로 프로그램을 전개함으로써 여성 개인을 비롯하여, 지역사회와 국가, 세계 속에서 정의와 평화, 창조질서의 보전이 이루어지는 세상을 만들어 가고자 한다.

■ 대한주부클럽연합회

대한주부클럽연합회(www.jubuclub.or.kr)는 여성・사회・환경・소비자・민간단체로서 가정주부로 하여금 주부의 가치관을 정립시키고 숨겨진 자질과 능력을 향상시켜 건전하고 바람직한 가정을 유지・발전시킬 수 있도록 하여 사회기능의 담당자로서 지역사회 발전과 국가발전에 이바지함을 목적으로 한다.

주요 활동내용은 다음과 같다.

① 안전성 실현 운동 : 식품, 교통, 음주, 환경

② 노인 생활 안전 확보 운동 : 노인인구 증가로 발생되는 노인복지, 노인 가정문제 상담 활동, 노인 소비자교육 및 모니터 교육 실시(음식물 쓰레기 모니터링 활동 참여, 일거리 연계사업), 생활 속의 노인 안전 확보(교통, 식품 안전 확보 및 건강교육), 독거노인 돕기

③ 생활환경운동(음식물 쓰레기 및 생활폐기물 감량 운동) : 2005년 직매립 금지 원년으로 음식물 쓰레기 감량과 분리 배출 정착 운동, 대기 환경 보호운동(기후변화협약 대비 소비자 참여를 통한 지구 온난화 경보 운동), 생활폐기물 분리수거 정착운동

④ 소비자보호운동 강화 : 전자상거래 감시운동(인터넷 허위, 과장 광고 감시, 전자거래 소비자보호), 인터넷 고발 활성화, 자율분쟁조정 및 상담 강화, 세탁문제 해결방안 모색

⑤ 건강 건전 문화운동 : 음주문화 정착운동(청소년, 여성 음주문제 교육, 광고, 드라마 모니터링 강화), 궁궐 청소 도우미 활동, 사설 납골시설 폐해 실태조사를 통한 건전 상례문화 정착 운동

⑥ 고유가 시대 에너지(전기, 가스 등) 절약과 안전운동 : 고효율 에너지 사용과 대기전력 1W기기 구매 및 홍보, LP 가스안전 소비자 조사

⑦ 인간성 · 문화성 회복운동 : 건전 가족 운동을 통한 가족의 유대 강화 및 사회질서 정착운동

⑧ 조직 강화 운동 : 지방지회(부) 지역조직 활동 강화 및 확대(물적 · 인적 자원 확보 및 활동 강화)

■ 소비자문제를 연구하는 시민의 모임

소비자문제를 연구하는 시민의 모임(소비자시민모임, www.cacpk.org)은 국제소비자기구(Consumers International)의 이사단체이다. 소비자시민모임은 자발적인 소비자운동을 통하여 소비자주권을 확립하고 소비자의 삶의 질을 향상시키는 데 기여하고자 1982년 11월 창립총회

를 개최, 1983년 1월 20일 발족된 이래 자발적, 비영리적, 비정치적 전문 소비자단체로서 소비자운동을 전개해왔다.

주요 활동내용은 다음과 같다.

① 조사연구, ② 소비자 고발 상담, ③ 소비자안전 확보 활동, ④ 소비자교육 및 정보제공, ⑤ 국제교류 및 연대

■ 전국주부교실중앙회

전국주부교실중앙회(www.nchc.or.kr)는 1971년 교육부의 인가를 받아 설립된 사단법인으로 전국 16개 시·도 지부 234개 시·군·구 지회 조직을 통해 30여 만 명의 회원들이 자원봉사자로서 가정과 지역사회의 발전을 위해 활발한 활동을 펼치고 있는 여성단체이며 소비자단체이다.

주부의 사회성을 개발하고 봉사정신을 함양함으로써 가정과 지역사회의 복지향상에 기여하며, 민주시민으로서의 역할을 체득하고 실천하여 지역사회와 국가발전에 기여한다.

주요 활동내용은 다음과 같다.

① 교육사업 : 전국지도자대회, 교육프로그램 운영, 상설 '주부대학', '주부대학원' 운영

② 소비자사업 : 소비자상담센터 운영, 소비자교육사업, 세미나 및 토론회, 조사·연구사업, 자원재활용사업, 모니터회 운영

③ 사회 환경 개선사업 : 평등문화 확산을 위한 사업, 건강한 가정문화 확립을 위한 사업, 청소년 보호사업, 여성정보화사업

■ 한국소비자교육원

변혁의 시대에 소비자문제는 광범위하고 다발적이며 원인 규명이 곤란하고 집단성을 띠고 있어 소비자들의 피해 해결을 어렵게 만들고 있다.

이제, 소비자는 모든 피해로부터 예방되어야 하고 당한 피해는 보상

되어야 하고 원상 복구되어야 한다. 이는 소비자의 권리이며, 이 권리는 소비자의 결집된 힘에 의해서만 지켜지는 것이다. 이 힘은 바로 확립된 소비자 의식, 정보와 지식의 순환, 그리고 소비자의 적극적인 참여에 의해서만 나온다. 이를 위해 생활의 모든 영역에서 소비자의 관심사를 찾아내고, 정보를 개발해 내고, 경험들을 지식으로 정리해내는 통합 운영을 필요로 한다.

산업 사회의 정보화시대에 삶의 품질을 향상시키고, 합리적 소비생활을 안내하는 향도적 소임을 다하기 위해 한국소비자교육원을 설립하였으며, 소비자문제를 전문으로 연구하며 소비자운동의 지도자를 양성하는 데 그 목표가 있다.

주요 활동내용은 다음과 같다.

① 소비자교육 및 연수, ② 소비자정보의 개발과 보급, ③ 소비자 고충과 피해구제, ④ 소비자 여론의 집약과 정책 제안, ⑤ 녹색 시대의 환경 운동 전개, ⑥ 세계화 시대의 소비자의식 확립

■ 한국소비자연맹

소비자연맹은 우리나라의 소비자운동을 주도해 오면서 소비자고발센터의 운영을 통한 직접적인 피해구제는 물론 소비자피해 보상규정의 확립과 「소비자보호법」 제정 등에 결정적인 기여를 했다. 또한 상품 테스트, 시장조사, 각종 모니터링 등 각 분야의 운동 방법 개발 및 체계화, 소비자대학 등의 정기적인 소비자교육 프로그램을 통해 많은 소비자 모니터를 배출해 냄으로써 소비자운동의 기반을 닦아왔다.

한국소비자연맹은 소비자의 직접적인 피해구제뿐 아니라 텔레비전, 신문 등 언론매체를 통해 소비자에게 다양한 정보제공으로 피해 예방에 노력하는 한편, 정부와 기업에 대해서는 소비자 지향의 정책, 소비자 위주의 경영 등 소비자문제에 대한 각성을 지속적으로 촉구해 왔다.

또한 소비자들에게는 소비자의 권리와 책임을 바탕으로 합리적이고

지혜로운 소비생활을 영위해 나가도록 소비자의식 제고를 위한 활동에도 주력하고 있다.

소비자연맹은 본부와 서울 지회를 비롯해 인천, 의정부, 춘천, 대구, 목포, 부산, 대전 등 8개 지역에 지회를 두고 있다. 또한 1970년 6월에는 IOCU(현 CI, 국제소비자)에 가입하여 세계 각 회원국 간의 정보교환과 연대에도 앞장서고 있다.

주요 활동내용은 다음과 같다.

① 소비자정보센터 운영, ② 소비자교육, ③ 상품 테스트, 실험실 운영, ④ 시장 조사 및 소비자의식 조사, ⑤ 환경운동·에너지 절약의 생활화, ⑥ 인쇄매체·텔레비전 광고 모니터링 실시, ⑦ 4자 합의 토론회 등 소비자토론회 정례화

■ 한국여성단체협의회

한국여성단체협의회는 1959년 12월 창립한 이래 여성이 여성이라는 이유로 차별받지 않는 평등한 사회를 만들기 위해 노력해 왔다. 이를 위해 여성단체간의 협력과 친선을 도모하고 여성의 발전과 복지사회를 이룩하는 일에 여성이 적극 참여하도록 권장하며 여성단체의 의견을 정부 및 사회에 반영하는 일을 꾸준히 시행해 왔다. 본회는 현재 42개 회원단체와 16개의 협동회원단체(시·도 여협)로 구성되어 있는 국내 최대 규모(회원 약 300만 명)의 여성단체 협의체이다. 또한 본회는 다음과 같은 목표를 가지고 활동하고 있다.

첫째, 여성의 국가정책 올바른 인식 및 정책제안 능력의 함양이다.

둘째, 정치·경제·사회 각 분야에 대한 여성의 참여 분석 및 제반 제도의 개선이다.

셋째, 안전과 절약생활화 운동을 전개한다.

넷째, 출산 및 건강가정운동의 사회적 관심과 지원을 향상한다.

다섯째, 여성의식의 선진화이다.

여섯째, 한국여성단체협의회의 이념·목표·조직구조를 재정립한다.

일곱째, 여성단체들 각각의 가치와 지향점을 구현한다.

주요 활동내용은 다음과 같다.

① 성차별적 법과 제도 개선을 위한 활동 : 가족법 개정운동, 여성정책토론회

② 여성의 대표성 제고활동 : 여성정치 참여 확대 활동, 통일준비과정에서의 여성참여 확대 및 여성 통일교육 프로그램 개발

③ 여성의 세력화를 위한 국내 · 국외 연대활동 : 전국여성대회, 전국여성지도자 연수, 민간외교를 위한 국제회의 참가 및 대사부인 초청간담회

④ 복지활동 : 근로여성 권리 확보 및 저소득층 여성 지원, 소비자보호사업 및 환경보존 운동, 사이버상의 유해문화 추방 운동, 매스컴 모니터링

■ 한국YMCA전국연맹

1844년 '젊은이들의 정신적 · 영적 상태 개선'을 목적으로 런던 YMCA가 창립된 이래 YMCA운동은 전 세계로 확산되어 1855년 세계YMCA연맹이 결성되었으며, 오늘에 이르기까지 가장 오랜 역사를 지닌 범세계적 운동체로 발전해 왔다.

1903년에 설립된 한국YMCA(www.ymcakorea.org)는 민족 독립운동의 중심지로서, 새로운 교육과 문화 활동의 진원지로 사회봉사와 구호활동으로 민주시민운동을 전개해 오고 있다. YMCA의 목적은 1975년 제정된 목적문에 나타나는데 그 내용은 다음과 같다.

첫째, 그리스도의 뒤를 따라 함께 배우고 훈련하며,

둘째, 역사적 책임의식을 계발하고,

셋째, 사랑과 정의의 실현을 위해 일하며,

넷째, 민중의 복지 향상과,

다섯째, 새 문화 창조에 이바지 하는 것이다.

주요 활동내용은 다음과 같다.

① 지도력 훈련 : 간사교육, 시민운동지도자교육, 민주시민교육

② 지역공동체 형성과 시민참여의 강화 : 삶의 질 향상을 위한 시민운동, 안전한 사회 만들기, 사랑과 나눔의 지역공동체 만들기, 아름다운 마을 만들기 시민운동 전개

③ 청소년운동 : 청소년상담실 운영, 가출청소년쉼터 운영, 청소년 어울마당 개설

④ 환경운동 : 환경교육사업, 강 살리기 시민운동, YMCA 녹색가게운동

⑤ 시민권익보호운동 : 소비자상담 활동, 소비자피해 예방을 위한 소비자교육 및 캠페인, 소비자 관련 모니터 활동, 다단계 판매 피해자 공익소송, 전세문제 소비자 특별상담, 이동시민중계실, 노인소비자교육, 신용사회운동 및 청소년대상 신용관리교육, 인터넷 전자상거래에 대한 사이트 실태조사, 개인정보보호운동 등

■ 한국소비생활연구원

한국소비생활연구원(www.sobo112.or.kr)은 소비자주권 확립을 위한 정보제공과 녹색소비자 개발에 앞장서고 있으며, 급격한 소비환경 변화에 대응하고, 소비환경 문제 해결을 위한 전문 단체로 지속가능한 소비문화 정착을 위해 노력하고 있다.

한국소비생활연구원은 1994년에 개원하여 1999년 재정경제부에 사단법인으로 등록(제9호)된 비영리 민간소비자단체로 급속한 사회 환경의 변화에 대처할 수 있는 과학적인 소비자 계발에 역점을 두고 현장체험에 바탕을 둔 소비자문제 및 건전한 소비 실천 확산에 중점을 둔 전문 연구교육기관이다.

한편 녹색소비자시대의 정착을 위해 환경보전 실천운동의 일환으로 자원 절약과 재활용의 생활화, 환경과 친화할 수 있는 소비행태 연구 및 실천, 환경친화적인 먹을거리 보존과 같은 전문적인 연구 활동과 생활 속의 현명한 소비자 양성에도 중점을 두며, 국제화 시대에 능동적으로 대응하는 성숙한 소비자 의식 개발과 시민활동을 계도하고 있다.

주요 활동내용은 다음과 같다.

① 교육연수 : 소비자교육프로그램 개발 및 교육
② 조사연구 : 소비행태 및 실태조사
③ 녹색환경 : 자원재활용 운동추진 및 환경교육
④ 홍보출판 : 소비자정보지 『녹색소비자』 발행

■ 녹색소비자연대

녹색소비자연대(www.gcn.or.kr)는 소비자의 권리를 보호하며 환경을 고려하는 소비생활을 함께 실천함으로써 생태환경을 보전하고 안전하고 인간다운 사회를 건설하는 데 이바지함을 목적으로 한다.

녹색소비자연대는 지구촌 경제시대를 맞아 갈수록 심화되고 있는 지구환경위기를 극복하기 위해 소비자들이 함께 환경적인 새로운 생활양식을 확립해 가는 운동을 한다. 또한 녹색소비자들의 작은 실천으로 오늘의 환경파괴적인 사회경제체제로부터 환경친화적이고 지속가능한 사회경제체제로의 전환을 도모하고 있다.

주요 활동내용은 다음과 같다.

① 소비자권익보호 및 법률구조사업
② 환경보전사업
③ 공정거래질서 확립 및 독과점 방지사업
④ 소비자행동망 및 지역조직사업
⑤ 교육 및 지도력 양성사업
⑥ 출판 및 정보제공 사업 : 녹색소비자가이드, 녹색상품 구매가이드, 온라인 녹색소비자연대 운영, 소식지 『녹색살림』(격월간) 발간

사실, 소비자운동의 경우 회원조직이 그 근간이 되므로 많은 수의 회원은 소비자단체의 국내외 정치적 영향력의 바탕이 된다. 그리고 회원의 규모가 크더라도 응집성이 없거나 분열되어 있는 집단은 다수의 회원을 동원하는 전략을 구사하기 어렵다. 따라서 이러한 조직은 지도부의 과시적 활동에 보다 의존하게 되며(전정환, 1995 ; 이종혜

표 5-2 한국 소비자단체의 활동내용

단 체 명	소비자보호시책에 대한 건의*	불공정거래에 대한 조사나 상품테스트*	소비자문제와 시장조사*	소비자교육*	상 담*	고발처리*	모니터교육	여론조사	학습활동	기관지 발간	국제활동	수익사업
한국소비자단체협의회	○	○	○	○	○	×	○	○	○	○	○	○
한국 YMCA 전국연맹	○	○	○	○	○	○	○	○	○	○	○	○
대한 YWCA 연합회	○	○	○	○	○	○	○	○	○	○	○	○
한국여성 단체협의회	○	×	×	○	○	○	○	○	○	○	○	○
대한주부클럽연합회	○	×	×	○	○	○	×	○	○	○	○	○
한국소비자연맹	○	○	○	○	○	○	○	○	○	○	○	○
전국주부교실중앙회	○	×	○	○	○	○	○	○	○	○	○	○
한국소비자교육원	○	○	○	○	○	○	○	○	○	○	○	○
소비자문제를 연구하는 시민의 모임	○	○	○	○	○	○	○	○	○	○	○	○
한국 소비생활 연구원	○	○	○	○	○	○	○	○	○	○	○	○
녹색 소비자연대	○	○	○	○	○	○	○	○	○	○	○	○

*「소비자기본법」 제28조 '소비자단체의 업무'로서 규정하고 있는 활동 내용.

외, 1998 ; 서정희, 1999), 다수의 명목상 회원보다는 적극적으로 참여하는 소수의 회원들이 소비자운동의 성과를 내는 데 중요한 요인으로 작용한다(이종혜, 2001). 우리나라의 소비자단체협의회 소속 소비자단체수는 지회까지 포함하여 214여 개 정도이며 각 단체에 속한 회원의 수는 480만 명 이상이다. 그러나 명목상의 회원이 아닌 실제로 참여하고 있는 회원의 수는 더 적은 것으로 사료된다.

한국의 민간소비자단체의 활동내용을 요약하면 위의 〈표 5-2〉와 같으며, 이를 통해서 한국 소비자단체의 활동내용상 특징을 알 수 있다.

한국 민간 소비자단체의 활동내용을 보면, 부분적으로 제외하고 「소비자보호법」(현 「소비자기본법」) 제18조에 근거하여, 소비자보호 시책에 대한 건의, 불공정 거래에 대한 조사나 상품 테스트, 소비자문제와 시장조사, 소비자교육, 소비자상담, 소비자 고발 처리 등을 의무조항으로 하고 있다.

한국의 민간 소비자단체는 일본과 달리 소비자상담에도 주력하고 있다. 이를 구체적으로 보면, 9개 단체(녹색소비자연대, 대한YWCA연합회, 대한주부클럽연합회, 소비자문제를 연구하는 시민의 모임, 전국

표 5-3 한국 소비자단체의 상담건수

구 분	상담건수(건수)	전년대비 증가율(%)
1998	320,975	16.0
1999	374,723	14.0
2000	406,764	8.0
2001	430,201	5.0
2002	415,854	−3.0
2003	425,820	2.3
2004	427,749	0.5
2005	383,083	−11.7
2006	414,422	7.6

*자료: 한국소비자단체협의회, 각 연도별 정기총회 자료집.

주부교실중앙회, 한국소비생활연구원, 한국소비자교육원, 한국소비자연맹, 한국YMCA전국연맹)의 서울 중앙부와 180여 개 지부에서 소비자고발센터를 운영하고 있으며, 상담건수는 위의 〈표 5-3〉과 같다.

소비자단체의 구체적인 활동 내용은 다음과 같다.

첫째, 소비자상담 및 불만처리로서 소비자단체들은 소비자고발센터에 접수된 소비자 고발을 상담·처리한다.

둘째, 소비자단체의 회원과 일반소비자를 대상으로 하는 소비자교육이다. 여기에는 소비자운동을 보다 효과적으로 추진하기 위한 모니터 교육 및 실무자 교육도 포함된다.

셋째, 소비자의 생활 관련 상품의 시험 검사 및 조사 활동이다.

넷째, 소비자에 대한 정보제공 활동이 있다.

현재 우리나라의 소비자단체 가운데 소비자문제만을 전담하는 단체는 소비자문제를 연구하는 시민의 모임, 한국소비자연맹, 소비자단체협의회 등에 불과하고, 나머지는 여성단체 내지 사회단체들의 프로그램의 일부로서 운영되는 취약성을 보이고 있다. 또 그 활동도 거의 대부분 단순한 소비자 불만처리에 머무르고 있고 근본적인 소비자문제를 해결하기 위한 차원의 활동은 극히 일부 단체에서만 행해지고 있다.

그러나 이를 대략적으로 살펴보면, 소비자문제를 중심으로 상담 및 피해구제에 중점을 두는 소비자단체, 소비자 정보제공을 중심으로 하는 소비자단체, 지역 간의 네트워크 중심으로 사업을 진행하는 소비자단체 등으로 분류할 수 있다.

각 소비자단체의 활동을 떠나서, 전체 소비자단체를 중심으로 2004년부터 실행되고 있는 자율적 분쟁조정(ADR)은 다른 나라의 소비자단체 활동과 비교할 때 주목할 만한 활동이다. 뿐만 아니라 2007년 소비자기본법 개정으로 인한 부분적인 일괄적 소비자단체 소송도 앞으로 소비자단체의 역할로서 주목해야 할 사항이다.

이에 소비자단체는 좀 더 전문화, 단체 간의 연계화, 소비자와의 친밀화가 필요하다.

집단분쟁조정제도 절차

1. 소비자들이 소비자단체나 정부(한국소비자원 등)에 피해 신고
2. 같은 종류의 피해를 당한 소비자가 50명이 넘으면 소비자단체나 지방자치단체, 소비자원 등이 분쟁조정위원회에 집단분쟁조정을 신청
3. 조정위원회는 신청 요건을 심사해 분쟁조정 절차를 개시
4. 14일간 종합일간지와 소비자원 홈페이지 등에 분쟁사실을 공고해 추가 피해자 접수
5. 소비자 중 대표를 선임해 사업자와 분쟁조정

합의가 되면	합의가 안 되면
6. 사업자는 조정위원회에 합의 당사자 외의 피해자에 대한 추가 보상계획서 제출(권고사항) 7. 합의내용에 따라 보상절차 돌입	6. 분쟁조정 절차 종료 7. 피해자나 소비자단체가 법원에 소송 제기

－동아일보(2007. 7. 30)

제6장

일본 소비자단체의 분포

1. 일본 소비자단체의 분포와 역사

일본의 소비자단체는 소비자의 이익증진을 위하여 조직된 단체로, 일본 경제기획청의 '소비자단체 기본조사'에 의하면 2002년 일본의 소비자단체수는 4,681곳(중앙, 지부 등 모두 포함)이다. 소비자단체의 활동 중에는 소비자 스스로 주체가 되는 교육활동인 소비자교육이 중요한 역할 중의 하나이다. 따라서 민간 소비자교육단체로서 소비자단체의 활동을 살펴보자.

일본의 경우, 소비자가 단체를 만들고 조직적인 활동을 한 역사는 전쟁 전의 소비조합운동을 그 기원으로 들 수 있다. 1897년에 설립된 공립상사(共立商社, 도쿄 소재)나 오사카(大阪) 공립상사는 협동조합 운동의 효시이지만, 그 다음 해부터 시작된 불황으로 인하여 4, 5년 만에 해산되었다. 다이쇼(大正) 시대에는 다이쇼 자유주의를

표 6-1 일본의 소비자단체수와 회원수

(단위 : 개, 천명)

연 도	중앙단체		현역 및 지역단체		합 계	
	단체수	회원수	단체수	회원수	단체수	회원수
1975	33	11,914	2,340	9,953	2,373	21,867
1980	29	13,661	3,562	11,072	3,591	24,733
1985	29	11,461	4,296	10,350	4,325	21,811
1990	31	11,263	4,523	8,854	4,554	20,117
1995	31	9,675	4,614	8,180	4,645	17,855
2000	27	7,618	4,794	7,056	4,382	14,674
2001	30	7,600	4,651	7,126	4,681	14,726

*자료: 内閣府 国民生活局 消費者調整課, 費者団体基本調査結果, 各年度版.

배경으로 로치데일(Rochdale) 원칙을 기본으로 한 자본주의 사회에 대한 몇 가지의 개조를 목적으로 하였다. 요시노(吉野作造)가 거느린 가정구매조합, 가가와(賀川豊彦)가 지도한 난(灘)구매조합, 고베(神戸)소비조합, 공익사(共益社) 등이 연이어 조직되었다(김시월 역, 2004).

다이쇼(大正) 데모크라시(다이쇼 시대는 메이지 시대와 쇼와 시대 사이로 민주주의가 시작된 시기로 봄)의 선두주자인 가가와가 관동(関東)으로 활동 장소를 옮겨 고토우(江東)소비조합을 결성하여, 1927년에 사업을 개시하였다. 이 조합의 선전용 문구에 의하면, "세계에서 회원수가 확실히 파악되는 소비조합원이 약 5천6백만 명이며, 그들의 가족까지 포함하면 2억 5천만 명은 족히 될 것이다. (중략) 영국에서는 소비조합원과 더불어 가족이 전 인구의 60%이며, 핀란드에서는 50%를 점유하고, 문명국 중에서 소비조합이 발달하지 않은 나라는 미국과 일본이지만, 미국에서는 최근 정부가 권장하여 상당한 추세로 발전하기 시작하였다. 오늘날 소비조합의 발달 여부에 따라 그 국가 및 국민의 사회적 이상을 이해할 수 있다.”고 하였다.

일본에서의 소비조합은 법률상으로는 구매조합이며, 이 고토우(江東)소비조합은 「산업조합법」에 의한 유한책임 구매이용조합이다. 이렇듯 구매조합은 조합원이 서로 협력하고, 일반 상행위에 의한 중간 이윤을 배제하고, 독점적인 경제적 상호부조를 추구하지 않으면서 전반적인 생활의 상호부조를 목표로 조직하고 유지하는 법인 단체로서, 정부는 소비조합을 사회 진보에 도움이 된다고 인정하고, (중략) 소비조합의 발달 조성을 위하여 폭넓은 가입을 호소하였다.

이들 소비조합 활동은 전쟁 중, 패전 후의 환란을 거쳐, 다시 숨통이 트이기 시작하자 대동단결하여, 1945년 11월에 가가와(賀川豊彦)를 회장으로 한 일본협동조합동맹(이하 일협)을 결성하였다. GHQ(General Headquarters, 연합군사령부)의 지도하에 국민을 위한 민주적 생활조직을 조성하기 위하여 「소비생활협동조합법」이 검토되었으나, 냉전체제에 수반한 미국의 일본에 대한 점령정책의 변화로 인해 일시 중단되고 일협은 「소비생활협동조합법」(이하 생협법) 제정을 위하여 100만인 서명운동을 전개하였다. 상공업자들의 반대도 있었지만, 결국 국회 내에서 거듭되는 심의 끝에 1948년 7월에 생협법이 제정되었다.

일협은 생협법의 문제점으로 “생협법이 단순히 조직에 법인을 부여하는 조직법이 아니라, 통제경제하에서의 사업권을 보증하는 행위법인 것, 생협의 자금 증명을 해주는 신용사업, 보험사업을 인정하는 두 가지의 기본 요구를 유린할 뿐만 아니라, 비과세원칙의 철폐, 회원 외 이용 금지, 지역 생협의 사업 관련 금지 등 「산업조합법」(이하 산조법)보다 후퇴하는 조항을 첨가했다.”고 비판했다.

그 후, 1950년에 기존 생협의 연합조직을 설립하고 일협을 해산했으며, 일본생활협동조합연합회(이하 일생협)를 발족시켰다. 1950년대 전반에는 각 지역의 소매업자 단체나 상공회의소 등의 생협규제 운동과 발맞추어 일생협은 1956년 생협 규제에 반대하는 제1회 전국소비자대회를 주최하였다. 이것을 계기로 주부연합회, 일본부인단체연합회,

일본생활협동조합연합회, 총평, 중앙노동자복지협의회, 생활회, 부인문제연구회, 부인민주클럽, 전국대학생활협동조합연합회, 석탄협회연에 의해 전국소비자단체연락회(이하 소단연)가 결성되었다.

다음 해인 1957년 2월에 주부회관에서 열린 전국소비자대회에서는 오쿠무메오(奥むめお) 주부연합회 회장의 기조에 의해 다음과 같은 '소비자선언'이 채택되었다.

소비자 선언

"자본주의는 양단의 칼이다. 노동자로서 착취당하고 소비자로서 착취당한다."고 우리들의 선각자는 부르짖었습니다.

노동자의 착취를 배제하는 투쟁은 진일보하였으나, 소비자를 착취하는 계략은 아직도 그 교묘함이 극에 달해, 모름지기 우리 대중의 생활을 위협하고 있습니다.

대중에 대한 봉사를 고려하지 않는 독점자본은 권력과 결탁하여, 일부 업자를 이용하여 카르텔을 꾀하고, 소비자인 대중이 좋은 물건을 적정한 가격에 구매하려는 요구를 유린하고 역으로 높은 가격에 조악한 물건을 우리들에게 내놓고 있습니다.

상품구매자로서의 소비자, 특히 주부의 사회적 책임은 매우 큽니다.

좀 더 소리 높여 소비자의 입장을 주장합시다.

그리하여 우리가 살기 좋은 사회를 만들어야 하지 않겠습니까?

우리들 대중소비자야말로 경제 번영의 어머니이며 상업자 번영의 지주입니다.

모든 상품의 가격과 품질은 소비자의 의지를 존중하여 결정되어야만 합니다.

우리들 대중소비자야말로 주권자인 것을 소리 높여 선언합니다.

이 권리를 지켜 유통과정의 명확화와 합리화를 위해, 전체 소비자의 힘을 결집하여 투쟁할 것을 서약합니다.

1957년 2월 26일

전국소비자대회

1961년에 일본생산성본부에서 독립하여, 통산성 소관의 재단법인으로서 발족한 일본소비자협회(이하 일소협)는 여느 소비자단체(소비자운동단체)와는 달리 소비자교육단체로 등장하였다. 동 협회의 전무이사였던 나가미(長見万里野, 1983)는 "소비자운동을 위해서는 소비자교육이 필요하며, 소비자교육을 보급하면 소비자운동도 확대된다."고 하였고 일소협의 사업은 창설 이래 소비자교육과 소비자운동으로 일관하고 있다고 하였다.

이것은 일소협 5년사에서 볼 수 있는 기록, 즉 "소비자교육은 소비자운동의 기반이며, 그 노력에 의해 현명한 소비자가 육성되어, 소비자의식이 고취되는 것과 아울러 소비자운동도 추진된다."고 동일한 맥락에서 언급하였다. 그 소비자교육의 목적은 "소비생활 전반의 문제에 대해 소비자를 계몽・지도하고, 현명한 소비자를 육성하는 것과 아울러 소비자의식의 고양이나 소비자운동의 추진을 도모하므로 국민경제의 건전한 발전에 기여하는 것"이었다.

이러한 소비자교육은 소비자운동의 원동력으로서 자리매김이 되었다. 특히 소비자행동 이전에는 학습이 필요하며, 사실을 알고 문제를 파악하는 소비자의 학습활동이 점차 운동에서 중요한 자리를 차지하게 되었다.

생활학교는 1964년 7월에 치바(千葉)시에 탄생한 이래, 상당한 발전을 이루어, 오늘날 전국 2,000개가 넘는 지역 밀착형의 소비자조직이 되었다. 근본적으로 정부 주도의 국민운동인 신생활 운동이 기본이지만, 1955년에 설립된 재단법인 신생활운동협회를 모체로 하여 생활학교가 탄생되었다. 자치단체의 전면적인 지원을 얻어 전국적으로 전개한 생활학교 운동은 1975년에 전국적인 조직인 전국생활학교 연락협의회로 결성되었다.

1970년대는 컬러텔레비전 이중가격문제로 주부연합회 등 주요 소비자단체가 공동으로 보조를 맞추었으며 1973년의 제1차 오일쇼크를 거쳐 소비자단체는 급증하였고, 운동내용도 다양화되었다. 이것은 이미 1968년에 제정된 「소비자보호기본법」에 의해 각 자치단체는 소비자리더의 요청이나 소비자단체의 육성 강화를 행정과제로 삼게 되었다. 경제기획청의 조사에서는 소비자단체의 신규 설립수가 1972년 107건, 1973년 159건, 1974년 209건 등 1960년대의 연간 평균 설립건수 15건을 상회하는 상당한 비약을 볼 수 있다.

그러나 이들 소비자단체는 거의 행정으로부터 자금 보조를 받은 단체이며, 소비생활 모니터나 소비자 강좌 수료생이 발족한 경우는 거의 없었다. 기마(木間昭子, 1997)는 1978년도 경제기획청 조사에 의한 그 보조금 총액은 6억 9천 2백만 엔에 달하며 소비자운동의 확대는 소비자행정을 발전시켰고, 소비자행정은 소비자의 조직화를 추진하였다고 언급하였다.

한편, 철저한 기업고발에서 소비자의 권리를 지키는 소비자단체도 1974년 5월 일본소비자동맹으로 결성되었다. 이 연맹은 이미 1969년에 일본소비자연맹창립위원회를 발족시켜, 인간성 회복과 생활에서 불안한 요소의 추방을 목표로 준비하였다. 동 연맹은 문제 기업에게 공개질문서를 보내는 등의 급진적인 방법으로 주목받았다. 주요 자금은 회원의 회비와 기관지인 『소비자리포트』의 구독료로 독자 노선을 걸었으며, 오늘날까지 활동이 지속되고 있다. 『소비자리포트』는 소비자문제에 관한 국내외 정보를 알리는 유력한 정보원으로 자리 잡았다.

1970년대 소비자단체의 소비자교육으로 주목할 것은 1977년의 '소비자문제 고베(神戶)회의'의 개최이다. 동 회의는 고베(神戶) 시와 고베시 소비자협회가 주최하고 기업, 소비자, 행정의 3자 합의 시스템을 기반으로 하여 전국의 소비자조직의 학습 성과를 발표하고 정보를 교환하는 장이 되어, 오늘날까지 착실히 진행되고 있다. 1977년 9월 29일 전체 회의에서는 다음과 같은 고베선언이 채택되었다. 당초에는 3자 합의 시스템이 소비자운동과 대결형 구조라고 해서 크게 비판받았다.

고베 선언

고도성장에서 소비자, 기업, 행정은 각각 근시안적인 시각이 되어, 때때로 마땅히 있어야 할 모습을 잃어버린다. 감속경제기에 접어들어 소비자, 기업, 행정이 다 함께 모여, 학자 등 경험자의 협력을 얻어 소비자운동 지침으로서 다음과 같이 선언한다.

1. 풍요로운 생활문화를 추구하고, 생활의 질 향상을 추구한다.
2. 서로의 입장을 인식하고 신뢰관계에 의해 3자 합의 시스템을 확립한다.
3. 소비자문제를 이론적으로 체계화하고, 지혜를 모아 과학적으로 해결한다.

1980년대는 정부의 시장개방 프로그램에 의해 규제완화가 진행되었으며, 소비생활을 둘러싼 환경도 수입식품이 급증하고, 안전성에 대한 불안 등 소비자운동은 국제화 양상을 띠게 되었다. 더욱이 1990년대에 이르러 1992년 6월에 브라질의 리오데자네이로에서 개최된 지구 서밋(환경과 개발에 관한 국제회의)을 정점으로 지구환경문제에 대해 국민적인 관심이 높아지고, 소비자단체도 소비생활에서 환경문제 해결을 목표로 하는 환경가계부운동 등 지금까지의 요구형·비판형 운동에서 결국 생활개선형의 학습실천 활동이 대부분의 조직에 첨가되는 새로운 전개 양상을 보이게 되었다. 그리고 2000년대에는 소비자기본법의 변화를 비롯하여 제도적인 측면에서 변화가 있었지만, 소비자단체의 활동 변화보다는 신흥 NPO의 활약과 증가를 볼 수 있다. 특히 NPO 관련법의 변화 중 소비자보호 관련 업무의 증가는 그러한 계기가 되었다.

일본의 경우, NPO 법인수는 2004년에 16,160단체로 급속히 증가하였다. 또한 전국의 자원봉사 단체수는 2002년 4월 101,972단체이었다. NPO의 인지도를 2000년과 2004년으로 비교해 보면, '충분히 알고 있다', '신문 등 어느 정도 알고 있다'고 응답한 경우는 모두 21.1%에서 50.3%로 증가하였으며, 역으로 '전혀 모른다'고 응답한 사람은 47.2%

에서 10.5%로 크게 감소하여 NPO의 인지도는 활동조직의 증가와 더불어 높아졌음을 알 수 있다. 또한 NPO의 활동 분야를 보면, 복지, 길거리 정비, 마을 조성, 자연환경보호, 청소년 교육 등의 분야에서 활동하는 비율이 높아졌으며, 이 중 소비자문제는 5.1% 정도의 비율이다(内閣府, 2004).

2. 소비자운동의 유형 분석

니시무라(西村隆男)는 일본 소비자운동의 유형을 다음과 같이 정리하였다.

1) 상품 테스트 중심형

미국소비자동맹(Consumers Union, CU)이 본격적인 상품 테스트 시설을 설치하고, 그 테스트 결과를 공표하여 소비자교육 활동을 전개한 내용이 1950년대 미즈노(水野良象, 1952) 등에 의해 일본에 소개되자, 상품 테스트는 소비자조직의 활동 기반으로서 관계자들의 주목을 끌었다. 발족한 후 얼마 안 된 주부연합회가 대학에 있던 다까다유리(高田ユリ)를 1950년에 영입하여, 일찍이 일용품 시험실을 설치한 것도 그것이 단서가 되었음을 짐작할 수 있다.

일본소비자협회 창설에 원동력이 된 야마자키(山崎進)는 1959년, 당시 일본생산성본부에 의해 '소비자, 상품 비교기관의 구상'을 내부 자료로 보고하였다. 그리고 소비자단체가 여러 가지 소비재를 조사・감시하기 위해서 상품 테스트 시설을 자비로 건설하기에는 그 비용이 막대할 뿐만 아니라, 민간 수준에서는 도저히 감당하기 어려운 계획이었다.

공적 자금으로 소비자상품 테스트 시설은 소규모이지만, 1970년대에 각 지역의 소비생활센터로 부속되고, 본격적인 시설은 1980년대 국민생활센터의 상품 테스트 시설의 완성을 기대하지 않을 수 없었다.

따라서 주부연합회가 새롭게 일을 시작한 초기부터 1997년의 주부회관 개축과 더불어 시험실이 폐쇄되기까지 생활 주변의 식품이나 의복 관련품 등을 중심으로 일용품 시험실에서 상품 테스트를 시행해 온 실적과 사회에 대한 영향력은 결코 적지 않다.

또한 소비자단체와는 다르지만, 1948년 9월에 창간한 잡지인 『아름다운 생활 수첩』(후에는 『생활 수첩』으로 변경함)이 1954년 12월호부터 스스로 회사원과 시설에서 가전제품을 비롯하여 많은 소비재 상품을 테스트하고, 그 결과를 게재하여 계몽을 계속 펼친 성과 또한 크다. 동 잡지의 편집인으로서 긴 세월을 보낸 하나모리(花森安治, 1969)는 "생활 수첩이 취급한 상품 테스트는 소비자의 상품에 대한 지식, 상품을 보는 안목을 높이기 위한 것만이 아니라, 기업에게 좋은 상품을 제조・판매하게끔 하는 수단이며, (중략) 기업을 통제하고 반성을 촉진하는 계기가 되었다."고 당시의 기만적인 상품이 많은 시장에 대해 날카로운 성찰로 상품 테스트의 의의를 서술하였다.

미국의 소비자교육운동을 정보제공형이라고 언급한 고노기(小木紀之, 1994)는 "생협과 같이 유통과정 참여로 유통경비를 절약하여 소비자의 생활복지를 꾀하는 것이 아니라, 소비자 개인의 현명한 상품 선택에 하나의 가치기준을 부여하는 데에 그 의의를 지니고 있다."고 하여 하나모리(花森)의 지적과 그 기본적인 틀에서 서로 일치하고 있다.

2) 대중운동 중심형

소비자단체의 활동이 단체구성원보다 일반소비자의 의식 고양에 미치는 역할이 더 큰 것은 새삼스레 말할 필요도 없다.

불매운동이나 국회청원 시위 등의 직접적인 행동이나 또는 기업이나 정부에 명확한 의사표시를 하는 것은 매스컴을 통해 국민에게 소비자 문제의 존재를 인식시키는 계기가 되었다. 또한 국가나 지방 소비자보호행정을 발전시켜 소비자의 지위향상에도 크게 공헌했다고 할 수 있다. 패전 후의 물자 부족, 생활이 곤란한 상황에서 배급된 불량성냥의 퇴치에 앞장선 주부들이 주부연합회를 결성하기에 이른 힘은 생활이 일정한 수준에 도달한 오늘날까지 계승되고 있다.

유색색소인 오라민의 추방 등 안전을 추구하는 주부연합회의 운동은 밥주걱 시위로도 잘 알려져 있으며, 물자 부족과 혼란 속에서 관서(関西)주부연(1949년 설립)이나 지역부인회의 조직으로서 지부연(전국지역부인단체연락회, 1952년 설립), 일본생활협동조합연합회(1951년 결성) 등이 연이어 탄생하기에 이르렀다.

1950년대 후반이 되자, 1956년도『경제백서』에서 기술한 “이젠 더 이상 전쟁 후가 아니다.”라는 말이 유명하듯이, 대량생산・대량판매 체제가 고도성장경제를 가속화 시켰다. 1957년 10월에 일생협은 전국소비자대회를 단독으로 개최하고, 그 해 12월에는 주부연합회 등 각 부인단체, 총평, 시민단체 등에 호소하여 물가상승을 반대하고, 생활과 건강을 지키는 폭넓은 소비자단체의 횡단적 조직으로서 소단연(전국소비자단체연락회)을 결성하였으며, 다음 해에는 소단연에 의해 최초의 전국소비자대회를 개최하고, 소비자선언을 채택하였다.

일본소비자협회는 1960년대 소비자교육형의 새로운 조직적 활동을 적극적으로 추진했다. 동 협회는 소비자단체와는 달리, 정치계・경제계의 주선으로 탄생한 소비자를 위한 교육기관으로서 소비자 정보제공을 중점 사업으로 하여 그 후 소비자운동에 적지 않은 영향을 끼쳤다.

1963년에는 주부연합회 부회장이었던 미츠마키(三巻秋子)가 소비자과학연합회를 설립하여 정보제공형・소비자교육형인 소비자단체를 목표로 하였다.

다음 해인 1964년에는 재단법인 신생활운동협회가 추진하는 생활학교운동이 개시되었다. 생활학교는 50인 정도의 부인그룹(부인단체)으로 생활과제를 찾아 조사·연구·학습하고 기업이나 행정과 대회 집회를 개최하는 등 정부와 관련된 관제뿐만 아니라, 그 지역에 적절한 학습형 소비자운동을 지속시킨 공적이 크다.

1970년대는 컬러텔레비전 이중가격문제에 항의한 불매운동, 치쿠로 추방운동, 가짜 등유 카르텔 소송 등 많은 운동을 소비자단체가 대동단결하여 전개해 갔다. 1970년에는 일본소비자연맹이 소비자연맹창립위원회로 발족되어, 기업이나 관청에 화살문으로 불리는 질문서를 보내어 책임을 추궁하는 고발형의 새로운 소비자운동으로서 주목을 받았다(김시월 역, 2004).

3) 소비자 정보제공 및 계몽형

소비자단체가 학습회를 스스로 개최하여 구성원 한 사람 한 사람이 경제사회에서 자신이 처한 불리한 상황을 알고, 문제의 구조에 따라 의식변혁을 추구하는 것이 소비자단체의 존재 의의이다.

계속적인 학습은 인간 성장에 필수불가결하며, 소비자로서 자각하여 인간이 일상생활에서 인간으로서의 존엄성을 지니고 생활하는 것이 이상향일 것이다. 그러나 현대 사회에서는 소비자로서, 혹은 주권자로서 소비자시민이라는 것을 자각하지 못하는 소비자가 의외로 많으며, 이익 위주의 기업이 부당하게 고가의 나쁜 상품을 시장에 많이 배출하는 행위를 용인하고 있다.

스스로 소비자단체에 참가하는 소비자는 이미 소비자로서의 자각을 잠재적으로 지니고 있다고 할 수 있다. 자각한 소비자가 아직 자각하지 못한 소비자를 계몽해 가는 과정이 중요하다. 그런 의미에서 생협활동에 의한 반활동(해외에서도 Han Activities로 알려져 있다)은 독특한 학습과정을 갖추고 있다. 소수로 구성된 소그룹으로 시대에 맞는 소비자문제 혹은 주변 문제를 학습한다. 교사, 학생은 가르치는 측과 배우는 측이 고정적인 존재가 아니라, 주제나 시간과 장소에 따라 역할이 바뀔 수 있다. 즉 서로 주고받는 호혜적인 관계이다. 또 배운 것을 타인에게 전달하여 시야를 넓히면서 입으로 전달하는 커뮤니케이션 활동도 중요하다. 의식 있는 소비자의 증가는 경제사회에서 소비자의 지위를 향상시키게 된다. 예를 들면, 안전한 식품의 공동 구입만을 위해 단체에 가입했다 하더라도, 단체 활동에 관여하면서 학습해 가는 것이다(김시월 역, 2004).

3. 일본 소비자단체의 현황

일본 소비자단체의 대략적인 현황은 다음과 같다.

전국소비자단체연락회(이하 전국소단연, www.shodanren.gr.jp)는 소비자의 권리 확립과 삶의 질적 향상을 목표로 전국의 소비자조직 협력과 연락을 도모하여, 소비자운동을 촉진하는 것을 목적으로 설립되어 소비생활과 관련된 여러 문제, 제도 및 소비자운동의 진행 방법 등에 대해 조사・연구, 정보 교환을 실시하고 있다.

전국소단연에서는 전국의 소비자단체・시민단체에 호소하여 실행 위원회를 만들었으며, 매년 11월에 전국 소비자대회를 개최하고 있다. 2006년의 제45회 대회는 56단체가 실행 위원회에 참가・운영하였다. 전국으로부터 소비자・시민이 참가하여 여러 가지 소비자문제에 대해 정보 공유화를 도모하며, 의견・교환 등을 통해 참가자 전원이 노력해 가고 있다.

전국소단연은 국제적인 소비자조직인 국제소비자기구(Consumers International)에 정회원으로서 가입되어, 국제적인 회의에도 참가하고 있다. 'CI'는 1960년에 설립된 소비자단체의 연합체이며 재정적으로 독립한 비영리조직(NPO)으로 123개국 271단체가 가맹되어 있다. 또한 세계적인 수준으로서 소비자 이익의 보호와 촉진을 위한 정책 제언, 교육, 조사, 국제적 정책 결정의 장소에서 로비 활동 등을 실시하고 있다.

그 밖에 일본소비자협회가 정회원, 일본소비자연맹, 소비자법 뉴스 네트워크가 연락회원, 국민생활센터가 정부 연락회원으로 되어 있다. 본부는 영국 런던에 있으며, 아시아 태평양, 라틴 아메리카・카리브, 아프리카 3개의 지역 사무소를 포함하여 70명이 넘는 스텝이 일하고 있다.

『소비자 네트워크』는 월 1회 발행하며, 소비자 관련 핫이슈 정보와 전국소단연이나 회원단체가 기획하는 학습회나 연구회 등의 개최 안내, 정부 관계 자료의 복사서비스 정보, CI 등의 해외 소비자정보 등, 소비자문제를 생각하는 데 빠뜨릴 수 없는 귀중한 정보를 많이 담고 있다.

이에 구체적인 일본 소비자단체의 설립목적과 주요 활동업무를 중심으로 살펴보면 다음과 같다.

■ 일본소비자협회

재단법인 일본소비자협회(www1.sphere.ne.jp/jca-home)는 1961년 9월에 설립된, 새로운 시대의 새로운 소비자운동의 추진 기관이다. 한 사람 한 사람의 소비자를 대신하여, 중립적이고 공정한 입장에서 상품 테스트를 실시하여 그 결과를 『월간 소비자』에 게재하고, 소비자의 상품 선택에 도움이 되고자 한다. 또한 소비자를 위해서 교육 활동을 실시하는 한편, 일상의 불평 상담 등을 통해서 소비자를 대표해 생산자나 유통업자, 행정, 업계, 단체 등에 그 소리를 전달하고자 한다.

주요 활동내용은 다음과 같다.

① 출판 사업 : 생활 정보지 『월간 소비자』를 비롯해 소비생활 정보의

보급·계발을 위해 각종의 출판물을 발행하고 있다.

② 소비 생활 능력 검정시험 : 소비 생활의 복잡화가 진행되는 한편, 소비생활에 대해 불가결한 지식이나 정보가 부족한 소비자도 적지 않다. 이 때문에 소비자가 생활하는 데 올바른 지식을 폭넓게 몸에 익혀 또 문제의식을 높여 가는 것은 건전한 시장경제를 실현하기 위해서도 필수조건이라고 할 수 있다. 이 검정시험으로 소비자가 소비생활에 필요한 지식을 얼마나 몸에 익히고 있는지를 체크할 수 있어 부족한 지식을 극복하기 위한 지표로 이용된다.

③ 소비생활 컨설턴트 양성 강좌 : 소비자 계발의 추진을 위해 전문가를 양성하는 소비생활 컨설턴트 양성 강좌를 1962년부터 개설하고 있다. 수료자는 1,800명을 넘어 소비자상담의 해결을 시작해 적절한 상품 정보의 수집·제공·보급, 행정·기업에의 소비자 의견 반영·제언 등을 위해 활약하고 있다.

④ 컨슈머 사관 양성 강좌 : 기업·업계·단체 등 소비자 대응 부문의 관리자·담당자가 소비자문제의 기본을 이해하여, 한층 더 실용적인 지식을 몸에 익혀 줄 목적으로 한 단기간의 세미나로, 1973년부터 개설했으며 수료자는 총 1,000명에 이른다.

⑤ 상품 테스트 : 가전제품을 시작으로 한 상품의 비교 테스트를 행하고 있으며, 테스트 결과는 본 협회에서 발행한 『월간 소비자』를 통해 발표하고 있다.

⑥ 불평 상담

■ 일본소비자연맹

우리 주위에는 생명이나 건강을 위협하는 위험한 것이 넘치고 있으며, 합성세제, 의약품, 화장품, 석면, 농약, 식품첨가물, 전자파 등 셀 수 없을 정도이고 이것들은 인간이나 지구 전체를 오염시킬 뿐만 아니라, 후세대에게 큰 짐이 되고 영향을 미친다.

그 근본적인 원인은 사람의 생명보다 기업의 이익을 우선하는 가치관으로 정치가 행해지고 세상이 움직이고 있다. 그러나 우리 소비자가 이러한 위험을 잘 분별해 구매하지 않고, 사용하지 않으면 상황을 바꿀 수 있다. 이에 일본소비자연맹(www1.jca.apc.org/nishoren)은 건강한 생명은 미래에 있다는 목표로, 1969년 창립 이래 30여 년간에 걸쳐서 활동을 계속해 오고 있다.

일본소비자연맹은 다음의 5개 목표와 방침을 일관해서 활동하였다.

① 생명의 안전과 건강을 우선으로 생각한다.

② 우리의 다양한 권리가 보장되는 제도를 만든다.

③ 경제적 불공정을 없애고, 공정한 사회를 목표로 한다.

④ 우리의 요구를 기업이나 행정에 적극적으로 전달하고 실현을 도모한다.

⑤ 재정적으로는 자립, 정치적으로는 당을 초월한다.

일본소비자연맹을 지지하고, 그 방향을 결정하는 것은 회원 한 사람 한 사람이다. 활동 자금은 회비나 소책자 등 출판물의 수익에 의해서 조달되며, 기업이나, 정당・단체로부터의 원조・광고 등은 일체 받지 않고 있다. 회원은 개인 혹은 그룹을 만들어 지역에서 활동할 수 있다.

■ 주부연합회

주부연합회(shufuren.net)는 1948년 9월 3일에 설립되었으며, 본 회의 목적은 "소비자의 권리를 확립하고, 생명과 일상생활을 지키기 위해서 필요한 활동을 한다."이다.

주부연합회는 '성냥 대회'를 계기로 하여 결성되었으며, 과거 불운한 배급시대에 정치에 대한 연구와 주부들의 경제적 자각을 높이는 운동이었다.

주요 활동목표는 다음과 같다.

① 세계에서 자랑할 만한 평화 헌법의 이념을 내세우고 평화를 지키기 위해서 행동한다.

② 주권자는 바로 우리들이며, 생활자 우선의 소비자 행정・정책을 요구한다.

③ 모든 생활 장소에서, 안심・안전한 생활을 목표로 한다.

④ 유한한 자원, 소중한 지구 환경을 지키기 위해서 순환형 시스템의 실현을 진행시킨다.

⑤ 정보화 사회에서 더욱 더 염려되는 새로운 소비자문제에 적극적으로 임한다.

⑥ 국제화에 의한 규격 기준에, 소비자의 목소리를 반영한 제도 실현을 요구한다.

⑦ '주부 회관 플라자 F'를 거점으로, 조직의 활성화를 도모하고, 소비자운동 참가를 확대한다.

주부연합회의 상징은 앞치마와 주걱이다. 주부연합회의 커다란 주걱은 여러 가지 슬로건을 기록하고 주부의 바람이나 분노를 담아, 시위를 하거나 정부에 촉구하였다. 과거에는 '주걱 인도'라고 하여 주부의 자리교체를 나타냈으며, 주걱으로 냄비의 조림을 젓지 않으면 눌러 붙어버린다는 오래된 가르침을 의미한다.

이것은 집단 활동의 한 유형으로, 당시 주부의 소원은 주걱으로 식량을 가득 담는 것이었다.

■ 전국소비생활상담원협회

최근 소비자생활은 크게 변화하였으며, 과학기술의 혁신은 급속히 진행되고 경제사회는 더욱 더 정보화・서비스화・국제화되었으며, 또한 세계 어디에서도 예를 볼 수 없는 고령화가 진행되고 있다. 이러한 환경에서 생활은 개성화・다양화되었으며 새로운 라이프스타일이 요구된다. 그와 동시에, 소비자문제도 지금까지와는 달리 복잡・다양화되고 있다.

지금까지 소비자정책은 「소비자보호기본법」의 제정을 시작으로

「지방자치법」의 개정, 각 자치단체의 소비자보호 조례의 제정 등이 추진되어 성과를 거두었다. 또한 국민생활센터나 전국 각지의 소비생활센터는 소비생활 상담건수가 연간 100만 건을 넘고 있으며, 게다가 주요 기업에도 소비자 창구가 설치되었다.

전국소비생활상담원협회(www.zenso.or.jp)는 국민생활센터가 실시하고 있는 연수 성과를 실무에 적용하기 위해서 전국 수준, 지역 수준으로 다양한 활동을 거듭해 소비생활의 전문상담원으로서 시작해 전국 조직을 결성하였고 설립 10주년을 맞이한 1982년 11월 16일에 사단법인의 허가를 얻었다.

법인으로서의 전국소비생활상담원협회는 회원의 자질 향상, 소비생활에 관한 정보 수집을 위한 조사, 상담 사업, 계발・홍보 등의 정보제공, 제언 활동, 관련 기관과 제휴 등의 사업에 힘을 쏟아, 그 성과를 행정・사업자・소비자에게 제공하고 있다.

사단법인 전국소비생활상담원협회는 소비생활 문제 전문가를 전국적・효율적으로 조직하여, 그 지역 활동에 의해 소비자의 삶에 근접한 입장에서 소비생활에 관한 상담이나 정보를 수집・분석・제공한다. 또한 그것을 통해서 지금도 계속 증가되는 소비자피해에 새로운 대응을 강요하고 있는 소비자행정을 보완해, 같은 목적을 가진 단체와 제휴하며, 그 업무의 공익성을 높여 소비생활의 안정・향상에 이바지하는 사회적 사명을 더한다.

전국소비생활상담원협회에서는 소비생활 문제의 전문가를 효율적으로 조직하여, 회원의 자질 및 사회적 지위 향상에 노력하고 있다. 그와 동시에, 지역 활동을 통해 소비생활에 관한 상담과 소비생활 관련 정보를 수집・제공하고 있다. 그리고 소비자피해의 발생 또는 확대 방지 및 피해구제 활동 등에 한층 더 힘쓰며 소비생활의 안정・향상에도 기여하는 것을 목적으로 한다.

주요 활동내용은 다음과 같다.

① 회원 및 소비생활 문제 전문가의 자질 향상

② 소비생활의 안정·향상에 이바지하는 상담 사업

③ 소비생활에 관한 정보 수집을 위한 조사·분석

④ 소비생활에 관한 정보제공

⑤ 사업자의 소비생활과 관련되는 부당 행위에 대한 시정 촉진 및 그것과 관련된 정보수집 및 정보제공 사업

⑥ 소비생활 문제에 관한 제언

⑦ 관계기관과의 제휴

⑧ 소비생활에 관한 조사·연구 등의 수탁

⑨ 그 밖에 위의 목적을 달성하기 위해서 필요한 업무

■ 일본생활협동조합연합회

현재 세계에서는 지진 등의 재해, 빈곤, 기아, 폭력, 분쟁이라는 곤란에 직면한 사람들이 스스로 커뮤니티를 형성하여 재생에 열심히 임하고 있다. 일본생활협동조합연합회(이하 일본생협연, http://jccu.coop)는 500개가 넘는 생활협동조합(이하 생협)을 가맹하는 연합회인 것과 동시에, 세계 협동조합의 일원으로서 일본 국내 및 세계의 사람들이 안심하고 살 수 있는 지구 사회의 실현을 목표로 한다.

일본생협연은 2005년에 일본의 사회 전체가 큰 구조 변화에 직면하는 가운데, 고령화 사회의 도래를 시작으로 한 일본 사회와 조합원의 생활변화에 대응하여 '일본 생협의 2010년 비전'을 책정하였다.

생협은 "일상생활에 최대한 공헌한다."는 것을 우선하며, 개혁·혁신을 계속하고자 한다. 일본생협연은 사업·경영 구조개혁의 속도를 가속화하고, 강고한 사업 연대를 확립해, 생협의 21세기 이념 "자립한 시민 협동의 힘으로 인간다운 생활의 창조와 지속 가능한 사회의 실현"을 위해서 전국에서 강인한 생협 만들기를 지원해 갈 것이다.

일본생협연과 회원 생협은 서로 독립한 법인으로서 각지에 있는 지역 생협, 직영 생협, 학교 생협, 대학 생협, 의료 생협, 공제 생협 등 생활에 밀착한 다양한 분야에서 활동하고 있는 약 500개의 생협이

일본생협연의 회원이다. 회원 생협, 일본생협연도 각각 독립한 법인으로서 사업·경영을 실시하고 있으며 본부와 지점의 관계는 아니다.

회원 생협과 일본생협연, 혹은 생협과 생협 간에는 인사 교류나 지원을 실시하거나 협동에 의한 생협 간의 연대의 힘으로, 상품의 공동 개발이나 물류 기능의 통합 등을 실현하고 있다.

또한 다음과 같이 몇 개의 생협이 모여 생활협동조합연합회를 조직하였고 일본생협연의 회원이 되어 있다.

① 도도부현 단위의 생활협동조합연합회(현연=현 내의 생협의 연락 조정)

② 전국 구역의 생활협동조합 연합회(대학생협연 등)

③ 공동 매입 등의 사업을 실시하는 생활협동조합연합회(CO·OP 사업 연합 등)

일본생협연은 코프 상품의 개발을 시작해 회원 생협에서의 공급 사업이나 공제 사업 등을 전개하여, 소비자의 입장에 선 식품이나 생활의 안전·안심 활동을 행정이나 관련 단체 등과도 제휴해 실현시키고 있다. 또, 환경이나 복지 등 활동에 필요한 지원이나 커뮤니케이션 활동에도 임하고 있다.

주요 사업으로는 상품 사업, 공제 사업, 복지 사업 등을 하고 있다. 또한 주요 활동으로는 소비자문제, 식육이나 식품의 안전, 환경보전 활동, 복지 서로 돕기 활동, 육아 지원이나 생활의 재검토 활동, 유니세프 활동이나 국제 협력 활동 등에 힘쓰고 있다.

■ 신일본부인회

신일본부인회(www.shinfujin.gr.jp)는 1962년 10월 19일 결성되어, 현재 회원 20만 명, 회의 기관지로서 주간인 〈부인 신문〉을 30만 부 발행, 월간지 『여성&운동』도 발행하는 일본에서 가장 큰 개인 가맹의 여성 단체가 되었다. 신일본부인회는 "보다 인간답고 풍요롭게 살고 싶다."를 바라는 여성의 네트워크로서 전국의 직장, 지역, 농촌에 기초

조직의 반(班, group)인 1만 1,000 이상이 있으며, 시·구·읍·면에 880개의 지부, 47개 도도부현에 현 본부를 두어 활동하고 있다. 2003년 5월에는 유엔경제사회이사회의 특별 협의 자격을 취득해, 유엔 NGO로서 국제적인 시야에서 활동을 넓히고 있다.

일본 부인단체연합회(국제민주부인연맹가맹)와 국제부인연락회(일본의 주요 여성 단체 41단체가 가맹)의 회원이기도 하며, 1955년부터 매년 여름, 수만 명의 규모로 개최되는 일본 모친대회의 중추를 담당하고 있다.

신일본부인회는 2005년 11월 5, 6일 제22회 전국대회(2년에 1번)를 개최하였으며, 이 대회에는 전국 각지로부터 약 1,100명의 대표가 참가하여 다채로운 활동교류를 하였다.

주요 활동목적은 다음과 같다.

① 핵전쟁의 위험으로부터 여성과 아이의 생명을 지킨다.
② 헌법 개악에 반대, 군국주의 부활을 저지한다.
③ 생활 향상, 여성 권리, 아이의 행복을 위해서 노력한다.
④ 일본의 독립과 민주주의, 여성 해방을 쟁취한다.
⑤ 세계 여성과 손을 잡아, 영원한 평화를 확립한다.

■ 일본소비생활어드바이저·컨설턴트협회

사단법인 일본소비생활어드바이저·컨설턴트협회(www.nacs.or.jp)는 경제산업성의 허가를 받아 1988년에 발족하였다. 회원은 주로 소비생활 어드바이저와 소비생활 컨설턴트로 구성되며, 소비 문제의 전문가로서 폭넓게 활동하고 있다.

발족 이래, 경제산업성 및 다수의 찬조회원(행정, 단체, 기업), 관계자의 지도·지원에 의해 다양한 활동을 순조롭게 실시하여, 현재 약 4,000명의 회원이 있다.

본 협회는 소비생활에 관한 일본 최대의 전문가집단으로서 소비자 이익과 기업 활동의 조화를 도모하면서 건전한 소비사회의 형성을 위해 노력하고 있다.

주요 활동 분야로는 다음과 같다.

① 사법 제도 개혁 중(안)에서 소비자피해 문제에 관련한 분야
② 전자상거래나 개인정보보호 분야
③ 기업의 사회적 책임 · CSR(Corporate Social Responsibility) 분야
④ 고령화 대응 분야
⑤ 환경 · 에너지 절약 분야 소비자 계발, 학교 교육 분야

■ JA전국여성조직협의회

JA전국여성조직협의회(www.zenchu-ja.or.jp)는 농촌에서의 '여성 특유의 과제'를 해결하기 위한 전국적인 통괄 단체로서 1951년에 전국농협부인단체연락협의회로서 발족하였다. 1995년에 명칭을 변경하여 현재에 이르고 있다.

JA여성조직은 그 활동의 근거지를 'JA'에 두며, 전국에 JA는 877조직으로 대부분이 JA에서 JA여성조직이 결성되며, 단위 조직수는 842조직(조직률 96.0%)이다. 이 단위 조직을 도도부현역으로 통할하는 JA도도부현 여성조직협의회가 47도도부현에 모두 결성되어 있으며, 이 도도부현역 조직을 전국적으로 통할하는 것이 'JA전국여성조직협의회'이다.

JA전국여성조직협의회는 47도도부현 조직 대표자(회장)에 의해 조직되어 연 1회의 총회 결의에 의해서, 전국적인 활동 방침을 책정하고 실시한다. 또한 JA그룹의 전국 조직에 신청, 여성 단체 · 각 관계 기관과의 연락 · 조정, 자료 · 학습 교재 및 자재의 작성, 전국 연수회의 실시 등을 주로 하고 있다.

일본 소비자단체 중에서 활발하게 활동하고 있는 대표적인 단체에 대해 구체적으로 설명하면 다음과 같다.

• 주부연합회

주부연합회는 1948년 9월 3일 도쿄 시부야(渋谷)의 중앙사회관 강당에서 시행된 불량성냥 퇴치 주부대회에 모인 주부들이 전국적 조직의 필요성을 호소하여, 다음 달인 10월 협의회에서 주부연합회가 결성되었다.

『주부연합회 편지』의 창간 제1호(1948년 12월 5일) '즐거운 투쟁'이라는 논고의 서론에서 회장인 오쿠무메오(奥むめお)는 "우리들의 생활고민을 소리 높여 외칩니다. 유린당한 소비자의 뿌리 깊고 강한 운동을 주부연합회에 의존하여 투쟁합시다. 패전 일본의 부득이한 상황에서 만인과 함께 고민하며, 만인과 함께 살아갈 길을 우리 부인들의 결속된 힘으로 세워봅시다."라고 역설하였다.

초기 주부연합회의 활동으로서 1949년 3월에 시행된 주부의 상점선택 운동이나 물가인하 운동, 주부대학 개강 등이 있다. '주부 상점'으로 이름을 내세워 총 투표수 470,000표, 선정 지역 857곳에 달하는 우량상점 투표는 소비자에게 잘못된 표시나 중량을 개선하고 소비자 구매행동을 계몽하는 데에 큰 역할을 하였다.

기관지인 『주부연합회 편지』 발행도 소비자의 의식 고양에 크게 기여하였으며, 1949년 4월 제1회 총회 이후에 매월 발행(4쪽)되고 있다. 1950년에는 일용품 심사부가 설치되어, 소비자를 위한 상품 테스트가 실시되었다. 시중에 유통되는 가짜 모조 상품을 검사하고 그 결과를 기관지에 공표하거나 보고회를 개최하여 소비자에게 정보를 제공하였다. 7년간의 모금활동 끝에 1956년 4월 주부회관이 완성되자, 일용품 시험실의 상품 테스트는 주요한 활동 사업의 하나가 되었다. 시험실의 소비자교육 효과는 컸으며, 시험을 의뢰하고자 상품을 들고 직접 회관을 방문하는 주부소비자의 발길이 끊이지 않았다.

오늘날 주부연합회가 실시하는 교육 활동은 주부대학, 견학회, 소비자세미나, 전국부인 모임 외에 심포지엄이나 포럼 등을 수시로 개최하고 있다. 회원이 실시하는 조사활동도 소비자학습의 기회이며, NO_2

측정 등을 계속하고 있다.

앞에서 언급했듯이 기관지는 조직의 가장 유력한 교육수단이다. 발행부수는 현재 약 8만 부에 이르지만, 개인회원 약 500명, 단체회원 약 400명에 비해 기관지 독자까지 포함하면 구매자의 범위는 상당히 넓다.

주부연합회의 소비자교육활동 인솔자로서 일용품 시험실을 계속 담당해 온 사람은 의심할 여지없이 다카다(高田ユリ)이다. 그는 회장 및 오랫동안 부회장직을 맡은 주부연합회 50년 역사의 살아 있는 증인이다. 다카다의 활약은 오라민 고발, 주스 재판 등으로 잘 알려져 있다. 또한 소비자교육의 중요성을 일찍이 인식하여, 1970년대 이후에는 학교에서의 소비자교육을 정착시키기 위해, 거주하는 나가노구(中野区) 교육위원준공 선조례 제정에 주력하고 스스로 교육위원에 입후보하여 2기 위원을 담당하였다. 그 덕분에 나가노구(中野区)에서는 초·중학교에 소비자교육을 추진하기 위한 모범학교가 교육위원회에 의해 선정되고 실천되었다. 학교 소비자교육을 추진하기 위한 지도 자료도 편집하였고, 전국 각지의 소비자교육 실천 모델이 되었다.

1998년에는 주부연합회의 활동 거점으로서 매우 친숙한 주부회관을 리노베이션 하여 '프라자 F'로 명칭을 바꾸었으며, 새로운 소비자정보를 주고받는 것을 목표로 지향하고 있다.

- 일본소비자협회

1958년 8월, 일본생산성본부(JPC) 내에 소비자단체대표, 학자, 관계 관청인이 모여 소비자교육위원회 준비회를 발족시켰다. 같은 해 11월부터는 정식으로 소비자교육위원회〔위원장으로는 노다(野田信夫), 일본생산성본부이사 겸 생산성연구소장〕로 하여 다음 해인 1959년 4월부터 『현명한 구매』라는 생활에 친숙한 상품 자체와 상품지식에 대한 계몽적인 안내서를 발행하기에 이르렀다. 창간호는 『통조림』이었고 그 후 『자녀의 기성복』, 『자녀의 운동화』, 『다리미』 등이 간행되었다.

배포는 일본 은행 내에 저축증강중앙위원회(현 저축홍보중앙위원회)의 후원으로 확대되어 부인단체 등에 널리 알려지게 되었다.

일본생산성본부는 설립 이래, 생산・노동의 근대화・합리화를 도모하고, 미국경제・경영관련처 등에 다수의 시찰단을 파견했으나, 1959년 4월 21에 처음으로 여성 9명으로 구성하여 6주간에 이르는 소비자교육시찰단〔단장으로는 오쿠무메오(奥むめお), 주부연합회회장〕을 미국에 파견하였다. 단원은 기업의 소비자 대응 부문이나 미국소비자동맹(Consumers Union, CU) 등 소비자조직, 거래개선협회(Better Business Bureau, BBB), 대학 가정학부의 학교소비자교육 프로그램 개발 상황, 그리고 민간상품 테스트 회사나 슈퍼마켓 등을 시찰하고, 귀국 후 각 지역에서 보고집회를 열었다.

소비자교육위원회는 단순한 안내서 발행에 그치지 않고, 소비자와 생산자를 연결하는 모임으로 공장 견학회나 친목회 등을 개최하였다. 이러한 생산성본부 내외의 적극적인 활동으로 1960년 1월에는 위원회의 본격적인 사무를 하는 소비자교육실〔실장으로는 야마자키(山崎進)〕이 설치되었다. 그리고 1961년 6월에 재단법인 일본소비자협회의 발기인 모임을 개최하기에 이르렀다. 이러한 일련의 과정, 즉 생산성본부 내에서의 소비자교육에 대한 지원은 야마자키의 공헌이 컸다.

1961년 9월 5일, 처음으로 본격적인 일본 소비자교육기관으로서 '일본소비자협회'가 도쿄 간다오가와촌(神田小川町)에 탄생하였다. 설립에 관여한 발기인 대표는 6명으로 일본생산성본부 전무이사인 고우시(郷司浩平), 도쿄상공회의소 상업부회장인 요시다(吉田秀雄), 전 일본노동조합회의 의장인 나가다키(長瀧田実), 전국지역부인단체연락협의회 회장인 나가야마(長山高しげり), 주부연합회 회장인 오쿠무메오(奥むめお), 일본가정학회부회장인 우지이에(氏家寿子)였다. 일본소비자협회는 통산성의 인가를 받아 재단법인으로서 발족하였으며, 대표자인 이사장으로는 세이케이(成蹊)대학 학장인 노다(野田信夫)가 취임했다. 소비자협회 창시자 중 한 사람인 야마자키는 이사로

참여하였으며, 그 후 협회의 기초를 쌓는 데 공헌하였다.

소비자교육사업은 협회 사업의 중요한 핵심으로 발족한 이래, 직접적으로는 소비자리더의 양성 강좌, 소비생활컨설턴트 양성 강좌 외에 강연회나 공장 견학회 등이 있으며, 간접적으로는 『월간 소비자』(『현명한 구매』로 제목을 변경함) 발행, 소비자상담실에서는 상담업무 등이 행해졌다. 컨설턴트 양성 강좌는 1962년부터 매년 개최되어 부인단체, 지방자치단체 등 소비자 생활지도와 관련된 곳의 상담원이나 지역・직장의 소비자조직화의 리더, 백화점・은행 등 기업 소비자상담원, 마케팅 담당자 등의 양성을 목적으로 이루어졌다. 강의 기간은 약 2개월에 걸쳐 의식주, 여가, 육아 등 소비생활 전반에 대해 이루어졌으며, 덧붙여 소비자문제의 기초 이론이나 컨설팅 기술 등의 습득이 그 내용으로 되어 있다. 수료자는 소비생활 컨설턴트로서 인증하고, 일본소비생활 컨설턴트협회를 발족시켜 가입시켰다(오늘날 소비생활센터 등에서 상담원으로 활약하는 사람들 중 협회의 양성 강좌를 받고 소비생활컨설턴트 자격을 지닌 사람이 많다).

초기 활동에서 호평을 얻은 것은 1966년 『현명한 상품사전』의 발행이다. 이것은 전문가의 협력을 얻어 상품지식을 집대성한 것으로, 의료・장신구, 침구, 식료품, 식기・부엌용품, 에너지(연료), 가구, 주택용품, 가정용기기, 유아・어린이 용품, 위생・화장・보건용품, 문구류, 레저용품, 구매지식으로 450쪽 이상의 소비자를 위한 안내서이다. 각 상품의 특성이나 구매 방법 등이 상세히 기록된 미국소비자동맹(Consumers Union)에서 매년 발행하는 『쇼핑 가이드』와 같으며 오늘날에도 가치가 있다.

현재는 소비생활센터의 강좌가 활발하게 이루어지고 있으나, 강연회나 견학회 등은 거의 없으며 소비생활 컨설턴트 양성 강좌가 계속 이루어지고 월간 정보지의 발행과 소비자상담 업무의 비중이 높다.

• 생활협동조합

생활협동조합은 지역의 생활협동조합(이하 생협)으로, 수도권을 중심으로 활발하게 사업을 전개하고 있다. 주된 사업은 공동구입에 의한 공급 사업으로 점포를 지니지 않은 점포형 생협과는 다르다.

반(班, group)이라 불리는 7인 정도의 그룹으로 공동구입을 하지만, 주문에 의한 개인구입 상품과 공동구입 상품이 있으며, 공동구입으로는 특정한 상품을 구매하는 등 구매행동에서 그 특징을 엿볼 수 있다. 반은 기본적인 일상 문제의 해결 장으로, 그 상부조직으로서 지구회, 지부회가 있다. 반 활동은 상호적 기능, 지역 공동적 기능을 필연적으로 만드는 협동조합운동의 중요한 기능이 있다. 반의 구성원은 상품의 특성을 이해하고 서로 면대면 관계를 형성하는 것이 그 특성이다. 월 1회 발행하는 기관지는 사회성이 높은 기사에서부터 요리 순서에 이르기까지 폭넓은 내용으로 게재되어 생활자의 필독지이며, 학습회의 자료로 쓰이는 내용도 있다.

이러한 생협의 관련 조직으로 노동자 연합(Workers Collective)나 대리인운동에 의한 네트워크, 복지생협 등이 있다. 노동자 연합 조직원이 공동 출자하고 노력하여 수입을 얻은 사업조직으로는 리사이클링 숍이나 반찬·도시락 만들기, 레스토랑 경영 등이 있다. 대리인운동은 주민자치에 기반을 둔 것으로 지역주민을 대리하는 사람을 뽑아 의회로 보내는 운동이다. 복지생협의 이상적인 고령자 복지를 목표로, 자치단체와 조합원이 출자하여 특수한 노인 홈을 건설하는 것이다.

생협조합원으로서 반 활동이나 위원회 활동, 학습회 등에 참여하는 것을 통하여 다른 조합원과의 협력관계나 학습에 의해 협동관계가 형성되어 간다. 특히 반 활동은 그 기초이며, 학습 활동을 통하여 서로 배우고 창조적인 관계가 유지된다. 상당히 많은 수의 전단지가 배포되고 있으며, 다양한 학습기회가 제공되고 일방적인 지식 전달로는 얻을 수 없는 대화형 학습이야말로 자기변혁을 가능하게 하는 좋은 방식이 되었다.

마츠바(松葉口玲子)는 일방적인 지식 전달이 아니라 대화를 통하여 서로 배우고, 자기 변혁을 꾀하는 관계를 '호혜적 관계'로 명명한 미야사카(宮坂広作)의 말을 인용하면서 "몸소 행동하는 사람을 보는 것에서, 모름지기 행동이 서서히 증가하는 효과를 기대할 수 있으며, 그것은 지식을 배우는 것보다 교육효과를 배가시킨다."고 생활그룹 생협이 내포하는 소비자교육의 기능을 높이 평가하였다.

물론 현재의 생활그룹 생협이 조직내부에 아무런 문제없이 발전을 거듭하고 있는 것은 아니다. 일본에서는 지역생협, 직장생협 외에 다른 많은 생협(생활협동조합)이 있지만, 여하튼 생협이나 조합원의 가입동기는 품질이나 가격에 집착하는 상품 구입이며, 극히 개인적인 동기이다. 여성의 취업률도 높고, 시간적 여유가 없는 상황에서 공동구입을 기피하는 소비자 사이에서는 개인택배형 생협이 인기가 있다고 한다. 그럼에도 불구하고 오늘날 생활그룹 생협 활동의 독자성은 유지되고 있다. 지역에 따라 혹은 핵심이 되는 리더의 존재 유무에 따라 활동 상황은 다르지만, 학습을 활동의 중요한 축으로 하는 생활그룹 생협의 경영이념은 지금부터의 발전 가능성을 내포하고 있다고 말할 수 있다.

뿐만 아니라, 생활그룹 생협의 활동은 "자신들을 상품에 의존하는 소비자로 칭하지 않고 노동하고 생산할 능력이 잠재된 생활자로 부르고, 소비 · 노동 · 정치 등 전체 영역에서의 주체성을 표현하고 있다. 이때 생활자는 '나'의 이해를 변용시켜 밑에서부터 창조되는 '공동성'을 다시 한 번 '공공'으로 올릴 수 있게 행동하는 사람들을 칭한다."고 하였다.

일본의 소비자운동에 있어 큰 역할을 한 생활그룹 생활협동조합의 활동을 정리하면 다음과 같다.

첫째, 노동운동과 생협운동의 제휴하에 지역을 단위로 한 생협의 사업 · 조직 활동이 자각적 · 의식적으로 진행되었다.

둘째, 생협의 독자적인 확대 · 발전에 필요한 조직적 정비가 전국적 규모 및 기초조직 수준의 양면에서 진행되었다.

셋째, 생협운동의 발전과 더불어 소비자운동의 기초가 구축되었다, '소비자 대중이야말로 주권자'라고 하는 소비자 주권론과 반독점의 사상에 지도되었던 전국소비자단체연락회가 결성된 것은 1956년이며, "자본주의는 양날의 칼이다. '노동자로서 착취 받고 소비자로서 착취 받는다.'라고 우리들 선각자는 규탄했다."로 시작하는 소비자선언을 채택하였던 제1회 전국소비자대회가 개최된 것은 1957년의 일이다.

넷째, 고도성장의 시작과 더불어 진행한 '유통근대화', '유통혁명'의 와중에서 생협은 그 사업전개에서 근대적 사업경영의 경험을 축적하였다.

다섯째, 생협활동은 노동자의 복지운동과 결부하여 다면적으로 확대되었다.

생협운동은 전쟁 직후의 제1기, 50년대의 제2기, 60년대 후반부터의 제3기와 각기 그 시대를 반영한 특징적 운동을 구축하여 지금 제4기의 성격은 아직 명확하지는 않지만, 그것을 전망하기 위해서는 일본형 생협 모델을 뚜렷이 보여주는 기준, 즉 생협을 담당하는 주체, 의거하는 기준, 사업·조직 활동의 기본 구성, 운동의 주제와 내용, 이제 막 다가오는 일본사회의 배경에 비추어 생협의 미래상을 분명하게 하지 않으면 안 된다. 현재의 생협을 둘러싼 논의는 경영전략론이 중심이 되었고, 적어도 논의 수준에서는 사업중심론의 경향이 강하다고 볼 수 있다(전홍규, 1998).

4. 일본 소비자단체 조사결과

일본의 소비자운동을 이끌어 온 소비자단체들의 현황과 주요 활동을 일본 내각부, 소비자단체 기본조사 결과의 발표자료(2005)를 통해 살펴보면 다음과 같다.

자료로 제시하는 이 조사의 목적과 경위는 소비자단체의 개요와 활동내용을 파악하고, 소비자단체의 육성 강화 및 소비자정책의 입안에 사용할 목적으로, 1972년부터 실시하고 있다. 그리고 2001년도까지는 도도부현에 사무를 위탁하여 매년 실시하였으나, 통계사무의 합리화 등의 관점에서, 조사 주기를 3년으로 하고 내각부가 직접 실시한 최초의 조사이다.

조사 대상인 '소비자단체'는 '소비자의 권리, 이익 수호, 유지를 목적 또는 활동내용으로 포함하여, 소비자에 의해 자주적으로 조직된 단체 및 소비자를 위한 활동을 항상 수행하고 있는 민간단체이며, 기업과 사업자 단체는 제외하였다. 그리고 조사표의 발송은 4,700매이었지만 이 중 유효한 응답은 60.1%(2,825단체)에 이른다.

조사결과의 개요를 구체적으로 살펴보면 다음과 같다.

■ 소비자단체의 조직개요

조사결과 내용이 파악된 단체 수(이하 조사단체)는 2,825개이며, 활동 범위별로 보면, 광역단체가 80개, 현역단체가 331개, 지역단체가 2,414개로 나타났다.

① 광역단체 : 도도부현의 범위를 넘어 전국적으로 회원이 있고 활동하는 단체

② 현역단체 : 도도부현 전역에 회원이 있고 활동하는 단체

③ 지역단체 : 도, 시, 구, 정, 촌 등을 범위로 활동하는 단체

조사단체의 회원수는 광역단체가 1,192만 명, 현역단체가 143만 명, 지역단체가 157만 명이다.

표 6-2 소비자단체수 및 회원수

(단위 : 개, 명)

구 분	광역단체	현역단체	지역단체	합 계
단체수	80	331	2,414	2,825
회원수	11,919	1,429	1,569	-

*자료: 内閣府 国民生活局 消費者調整課(2005), 2004年度 消費者団体基本調査結果.

■ 회원규모

회원규모를 보면, 광역단체에 대한 구성단체의 총 개인회원수를 보면, 10,000명 이상이 가장 많은 것으로 나타났으며(52.0%), 개인 회원수는 10～99명의 단체가 가장 많은 것으로 나타났다(46.9%).

그리고 현역단체 및 지역단체는 회원수 10～99명의 단체가 가장 많았고(53.7%), 그 다음은 100～999명(30.5%)으로 나타났다.

표 6-3 회원규모별 단체수

(단위 : 개, %)

회원규모 (단위 : 명)	광역단체				현역단체		지역단체		합 계	
	총 개인회원		개인회원		단체수	비율	단체수	비율	단체수	비율
	단체수	비율	개인수	비율						
1~9	0	0	7	10.9	8	3.1	101	4.4	109	4.2
10~99	4	16.0	30	46.9	86	33.7	1,293	55.9	1,379	53.7
100~999	6	24.0	16	25.0	45	17.7	738	31.9	783	30.5
1,000~9,999	2	8.0	6	9.4	75	29.4	160	6.9	235	9.2
10,000~	13	52.0	5	7.8	41	16.1	21	0.9	62	2.4
합 계	25	100.0	64	100.0	255	100.0	2,313	100.0	2,568	100.0

(주) 광역단체, 현역단체, 지역단체 모두 회원수를 집계하고 있는 단체

*자료: 内閣府 国民生活局 消費者調整課(2005), 2004年度 消費者団体基本調査結果.

■ 설립연도

설립연도별 조사단체수를 보면, 특히 전국적인 소비자운동이 전개된 1970년대가 845개(연평균 85)로 가장 많았으며, 1980년대 이후는 연평균 대략 40~50개 정도였다(표 6-4 참조).

표 6-4 설립연도별 단체수

(단위 : 개)

구 분	광역단체	현역단체	지역단체	합 계	연평균
1949년 이전	5	29	154	188	-
1950년대	9	77	205	291	29
1960년대	6	42	266	314	31
1970년대	14	65	766	845	85
1980년대	7	27	471	505	51
1990년대	9	39	358	406	41
2000년대	30	51	163	244	49
불 명	0	1	31	32	-
합 계	80	331	2,414	2,825	-

*자료: 内閣府 国民生活局 消費者調整課(2005), 2004年度 消費者団体基本調査結果.

■ 법인의 유무

조사단체 중 213단체(7.5%)가 법인을 취득하고 있었으며, 법인 취득률은 광역단체 50.0%, 현역단체 25.7%, 지역단체 3.6%이다.

법인의 종류별로 보면, 특정비영리활동법인(NPO 법인)이 161단체로 전체의 약 3/4을 점유하고 있다(표 6-5 참조).

표 6-5 법인취득수

(단위 : 개)

구 분	광역단체	현역단체	지역단체	합 계
사단법인	2	11	9	22
재단법인	4	15	4	23
NPO법인	32	57	72	161
기 타	2	2	3	7
합 계	40	85	88	213

*자료: 内閣府 国民生活局 消費者調整課(2005), 2004年度 消費者団体基本調査結果.

표 6-6 관심사항별 단체수

(단위 : 개, %)

구 분	광역단체 (N=80)		현역단체 (N=331)		지역단체 (N=2,414)		합 계 (N=2,825)	
	단체수	비율	단체수	비율	단체수	비율	단체수	비율
소비자계발・교육 (기관지 발행, 강습회 등)	52	65.0	194	58.6	1,345	55.7	1,591	56.3
식품에 관한 문제 (안전성, 위장 표시 문제 등)	30	37.5	200	60.4	1,401	58.0	1,631	57.7
상품・서비스의 품질과 안전성에 관한 문제	12	15.0	41	12.4	375	15.5	428	15.2
상품・서비스의 계약・해약에 관한 문제	10	12.5	16	4.8	199	8.2	225	8.0
과대광고・부당표시	8	10.0	16	4.8	54	2.2	78	2.8
경제활동 (공동구매, 산지직매 등)	9	11.3	90	27.2	469	19.4	568	20.1
물가 문제	2	1.3	10	3.0	68	2.8	79	2.8
의료・건강・고령자 문제 (의료과실, 흡연 문제, 복지, 간호, 연금 등)	29	36.3	119	36.0	654	27.1	802	28.4
환경문제	41	51.3	179	54.1	1,702	70.5	1,922	68.0
상품 테스트, 조사 활동	9	11.3	28	8.5	125	5.2	162	5.7
고충 상담 창구의 개설, 변호사 등의 소개	19	23.8	28	8.5	116	4.8	163	5.8

*자료: 内閣府 国民生活局 消費者調整課(2005), 2004年度 消費者団体基本調査結果.

■ 소비자단체의 관심사항

조사 단체에 11개의 조사 항목 중에서 관심 사항을 3가지 선택하는 방법으로 조사해 본 결과, '환경문제'(68.0%), '식품에 관한 문제'(57.7%), '소비자계발 · 교육'(56.3%)의 관심이 가장 높게 나타나, 소비자의 환경 및 먹을거리, 그리고 소비자교육이 주된 관심사임을 알 수 있다.

■ 소비자단체의 활동상황

조사단체의 활동상황을 보면, '강습회, 견학회 등의 개최'를 수행한 단체가 압도적으로 많았다(82.9%). 그리고 '바자회 개최'(37.3%), '기관지의 발행'(37.1%), '조사활동'(29.3%), '공동구입'(24.8%)의 순으로 나타났다.

첫째, 광역단체에서는 '강습회, 견학회 등의 개최'(72.5%)와 '조사활동(60.0%)'의 비율이 높았고 '기관지의 발행'(63.8%)과 '팸플릿류의 발행'(43.8%) 비율이 높은 것에서 광고 계발활동에 적극적인 것을 알 수 있다. 또, '고충상담창구, 전화 110번의 개설'(22.5%)과 '변호사, 소비생활센터 등의 소개'(20.0%) 비율이 다른 단체보다 높다.

둘째, 현역단체에서는 '강습회, 견학회 등의 개최'(84.9%)의 비율이 가장 높고, 이어서 '기관지의 발행'(56.5%), '조사활동'(42.0%), '팸플릿류의 발행'(27.5%) 순으로 나타났다.

셋째, 지역단체에서는 '바자회'(40.9%), '공동구입'(25.6%), '자원회수'(24.3%)의 비율이 다른 단체보다 높았다.

일본 소비자단체의 활동유형을 산지활동형, 정보제공형, 행정진정형, 고발 · 고소형 등으로 구분하기도 하며, 국민생활센터(国民生活センター, 1981)는 소비자운동단체의 활동실태에 따라 학습(중심)형, 조사 · 테스트(중심)형, 공동구입(중심)형, 기업 및 행정에 대한 행동형 · 고발(중심)형 등으로 구분하였다. 그리고 일본종합연구소(日本綜合研究所, 1980), 오다이(半鷝広志, 1999)에 의한 분류를 참고하여 정리하면

표 6-7 활동상황별 단체수

(단위 : 개, %)

구 분	광역단체 (N=80)		현역단체 (N=331)		지역단체 (N=2,414)		합 계 (N=2,825)	
	단체수	비율	단체수	비율	단체수	비율	단체수	비율
기관지 발행	51	63.8	187	56.5	810	33.6	1,048	37.1
팸플릿 발행	35	43.8	91	27.5	321	13.3	447	15.8
강습회 · 견학회 등의 개최	58	72.5	281	84.9	2,003	83.0	2,342	82.9
공 동 구 매	14	17.5	69	20.8	619	25.6	702	24.8
바 자 회	11	13.8	56	16.9	988	40.9	1,055	37.3
알 선	9	11.3	30	9.1	114	4.7	153	5.4
산 지 직 매	12	15.0	60	18.1	426	17.6	498	17.6
자체기획상품	5	6.3	23	6.9	136	5.6	164	5.8
복지, 간호 등의 서 비 스	6	7.5	56	16.9	447	18.5	509	18.0
자 원 회 수	10	12.5	44	13.3	587	24.3	641	22.7
폐식용유 회수	3	3.8	21	6.3	398	16.5	422	14.9
상품 테스트	5	6.3	21	6.3	133	5.5	159	5.6
조 사 활 동	48	60.0	139	42.0	640	26.5	827	29.3
고충상담창구, 전화 110번 개설	18	22.5	22	6.6	114	4.7	154	5.5
변 호 사, 소비생활센터 등의 소개	16	20.0	48	14.5	228	9.4	292	10.3

*자료: 内閣府 国民生活局 消費者調整課(2005), 2004年度 消費者団体基本調査結果.

① 공동구입형 소비자운동, ② 상품 테스트 · 소비자교육형 소비자 운동, ③ 정보발신 · 정책제언형 소비자운동, ④ 고발 · 소비자피해구제형 소비자운동 등으로 분류할 수 있다.

특히 일본의 경우는 소비자를 조직화하여 단체를 설립하는 네트워크 활동을 지속적 · 효과적으로 전개하기 위한 정부 차원에서의 '소비자단체 기본조사'가 매년 이루어지고 있어 주목할 만하다. 이러한 소비자의 네트워크 활동을 볼 때, 다음과 같은 특징이 있다(国民生活セン

タ一, 2000).

첫째, 관심 분야가 넓어지고 있다. 소비자 네트워크를 조직하는 과제는 좁은 의미의 소비자문제만이 아니라, 환경・리사이클링・복지・의료・교육・문화 분야 등으로 범위가 넓어지고 있다.

둘째, 활동 형태가 다양화되고 있다. 독자의 관심에서 출발한 조사활동이나 학습활동을 비롯하여 조사나 학습에 의한 정보제공, 일반소비자의 관심을 야기하는 유통에서는 입수하기 힘든 생활품의 공동구입이나 산지 직매 활동, 소비자에 의한 전시회, 바자 활동, 환경문제에 관심 있는 지역에서는 리사이클링 활동, 지역과 연결된 복지문제와 상호부조적인 활동 등이 행해지고 있다. 더욱이 생산품의 판매나 생산관련 서비스 제공 활동에는 전문적인 지식이나 기술을 활용하여 기업에 대항하는 조직그룹도 생기고 있다.

셋째, 네트워크가 넓어지고 있다. 즉, 단체 간의 연계를 통해 다양한 활동을 전개하고 있다.

그러나 이러한 소비자 관심의 다양화나 시간적・노력적 제약은 계속적으로 지향하는 조직 활동의 실현을 어렵게 하고 있으며, 부족한 전문 인재, 활동 자금, 장소 제약, 그리고 조직 운영의 문제점 등을 들 수 있다. 구체적으로 보면, 첫째, 인재의 문제는 신규 참가자가 적다는 것이고, 둘째, 자금의 문제는 활동을 직접적으로 제약하고 있다는 것이다.

일본의 경우, 지역에 관계없이 모두 기관지, 강습회, 팸플릿 등 소비자 계발에 힘을 기울이고 있으며, 농어촌지역단체의 경우는 복지자원봉사 활동, 그리고 바자 활동, 자원 회수와 같은 경제 및 환경 활동이 많은 것이 특징이다.

또한 소비자 불만처리는 상대적으로 상당히 낮은 수치를 보이면서 이것도 중앙단체 중심인 것으로 나타났다. 물론 지방자치제가 확고한 일본과 우리나라와의 비교는 약간의 무리가 있지만, 여하튼 소비자 불만 상담 및 문의 그리고 고충처리 활동이 민간단체보다는 각 지방행

표 6-8 일본 소비자단체의 소비자 상담건수

연　도	소비자 상담건수
1970	11,350
1975	14,470
1980	12,975
1985	3,611
1990	4,017
1995	3,765
2000	-

*자료: 国民生活センター(2001~2003),『消費生活年報』

정지원체제인 소비생활센터를 중심으로 실행되고 있음을 알 수 있다.* 1998년 이후는 소비자단체에서 실시하는 소비자 상담건수에 대한 공식적인 통계가 없을 정도이다.

사회교육으로서 소비자교육이나 정보제공은 사회인을 대상으로 한 자주성을 지닌 소비자를 육성하는 계발 활동은 이미 1960년대 이후 정부의 소비자정책이나 소비자단체에 의해 전개되어 왔다. 여기에는 소비자행정인 국민생활센터나 소비생활센터가 소비생활에 관한 자료의 배포, 전시회, 강좌 · 강습회의 개최 등을 행하고, 소비자단체도

*일본의 소비생활센터는 도도부현(都道府県), 시구정촌의 행정기관으로, 국민생활센터 등과 연대하여 소비자에게 정보제공, 고충처리, 상품 테스트 등의 소비자보호시책의 실시를 하고 있다. 소비생활센터는 지방공공단체가 조례 등에 의해 독자적으로 설치한 것이므로 그 명칭도 소비자생활센터, 생활과학센터, 시민생활센터 등 다양하며, 그 규모도 지역 실정에 따라 다양하다. 또한 지방소비생활센터는 소비자에 대한 지원행정의 거점으로서 국가가 설립을 장려하였다. 이에 소비생활센터는 현의 청사 등에 독립하여, 소비자가 손쉽게 이용할 수 있는 번화가에 조성될 것을 요청하였으며, 소비자 상담, 상품 테스트, 소비자 계발 및 교육의 세 가지 일을 함과 동시에 지방소비자활동의 거점이 될 것으로 기대되었다. 설치 주체별 소비생활센터의 수를 보면 「소비자보호기본법」 제정 당시에는 전국에 2개밖에 없었으나 1980년에는 230개, 그리고 2007년 6월 20일을 기준으로 하여, 우선 도도부현에 147곳, 정부지정도시에 26곳, 그 밖의 시, 특별구와 정에 369곳을 포함하여 모두 542곳에 이른다. 1965년 11월에 효고현(兵庫) 고베(神戸)시 생활과학센터, 1965년 12월 히메(姫路)시에 생활과학센터가 설립된 후, 소비생활센터는 소화 40년대 후반부터 50년대에 이르기까지 대폭 증가하였으며, 도도부현, 정부지정도시에서는 전체의 지방자치단체 차원에서 설치되었으며, 계속 증가하고 있다.

또한 소비자 스스로 소비생활을 지키기 위해 강습회의 실시나 기관지·간행물 등을 발행해 왔다.

특히 일본의 경우에는 소비자단체의 여러 문제 중에서 인재의 문제인 회원수를 보면, 신규 참가자가 적다(国民生活センター, 2000)는 것을 들고 있다. 또한 바바노리꼬(馬場紀子 外, 2002)도 일본 소비자단체의 문제 중에서 특히 최근 들어 소비자단체의 회원수가 감소하는 경향이 있으며, 회원도 40세에서 60세의 여성 중심이라는 점을 지적하고 있다. 여기에서 단체 활동을 중도에 포기하는 소비자가 많으며, 구체적인 활동에 대한 참가자도 적다는 것을 알 수 있다.

이에기마아끼고(米川五郎 外, 1997)는 소비자의 활동 분야가 넓어진 것은 사실이나 소비자들의 보다 더 이론적인 무장이 필요하고, 리더의 전문 지식이 요구되며, 특히 학자나 지식인의 운동 참가 필요성을 지적하였다.

5. 한국과 일본의 소비자단체 분포 비교

한국과 일본의 비교를 통해서 우리가 주목할 것은 다음과 같다.

우선, 소비자행정과 소비자단체와의 관계 면에서 살펴보면 다음과 같다.*

*기본적으로 소비와 관련된 문화적 배경이 다르고, 고도의 소비사회에 이르기까지의 전반적인 과정 및 경제발전의 시기가 다른 점, 그리고 소비자운동의 역사적 배경이 다르다는 점을 전제한 후 객관적으로 분석한 자료

표 6-9 한국과 일본의 소비자상담건수 비교

(단위 : 건)

연도	한국				일본			
	한국소비자보호원	소비자 단체	소비자 단체의 담당 비율(%)	합 계	국민생활센터/소비생활센터	소비자 단체	소비자 단체의 담당 비율(%)	합 계
1990	23,444	132,801	85.0	156,245,	164,643	4,017	2.4	168,660
1995	173,011	286,272	62.3	459,283	274,076	3,765	1.4	277,841
1998	271,263	320,975	54.2	592,238	415,347	-	0	415,347
2000	337,026	406,764	37.6	1,080,816	547,145	-	0	547,145
2001	355,750	430,201	54.7	785,951	655,899	-	0	655,899
2002	444,993	415,854	48.3	860,847	873,663	-	0	873,663
2003	437,935	425,829	49.2	863,764	1,509,884	-	0	1,509,884
2004	445,821	427,794	48.9	873,615	1,919,263	-	0	1,919,263
2005	461,472	383,083	45.0	844,555	1,275,180	-	0	1,275,180

*자료: 한국소비자보호원, 『각 연도별 소비자피해구제 연보 및 사례집』
한국소비자단체협의회, 『각 연도별 정기총회 자료집』
일본 国民生活センター, 『각 연도별 消費生活年報』
일본 자료는 2006년 5월 말까지 국민생활센터의 컴퓨터에 등록된 정보임(2006. 8. 4. 국민생활센터 기자설명회 자료)

첫째, 일본의 경우는 소비자행정과 소비자단체의 관계가 서로의 역할을 중복하지 않는다는 것이다. 즉, 소비자 불만 상담 및 문의, 그리고 고충처리 활동이 행정차원에서 주로 이루어지며, 행정과 단체가 함께 실시하고 있는 것은 주로 소비자교육임을 알 수 있다(표 6-9 참조).

둘째, 일본의 경우는 소비자행정이 소비자단체의 자립과 지원을 통한 양면에서 이루어지고 있다는 점이다. 예를 들면, 요코하마와 국민생활센터가 공동으로 작성한 보고서나 도쿄의 소비자단체 육성사업에

표 6-10 한국과 일본의 소비생활센터 현황 비교

구 분	한국의 소비생활센터 현황	일본의 소비생활센터 현황
지 역	전국 시도 (서울, 부산, 대구, 인천, 광주, 대전, 울산, 경기, 강원, 충북, 충남, 전북, 전남, 경북, 경남, 제주)	도・도・부・현 : 147 정령지정도시 : 26 시・구・정 : 369
합 계	16곳	542곳

*자료: 한국 소비자정보넷(www.consumergateway.go.kr)
일본 国民生活センター(www.kokusen.gr.jp)

대하여 도쿄 생활문화국에서 작성한 보고서(1999) 등에 의하면, 행정 차원에서의 소비자단체에 대한 지원 확대를 위하여 활동 장소의 제공, 활동 자금의 지원, 정보제공, 연수 및 교류 등의 기회 제공, 각종 위원의 활동, 단체의견을 행정에 반영, 자주적 활동 단체와 행정과의 연대, 비영리적 사업 활동에 대한 이해와 지원 등을 검토해야 한다고 지적하고 있다.

셋째, 일본의 경우는 소비자행정, 특히 지방소비자행정의 체계적인 활동으로 인하여 소비자단체의 활동이 미약해지고 있다. 따라서 소비생활센터의 역할이 강화되어 지역 소비자단체의 활동이 미약해진 점을 감안하여, 우리의 지방소비생활센터의 도입기 상황에서 기존 소비자단체와 연계된 활동을 통하여 조직에 관심을 기울여야 한다.

넷째, 일본의 경우는 IT 관련 산업이 활성화되지 못하여 인터넷 관련 활동이 미약한 상황이다. 우리나라의 경우는 소비자 상담이 인터넷으로 활성화되고 온라인 소비자 분쟁도 초기 단계이지만, 일본의 경우는 소비자단체의 경우 인터넷 활동이 거의 없는 상황이다.

다섯째, 일본의 경우는 소비자단체의 활동이 중앙단체보다는 지역, 특히 지방단체로 그 활동이 옮겨지고 있다. 단체수나 활동 면에서 중앙보다 지역에서의 활동이 더 활발한 경향이 있다. 특히 상품 테스트에서 보면 477개의 단체가 실시하여 전체 단체의 10%가 실시하였으며, 활동 범위별로 보면 중앙단체 6곳, 현역단체 67곳, 지역단체 404곳에서 이루어졌다.

그리고 소비자단체의 내부적 특성을 살펴보면 다음과 같다.

첫째, 일본과 한국 모두 여성 중심의 소비자단체 구성원을 들 수 있다.

둘째, 일본과 한국 모두 시대적 변화에 따라 생활과 밀접한 폭넓은 활동 내용을 펼치고 있다. 이에 보다 넓은 네트워크화를 위해 전문성 확대, 국제화 등이 필요하다.

셋째, 한국에 비하여 일본의 경우는 소비자 자립에 주력하고 있다.

넷째, 재정적인 열악함을 들 수 있다.

다섯째, 국내 소비자문제 중심을 들 수 있다.

지금까지 살펴본 소비자단체의 문제는 어떻게 하면 조직을 강화할 것인가?, 조직의 재원을 어떻게 확보할 것인가?, 어떻게 소비자 네트워크 활동을 강화할 것인가?, 또 인력을 확보하는 인재의 강화를 어떻게 할 것인가?, 그리고 기업과 행정과의 관계를 어떻게 유지할 것인가? 하는 것이 문제이다.

국내의 소비자운동과 미국이나 유럽의 소비자운동을 단순 비교함으로써 국내의 소비자운동을 설명하려는 시도들이 있지만, 이런 비교로 한국 소비자운동의 핵심을 제대로 이해하기에는 불충분하다. 예를 들어, 미국이나 유럽에서 활동하는 전통적인 소비자단체는 소비자에게 정보를 제공함으로써 소비자의 선택을 돕는 것이 주요 활동이다. 이 과정에서 소비자는 반드시 월간지라는 형태로 정보를 구매하기 때문에 단체의 재정적인 독립을 가능하게 한다. 즉 미국 및 유럽의 소비자단체는 비영리단체로서 월간 정보지를 통해 소비자에게 회비를 받고 정보를 제공한다.

그러나 이런 방식의 소비자단체 활동은 소비자들로 하여금 상품을 단순하게 구매하는 수동적인 역할로만 한정시키는 단점이 있기 때문에 소비자단체의 역할을 정책 결정·참여 등에 적극적으로 확대하는 단체도 생겼다.

현재 한국의 소비자단체는 한국소비자단체협의회와 생활협동조합으로 구분하는 경우도 있다. 소비자단체협의회는 소비자 불만처리와 소비자 정보제공에 중점을 두고 활동을 하는 단체이며 생활협동조합은 소비자가 집단으로 구매단계를 단순화하는 직접구매 활동을 하는 단체이다. 소비자단체협의회나 생활협동조합이나 소비자의 구매력을 통해 시장의 영향력을 행사하여 소비자의 이익을 증대시키려는 점은 공통이므로 이를 소비자단체라고 할 수 있다. 소비자단체협의회와 생활협동조합의 차이점은 전자는 정보제공을 주요 수단으로 하고, 후자는 재화와 용역의 직접구매를 방법으로 한다. 또한 전자는 소비자 권익 지키기를 단일 목적으로 하는 소비자단체와 사회단체활동에 소비자보호 활동을 포함시킨 다목적 활동단체로 구분된다.

이와 같은 구분은 단체의 정체성과 재원이 밀접하게 관련되므로 중요하다. 단일 목적의 소비자단체는 그 독립성의 보장을 위해 원칙적으로는 기업으로부터 금전, 제품과 용역 그리고 광고 등 어떤 형태의 협찬도 받을 수 없다. 기타 다목적 단체들은 단일 목적 단체와 비교하여 기업과의 관계가 비교적 자유롭다. 소비자단체협의회에 가입한 10개 단체 중 다목적 시민단체로는 YMCA, YWCA 등이 있다.

그 외 단체는 소비자운동단체이다. 이 중에서 소비자를 생각하는 시민의 모임은 국제소비자기구의 유일한 한국 정회원단체이며, 소비자단체협의회 자체는 준회원이다. 따라서 한국과 일본 소비자단체 모두 국제화에 대한 소비자문제, 소비자운동 등에 대한 준비가 진행되어야 한다.

소비자단체의 운동 목표 및 지속적인 효과는 단체가 추구하는 가치뿐만 아니라 가치를 달성할 수 있는 수단인 재원도 중요한 요소이다. 한 예로, 일본의 주부연합회는 발족시 회원들의 소액기부를 통해 도쿄

요지에 토지를 확보했으며, 또한 이를 중심으로 사옥건축을 임대와 병행하여 현재 '프라자 F'라는 7층 건물을 소유하고 있다. 즉, 기금 형성과 건축, 임대 등의 사업으로 재원을 확보한 좋은 예이다.

소비자단체는 여성 중심이라는 인식에서 탈피하기 위하여 남성 전문 회원의 확보가 요구되며, 이를 활용하고 모색을 도모하는 일본 소비자 단체의 노력을 엿볼 수 있다. 또한 점점 국제화와 개방화되는 소비자문제, 그리고 소비자정책 및 제도의 국제 간 공유 등은 소비자단체 간의 국제 간 교류의 필요성을 지적한다.

소비자운동의 내용, 방법, 방향 측면에서뿐만 아니라 보다 많은 소비자운동에 동참을 요구하는 일반소비자를 위한 여론 형성으로 회원을 확보하는 네트워크 확대가 요구되며, 또한 국내 중심에서 국제적인 확대가 필요하다.

생각해 볼 과제

1. 특정한 소비자단체에 직접 타운 워칭을 실시한 후 상황을 토론해 보시오.
2. 소비자단체의 홈페이지를 방문한 후에 사이트 분석 및 개선점을 설명해 보시오.

4 소비자행정

제7장 한국과 일본의 소비자행정 현황 및 내용
제8장 한국과 일본의 소비자행정 비교

>>>주요용어

소비자행정 소비자행정의 현황 소비자행정의 내용
한국과 일본의 소비자행정 비교

소비자가 스스로 해결하지 못하는 공동의 소비자문제는 정부가 대리인으로서 소비자피해구제, 소비자보호를 위한 정책의 일환으로 활동하게 된다. 정부의 개입으로 시장기능의 공평성이 보다 잘 확보될 수 있는 측면도 있지만, 이것 역시 늘 그런 것은 아니다.

소비자 측면에서 소비자의 주권 회복 및 권리 주장과 관련된 소비자운동은 소비자 스스로의 자발적인 그룹의 본연적인 소비자운동과 소비자행정에서 이루어지는 대인 서비스차원의 소비자행정으로 대별할 수 있다.

우리나라의 소비자행정은 다른 선진국에 비해 늦은 감이 있으며, 독립적인 측면에서 활성화 된 데에는 미약한 점이 없지 않다. 특히 소비자상담을 중심으로 한 소비자피해구제는 행정을 대신하여 소비자단체에서 소비자운동으로 더욱 활성화되어 있다고 볼 수 있다. 근간에 한국소비자원을 비롯한 소비자 관련 행정기관 혹은 수행기관의 다양한 역할 증대로 인하여 소비자행정이 소비자에게 많이 가까워졌지만, 소비자단체, 기업 및 기관과 연계하여 더욱 소비자 곁을 지키는 네트워크 연대 및 시스템이 필요하다.

이를 위해 좀 더 구체적으로 소비자행정을 들여다보고자 한다.

제7장

한국과 일본의 소비자행정 현황 및 내용

1. 한국의 소비자행정 특성

우리나라의 소비자행정 및 정책은 「소비자보호법」 제정과 더불어 본격화되었다고 할 수 있으므로 본격적인 추진은 1980년대 들어선 이후라고 볼 수 있다. 그 이전인 1960년대와 1970년대는 경제성장이 국가의 최우선 과제이던 시절이었으므로 소비자정책의 자리매김에는 많은 제약이 있었다.

구체적으로 살펴보면, 1980년에 「소비자보호법」이 제정되었으며, 1983년에 개최된 제2회 소비자보호위원회에서 소비자보호 기본정책이 처음으로 수립되어 기본정책의 내용을 구체화시켰다. 이 시기에 있어 소비자정책의 기본 목표는 소비자안전의 확보, 공정한 상거래 질서의 확립, 소비자 불만의 해소, 그리고 소비자 지위의 향상 등으로 정해졌다. 「소비자보호법」은 1980년 제정, 1986년 전면 개정된 이후

6차례에 걸쳐 소폭 개정되어 왔다. 1986년에 한국소비자보호원(현, 한국소비자원) 설립을 포함하는 전면적인 개정 이후 소폭 개정된 내용들은 일부 필요한 내용들을 담고 있었지만, 급속도로 변화하는 사회환경이나 소비생활 관련 여건, 소비자문제 전반에 대한 내용을 담기에는 충분하지 않았다. 1990년대 후반 들어서면서부터 이를 반영하는 전면적 법 개정 수요가 발생함으로써 「소비자보호법」 전면 개정의 방향으로 돌입하였으며, 2006년 전면 개정되고, 「소비자보호법」도 「소비자기본법」으로 변화하였다.

소비자정책은 소비자보호를 달성하기 위한 구체적인 수단, 즉 정부가 공식적으로 결정한 방침이다. 이를 시대적으로 변화한 상황을 보면 다음과 같다.

1) 연대별 소비자정책

■ 1960년대의 소비자정책

우리나라의 1960년대는 소비자보호, 소비자정책, 소비자보호 입법 등의 용어가 구체적으로 사용되지 않았으며, 사회 환경상 빈곤에 대응하는 국가의 생산 및 경쟁력 강화가 우선 과제였다고 볼 수 있다. 1962년 제1차 경제개발 5개년 계획의 실시와 더불어 계획적이고 종합적인 경제개발 시책이 본격적으로 추진되어 경제성장을 위한 기본적인 기반구축에 총력을 기울였다.

1960년대에는 소비자보호정책이 경제성장보다 등한시되어 부각되지 못하였으며, 이 시기의 큰 사회문제였던 물가상승의 한 원인으로 간주되었던 독과점의 규제 움직임과 관련하여 간접적으로 소비자보호 정책이 전개되었을 뿐이다. 물가안정 차원에서 설치된 국무총리실 직속의 '국민생활향상심사위원회'내에 '소비자보호분과위원회'를 두었던 것이 정부에 의한 소비자보호 정책의 출발점이었다고 할 수 있다(이강현, 2005).

1960년대에 소비자이익과 밀접하게 관련된 법률로는 「특정외래품판매금지법」(1961), 「부당경쟁방지법」, 「계량법」, 「공업표준화법」, 「상품권법」, 「증권거래법」, 「보험업법」이 있으며, 1962년에 제정된 「식품위생법」, 「자동차운수사업법」 등을 들 수 있고, 1963년에는 「약사법」이 제정되었다.

이로써 소비자보호정책의 기본 방향이 정해지고 소비자의 권익확보를 목표로 한 법령의 정비가 촉진되는 밑거름의 계기가 마련되었다.

■ 1970년대의 소비자정책

1970년대 초반부터 정부는 소비자보호를 위한 분야별 법제 구축에 노력을 기울이기 시작하였는데, 이 1기제에는 한국소비자보호운동을 주도해 온 여성단체들이 중심이 되어 소비자보호를 뒷받침할 종합적이고 체계적인 소비자보호 법제의 필요성을 주장하였기 때문이다. 이는 우리나라 소비자운동과 관련지어 보면 1970년대는 태동을 지나 성장기로 진입한 시기임을 알 수 있다.

1970년대 소비자행정의 체계를 살펴보면, 경제기획원이 주관하고 있었다. 즉, 1972년에 경제기획원에 물가안정국이 설치되었고, 소비자보호에 관한 행정보고체계로서 물가안정위원회를 두고 그 산하에 소비자보호센터와 소비생활합리화추진위원회가 설치되었다. 경제기획원에 소비자상담기구로서 '새생활센터'를 두고, 시와 도의 구청 및 보건소, 치안국의 경찰서, 국세청의 세무서 등에 설치되어 있는 새생활센터를 관장하였다. 이 새생활센터는 소비자의 불만과 고발을 접수하는 유일한 행정창구였다고 할 수 있다. 그 밖에 상공부의 유통수입국, 농수산부의 유통경제국, 보건사회부의 보건범죄고발센터 등도 간접적으로 소비자보호에 관할부처차원에서의 관리를 담당하였다.

1970년대 소비자보호 법제는 '사전품질 검사제', '규격품표시제'(1971), '가격표시제'(1972) 등이 제정되었지만 서울, 부산 등 대도시 중심으로 한정되었다. 「물가안정및공정거래에관한법률」(1975), 「농수산물유통및가격안정에관한법률」(1976) 등이 제정되었고, 바야흐로 「소비자보호법」이 제정되기에 이르렀다.

■ 1980년대의 소비자정책

세계 경제구조의 복잡화 및 경제여건의 불안화를 겪은 1980년대는 국내외적으로 많은 변화를 가져왔다.

1980년대에 정비된 주요한 소비자보호 법제를 살펴보면, 「소비자보호법」, 「독점규제및공정거래에관한법률」, 「약관규제에관한법률」 등을 들 수 있다. 「소비자보호법」은 1980년 1월 4일 공표되었지만 그 집행을 위하여 1982년 9월 13일 소비자보호법시행령을 제정하면서부터 정부는 보다 체계적으로 소비자보호정책을 추진하게 되었다. 그리고 1987년에는 「약관규제법」과 「도소매업진흥법」이 제정되고 「공정거래법」, 「부당경쟁방지법」, 「식품위생법」이 개정됨으로써 소비자보호가 더욱 강화되었다.

한편, 소비자보호정책의 수행과정에서 소비자보호의 법적 기반은 마련되었으나 법의 내용이 선언적이어서 경제성장에 따른 사회구조의 다양화에 따라 복잡한 소비자문제를 종합적으로 수행할 전문기관의 설립이 요청되었다. 이에 1986년 12월 31일 「소비자보호법」을 개정하여 소비자보호 전문기관인 '한국소비자보호원' 설립의 법적 근거를 마련하였으며, 개정 「소비자보호법」에 의하여 1987년 7월 1일 한국소비자보호원이 설립되었다. 이에 한국소비자보호원은 2007년 개원 20주년을 맞이하며, 명칭도 한국소비자보호원에서 한국소비자원으로 개칭하였다.

■ 1990년대 소비자정책

1990년대에는 경제기획원이 재정경제부 및 공정거래위원회로 분리되면서(1994) 경쟁정책부서와 소비자정책부서가 분리된 점에 주목할 필요가 있다. 그리고 1990년대에 정비된 주요 소비자보호 관계법을 보면, 「소비자보호법」과 「공정거래법」의 개정, 「할부거래에관한법률」(1991), 「방문판매법등에관한법률」(1991), 「소비자생활협동조합법」(1998), 「제조물책임법」(1999, 2002년 시행), 「표시광고의공정화에관한법률」(1999) 등의 제정을 들 수 있다.

1990년대에 들어서면서부터 가격뿐만 아니라 소비자안전과 품질, 정보제공 등과 같은 부분에 대해서도 초점을 맞추었고, 소비자의식이 강화되고 민간 소비자단체의 적극적인 활동과 한국소비자원의 보다 효과적인 활동으로 정부의 소비자정책이 활발하게 전개되면서 소비자 환경이 크게 개선되었고, 소비자의 권익 또한 과거에 비해 괄목할 정도로 향상되었다. 특히 이 시기는 소비자운동 측면에서도 성숙기에 해당된다고 볼 수 있다.

소비자안전이 중요한 이슈로 제기되면서 정부는 위해상품 규제의 중요성을 인식하여 1996년 미국의 FDA와 유사한 기능을 담당한 '식품의약품안전본부'를 신설하였다. 또한 공정거래위원회 내에 소비자보호국을 신설하였는데, 이것은 상거래에 있어서 불공정거래 등 기업의 부당행위, 경쟁 침해를 규제할 뿐만 아니라 소비자에게 미치는 부정적인 영향을 규제하는 기구로서 자리 잡게 되었다. 그 밖에 서울시에서도 '소비자보호과'가 신설되는 등 지방자치단체에서도 독립된 소비자보호 정책의 추진이 개시되었다.

또한 1996년에 우리나라는 OECD에 가입하여 소비자안전에 대한 정책적 해결방안이 강구되기 시작하였으며, 그 예로는 리콜(recall)제도의 확립을 들 수 있다. 리콜제도는 1991년 「대기환경보전법」과 1992년 「자동차관리법」에 대기환경 보전과 안전운행 확보를 위하여 자동차에 처음으로 도입되었다. 그리고 1996년에 「식품위생법」에 식품에 대한 리콜제도가 도입되었을 뿐만 아니라, 「소비자보호법」에 의하여 모든 상품 및 서비스를 대상으로 본격화되었다. 또한 1999년 4월에는 이에 대한 세부적인 리콜절차를 규정한 「위해물품 및 용역의 회수절차 등에 관한 규정」이 제정 고시되어 시행되었다.

■ 2000년대의 소비자정책

21세기는 수많은 변화를 의미하는 세기로 이야기된다. 지식정보화, 글로벌화, 디지털화 등 수많은 변화는 사회 시스템 전반과 사회 내 구성원들의 삶의 모습을 새롭게 변모시키고 있다. 이런 변화의 한가운데는 생산자 중심의 사회가 수요자 중심의 사회로 이전되어가는 과정이 포함되어 있다. 수요자 중심사회로의 변화는 모든 경제 주체들에게 역할의 변화를 요구하고 있고, 이러한 역할의 변화가 원활히 이루어질 수 있도록 제반 시스템을 갖추는 것이 중요한 문제가 되고 있다.

소비자정책은 이러한 변화를 가장 직접적으로 담고 있는 부분 중 하나라 할 수 있다. 사회의 모든 구성원이 곧 소비자이기에 수적으로 엄청난 힘이 있음에도 불구하고, 실제로는 정보력의 부족, 결집력의 부족 등으로 인해 항상 약자의 위치에 있을 수밖에 없었던 20세기와는 달리, 정보화 사회의 진전, 디지털 사회로의 진전은 소비자의 지위를 변화시켰다. 소비자와 사업자 간의 거리가 가까워지고 수직적이던 관계가 수평적으로 바뀌고 소비자의 목소리가 사업자에게 전달될 수 있는 통로가 확대되면서 이제 사업자가 소비자의 소리를 의식하고 모든 의사결정의 한가운데 소비자를 세워야 함을 인식하기 시작했기 때문이다. 이러한 사회적 인식의 변화는 정책적 논의에도 반영되어야 하는 것이 마땅하고, 새로운 패러다임으로 변화하고 있는 시대에 맞는 「소비자보호법」의 개정 논의가 진행되었다(민현선, 2006).

2000년대 소비자정책의 방향을 대략적으로 열거하면 첫째, 과학기술의 발달에 따른 새로운 소비자문제의 대두, 둘째, 지식 정보화 사회의 진전에 따른 소비자 영향력 증가, 셋째, 소비자시장의 급속한 범세계화, 넷째, 지속가능한 소비의 필요성 부각 등을 들고 있다(이강현, 2005).

특히 2006년에 개정된 「소비자보호법」과 더불어 한층 더 성숙된 소비자정책을 기대해 본다.

2) 한국의 소비자기본법

우리나라에서 「소비자보호법」(현재 「소비자기본법」)의 제정은 소비자정책의 본격적인 출발점이었다고 할 수 있다. 「소비자보호법」 제정 이후 수많은 소비자정책이 체계를 갖추면서 발전되어왔다. 1960년대와 1970년대는 경제성장이 국가의 최우선 과제이던 시절이어서 소비자정책이 제자리를 찾는 것은 결코 쉽지 않았다. 그러던 것이 이제는 비단 소비자정책에 국한해서만이 아니라 국가 정책의 모든 부분에 소비자라는 관점이 접목되어야 함을 주장할 정도로 많은 발전을 이루었다. 이렇게 우리나라 소비자정책의 발전에 있어 중대한 의미를 갖는 「소비자보호법」이 제정된 지 26년여 만에 전문 개정을 통해 소비자정책체계의 전반적인 새로운 틀이 형성되었다.

소비자권리에 대한 인식조차 미흡하던 1980년대에 소비자권리를 명시한 「소비자보호법」의 제정은 비로소 사회 전반에 '소비자'에 대한 새로운 인식을 심어주는 계기가 되었다. 1980년에 개정된 헌법에 소비자운동 관련 조항이 처음으로 포함되기도 하였고, 1980년대 들어 「소비자보호법」 외에도 소비자보호를 위한 각종 법들이 제정되었다. 이런 사회 전반적인 소비자문제에 대한 관심은 사회적 약자로서의 소비자에 대한 경각심을 불러일으키는 데 중요한 역할을 하였다.

이 당시만 해도 현대사회 소비자문제의 특징으로 일컬어지는 피해의 보편적 발생, 광범위한 파급, 원인규명의 곤란성, 피해의 심각성 등의 문제가 급증하고 있었음에도 소비자 스스로의 권리의식도 미흡했고, 다양한 소비자피해를 구제하기 위한 제도적 장치 역시 미흡하기 그지없었다.

비교적 일찍 그리고 오랜 시간에 걸쳐 소비자정책이 무르익어온 서구와는 달리 관주도적 소비자보호제도의 필요성이 제기될 수밖에 없었던 것도 바로 이러한 사회 전반의 분위기에 기인한 것으로 볼 수 있다. 이에 따라 정부 주도적 피해구제제도라 할 수 있는 소비자분쟁조정위원회, 소비자피해보상규정 등의 제도가 중요한 역할을 하게 되었다.

앞에서 설명했듯이 우리나라의 「소비자보호법」은 1980년에 제정되어 1986년 전면 개정된 이후 6차례에 걸쳐 소폭 개정되어 왔다. 1986년 소비자보호원 설립을 포함하는 전면적인 개정 이후 소폭 개정된 내용들은 일부 필요한 내용들을 담고 있지만, 급속도로 변화하는 소비생활 환경이나 소비자문제 전반에 대한 내용을 담기에는 충분치 않다. 1990년대 이후 소비생활 변화나 소비자의식 수준의 향상, 지위 변화 등이 나타나기 시작했다. 그리고 1990년대 후반에 들면서부터 이를 반영하는 전면적 법 개정 수요가 발생함으로써 소비자보호법 전면 개정의 방향이 형성되었다.

법률 시스템 역시 이러한 시대 변화에 능동적으로 대처하여 소비자들의 향상된 주권의식을 담아낼 수 있어야 할 것이다. 실제로 일본 내각부 역시 2003년 5월에 발표한 "21세기형 소비자정책의 방향에 대하여"라는 보고서에서 구체적으로 「소비자보호기본법」 개정의 필요성 및 방향성을 제시하면서 「소비자보호기본법」의 개정 작업에 본격적으로 착수하였다(김성천, 2004).

「소비자보호법」은 「소비자기본법」으로 법명을 변경함과 더불어 한국소비자보호원의 명칭 역시 한국소비자원으로 변경하였다. 이것은 우리나라 소비자정책의 기본 방향이 수동적인 보호 객체로서의 소비자상에서 탈피하여 보다 적극적이고 능동적인 소비자 권익 증진의 전반적인 분야로 전환하는 것을 반영한다.

우리나라의 소비자정책 추진체계는 소비자정책심의위원회를 정점으로 하여 각 부처에서 개별 소비자정책을 수립하고 재정경제부 산하기관인 한국소비자원에서 집행을 하는 체제로 구성되어 있었다. 그러던 것이 금번 개정안에서 한국소비자원의 관리 감독권한을 공정거래위원회로 이관함으로써 소비자정책 추진체계의 새로운 틀을 마련하게 되었으며, 이는 소비자정책의 총괄 조정기능과 집행기능의 분리를 통한 효율적인 정책수행을 위한 것이다.

「소비자기본법」의 전면 개정을 통한 구체적인 항목 변화를 보면 다음과 같다.

① 소비자정책 목표의 변화
② 소비자정책 추진체계의 개편
③ 중장기 소비자정책 기본계획의 수립
④ 소비자안전의 강화
⑤ 일괄적 분쟁조정제도의 도입
⑥ 소비자단체소송제도의 도입
⑦ 소송허가제 도입

우리나라에서도 소비자정책 패러다임의 변화를 반영하여 소비자권익을 증진시키고 소비자주권을 확립하기 위한 법적 근간을 마련했다는 점에서 「소비자보호법」 개정의 의미를 찾을 수 있다.

지금까지는 시장정보의 불균형에서 비롯되는 불완전한 시장기능을 보완하기 위해 정부에서는 일정하게 사업자를 규제하고 소비자를 보호해야 하는 것으로 인식하여 소비자정책을 추진해 온 것이 사실이다. 따라서 그동안 정부에서는 '소비자보호론'에 입각하여 소비자정책을 추진해 왔다. 그러나 이제는 소비자보호라는 전통적인 용어 대신 소비자권익 증진, 혹은 소비자주권 확립이라는 개념으로 확대되어 나갔고, 이는 소비자정책이 새로운 방향을 모색하고 보다 장기적인 계획하에 추진될 필요성이 있음을 인식시키게 되었다. 이제 소비자도 보호 대상으로서가 아니라 시장에서 주인으로서 사업자를 선택할 수 있으며 합리적으로 소비할 수 있기 때문에 소비자의 사회적인 책임이나 의무도 중요하다고 보는 것이다(백병성, 2004).

이제 정부의 역할은 상품시장에 대한 정부의 직접적 개입을 통하여 소비자를 보호하는 것으로부터, 소비자 스스로가 쉽게 권리 · 의무를 찾아 나서는 것이 가능하도록 경제의 제반 인프라구조를 구축하는 방향으로 커다란 전환이 이루어져야 한다(재정경제부 · 한국개발연구원, 2004).

표 7-1 소비자정책 목표의 변화

소비자정책 목표	소비자문제 해결을 통한 소비자 후생 · 복지 증진	
구 분	전통적 소비자정책	새로운 소비자정책
시장 상황	수요 > 공급(공급부족)	수요 < 공급 (공급과잉)
경제정책의 중심	생산(값싸고 품질 좋은 제품)	수요(소비자니즈)
중심 이념	공급자 중심 경제구조	수요자 중심 경제구조
경쟁력의 주체	기업(경쟁력)	소비자(경쟁력)
경쟁력의 본질	원가력, 차별화, 집중화 (지속적인 경쟁우위요소 개발)	소비자 선택 능력 (문제의식, 문제 해결 능력 개발)
경쟁력의 요체	노사정 관계 안정 (사회적 갈등조정 관점)	소사정 관계 정립 (소비자문제 해결 관점)
문제해결 협의체	노사정위원회	소비자정책심의위원회
소비자문제의 대상	거래관계에서의 소비자피해 (미시적 접근)	소비생활자로서의 포괄적 피해 (미시적 접근 + 거시적 접근 = 종합접근)
소비자 · 사업자 관계	거래상 지위의 대등성 상실	거래상 지위의 대등성 확보
문제해결 방법	보호(대등성 확보, 공권력 개입) 사전적 예방 및 사후적 구제 기능적 · 분산적 소비자문제 해결	자율 역량 지원(선진소비자) 정책 조화 소비자 니즈 중심의 통합적 문제해결
문제해결 초점	부당한 거래행위 근절	소비생활문제의 해결(우선순위별)
정책 과제	소비자피해의 구제 부당한 거래관행 개선 소비자안전의 확보 소비자보호를 위한 정책 개발 소비자교육 · 홍보 · 정보제공	가처분소득 조정(세금, 이자율 등) 소비자 중심적 법제 · 행정조직 개편 소비자 중심적 시장기반 조성 선택능력 제고 및 신소비문화 창출 미시적 소비자문제의 시스템적 해결

*자료: 황정선(2004), "환경변화에 대응하는 소비자정책의 방향," 『소비자정책동향』 제1권 2호 ; 민현선(2006), "21C 소비자정책의 패러다임 전환과 소비자보호법 개정의 의미", 한국소비자학회 정기총회 및 학술대회.

소비자정책심의위원회

- 위원장 : 재정경제부장관
- 위원(25명) : 15개 부처 장관, 소비자원장, 소비자, 경제계, 학계, 언론계 대표 등
- 기 능
  - 국가 소비자정책의 수립
  - 소비자시책 종합 · 조정

중앙행정부처

구 분	재정경제부	공정거래위원회	기타 각 부처
소 관 법 률	소비자기본법 제조물책임법	공정거래법, 표시광고법 약관법, 전자상거래법 방문판매법, 할부거래법	식품위생법(보건복지부) 자동차관리법(건교부) 그 외 다수
주 요 기 능	소비자원 총괄 소비자단체 지원	소비자원 관할 법 · 제도 개선 소비자 정보제공 법위반 사업자 제재	소관 분야 안전기준 설정 및 감독
조직 및 인력	소비자정책과(8명)	소비자보호국(5개과 50명) 지방사무소(4개소 99명)	-

한국소비자원

- 주요 기능
  - 소비자피해 상담 및 분쟁 조정
  - 소비자정책 연구
  - 소비자 정보제공
- 조직 및 인력
  - 5국3실3센터(234명)

지방자치단체

- 주요 기능
  - 중앙부처에서 위임된 소비자보호 업무
  - 소비자상담 · 정보제공
- 지역경제과 등(1~2명)
- 지방소비생활센터(3명)

민간소비자단체

- 주요 기능
  - 소비자피해 상담 분쟁 조정
  - 소비자상담 · 정보제공
- 조직 및 인력
  - 중앙 10개 단체,
  - 지방 180여 개 단체

그림 7-1 한국 소비자정책 추진체계

지금까지의 우리나라 소비자정책 체계를 보면, 위의 〈그림 7-1〉과 같다. 특히 이 중에서 한국소비자원은 2006년 「소비자기본법」으로의 개정을 통하여 소관부서가 재정경제부에서 공정거래위원회로 이관되었으며, 명칭 변경, 그리고 역할 강화 등을 모색하고 있다.

한국의 소비자정책 추진체계를 간략히 설명하면 다음과 같다.

첫째, 재정경제부에서 소비자정책의 종합 조정 기능을 수행하고 있다. 이는 '소비자정책심의위원회'를 통해 매년 종합시책을 수립·확정하고 정부(중앙정부, 지방자치단체) 및 기관(한국소비자보호원, 소비자단체) 등의 소비자정책 업무를 총괄·조정하고 있다.

둘째, '공정거래위원회'는 거래 분야에 관한 소비자보호를 담당하고 있다. 이는 표시, 광고, 약관심사, 할부거래, 방문판매, 전자상거래 등 거래분야에 관한 소비자보호 및 정보제공 업무 등을 수행하고 있다는 것이다.

셋째, 각 '중앙행정기관별'로 소관 분야인 소비자안전 및 보호 업무를 담당하고 있다. 이는 산업자원부(공산품 안전, 가격표시제, 전자상거래), 보건복지부(식품의약품 안정, 의료분쟁조정), 건설교통부(자동차안전), 정보통신부(개인정보보호), 금융감독위원회(금융소비자보호) 등을 수행하고 있다.

넷째, '한국소비자원'은 소비자불만 처리 및 피해구제 업무를 중심으로 다양한 역할을 수행하고 있다. 즉, 소비자불만 처리 및 피해구제, 물품 및 용역의 안전성 검사, 소비자교육 정보제공, 정책 연구 및 건의 등을 수행하고 있다.

다섯째, '지역자치단체'는 지역별 소비자시책을 수립하고 집행하고 있다. 즉 해당지역의 실정에 맞는 소비자시책을 수립 집행하고 각 중앙행정부처에서 위임된 소비자보호업무를 수행하고 있으며, 그의 일환으로 지방소비생활센터를 설치 운영하고 있다(현재 16곳).

여섯째, 정부기관 외 민간소비자단체, 제조물상담센터 등에서 소비자상담 등의 기능을 수행하고 있다. 전국 규모 10개, 지방소재 180여

개의 민간소비자단체, 그리고 14개소의 제조물상담센터 등에서 소비자상담 업무를 수행하고 있다.

3) 한국소비자원

한국소비자보호원(현, 한국소비자원)은 1987년 7월 1일 소비자보호법 제26-30조에 근거를 두고 개원하였다. 그 목적은 소비자의 기본권익을 보호하고 소비생활의 합리화를 도모하며 나아가 국민경제의 건전한 발전에 기여코자 함이며, 역할은 소비자상담 및 분쟁조정, 각종 제도와 정책 연구 및 건의, 안전정보의 수집과 평가, 상품시험 검사, 거래제도 개선, 소비자교육 및 연수, 그리고 출판 및 정보제공에 있다.

2006년 「소비자기본법」 개정으로 인하여 지금까지 재정경제부 관할기관으로서 그 역할을 담당하였으나, 공정거래위원회로 이관되면서 앞으로의 역할이 더 기대된다. 또한 명칭도 소비자원으로 개칭되었다.

한국소비자원의 조직도 및 현황을 분석하여 새로운 도약을 위한 방향 전환을 모색하고 발전을 위한 개선점을 강구할 필요가 있다. 특히 행정서비스 차원에서 민간 소비자단체와 중복되는 역할을 조정하고, 정책입안 및 개발기관으로 특화하여 관련기관과 연계를 모색하는 것도 필요하다. 또한 소비자상담 및 피해구제, 분쟁 조정과 관련된 정보의 집약을 위한 표준화 작업, 그리고 정보의 공개 및 적극적인 활용 또한 필요하다.

2. 일본의 소비자행정 특성

1) 일본 소비자보호행정의 등장

일본에서는 1960년대에 들어서면서부터 국회도서관의 조사입법조사국에서 미국의 소비자보호운동, 소비자성설치법안, 미·영·독·불의 소비자단체 활동상황, 소비자선언 등의 조사 자료가 준비되었으며, 본격적으로 소비자보호행정의 문제가 논의된 것은 1961년에 경제기획청장관의 자문기관으로서 국민생활향상심의회가 설치된 이후이다. 그리고 〈케네디 교서〉가 발표되면서, 곧바로 이것이 중심축의 하나로 되었다.

이 심의회에서는 약 1년 반의 심의 후, 〈소비생활에 관한 답신〉을 내놓았다. 우선, 소비자를 둘러싼 현상을 다음과 같이 분석하고 행정이 실시하는 소비자보호의 필요성을 설명하고 있다(경제기획청 국민생활국 소비자행정 제1과 소비자문제에 대한 제언).

첫째, 소비자는 다수이지만 조직적이지 못하고 게다가 매일 생활을 영속하기 위해서 상품 서비스의 구입·소비를 멈출 수 없는 약한 면을 지니고 있다. 그 때문에 생산 판매자측에서는 위법적인 가격협정이 이루어지고 불공정한 독점인 경우에는 다수이고 비조직적인 소비자가 불리한 위치에 서게 된다.

둘째, 소비자는 특히 다수의 상품과 서비스를 구입·소비하기 위해서 모든 상품이나 서비스에 대해서 충분한 지식을 습득하는 것이 곤란할 뿐만 아니라, 생산기술의 진보에 따라 각각의 상품이나 서비스의 품질·성능 등이 복잡해 졌으므로 이것을 충분히 이해하기 곤란하고 구입시 반드시 합리적인 행동이 이루어지는 것은 아니다.

셋째, 소비자는 심리적인 약점을 지니고 있다. 현실적으로 소비자는 합리적인 면과 더불어 사행심, 허영심, 비과학성 등을 가지고 있으며 거래 장소에서 합리성을 발휘하지 않는 한, 점점 사행심이나 허영심에 근거하여 행동한다. 이 약점은 일부 교묘한 생산·판매자에 의해 이용되기 쉽다.

이러한 상황 속에서 국가·지방공공단체는 법적 규제, 행정지도, 소비자에 대한 정보제공, 생산·판매자는 품질·표시·광고 등의 자주규제, 소비자는 소비자운동이나 소비자교육이라는 각각 독자적인 분야가 있지만, 국가 및 지방공공단체에서 실시하는 소비자보호행정을 중심으로 이 3자가 일체가 되는 것을 강조하고 있다. 이것이 일본의 소비자보호가 행정주도형이라고 일컬어지는 이유이다. 따라서 소비자보호행정을 위해서 다루어야 하는 기본적인 방책은 다음과 같다.

■ 소비자보호행정의 강화

① 소비자보호에 관한 법률의 정비
② 소비자피해에 대한 구제조치의 정비
③ 감시기구 등 소비자보호관계법의 시행기관 정비강화
④ 행정기관에 대한 소비자의지의 반영
⑤ 자주적인 소비자조직의 발전 촉진
⑥ 소비자교육이나 소비자교육에 관한 홍보활동
⑦ 소비자보호에 관한 연구기관의 정비

■ 소비자보호를 위한 행정기관의 신설·확충 강화

소비자의지를 반영하는 소비자보호행정 전문관리기구
① 소비자위원회의 설치
② 소비자보호행정을 통일 조정하는 기관의 신설·확충 강화

2) 소비자기본법

1967년에 〈국민생활향상심의회의 답신〉을 받고 당시의 민사당이

소비자보호기본법안을 제안하였지만, 이것은 국회에서 심의되지 않고 폐안되었다. 그 해 가을, 때마침 물가상승으로 인하여 중의원인 물가문제특별위원회 이사가 오사카(大阪)시와 효고(兵庫)현의 물가정세를 시찰하였다. 그 결과, 첫째, 관서에서는 생협이나 소매점인 슈퍼마켓으로 인해 유통 부분의 경쟁이 심하여 소비자의 구매태도도 합리적이고, 이러한 견실한 소비생활을 전국적으로 확대해 나갈 필요가 있다. 둘째, 상품이나 서비스의 가격과 품질·표시·계량 등의 문제에 대해서도 세밀한 대책이 강구되지 않으면 물가대책의 의의가 부족하다는 강한 인상을 주었다고 한다.

그 사이, 1963년 농수성과 1964년 통산성에 소비자경제과, 1965년 경제기획청에 국민생활국, 1966년 공정거래위원회에 경품표시과가 설치되어 행정기관 내의 소비자 지향도 강화되었다. 이러한 상황을 반영하여 각 당에서 급속하게 「소비자기본법」 제정이 요청되고 불과 반년 후인 1968년 5월 30일(이 날은 10년 후 소비자의 날로 제정됨)에 「소비자보호기본법」이 제정되었다.

「소비자보호기본법」 제1조는 국가와 지방공동체 및 사업자가 완수해야 하는 업무와 소비자의 역할을 명확하게 하여 필요한 시설의 기본사항을 정해 놓음으로써, 소비자의 이익과 권리 증진을 도모하고 이것에 따라 국민 소비생활의 안정적인 향상을 도모하는 것을 명확하게 하고 있다. 이를 자세히 살펴보면 다음과 같다.

첫째, 국가의 책무로서 경제사회의 발전에 부응하여 소비자보호에 관한 종합적 시책을 책정하고 실시한다.

둘째, 지방공공단체의 책무로서 국가의 시책에 준한 해당지역의 사회적·경제적 상황에 대응한 소비자보호에 관한 시책을 책정하고 실시한다.

셋째, 사업자의 책무로서 ① 공급 상품에 대해 필요한 조치와 국가나 지방공공단체가 실시하는 소비자보호시책에 대한 협력, ② 공급 상품의 부단한 개선과 소비자 고충을 적절하게 처리한다.

넷째, 소비자의 역할로서 소비생활을 안정적으로 향상시키기 위해 필요한 지식의 습득과 자주적이고 합리적인 행동을 한다.

그리고 이 법률의 목적을 달성하기 위해서 국가(국회의 일)는 필요한 관계법령을 제정 또는 개정하고, 정부(행정기관의 일)는 필요한 재정상의 조치를 강구하지 않으면 안 되었다. 이러한 시스템을 효과적으로 실시하기 위해, 소비자보호회의나 국민생활회가 설치되고 행정기관의 정비나 운영의 개선이 요구되었다. 게다가 소비자자신의 조직적인 활동을 촉진하기 위한 시책의 필요성도 지적되었다. 이에 일본은 기존의 「소비자보호기본법」을 「소비자기본법」으로 2004년 개정하여 시행하고 있다.

다음 〈그림 7-2〉는 이를 알기 쉽게 도식화한 것이다.

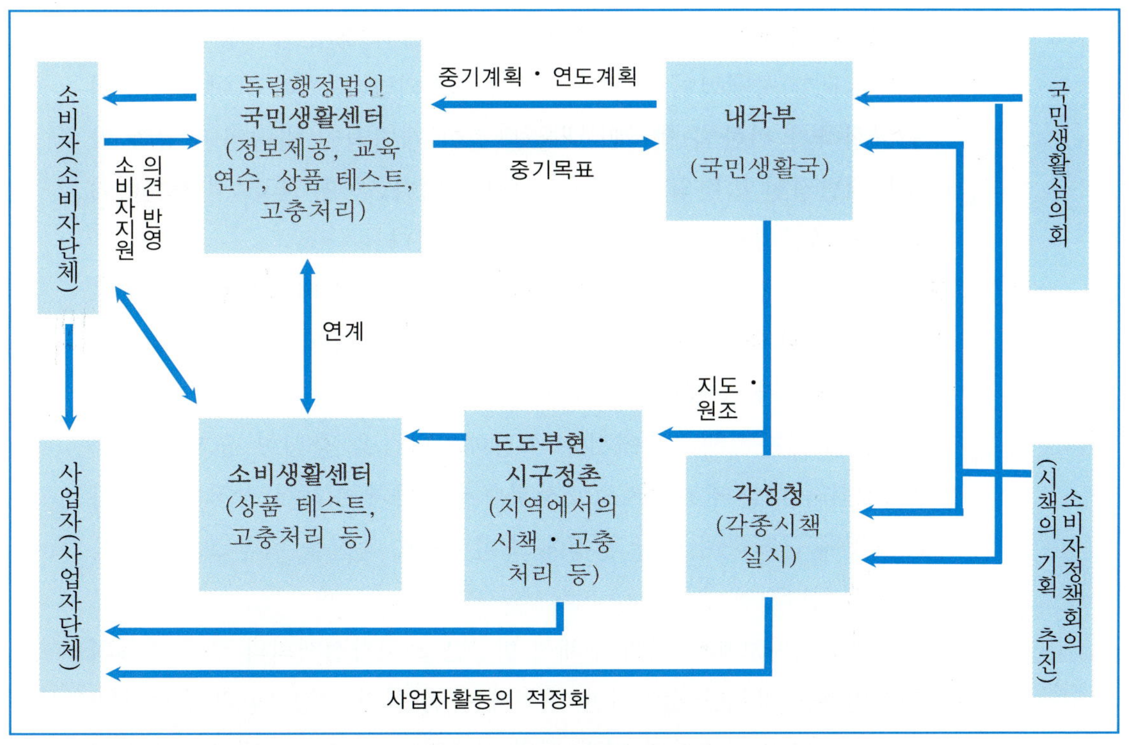

그림 7-2 일본 소비자행정기구도

*자료: 日本 国民生活センター(www.kokusen.go.jp/hello/sesaku.html)

3) 소비자정책회의

소비자정책회의(매년 1회, 12월에 개최, 과거는 소비자보호회의)는 내각총리장관이 주관하여 국민생활국장과 18명의 소비자관계행정기관의 장으로 이루어진 국가 소비자행정의 최고의사결정기관이다. 매년 연말에 개최되어 정부에서는 이후 1년간 시행해야 하는 구체적인 소비자정책을 결정하고 있다. 여기에는 관계 각 성청의 사무차관으로 이루어진 '이사회'(매년 1회 개최)가 있으며 이것을 소비자행정담당과장회의(월 1회 개최)가 보좌하고 있다. 사무국은 국가의 소비자행정의 종합적 조정을 완수할 임무가 주어져 있는 내각부 국민생활국(이 중에 소비자기획과와 소비자조정과가 있다)에 있다.

1968년 제1회 소비자정책회의가 개최되고 소비자보호 관계법규의 재검토나 개정이 이루어져, 소비자보호체제의 정비 등 4항목, 소비자보호에 관한 구체적인 시책 10항목이 검토되었다. 그리고 이러한 목적을 달성하기 위한 구체적인 내용을 정한 개별적인 법령의 제정과 약 80개 개별적인 법령의 개선을 시사하고 있다. 이때 전국소비자센터의 중심인 국민생활센터의 설치가 결정되었다.

이렇게 해서 미국과 똑같이 일본에서도 1970년부터 1980년대에 이르러 점차 소비자보호 관계법규의 개정이나 확충 등이 잇따르고 소비자입법의 시대가 도래한 것이다.

최근 소비자정책회의에서는 시장메커니즘을 중심한 규제완화 등 구조개혁과 더불어 소비자보호정책을 추진하기 위해서 방침을 결정하고 이것에 근거하여 담당 성청에 소비자보호 촉진을 위한 프로그램을 내놓고 있다.

특히 소비자보호 추진의 구체적 방안은 소비자정책회의 부속 자료의 극히 일부를 발췌한 것이지만, 여기에는 전 회의 결정사항과 실시상황, 그리고 그것에 근거하여 이번 회의 결정사항을 각 성청별로 구체적으로 명확하게 하고 있는 것으로, 국가의 소비자정책 현황을 정확하게 관측하기에는 적당한 자료이다. 이러한 자료는 소비생활센터에서 열람할 수 있지만, 소비자의 눈으로 접하는 기회가 적기 때문에 훨씬 일반적인 정보 개시와 보급이 필요하다.

4) 국민생활심의회

경제기획청에서는 1961년에 "내각총리대신 또는 관계 각 장관의 자문에 응해서 국민의 합리적인 생활수준 및 생활구조의 책정, 국민생활 안정 및 향상에 관한 기본적인 경제정책 및 계획과 함께 일반 소비자보호, 생활환경의 정비 기타 일상생활의 개선에 관한 기본적인 경제생활 및 계획에 관한 중요사항"(국민생활심의회령 제1조)을 조사 · 심의하기 위하여 국민생활심의회를 설치하였으며, 30명 이내의 위원(학식경험자, 일반소비자의 의견을 대표하는 사람들에 의해 내각총리대신이 임명)이 여기에 해당된다. 앞에서 설명한 소비자보호회의가 제시한 방침을 구체화하는 역할을 담당하고 있다.

5) 국민생활센터

국민생활센터는 1959년에 설립된 (사)국민생활연구협회를 이어받은 국민생활연구소의 뒤를 이어서, 1970년에 「국민생활센터법」에 근거하여 설치된 경제기획청이 관할하는 특수법인이었다. 특수법인이라 함은 국책상 혹은 공공 이익을 위해서 인가되었지만, 국민생활센터는 국민생활의 안정 · 향상을 위해 종합적인 견지에서 국민생활에 관한 정보의 제공과 조사 · 연구를 실시하는 것으로 되어 있다. 또한 「독립행정법인통칙법」(평성 11년 법률 제103호) 제29조의 규정에 근거해 평성 15년(2003년) 10월 1일에 내각총리대신으로부터 지시를 받아 독립행정법인 국민생활센터로 되었다.

국민생활센터가 본격적으로 활동을 시작할 때까지는 통산성의 외곽

단체인 (재)일본소비자협회(1961년 인가)가 소비자문제에 관한 정보 수집이나 조사·연구, 상품 테스트나 소비자상담, 소비자교육을 담당해 오고 있다. 일본소비자협회에서는 소비생활 컨설턴트를 양성하는 제도가 있으며, 이 강좌의 수료자(1962~2001년 졸업자는 1888명으로 (재)일본생업협회에 따르면 1980년에 창설되어진 소비생활어드바이저 인정시험에 합격한 사람은 1980년에서 2002년까지 현재 8,736명인 것과 더불어, (사)일본소비생활어드바이저, 컨설턴트협회(Nippon Association of Consumer Specialists, NACS)에게는 소비생활 컨설턴트나 소비생활 어드바이저의 칭호가 주어진다.

국민생활센터는 지방공공단체에 설치되어 있는 소비생활센터나 소비자센터와 연계하는, 말하자면 그 중심적인 입장에 있다.

생산 방법이나 판매 방법이 다양하고 복잡하므로 소비자상담에는 고도의 전문지식이나 법규의 해석 등 부단한 연수가 필요하다. 이 때문에 전국 각지의 소비자행정 담당직원이나 민간 소비자리더, 기업의 소비자창구 담당자 등에 대해서 소비자문제에 관한 각종 연수가 매년 계속해서 실시되고 있다. 이러한 연수회에서 소비생활상담원양성강좌 수료자나 상담담당원의 자질 향상을 목표로 실시되고 있는 소비생활 전문상담원 자격시험에 합격한 전문상담원(5년간 유효, 1991년 이후 인정자는 2,630명)은 (사)전국소비생활상담원협회(Japan Association of Consumer Affairs Specialists, JACAS)의 회원이 되어 전국 각지의 소비자상담이나 소비자 고충상담 창구에서 활동하고 있다.

1984년 12월 정보관리부에 소비생활정보네트워크시스템(PIO-NET)이라는 컴퓨터 네트워크시스템이 도입되어 국민생활센터와 지방자치단체의 소비생활센터를 온라인으로 연결하고 있다. 이 시스템은 소비생활상담의 사례를 전국적으로 수집함과 동시에 이것을 분석·평가하여 소비자에게 정보(위해정보를 포함)로 제공하고자 하는 것이다.

경제산업성 산업정책국 제품안전과에서도 소비생활용품의 결함에 따른 사고 등을 가능한 종합적으로 또는 신속하게 수집하는 사고정보 수집제도(1974년 발족), 후생노동성 의약국 심사관리과 화학물질안전대책실에서는 가정용품에 관련된 건강피해 병원모니터제도(1979년 발족), 후생노동성 의약국 안전대책과에서는 의약품 등 안전정보 보고제도(1967년 발족) 등이 있다.

국민생활센터의 보급교육부에서는 소비자정보를 정기적으로 발신하는 생활뉴네트(www.kokusen.go.jp/magazine)라는 인터넷홈페이지를 운영하고 국가나 지방자치단체의 정보, 국민생활센터의 공표자료나 고충처리 테스트 결과, 제품에 불합리한 것이 있는 메이커 등의 회사명 등을 실시간으로 기재하여 이것을 검색할 수 있도록 하는 시스템을 정비해 오고 있다. 최근 접속건수는 매월 약 2만 건에 달한다. 또한 2000년부터 행정기관이 발신하는 정보의 소재를 알리는 『메일매거진(*Mail Magazine*)』(월 1회 발간)이나 센터의 내방자용 단말기를 설치하는 등, IT사회에 대응한 정보시스템을 받아들이고 있지만, 아직 시작에 불과하다(그림 7-3 참조).

국민생활센터에서 수행하는 역할 중에서 우리가 주목할 부분은 전국의 542여 곳의 소비생활센터에서 수행한 소비자상담 및 고충상담의 자료를 통합하고 분석해서 정보제공 및 동향 분석 등에 활용하고 있다는 것이다. 특히 국민생활센터에서는 기본적인 소비자상담만을 받고 있으며(연간 약 9,000 사례 정도), 지역소비자 중심으로 소비자와 친근한 소비자정책을 펼치고 있다. 이에 국민생활센터(2006), 2005년도 PIO-NET에서 본 소비자상담, 위해 · 위험 정보를 분석한 자료를 보면 다음과 같다. 이는 2005년도 국민생활센터와 소비생활센터를 연계하여 전국소비생활정보네트워크 · 시스템(PIO-NET)에 의해 수집된 소비생활상담정보와 국민생활센터가 전국의 소비생활센터로부터 수집한 위해 · 위험 정보와 협력병원 등으로부터 수집한 위해 정보의 개요를 통합한 자료이다. 구체적인 PIO-NET 구성도는 〈그림 7-4〉와 같다.

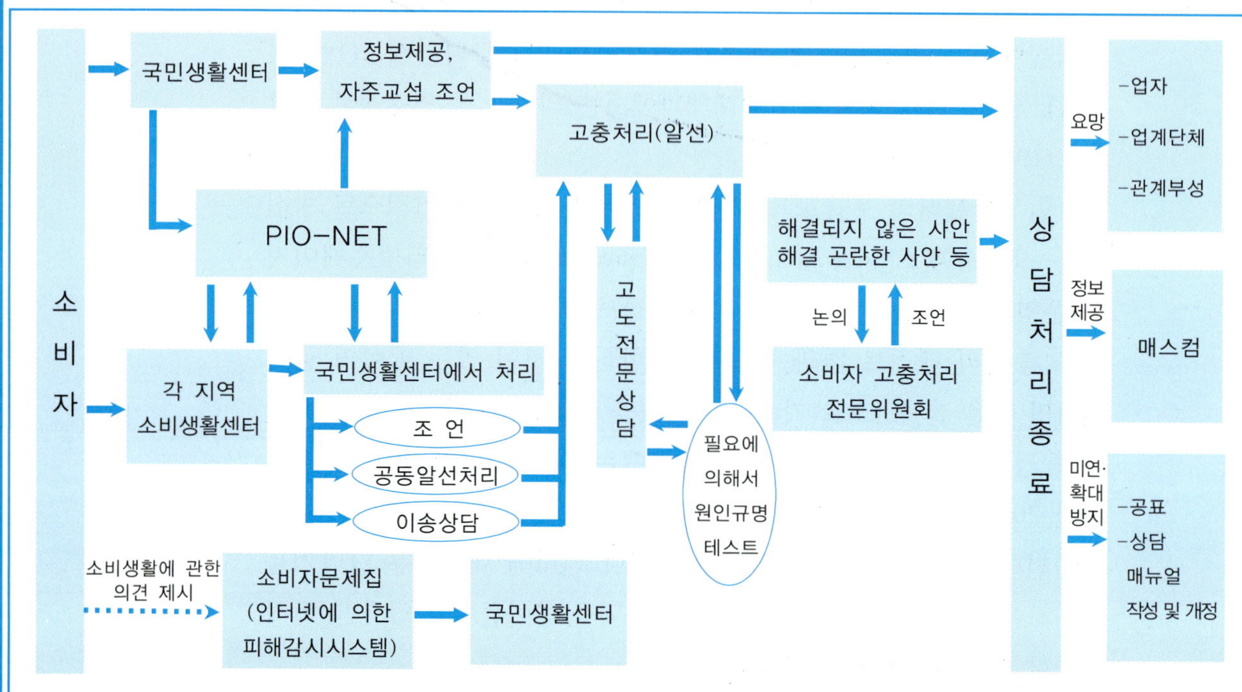

그림 7-3 일본 국민생활센터의 상담처리 흐름도

*자료 : 日本 国民生活センター(www.kokusen.go.jp/hello/soudan.html)

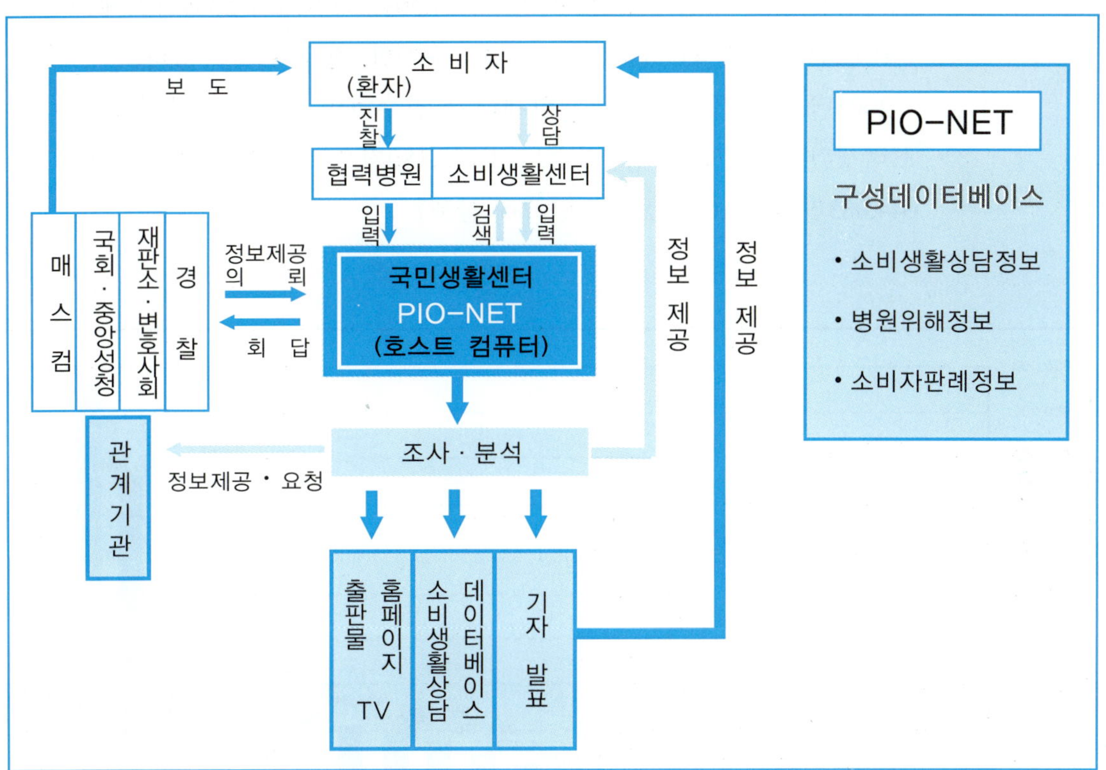

그림 7-4 일본 국민생활센터의 PIO-NET 구성도

*자료: 日本 国民生活センター(www.kokusen.go.jp/hello/pio_net.html)

2003년도에 전국의 소비생활센터가 접수하여 PIO-NET에 등록된 소비생활 관련 상담정보의 총 건수는 1,509,884건에서 2004년도에는 1,919,263건으로 4,000,000건 이상이 증가한 것을 볼 수 있다.

2005년도에 전국의 소비생활센터가 접수하여 PIO-NET에 등록된 소비생활상담정보의 총 건수는 1,275,180건으로 전년도에 비하면 644,083건이 감소하였다(그림 7-5 참조).

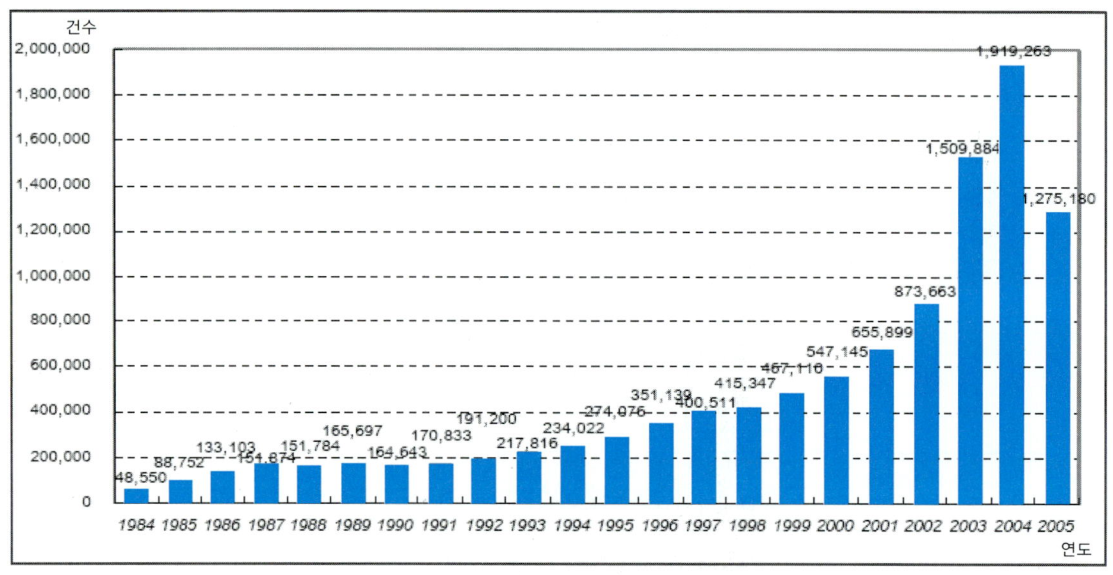

그림 7-5 연도별 소비생활상담 총건수의 추이

*자료: 日本 国民生活センター(2006), 2005年度 PIO-NETにみる消費生活相談, 危害・危険情報.

사례의 감소와 증가 동향을 살펴보면, 2005년도에 가장 큰 감소 건수는 '전화정보 서비스'이며, 2004년도의 상담건수는 약 84만 건이었으나, 2005년에는 약 17만 건까지 감소하였다. 다음으로 감소 건수가 많은 것은 '온라인 등 관련 서비스 전반'으로, 2004년도에 약 17만 건에서 약 2만 건으로 감소하였다. 한편, 건수의 증가가 두드러진 것은

'상품일반'으로 분류된 상담으로, 약 7만 건에서 약 22만 건으로 증가하였다(통신기기를 사용하여 인터넷 등으로부터 정보를 얻는 서비스 중, 휴대전화와 전화기, 팩스에 의한 것을 '전화정보서비스', 컴퓨터를 이용한 것을 '온라인정보서비스', 이들 중 어디에 해당하는지를 모르는 경우에는 '온라인 등 관련 서비스 전반'으로 분류).

PIO-NET에서는 이중청구나 부당 취득한 사업자의 부당한 청구를 '부당청구'로 분류하였다. 이 부당청구 중에는 전혀 신체에 위해가 없음에도 불구하고 성인프로그램 등의 정보료를 청구하는 문제도 내포하고 있으며, 이것을 '가공청구'로 칭하고 있다.

위의 3가지 종류의 상담 증감에서는 각각 매년 급증하고 있던 가공청구에 관련 상담은 성인사이트 등에서 소비자에게는 계약 의사가 없음에도 불구하고 어떤 항목을 클릭함으로 인해 등록(계약)되어 요금이 청구되는 '전화정보 서비스'나 '온라인 등 관련 서비스 전반'으로 분류되는 부당청구 문제는 감소하고 청구된 책무 내용이 구체적으로 명시되지 않은 부당청구 문제가 증가하였기 때문이다.

일본 소비생활 상담을 통해 본 2006년 10대 항목

다음은 PIO-NET 정보 중에서 2006년에 상담건수가 많았던 것이나 상담건수가 증가하고 있는 것, 소비자문제로서 사회적 주목을 받고 있는 사항까지 10대 항목을 선택하여 정리한 것이다(www.kokusen.go.jp).

1. 일상적인 제품이나 설비에 관한 사고 개조한 가스 난방기나 환기장치 상태가 좋지 않아 석유 환풍기가 원인인 일산화탄소중독 사망사고, 맨션에서 엘리베이터 인사사고, 종이 분쇄기에 의한 유아의 손가락 절단사고 등, 신변 제품 · 설비에 의한 위해사고가 많이 발생하였다. 2005년 11월에는 맨션 등의 내진위장사건이 사회문제로 되었고, 안전성 확보나 벌칙 강화를 모색하는 건축사법이나 건축기준법이 개정되었다. 행정 · 사업자는 신체 · 생명에 관한 사고나 위험에 대한 정보수집과 활용에 대해서 개정하여 검토를 고려함과 더불어, 소비자에게도 안심 · 안전 등을 생각하는 계기가 되었다.

또한 제품사고에 관한 사업자의 보고의무 등을 모색하는 소비자생활제품안전법 개정안이 성립하였다. 국민생활센터에서도 사망 · 중독사고 정보에 대해서 신속히 내각부를 통해 관계성청에 전달하여 정보공유를 모색하기도 하였다.

2. 소비자계약법 개정, 소비자단체소송제도 실현 소비자계약법이 개정되고, 소비자단체소송제도가 도입되었다. 본 제도는 사업자에 의한 부당한 계약조항이나 권유에 대해서 적격 소비자단체가 해당조항의 사용이나 권유행위의 금지를 요청하고 소비자 전체를 위해서 소송을 제기할 수 있는 제도이다. 국민생활센터에서는 본 제도에 기초하여 적격 소비자단체에 대해서 필요한 소비생활상담정보를 제공할 수 있도록 본 제도를 정비하고 있다.

3. 금융상품 관련 상담 증가로 인해 금융상품거래법 성립 최근, 다양한 금융상품이 등장하고 있다. 한편 미공개주나 선물거래 등, 일반 소비자에게는 위험이 큰 거래에 관한 상담도 증가하고 있다. 국민생활센터에서는 4월에 미공개주, 7월에 해외상품선물거래 · 해외상품선물옵션거래의 상담건수나 피해금액, 적합성의 원칙에 반하는 권유의 문제점 등에 대해서 발표하였다. 6월 금융상품전반의 거래에 대해 포괄적으로 원칙을 정한 금융상품거래법이 성립하였다. 사업자는 상품이나 거래에 관한 철저한 설명의무가 요구되며, 더불어 소비자도 계약시 위험 등을 고려하여, 신중히 검토하는 자세가 요구된다.

4. 보험관련 상담, 꾸준한 증가경향 PIO-NET에 보험에 관한 상담은 전년도 보다 상회하는 경향이 있다. 보험금의 미지급에 대해서는 금융청에서 업무정지명령 등을 포함하여 법령준수를 철저하게 하는 지침이 나오고 있으며, 올해도 다수의 보험회사가 행정처분을 받았다. 또한 국민생활센터에서는 이 문제와 관련해 최근 증가하고 있는 의료보험의 보장내용에 대해서 실제 보험내용과 소비자의 기대나 이해에 차이가 있는 것 등에 대해 정보를 제공하고 있다. 소비자에게 충분한 설명이나 계약에 기초한 적정한 지불기준 등 업계에서의 개선이 요구된다.

5. 다중채무 상담은 증가경향－법 개정 등, 재인식 기운 고조 소비자금융에 관한 상담건수는 소비생활상담 중에서 상위에 위치하고 있다. 올해도 전년에 비해 증가 경향이며, 심각한 문제로 대두되고 있다. 국민생활센터에서는 3월에 다중채무문제의 현황과 대응에 관한 조사연구를 발표하고 다중채무자의 실태와 의식조사를 통해서 개선방향을 제시하였다. 또한, 이식제한법과 출자법이 각각 정한 이율간의 소위 신용금리 등에 관한 재고가 이루어지고 출자법 상한금리를 이식제한법과 통합하는 대금업규제법 등의 개정안이 국회에 제출되어 심의가 이루어지고 있다.

6. 개인정보보호법 시행 후 1년, 상담 14,000건 이상 개인정보보호법(이하 법)이 전면 시행된 후 1년이 경과하였으나, 전국 상담창구에는 사업자의 법에 대한 인식 부족으로 인한 상담, 사업자 대응에 관한 고충 등, 작년도 14,000건을 초과하고 있다. 다른 한편으로는 과잉대응이라고 일컬어지는 상황이다.

고충분류별로 보면, 개인정보의 부적절한 취득, 누설, 분실, 동의 없는 제공, 목적 외 이용 등에 관한 것이 많다.

7. 가공청구는 교묘해지고, 대상은 고령자로 이동하는 움직임 가공청구에 대해서는 광고 · 계발, 경찰에 의한 단속, 은행의 부정구좌 동결, 휴대전화의 부정이용방지책 전개 등으로 인해 상담건수도 감소경향을 나타냈다.

그러나 전과 다름없이 상담 총건수의 2% 정도의 높은 수준을 유지하고 있다. 사회문제화되는 새로운 악질판매 방식과 고령자의 피해가 두드러지고 60세 이상의 상담건수가 작년의 3배 가까이 증가하고 있다. 공적기관을 위장하고 예금구좌를 이용하지 않는 송금, 지상파 디지털방송공사를 구실로 하는 등, 교묘한 수단도 점차 등장하고 있으며, 이후 동향에 주시할 필요가 있다.

8. 전기 · 전자제품관련 문제 계속 발생 소비자문제 메일함에는 다양한 정보가 수집되어 있지만 그 중에서 전기 · 전자기기의 불완전성에 관한 정보가 많다. 국민생활센터에서는 11월에 소비자문제 메일함에서 본 전기 · 전자제품 관련 문제에 관한 상황을 정보로 제공하였다. 신체에 위해 · 위험을 미치지 않는 경우에 대해서 교환이나 수리 등의 대책이 없었던 것으로 보인다. 신체의 위해 유무에 상관없이 불완전성에 대한 사업자의 충실한 대응이 요구된다.

9. 법지원 운용 개시 올해 10월부터 종합법률지원법에 근거하여 정보제공, 민사법률부조, 사법과소대책 등의 역할을 부과하는 일본사법지원센터(속칭 법테라스)가 업무를 개시하였다. 전국 50개소의 법테라스에서는 법적 문제가 있는 사람들에게 적절한 상담소나 대응기관을 소개하는 서비스를 이행하고 있다. 소비생활과 관련한 상담소로서는 국민생활센터나 각 지역의 소비생활센터가 등록되어 있다.

10. 신구상법 관련 상담 증가 소방처 등의 공적 기관을 가장한 소화기 판매는 악질판매의 정석으로 알려져 있다. 2006년 6월 1일 시행 개정된 소방법에 따르면 신축주택에서부터 기존주택도 각 자치단체가 조례에 따라서 정해진 날부터 화재경보기의 위치가 의무부착되었다. 이것을 반영하여 원야상법의 토지매입자에 대해서 '매입희망자를 모집'이라고 하여 측량이나 광고 작성 등의 계약을 맺어 2차 피해 상담이 증가하였다. 당시 계약자의 다수가 현재 고령화되어 가는 것도 있기에, 신구상법에 관한 문제동향을 주시할 필요가 있다(일본 국민생활센터, 소비생활상담을 통해 본 2006년 10대 항목).

6) 지방자치단체의 소비자보호행정

「소비자보호기본법」의 이념에 따라서 1967년에 개정된「지방자치법」 제17조에서 지방자치단체의 역할은 “소비자의 보호 및 저축의 장려와 함께 계량기, 각종 생산물, 가축 등의 검사에 관한 사무를 행하는 일”이라고 명기되어져 있다.

이에 따라서 지방자치단체도 국가에 준한 소비자보호행정의 시스템 정비가 요구되며, 1972년까지 도도부현이나 정령지정도시에는 소비자보호행정을 전담하는 과가 설치되었다. 시정촌의 수준에서는 소비자보호의 사무분담화가 시에서는 97.8%, 정촌에서는 78.6%로 되어 있지만, 이것을 전담하는 과나 계의 설치는 아직 시는 37.0%, 정촌은 6.6%에 불과하다(2001년).

소비자에게 가까운 소비자행정 창구는 아직 소비자로부터 먼 곳에 있는 것 같다. 이러한 국가, 지방공공단체의 소비자행정담당부국이나 소비생활센터의 일람표는 시정촌도 포함되어 경제기획청 국민생활국 편 『핸드북 소비자』 각 연도판에 기재되어 있다.

국가로부터 지방자치단체에 소비자보호행정사무의 일부 중 기관위임 되어 있는 법규는 다음과 같다.

① 도도부현 지사 : 식품위생법, 영양개선법, 약사법, 독물 · 극물취체법, 소비생활협동조합법, 고압가스취체법, 액화석유가스보안법, 국민생활안정긴급조치법, 경품표시법, 출자 · 금리등의취체법, 여행업법, 택지건물거래업법

② 시정촌장 : 식품위생법(일부), 계량법(일부), 소방법 등

게다가 지방자치단체는 지역소비자를 보호한다는 입장에서 국가의 소비자보호법규가 갖추지 못한 것을 보완하고자 ‘소비자보호조례’를 제정하고자 하였다. 이것은 자치단체 간에 상당한 차이가 있지만, 예컨대 다음과 같은 조례 제정이 보인다.

① 지역적인 생활물질의 수요 원활화나 가격 안정을 도모하기 위한 긴급조치 지역상품의 안전 · 표시 · 규격 · 포장 등을 적정화하기 위한 사업자 규제

② 부당한 거래행위에 대한 사업자 규제

③ 소비자정보의 수집 · 제공

④ 소비자 고충처리체제의 정비 · 고충처리위원회 등의 설치

⑤ 소비자 소송지원 등의 급부

7) 소비자 고충처리와 소비자 피해구제

소비자행정기관이나 생활용품을 생산 · 판매하고 있는 기업, 그리고 소비자단체에서는 소비자상담이나 소비자 고충처리의 창구가 설치되어 있으며, 소비자에게 필요한 상담이나 고충처리에 대한 체제가 정비되고 있다.

행정기관의 소비자상담 창구에는 다음과 같은 것이 있다.

① 농수성 : 지방농정국(8) · 농림수산기술센터(8) · 식량사무소(47) 등으로 '소비자의 방' 또는 '소비자코너' 설치, 어드바이저 배치

② 경제산업성 : 지방통산국에 소비자상담실을 설치, 751명의 통상산업정책 모니터 배치

③ 국토교통성 : 'User 업무실', 교통어드바이저 배치

소비자에게 보다 친숙한 것은 도도부현이나 시정촌의 소비생활센터이다. 이런 센터의 정보를 총괄하고 있는 국민생활센터의 자료에 따르면, 소비자상담 내용의 추이를 볼 때 상품에 관한 상담이 업무 관련 상담보다 상회하고 있지만, 최근에는 업무 관련 상담건수가 급증하고 있다.

기업, 판매업자, 사업자단체, 그리고 광고 등의 판매모체에도 다양한 소비자상담 창구에 집중하고 있으며, 기업에서는 이런 상담창구에 그 분야의 전문직원(HEIB)을 두고 있다. 이 분야의 선진국인 미국의

기업은 기업 내 가정학 전문가를 사내의 중역이나 간부로 임명하여 소비자의향 파악이나 고충처리 등 중요한 기획에 참가시키는 시스템을 효과적으로 활용시키고 있다. 일본에서도 이에 따라서 1978년 일본히브 협의회가 설립되었다. 그리고 (사)소비자관련전문가회의(Association of Consumer Affairs Professionals, ACAP)를 결성하고 소비자문제에 대한 대응이나 기업의 소비자지향을 추진하고 있다.

또한 미국에서는 '광고에 진실을' 슬로건으로 광고의 자주규제 등 공정한 사업 활동을 추진함과 더불어 정보제공이나 소비자교육, 그리고 고충상담이나 고충처리를 실시하고 있는 거래개선협회(Better Business Bureau, BBB)'의 활동이 두드러지고 있다. 일본에서도 이것을 모방하여 광고업계의 일본광고심사기구(Japan Advertising Review Organization, JARO)나 신문광고심사협회 등이 있으며, 다양한 광고윤리기준을 가지고 있다. 광고업계 이외에도 예컨대 일본과자 거래개선 협회, 일본유업협의회, 생명보험문화센터 등 각 업계단체에도 소비자 대응창구가 있다.

일본의 경제산업성에서도 이러한 소비자지향 시스템에 공헌한 기업 · 개인 · 그룹을 표창하는 '소비자지향 우량기업표창제도'를 만들어서 이러한 기업 활동을 추진하고 있다.

(1) 소비자 고충처리

소비자센터에 접수되는 소비자상담의 반수 이상은 소비자 고충이라 일컬어지며, 이는 기업에 직접 접수되는 고충보다 훨씬 많다. 이러한 고충은 이른바 고충처리의 대상이지만 여기에서 우선 소비자에게 피해를 받은 당사자인 사업자가 실시하는 고충처리와 행정기관 등 제3자가 처리하는 고충처리 알선을 구별하지 않으면 안 된다.

예를 들어 피해를 제기하는 소비자가 소비자센터 등의 창구로 가면 소비자상담원이 상담에 응답해 주는 시스템이며, 이것이 바로 소비자상담이다. 이때 상담원은 피해구제에 관한 제도나 방법에 대해서 가능한 정보를 줄 것이며, 필요하다면 사업자에게 선처하듯이 알선을 해주는 경우도 있다. 대부분의 소규모 피해는 이 같은 방법에 의해 구제된다.

그러나 본래 소비자피해는 피해를 받은 소비자가 상대측인 사업자와 직접교섭(상대교섭)함으로써 자주적으로 해결된다. 그것은 상대측인 사업자단체에 직접 고충을 신고하여 계약해제, 상품교환, 대금변제, 무상수리 등에 의해서 피해의 구제를 도모하는 방법이다. 일반적으로 소비자측의 고충 신고에 대해서 상대측이 성의를 가지고 솔직히 대응함으로써, 이러한 피해는 신속히 회복된다. 대부분의 소비자피해는 이러한 방법으로 구제된다.

그러나 이러한 상대교섭에는 다음과 같은 문제가 있다.

① 소비자측에서 시간이나 비용에 제약이 있으며, 필요한 정보나 지식도 불충분하다.

② 피해가 소액인 경우에는 고충을 신고하기 어렵다.

③ 사업자측의 고충 접수나 처리체제가 불충분한 경우가 많다. 그리고 사업자측의 대응이 미약하거나 이의가 있어도 신속한 구제처리가 이루어지지 않는다면 매우 까다로운 소비자 피해구제 문제를 일으키게 된다.

(2) 소비자 피해구제의 문제

오늘날의 대량생산・대량판매 시스템에서는 상품과 서비스의 결함이 발생할 가능성이 있으며, 결함을 가진 생활용품에서 발생하는 피해가 광범위하게 파급된다는 특징이 있다. 게다가 이런 피해를 일으키는 원인을 밝히는 것이 어려우며, 원인을 밝힐 때까지는 오랜 시간이 소요됨과 더불어 피해가 급속히 확대하는 등 사업자와 소비자와의 불평등한 힘의 관계가 있으므로 심각한 소비자피해를 일으키게 된다.

예컨대 모리나가비소밀크사건은 약 1만 2,000명, 카네미유증사건은 약 1,200명, 스몬병은 약 9,000명의 피해자를 발생시켰다. 가전제품이나 승용차 등의 생활용품과 이른바 악덕상법이라고 하는 말로 일괄하고 있는 거래방법에서도 인명피해가 많아져 금전적 피해를 발생시키고 있다.

소비자피해를 구제하는 방법을 생각해 볼 때, 그 실태와 문제점은 다음과 같이 지적되고 있다.

• 행정기관에 의한 구제

소비생활센터나 국민생활센터 등에서는 소비자 고충상담의 경험을 쌓아왔으며, 소비자정보의 수집이나 생활용품의 검사능력도 갖추고 있어, 소비자 피해구제에도 기대를 걸고 있다. 또한 모리나가비소밀크 사건의 화해와 같이 중앙관청 당국자의 소개에 의해서 구제가 이루어진 사례도 있다. 그러나 이렇게 공적 기관의 기능을 확충하여 소비자피해의 구제에 직접 부딪히는 데는 기존의 법제도와의 관계를 어떻게 해야 하는가 하는 기본적인 문제가 남아 있다.

지방공공단체가 독자적인 조례를 제정하여 이것에 근거한 고충처리위원회나 소비자소송원조제도를 마련하여 새로운 길을 개척하고 있지만, 일반적으로 절차가 매우 복잡하기 때문에 이용자가 국한되어 있고 전국적인 보급도 정체되고 있다.

또한 소비자피해 구제기금이라는 보험제도에 따른 구제책도 필수적이지만, 이것도 매우 거액의 비용이 든다는 경비부담이나 피해자에 대하여 기금의 배분을 어떻게 해야 하는지에 대한 검토과제가 산재하고 있다.

• 소송에 의한 구제

소비자피해를 원칙적으로 구제하는 방법은 소송에 의하지 않으면 안 되지만, 소송에는 항상 문제가 많이 있다. 또한 소송을 좋아하지 않는 소비자측의 습성 등이 부합되어, 신체나 생명에 관련된 심각한 피해의 경우 외에는 소송에 이르는 경우가 극히 적다. 그러나 일본에서는 약재나 식품에 의한 피해, 컬러텔레비전의 재판이나 석유제품의 카르텔이 결함자동차 등으로부터 발생한 손해를 회복하고자 하는 조직적인 소송도 나타났다. 이러한 소송은 피해자집단을 결성하여 이루어지는 것으로, 새로운 유형의 소비자운동의 원형을 이루고 있다.

소송 과정에서의 문제는 소송에 의한 구제가 피해를 받은 소비자측에 복잡한 법적 절차와 엄격한 입증이 요구되고, 게다가 많은 비용과 긴 시간을 필요로 한다는 점이다. 특히, 소액피해의 경우에는 소송을 위해 자기희생이 크고 경제적으로도 수지가 맞지 않는다. 또한 다수피해의 경우에도 법률은 개별적인 구제를 전제로 하고 있기 때문에 대량생산・대량판매로부터 발생한 피해에도 불구하고 피해자 전원의 피해회복을 도모할 수 없다.

(3) 외국의 선례

미국에서는 중재제도, 소규모소송(Small Claims Court)이나 다수피해에 대한 집단소송(Class Action)이라고 하는 제도가 있으며, 스웨덴에서는 소비자옴브즈맨이라고 하는 중립적인 제2자기관이 활동하고 있다. 또한 이탈리아에서는 시민권고국(Citizen Advice Bureau), 독일에서는 소비자센터 등이 고충처리를 실시하고 있다. 소비자피해 구제제도의 정착을 위해서는 이러한 시스템에서도 배울 점이 많고, 일본에서도 점차 이것을 모방하여 새로운 길을 개척하고자 하는 민간 활동이 활발하게 이루어지고 있다.

(4) 소비자 피해구제의 새로운 전개

이러한 문제점이나 외국의 선례를 참고하여 1972년 제조물책임법연구회에서 본격적인 연구가 시작되었으며, 1975년 '제조물책임법요항시안'이 공표되었다. 이것은 관계관청의 산업구조심의회, 중앙약사심의회, 식품과 관계된 소비자피해방지・구제대책연구회나 국민생활심의회 소비자정책부회 등에서 심의되어진 후, 제조물책임법안으로 통합되어, 1995년 7월에 「제조물책임법」이 시행되었다. 제품의 안전성 확보는 제조업자에 의존하는 정도가 높기 때문에 소비자피해를 원활하고 적절히 구제하는 데에는 제조업자에게 과실이 없다면 책임을 지지 않아도 좋다는 손해배상책임의 요건에서 과실일지라도 제품에 결함이 있다면 책임이 있다는 무과실책임으로 방향을 전환함에 따라서, 소비자에게 과대한 부담을 강조하고 있는 입증책임에서 벗어나 신속한 처리를 도모하기 위한 원칙을 만들었다.

또한 이른바 악덕상법을 방지하기 위해서 1971년경부터 약관의 적정화가 국민생활심의회 소비자정책부회에서 검토되어, 1997년 7월 소비자계약적정화위원회가 설치되어져 심의가 거듭 이루어진 후, 「소비자계약법」이 시행되었다. 「소비자계약법」은 소비자가 계약을 체결하는 데 사업자로부터 필요한 정보가 제공되고 계약의 교섭과정에서도 사업자가 소비자에게 부당한 영향이나 압력을 가하지 않고 계약내용에 대해서도 소비자가 본래 가지고 있는 권리를 일방적으로 빼앗거나 제한하는 계약조건은 부당하므로 그 효력을 부정하는 일반적인 원칙을 만들었다.

이렇듯 소비자 고충처리와 피해구제제도는 금세기에 들어 급속한 전환과 변모를 보이고 있으며, 이것을 받아들인 기업측에게도 커다란 영향을 주고 있다. 그러나 아직 새로운 법률 제정이 시작된 정도이므로 소비자는 그 동향을 주의 깊게 지켜보지 않으면 안 된다.

최근 일본의 경우는 불공정한 거래방법이나 기만적인 상법이 급증하게 되어, 마침내 악덕상법이라는 단어로 일괄되는 다양한 범죄의 영역에 들어서게 되었다. 경시청생활보안부 보안과 생활경제대책실에서 수집된 생활경제범죄는 산업폐기물과 같은 환경파괴나 지적소유권 침해 등도 포함되어 있어 소비자문제에 직접 관련된 악덕상법보다도 꽤 폭넓게 다루어지고 있다.

이러한 악덕상법은 방문·전화 등에 의해서 점점 복잡하고 뛰어난 기술에 의해서 점점 교묘해지고 또한 대규모화되고 있으며, 게다가

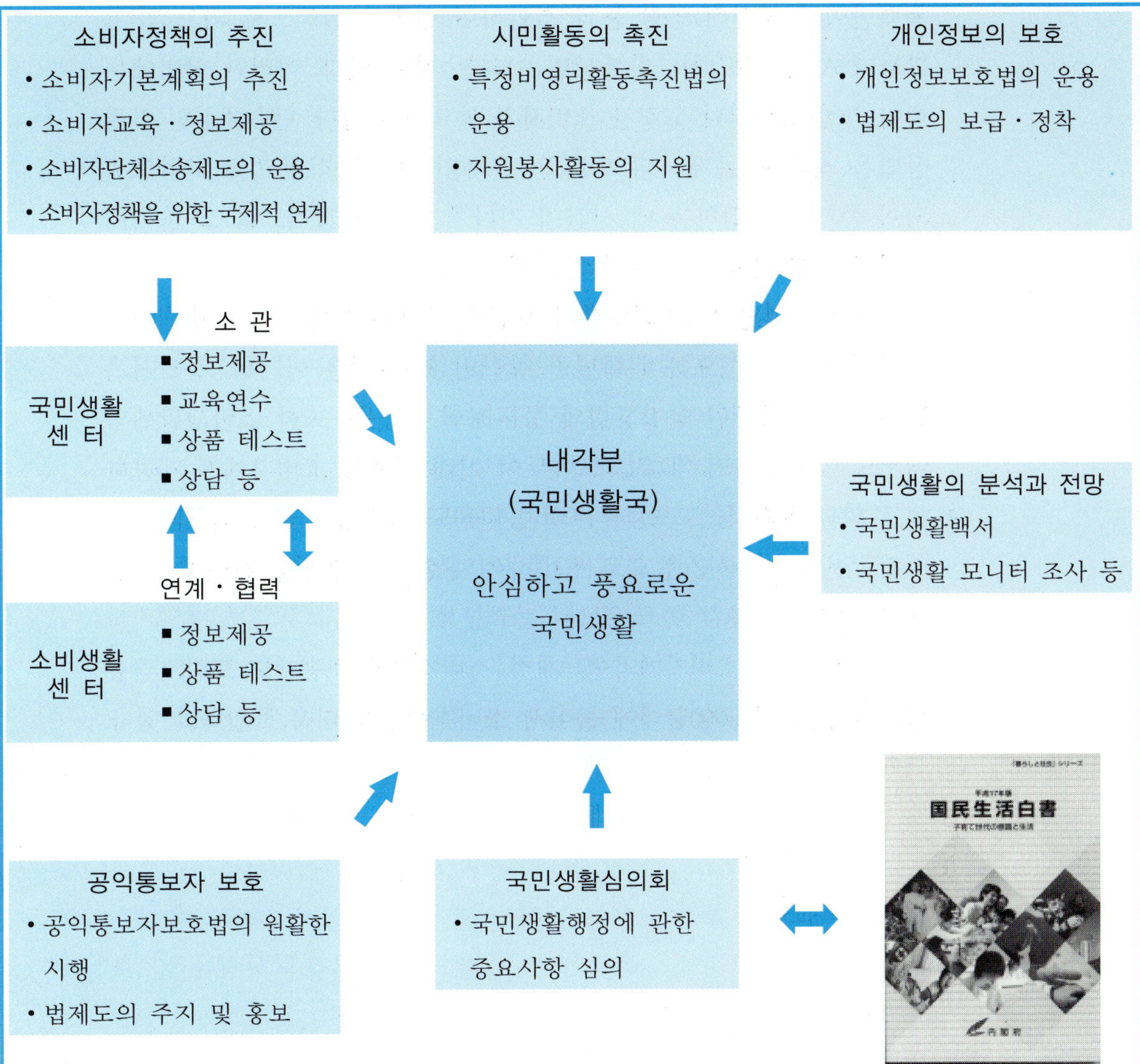

그림 7-6 일본 소비자행정 체제

*자료: 내각부 국민생활국 홈페이지(www.cao.go.jp)

폭력단이나 정신적 영감 등과 결합하여 점점 악질적으로 되고 있다. 그보다 A/S를 위장한 「회복상법」이라는 것이 있다. 이러한 상법에는 힘이 약한 소비자나 고령자 소비자가 동요되기 쉽다. 단속대상인 악질상법은 사후에 문제시되고 또한, 문제가 대규모적이고 조직적으로 되어 증거를 수집하는 데 시간이 지나치게 오래 걸리므로 그 사이에 소비자의 피해를 증식시키는 경향이 있다.

소비자가 생활경제범죄로부터 자신을 지키는 데에는 일반 범죄라는 심리적 인식이 중요하며 특별한 방안이 있는 것은 아니다. 경시청은 규제나 단속대상인 악질상법의 상투적인 수법을, 또한 소비생활센터에서도 악덕상법의 기록을 모아두어 이런 정보를 소비자에게 제공하여 주의를 환기시키고 있다. 소비자 자신도 이러한 정보를 적극적으로 수집・전달하는 시스템으로 정비하여 대항하는 수단을 개발해 갈 필요가 있다.

이에 일본은 「소비자계약법」 개정, 소비자단체 소송제도 도입, 「금융상품거래법」 등 2000년대에 들어서 소비자행정에 더욱 몰입하고 있다.

생각해 볼 과제

1. 우리나라 소비자행정체계를 도식화하여 그려 보시오.
2. 수도권 소비자와 지역 소비자의 소비자문제 발생시 접근상황을 타운워칭해 보시오.

제8장

한국과 일본의 소비자행정 비교

1. 한국과 일본의 소비자행정 비교 의의

21세기 디지털 시대 및 정보 시대에 있을 여러 가지 여건을 고려해 볼 때, 미래의 소비생활에 있어서 변화될 모습은 어떠한가? 혹자에 따라 그 예견은 다르지만, 다음과 같이 예측할 수 있다. 첫째, 미래 소비자는 디지털화되고 세계화된 소비생활을 영위할 것이며, 둘째, 미래 소비자는 자아실현을 위한 소비생활을 추구할 것이고, 셋째, 미래 소비자는 삶의 질을 향상시키는 소비생활을 추구할 것이다(김종구, 2000). 여기에서 우리가 예상할 수 있는 것은 미래의 소비자는 컴퓨터나 세계적인 네트워크를 통해 제공되는 뉴미디어를 통해 통신, 게임, 오락뿐만 아니라 교육, 의료서비스 등 시공을 초월하여 받는 소비생활을 영위하면서 삶의 질을 추구하게 될 것이라는 점이다.

한편 이러한 것은 생산자와 소비자 사이에 정보의 비대칭성이 완화되어 소비자문제가 해소될 수 있고, 또한 소비자에게 보다 많은 이익을 증진시킬 수도 있는 면이 있다.

그러나 한편으로는 또 다른 새로운 소비자문제에 직면할 수도 있다. 즉, 세계화와 정보화로 새로운 소비생활 환경에서 여러 가지 새로운 소비자문제에 직면할 수 있다. 예컨대, 소비자 개개인의 정보 처리 능력의 차이로 인한 소비생활의 양극화, 소비생활이 세계화되는 과정에서 전통적인 생활, 문화, 사고방식의 침해로 인한 소비자의 자아 손실, 새로운 자연 생태계에 신기술의 침해로 인한 소비자의 안전 위협, 그리고 국가를 초월한 소비자 안전기준 및 보호제도의 필요성 등을 들 수 있다. 이는 기업의 역할, 소비자의 역할도 중요하지만, 소비자 개인의 문제를 초월한 제도적인 행정적 지원이 우선되어야 함을 의미한다.

오늘날은 경제의 고도성장 속에서 대량생산, 대량판매가 일반화되는 것과 더불어, 과학기술의 현저한 진보와 함께 새로운 상품도 다양하게 등장하고 있다. 따라서 소비생활에 큰 변화가 있는 반면, 소비자는 사업자에 비하여 상대적으로 나약한 입장에 서게 되었다. 즉, 소비자 자신의 지식이나 경험만으로 위험한 상품으로부터 자신을 지키기 위해 필요한 것을 합리적으로 선택하는 것은 아주 힘든 일이다. 이 때문에 사업자의 활동을 적정화하는 것과 더불어 소비자를 지원하는 것으로 소비자의 이익을 보호하고 증진하기 위한 종합적인 정책 대응이 보다 중요하게 되었으며 이것이 소비자 지원 행정의 몫이다.

우리나라의 경우, 이러한 점을 감안하여 많은 전문가들이 중심이 되어 소비생활의 발전을 위한 다양한 연구, 교육, 상담 등에 기여하여 소비자의 삶의 질을 추구하고 있는 곳이 있다. 그 예로는 한국소비자원을 들 수 있다.

오늘날 한국의 소비자권익 및 소비자주권, 그리고 소비자보호를 위한 발전은 소비자 자신의 인식 향상 및 적극적인 행동이 원인이지만,

그 무엇보다 한국소비자원의 역할이 중요한 몫을 한 것은 그 누구도 부인할 수 없다. 특히 한국소비자원은 정부의 특수법인으로 객관적인 입장에서 소비자와 기업의 중간 역할을 충실히 하였고, 보다 소비자주의적인 소비자의 입장에서 소비자권익에 일익을 다하였다고 할 수 있다. 이에 사회적 분위기에 힘입어 기업의 소비자에 대한 인식이 대폭적으로 변화하여 보다 소비자 중심적인, 고객 중심적인 경영으로 흐르는 데 큰 역할을 하였다.

따라서 소비자와 관련된 정부 관련 기관인 한국소비자원의 다양한 역할이 세계화와 국제화 및 디지털화되어 가는 세계 변화 속에서 더욱더 소비자 중심적인 역할을 하기 위해서는 어떻게 그 역할을 강화 혹은 분화하는 것이 좋은가를 살펴볼 필요가 있다. 이에 그 설립에 있어서 모델이 되었던 일본의 국민생활센터를 다시 한번 살펴보면서 거듭날 수 있는 방안을 모색해 보자.

특히 두 기관의 우위 비교가 아니라 객관적인 입장에서 장단점 분석을 통해서 더 효율적인 소비자권익을 실현시키기 위한 발전적인 제안을 하는 것은 의미가 있다. 또한 한국소비자원이 그 설립에 있어서는 일본의 국민생활센터를 모델로 하였지만(허경옥, 1998), 저자가 직접 만나 인터뷰한 일본 관계자들도 단기간에 많은 역할과 발전을 한 한국소비자원에 감탄을 아끼지 않았던바, 한국소비자원의 기여도가 많음은 누구나 인정하고 있다.

그러나 미래의 디지털 시대에 대응하여 새로운 발전을 통하여 거듭나기 위해서는 객관적인 많은 연구가 필요할 것으로 보인다.

일본의 경우에는 일찍이 1968년에 소비자정책을 체계화한 「소비자보호기본법」이 제정되어, 소비자보호의 기본적인 구조가 형성되었다. 이와 더불어 소비자시책을 종합적으로 기획 · 추진하는 기관으로서 내각총리대신을 회장으로 하는 소비자보호회의가 설치되어, 소비자안전의 철저함 및 소비자거래의 적정화 등 각 분야에 있어서 소비자보호를 위한 각종 시책이 결정되는 것과 더불어 개별 법률이나 지방공공단체의 조례 등에 의해 소비자보호시책이 광범위하게 전개되고 있다. 일본의 국민생활센터는 일본의 「소비자보호기본법」 제3장 제16조에 기초를 두고, 직접적으로는 일본의 「국민생활센터법」에 의하여 1970년에 설립되었다(米川五郎, 1995).

일본의 〈소비자신문〉(2002. 4. 15)에 발표된 국민생활센터의 2002년 업무의 기본방침을 보면, 첫째, 독립행정법인화로의 이행, 둘째, 정보공개의 확대와 상품 테스트를 인적 피해 분야로의 특화, 셋째, 재판외 분쟁처리기관(ADR기관)으로서의 기능 충실 등을 들고 있다. 특히 이 중에서 소비생활상담 데이터베이스의 정보처리 제공은 2002년 8월부터 상품이나 서비스 내용 자체에서 소비자문제가 어느 정도 일어나고 있는지를 일반에게 알리기 위해서, 그리고 소비자피해의 미연 방지를 도모하고자 이미 실시하고 있다. 데이터베이스는 동 센터와 각지의 소비생활센터에 수록된 과거 10년분인 약 300만 건의 고충이나 상담을 수록하고 있다. 실제로 일본 국민생활센터는 독립행정법인화 하여 명실상부한 소비자 관련 상담정보 수집・분석, 그리고 소비자교육 등에 전념을 하고 있으며, 이를 2004년의 중장기 발전 전력 발표로 밝힌 바 있다.

반면에 한국의 소비자원은 1980년에 「소비자보호법」이 제정되어 1986년에 개정된 것에 의하여 1987년 7월 1일에 설립되었다. 설립의 주요한 목적은 소비자 피해구제의 신속성과 공정성의 확보, 소비자보호사업의 체계적인 추진체제의 확립을 위해서였다.

한국소비자원은 그 모체가 일본의 국민생활센터이다. 특히 역사적으로 볼 때, 일본은 우리보다 산업화나 경제발전에서 조금은 앞선 나라이므로 보다 앞선 1970년에 국민생활센터를 설립하여 많은 역할을 담당하였다. 이에 비하여 우리의 한국소비자보호원은 1987년에 설립하여 역사는 비록 일본에 비하여 짧지만 단 기간 내에 많은 역할을 담당하였다.

가계소비는 국내총생산의 많은 부분을 차지하고, 가계의 금융자산은 상당한 수준을 넘고 있다. 따라서 국민 모두 소비자이며, 소비자는 경제사회의 최대구성원이고, 정치의 장에서도 모든 수준의 선거에서 후보자들은 생활자, 즉 소비자 우선을 공약으로 내세우고 있다. 21세기에 있어 소비자는 행정에 있어 '보호받는 소비자'에서 권리의 주체로서 '자립하는 소비자'로 변화하고, 더욱이 새로운 사회, 새로운 정책 형성에 주체적으로 '참여하는 소비자'로 변화해 갈 필요가 있다.

지금까지의 소비자는 약자로서 보호 대상인 객체였다면, 지금부터는 권리의 주체로서 자립하고 행동하지 않으면 안 된다. 특히 행정에 보호를 요구하기보다는 자기책임의 주체로서 걸맞은 권리를 스스로 자립해서 판단하고 사회에 참여해 가는 것이 최대의 과제이다. 모든 정책 형성에 소비자의 합의가 공식적으로 요구되기도 하고, 이에 부응하여 소비자는 충분한 의견을 언급할 수 있는 상황은 아니지만, 스스로 학습과 제안의 정보네트워크를 만들어야만 한다. 또한 이에 기본적으로 행정에서는 소비자측에서의 적극적인 정책제안도 행해지는 체제를 시급히 정비할 필요가 있다. 이를 위해서는 우선 행정적인 지원이 체계적이어야 하며, 이를 토대로 자립하고 참여하는 소비자가 되어야 할 것이다.

일본의 경우 소비자행정 차원에서 보면, 국민생활센터가 중앙행정을 대표하고, 각 지방의 소비생활센터가 지역행정을 대표할 뿐만 아니라 소비자와 가장 밀접한 관련이 있는 대표적인 기관이다. 이는 소비자의 고충상담을 비롯하여 소비자의 자립을 지원하는 기관으로서 소비자교육을 실행하는 대표적인 곳이다. 특히, 소비자행정을 국제적 변모로 추구하기 위해서는 근접한 지역적 비교는 큰 의미가 있다.

2. 일본의 소비자보호기본법 개관 및 개정

일본의 경우, 1950년대의 고도성장 돌입과 더불어, 소비자문제가 사회문제로 현저해지고, 소비자운동이 본격적으로 전개되었다. 이에 대응하기 위해 소비자보호를 위한 개별 법률이 제정되고, 소비자행정기관이 설치되는 등 체제정비가 이루어졌다. 더욱이 보다 더 종합적인 소비자보호시책이 추진되어 금후의 기본적 방향을 새롭게 다질 필요가 있다는 여론이 고조되는 배경에 힘입어 1968년 5월에 「소비자보호기본법」이 제정되었다.

일본의 소비자보호기본법은 '소비자의 이익 보호 및 증진에 관한 대책의 종합적인 추진을 도모하고, 결국에는 국민의 소비생활 안정 및 향상을 확보하는 것'을 목적으로 하고 있다. 이를 위해 행정, 사업자, 소비자 3자의 책임 및 역할을 정하고 있다. 즉, ① 행정은 경제사회의 발전에 부응하여 소비자의 보호에 관한 시책을 책정・실시할 것, ② 사업자는 공급하는 상품 및 서비스에 대해 위해의 방지 등 필요한 조치를 구현함과 아울러, 행정이 실시하는 시책에 협력하고, 또 소비자로부터의 고충에 적절하게 처리하고 노력할 것, ③ 소비자는 스스로 연속적으로 진행되는 소비생활에 관하여 필요한 지식을 획득함과 아울러 자주적이고 합리적으로 행동하도록 노력해야 함이 규정되어 있다.

또 이 법률은 행정이 실시해야 할 시책으로서, 위해의 방지・계량규격 표시의 적정화, 계발 활동 및 교육의 추진 등을 골자로 하며, 아울러 법률의 목적을 달성하기 위해 필요한 관계법령의 제정・개정을 행해야만 한다고 정해져 있다. 현재 다수의 소비자보호관계의 법률이 제정되어 있고, 국가・지방을 통하여 광범위하게 시책이 실시되고 있다.

일본의 「소비자보호기본법」에서는 소비자를 '권리의 주체'로서가 아니라 '보호받아야 하는 약자'로 인식하고 있었다. 내용은 약자인 소비자를 보호하는 것을 주목적으로 하고 있다. 이러한 소비자보호기본법에 대해, 제정 당시부터 "법률사항이 아니라, 법률상의 권리의무의 규정이 없는 법률"이라고 비판받아 왔다.

「소비자보호기본법」 제정에 의해 일본의 소비자행정은 체계화되었다. 기본법에서 약자인 소비자를 보호하기 위해 두 분야로부터 정책이 주목된다. 그것은 상대적으로 강한 입장인 사업자에 대한 '규제행정'이고, 약자의 입장인 소비자에 대한 '지원행정'이다. 사업자의 규제행정으로서 위해의 방지, 규격의 적정화, 표시의 적정화, 공정하고 자유로운 경쟁 등이 있다.

소비자의 지원 행정으로서는 소비자 계발 및 교육, 소비자 의견의 반영, 상품 테스트, 소비자 불만처리, 소비자의 조직화 등이 있다. 그 중 소비자 불만처리에 대해서는 특히 시정촌(市町村)이 분담하는 일로 정해져 있다. 또한 기본법에서 일본 소비자행정의 최고의사결정기관으로서 내각총리대신을 회장으로 하는 관계행정기관의 장을 위원으로 하는 소비자보호회의 설치가 규정되어 있다.

일본의 경우, 「소비자보호기본법」이 제정된 지 30년 이상이 지난 시점에서 시대의 변화에 대응하는 새로운 정책의 제정을 꾸준히 요구하였고, 국민생활센터, 지역소비생활센터의 네트워크에 의한 소비자 참가형의 사후체크 시스템이 중요하다고 지적하였다. 즉, 시스템(PIO-NET)에 의해 수집된 정보는 정부의 중핵인 내각부에 의해 정책입안으로 활용되지만, 다른 각 성청에 산재하고 있는 소비자정보에 대해서는 내각부에 집중하는 새로운 네트워크를 만들어 소비자참가 사후체크 효과를 올릴 필요가 있다고 지적하고 있다.

또한 지방소비자행정에 있어서는 소비자 참가의 사후 체크 환경 정비와 함께 소비자의 자기결정 능력 향상을 위한 소비자지원이 최대의 과제이다. 자기결정능력의 향상은 소비자의 자주적 학습에 의존하는 것이 크지만, 그를 위한 환경조건의 정비는 행정의 역할이다. 또한 모든 시정촌에 대하여 국가 표준(national standard)인 소비자행정의 재원이, 지방부과세에 의해 보장되어 있어야 한다고 지적하였다.

이러한 요구에 부응하여 일본에서는 「소비자보호기본법」을 「소비자기본법」으로 개정함과 더불어 소비자의 자립을 위한 소비자교육을 확대하는 등 변화를 도모하고 있다.

3. 일본의 소비자행정기구 개관

일본에서 소비자문제가 현저하게 인식되기 시작한 것은 1950년대, 즉 일본 경제사회가 대량생산 · 대량소비 단계에 도달한 시대로부터이다. 특히 1960년대에는 소비자물가의 상승, 안전 · 위생 면에서 결함상품의 대두, 허위 · 과장 표시광고가 증가하면서 소비자보호의 필요성이 강조되기 시작하였다.

1961년 경제기획청이 관장하는 자문기관으로 '국민생활 향상 대책 심의회'를 설치하였다. 그리고 1964년에는 임시행정조사회가 구성되어 각각 활동을 벌이면서 소비자보호행정의 법제화, 진정처리, 소비자교육 등에 충실을 기하며 행정기구의 신설 혹은 확충의 필요성을 제기하였다. 이에 따라 1963년 농림성, 1964년 통산성에 소비경제과가 설치되었고, 또 1965년 경제기획청에 국민생활국이 설치되어 각 성청의 소비자행정을 종합조정하게 되었을 뿐 아니라 '국민생활 향상 대책 심의회'를 개편하여 새롭게 내각총리대신 및 관계 각 대신의 자문기관으로서 '국민생활심의회'를 발족하였다.

일본에서의 소비자보호행정이 보다 종합적으로 추진된 것은 1968년 「소비자보호기본법」의 제정 이후이다. 즉 지금까지의 특별한 법제나 기구의 설치 없이 민간주도형의 산발적 소비자운동으로서의 소비자보호행정이 동 기본법의 제정과 '소비자보호회의'의 창설을 강력하고도 통일적인 소비자행정으로 전환하게 되었다. 「소비자보호기본법」을 살펴보면 소비자이익의 보호에 관하여 국가, 지방공공단체 및 사업자가 해야만 할 의무와 병행하여 소비자가 해야 할 역할을 정하고 있다. 그리고 그 중에서 사업자의 의무로서는 소비자 불만의 적절한 처리에 전력할 것, 시정촌(市町村, 특별구를 포함)은 그 처리의 알선에 노력할 것, 국가 및 도도부현(都道府県)은 그것이 적절하고 신속하게 처리되도록 필요한 시책을 강구하는 데 전력할 것을 규정하고 있다.

일본은 「소비자보호기본법」 제정 후, 소비자행정의 체제정비가 급속하게 진행되었다. 소비자보호회의는 기본법 제정의 해인 1968년 8월에 제1회 회의를 개최했으며, 이후 매년 수백 개 항목에 달하는 결정사항을 의결하였다. 그리고 1969년에는 지방자치법을 개정하고, 소비자보호가 지방자치단체의 고유 사무임을 규정하였다. 사업규제의 행정은 산업관청을 중심으로 종래부터 실시해온 행정이지만, 소비자 지원행정은 처음인 경우가 많았다.

일본의 소비자행정기구를 살펴보면 다음과 같다.

가장 우선적인 측면에서 국가의 체제가 있으며, 여기에는 소비자보호회의, 국민생활심의회, 내각부와 각 성청(省庁) 등이 있다. 그리고 지방공공단체의 체제로 여기에는 도도부현의 실시체제, 시정부 등의 실시체제, 조례 제정 등을 들 수 있다. 그 다음으로 국민생활센터가 있으며, 소비생활센터를 들 수 있다.

국민생활센터는 과거 국민생활연구소를 모체로, 소비생활의 안정향상과 국민생활에 관한 정보제공 및 조사연구를 수행하는 것을 목적으로 하여 「국민생활센터법」에 기초를 두고 1970년에 설립된 특수법인이다. 그 설립은 소비자교육기관인 일본소비자협회를 소관하는 통산성과의 충돌을 고려한 것이다. 1980년에는 가나가와현(神奈川県) 사가미하라(相模原) 시에 상품 테스트, 연수시설을 개설하였으며, 현재의 주된 사업은 다음과 같다.

① 전국의 소비생활센터와 연결한 네트워크(PIO-NET)에 의해 소비

자 고충상담의 수집, 분석, 상품사고에 관한 위해의 정보제공

② 월간 잡지 『현명한 눈』, 『국민생활』이나 『삶의 핵심 지식』 등을 발행하여 소비자 계발

③ 상품 테스트의 실시와 테스트 결과의 공표

④ 소비자상담 업무를 통한 소비자교육

⑤ 소비생활에 관한 기초 연구(학술지 『국민생활연구』나 보고서 등의 발행)

⑥ 소비생활 문헌자료의 수집과 관람 제공

⑦ 상담원 양성 강좌의 개최나 소비생활 전문상담원 자격의 인정 등을 들 수 있다.

일본의 「소비자보호기본법」 제15조는 "시정촌은 소비자 고충의 처리 알선에 노력하여야 한다(제15조 제2항).", "도도부현(都道府県)은 고충처리가 적절하면서 신속하게 처리하기 위하여 필요한 시책을 강구하는 데 노력하여야 한다(제15조 제3항)."고 규정하고 있다.

1965년 효고현(兵庫県)에서 조례에 근거하여 생활과학센터를 설치하였는데 센터 업무 중의 하나로서 '생활의 과학화 및 소비자보호를 위한 상담에 관한 일'을 추진하게 되었다. 이것이 지방자치단체에서의 '소비생활센터'의 효시로 탄생하게 되었다.

이것을 자극으로 하여 1968년 여러 곳에서 소비생활센터가 발족하게 되었으며 그 후 1969년부터는 전 도도부현에 적어도 1개소의 소비생활센터를 설치하려는 경제기획청의 계획에 따라 전국 각지에 소비생활센터가 설치되었다.

소비생활센터는 각 도도부현에 의해 조직되어 운영상 차이는 있지만 소비자 생활센터의 업무내용은 다음과 같이 5가지로 분류된다.

① 고충상담의 접수처리

② 소비자 계발사업 : 계발자료(소비자생활센터 뉴스)의 작성, 강습회, 통신강좌, 전시회, 소비자의 날 추진사업

③ 모니터 제도

④ 이동센터 : 소비자센터를 이용하기 어려운 지역에 사는 소비자를 대상으로 자동차에 의한 전시, 상품 테스트, 기타 활동

⑤ 상품 테스트

일본의 소비자생활센터에서의 상담업무는 지역사회에 밀착되어 있어 지역의 소비자에게는 직접적으로 손쉽게 이용할 수 있는 편리성을 갖추고 있다. 그 결과 소비생활센터의 상담업무는 소비생활 전반에 걸쳐 있기 때문에 극히 다양하고 광범위하다.

표 8-1 일본 소비생활센터 현황(2007년 6월 현재)

지　　역	센터 수
도도부현(都道府県)	147
정령지정도시(政令指定都市)	26
시구정(市区町)	369
합　　계	542

*자료: 日本 国民生活センター(www.kokusen.go.jp/map/index.html)

일본의 「소비자보호기본법」(법률 제78호)은 1968년 제정된 이후, 36년 만에 개정되었다. 즉, 2004년 5월 26일 국회를 통과, 6월 2일 공표되었다.

주요 개정내용을 보면 다음과 같다.

첫째, 법률명칭의 변경이다.

법률 명칭은 「소비자보호기본법」에서 「소비자기본법」으로 개칭하였다. 보호되는 소비자가 아닌 자립하는 소비자로 변화된 소비자상과 소비자권리 존중 및 자립 지원이라는 기본이념에 맞게 '보호'라는 단어를 삭제하였다.

둘째, 목적규정의 개정이다.

제1조는 내용 중에 추가로 '소비자와 사업자 사이 정보의 질 · 양 및 교섭력 등의 격차를 감안하여'를 추가로 규정하고 있다. '소비자와

사업자 간의 구조적 격차'를 개정 「소비자기본법」에 추가로 규정한 것은 소비자정책의 출발점이며 개정 「소비자기본법」의 근본적 평가에 영향을 주는 중요한 규정이다.

셋째, 기본이념의 신설이다.

제2조는 소비자정책의 기본이념으로 '소비자권리의 존중과 소비자 자립의 지원'을 규정하고 있다. 소비자의 권리에 대해서는 소비자의 안전 확보, 상품 및 용역에 대해 소비자의 자주적이고 합리적인 선택의 기회 확보, 필요한 정보 및 교육의 기회 제공, 소비자의 의견이 소비자정책에 반영, 소비자의 피해가 적절하고 신속하게 구제 등을 규정하고 있다. 소비자정책의 목표가 사업자 규제를 통한 소비자의 보호에서 소비자 스스로 소비자이익의 확보를 지원하는 '소비자 자립의 지원'에 대해 규정하고 있다.

또한 소비자안전의 확보, 고령자 등 사회적 약자에 대한 배려, 고도정보통신사회의 진전에 대한 대응, 소비생활의 국제화 진전에 따른 국제적 연대의 확대, 환경보전에의 배려 등도 기본이념에서 규정하고 있다.

넷째, 사업자의 책무 등의 규정이다.

제5조는 1968년 제4조에 추가하여 소비자에게 필요한 정보제공, 소비자 거래시 소비자의 지식·경험 및 재산상황 등의 배려(적합성원칙)와 공급하는 상품 및 용역에 대한 환경보전의 배려를 위한 노력, 자주행동기준의 책정 등을 통한 소비자 신뢰확보를 위한 노력 등의 사업자 책무를 규정하고 있다.

그러나 사업자단체에게는 개개 사업자를 지원하고 소비자의 신뢰를 확보하기 위한 자주적인 활동을 할 노력의무를 규정하고 있다(제6조).

다섯째, 소비자 노력의무 등의 규정이다.

제7조는 1968년 법 제5조(소비자의 역할)의 규정 중에서 "소비자가 자주적이고 합리적으로 행동하도록 노력하여야 한다."는 규정 부분을 남기고, 표제와 "적극적 역할을 부담한다."는 문언을 삭제하여 소비자

의 자주(自主) 규정을 두었다.

소비자는 스스로 소비생활에 필요한 지식을 습득하고 정보를 수집하는 등 자주적이고 합리적으로 행동하도록 노력할 것과 환경보전 및 지적 재산권 등의 적정한 보호를 배려할 노력의무를 규정하고 있다.

소비자단체는 정보의 수집, 소비자피해의 방지・구제 등을 위해 활동해야 할 노력의무를 규정하고 있다(제8조).

여섯째, 기본적 시책의 충실・강화 규정이다.

① 소비자안전의 확보 강화로서 제11조는 1968년 법 제7조의 규정에 추가하여 안전을 해할 우려가 있는 상품의 사업자에 의한 회수의 촉진, 안전을 해할 우려가 있는 상품 및 용역에 관한 정보의 수집 및 제공 등 필요한 시책을 강구해야 한다고 규정하고 있다.

② 소비자거래의 적정화로서 제12조는 적정한 거래를 확보하기 위해 소비자와의 계약 체결 시 사업자에 의한 정보제공 및 권유의 적정화, 공정한 계약조항의 확보 등 필요한 시책을 강구해야 한다는 내용을 신설하였다.

③ 소비자교육의 충실・강화로서 제17조는 소비자정책의 기본이념에서 '소비자의 자립지원'을 중심지주로 한다는 점과 소비자의 능력향상을 도모하고 소비자교육의 중요성이 한층 증대한다는 점에서 국가는 학교, 지역, 가정, 직장 그 밖의 다양한 장을 통해 소비생활에 관한 교육을 충실히 하는 등 시책을 강구하도록 규정하고 있다.

④ 불만처리 및 분쟁해결의 촉진으로서 제19조 제1항은 시정촌(市町村)이 불만처리의 알선 등에 노력한다는 1968년 법 제15조의 규정에 지방공공단체는 사업자와 소비자 사이에 발생하는 불만이 전문적 식견에 근거하여 적절하고 신속하게 처리되도록 불만처리의 알선 등에 노력하여야 하고, 도도부현(都道府県)과 시정촌 등도 불만처리의 알선 등을 행한다고 규정하고 있다.

또한 불만처리로 해결이 곤란한 분쟁해결을 촉진하기 위해 국가 및 도도부현이 필요한 시책을 강구하도록 규정하고 있어 전문적인 분쟁해결을 수행하는 행정형 ADR 기능을 정비하는 시책이 강구될 것이다.

일곱째, 소비자행정의 추진체제 강화이다.

① 소비자기본계획의 책정으로서 여러 관계성청에 의해 실시되는 복잡한 소비자정책을 계획적 · 일체적으로 추진하기 위해 정부에게 소비자기본계획을 책정하도록 규정하고 있다(제9조).

② 국민생활센터의 역할로서 1968년 법에는 독립행정법인 국민생활센터에 관한 규정이 없었지만, 제25조는 국민생활센터가 국가 및 지방공공단체의 관계기관, 소비자단체 등과 연대하여 국민의 소비생활에 관한 정보의 수집 및 제공, 사업자와 소비자 사이에 발생한 불만의 처리알선 및 해당 불만에 대한 상담, 소비자로부터의 불만 등과 관련된 상품의 시험, 검사 등 및 용역의 조사연구 등, 소비자에 대한 계발 및 교육 등에서 중추적인 기관으로의 역할 부담을 규정하고 있다.

③ 소비자정책회의로서 제27조는 복잡한 소비자정책에 관련된 제(여러) 시책을 일체적 · 전략적으로 실시하기 위하여 1968년 법 제18조의 소비자보호회의를 소비자정책회의로 변경하였다. 소비자기본계획안은 국민생활심의회의 의견을 듣고 소비자정책회의에서 작성하도록 규정하고 있다.

2004년 개정된 「소비자기본법」은 소비자권리의 존중과 소비자자립의 지원이라는 소비자정책의 이념을 중심으로 한 일본의 21세기형 소비자정책의 기본방향을 제시하고 있다는 점에서 그 의의가 크다.

향후 일본은 「소비자기본법」에 규정되어 있는 소비자정책의 기본이념과 시책의 기본방향 및 실효성 확보를 위한 방책에 따라 소비자가 안심하고 안전하게 소비생활을 영위할 수 있도록 다양한 소비자문제에 대해 신속하게 대응하는 소비자정책을 본격적으로 충실 · 강화한다면 악덕상술 등 새로운 소비자분쟁을 방지하고 신속하게 해결하는데 효과를 거둘 것이다(김성천, 2004).

4. 한국과 일본 소비자행정 실행기관의 비교

한국과 일본의 소비자행정 실행기관 중 대표적인 곳은 한국소비자원과 일본의 국민생활센터이다. 이에 두 기관을 비교하면 다음과 같다.

1) 한국소비자원과 일본국민생활센터의 발족과 역할 비교

한국소비자원은 우리나라의 소비자 고충처리의 전관 기관으로 그 규모 면에서도 세계적이다.

특히 한국소비자원은 소비자의 상담 및 고충을 접수하는 것뿐만 아니라 피해구제 업무에 대한 처리까지 책임업무로 규정하고 있다. 이러한 피해구제는 한국소비자원만이 아니라 사업자와의 직접적인 교섭이나 소비자단체 등에 의뢰하는 방법 등이 있지만, 피해구제에 대한 당사자 간의 합의가 이루어지지 않을 경우에는 준사법적인 기능을 발휘하는 '소비자분쟁조정위원회'에 의뢰가 가능하다. 이것은 법원에 의한 피해구제의 시간적 · 비용적인 부담을 줄이고, 수속의 복잡성을 줄여 보다 효율적인 피해구제를 수행하기 위한 의도이다.

반면, 일본 소비생활센터의 핵심센터로서 역할을 하는 국민생활센터는 1970년 5월에 공포된 「국민생활센터법」에 기초를 두고, 같은 해 10월에 설립된 특수법인이며 현재는 독립행정법인이다. 국민생활센터와 주요한 지역소비생활센터와는 컴퓨터 네트워크가 온라인으로 형성되어 있다. 국민생활센터의 호스트 컴퓨터에는 매일 1,000건이 넘는 소비자상담의 실례가 지역소비생활센터에서 입력되어 그 총 축적정보량은 300만 건을 넘고 있다. 국민생활센터는 전국의 주요한 구급병원과의 사이에도 위해정보시스템으로 불리는 정보입수 시스템을 갖추고 있다. 국민생활센터는 입수하는 대량의 정보를 상시 감시하고, 중대한 과제에 대한 특별 추적 조사, 상품 테스트 등을 실시하고,

표 8-2 한국소비자원 및 일본국민생활센터의 발족과 역할 비교

구 분	한국소비자원	일본국민생활센터
설립시기	1987년 7월 1일	1970년 10월 1일
목 적	소비자의 기본권익을 보호하고 소비생활의 합리화를 도모하며 나아가 국민경제의 건전한 발전에 기여	국민생활의 안정 및 향상에 기여하기 위하여 종합적인 견지에서 국민생활에 관한 정보 제공 및 조사연구를 수행
성 격	재정경제부 산하 특수공익법인 (2007년 4월부터 공정거래위원회와 공조체계)	특수법인(현재는 독립행정기관)
설치 기본법	「소비자보호법」 제26-30조	「국민생활센터법」 제94호
역 할	소비자상담 및 분쟁 조정 각종 제도와 정책 연구 및 건의 안전정보의 수집과 평가 상품시험 검사 거래제도 개선 교육 및 연수 출판 및 정보제공	소비생활상담 생활연구 및 조사 위해 정보 시스템 상품 테스트 교육 및 연수 정보자료 생활정보의 제공 파이오 넷(PIO-NET)
지역과의 연 계	서울 중심이나, 광역자치단체제를 중심으로 소비자행정의 전담기관 설치	도도부현(都道府県), 정부령 지정도시(政府令指定都市)의 소비생활센터 (2007년 현재 542개소)를 연결하는 소비생활정보 네트워크 시스템(PIO-NET) 설치
관련 기관 및 단체와의 연계		전국 소비자포럼 개최(행정, 학계, 단체, 기업 등 모두 포함), 소비자관련단체, NPO와 연계, 정보공개실 운영(온라인, 오프라인)

*자료: 한국소비자원(www.cpb.or.kr)
日本 国民生活センター(www.konkuksen.go.jp)

소비자피해의 예방·확대 방지를 위해 소비자 기업 행정 등에 정보 발신을 하고 있다. 또 소비자 리더의 연수, 행정·기업 직원의 연수, 상담원의 양성, 국민생활에 관한 조사 연구 등도 행하고 있으며, 국민생활에 관한 중요한 정보센터로서 역할을 다하고 있다.

양국의 기관에 있어서 또한 차이점은 지역과의 연계를 들 수 있다. 한국은 서울이 중심이 되어 광역자치단체계를 중심으로 소비자행정의 전담기관이 설치되어 있으나 그 역할에 있어서는 미비하며, 반면에 일본 국민생활센터는 각 도도부현(都道府県)에 정령지정도시(政令指定都市), 시구정촌(市区町村에) 소비생활센터가 지정되어 있어 지역과의 연계 및 다양한 역할을 수행하고 있다.

또한 일본의 경우에는 전국소비생활정보 네트워크시스템(Practical Living Information Online Network System, PIO-NET)이 1984년부터 운영·시작되었으며, 1975년부터 주요 병원과 연결된 위해정보시스템 업무가 PIO-NET로 첨가된 것은 1996년부터이다. PIO-NET는 전국적인 망을 활용하여 1990년에는 90만 건에 달하던 것이 1999년에는 360만 건 이상에 달하고 있다.

뿐만 아니라, 위해정보시스템의 업무를 시행하고 있는데, 이는 국민생활센터가 전국의 소비생활센터의 협력을 얻어 '위해정보시스템'을 구축한 것이며 1975년에 시작한 이러한 시스템 구축은 미국에 이어 세계 2번째였다. 당초에는 3개 병원에서 출발하였으나 전국적인 데이터를 수집하는 협력병원이 순차적으로 증가하여, 현재는 전국에 20개 병원에서 협력을 얻어 연간 만 건 이상의 위해정보를 수집하고 있다. 한국소비자원도 위해정보시스템, 소비자 관련 정보의 집합을 위한 소비자넷 등이 갖추어져 있지만 아직 활성화 및 체계화는 좀 더 필요하다.

2) 한국소비자원과 일본국민생활센터의 소비자상담 및 분쟁 조정의 역할 비교

소비자의 피해구제는 일반적으로 권리·이익을 침해당한 자가 침해자에게 침해행위를 금지시키며, 채무 이행, 손해 배상 등을 하도록 하여 권리를 확립·보호하는 것이다. 실제로 권리를 회복·실현하는 것으로 권리의 구체화라고 불린다. 어느 시대든지 사람이 생활하는 데에는 여러 가지 장해, 문제가 있지만, 소비자가 받는 불이익을 개인적인 문제가 아니라 자본주의 경제기구에 내재하는 문제로서 인식하고, 사회적인 힘으로 그것을 해결하려고 한 것은 아마도 19세기 중반 무렵 영국의 노동운동이었을 것이다(鈴木深雪, 1999).

임금인상을 주된 목적으로 하는 노동운동 속에서 수입이 증가해도 생활이 안정되지 못하는 것은 소비 측면에서 문제가 있으므로, 소비자가 조악한 상품을 배제하고 생활의 안정을 얻기 위해서는 생활물자의 생산·판매를 통제할 필요가 있다고 생각되어 생활합동운동이 발전되었다. 또 현재의 협동조합원칙은 1844년 로치데일에서 결성된 공정선구자조합의 원칙을 받아들여 계속 유지되고 있다. 이처럼 소비자문제는 산업화의 전개에 따라 다양한 내용상의 차이는 있지만 끊임없이 지속되며, 이에 대한 소비자의 사전구제, 소비자상담, 분쟁조정을 통한 사후구제의 중요성이 대두되고 있다.

한국소비자원와 일본국민생활센터에서 담당하는 소비자상담과 관련된 목적, 방법, 상담인원, 장소, 처리과정 등에 있어서 공통점과 차이점을 보면 〈표 8-3〉과 같다.

표 8-3 소비자상담에 있어서의 양국의 공통점과 차이점

구 분	한국소비자원	일본국민생활센터
목 적	구입한 상품이나 서비스에 불만 또는 피해를 입었을 경우 피해구제의 접수	상품이나 서비스 등 소비생활 전반에 관한 고충이나 상담 등, 소비자로부터의 상담을 전문적인 상담원이 접수하여 공정한 입장에서 처리
방 법	전화, 서신 팩스, 방문 이메일로 접수 가능 www.cpb.or.kr sobinet.cpb.or.kr	전화, 문서(우편)로만 접수
접 수 상담원	한국소비자원 자체적으로 채용	매년 실시하는 소비생활전문상담원 자격제도에서 자격을 부여받은 상담원
상 담 인 원	38명	국민생활센터 38명
접 수 장 소	서울에 한정	도도부현(都道府県), 정부령 지정도시(政府令指定都市)에 각각 소비생활센터를 두고(2007년 현재 542개소) 있음
처 리 과 정	사실 확인, 시험 검사, 전문가 자문 및 객관적 자료에 의해 30일 이내에 해결	고도의 전문상담, 특별 조사, 소비자 고충처리 전문위원회 등을 활용하여 해결
접 수 결 과 분 석	데이터로 활용하여 소비자의 피해구제사례를 발표함(소비넷을 활용하고 있으나 그리 활성화되지는 못하고 있음)	소비생활 정보 네트워크 시스템(PIO-NET)과 위해정보시스템에 축적된 상담 정보 및 사고정보를 조사·분석하여 발표하고 소비자에게 제공함, 온라인·오프라인으로 정보공개실을 운영하고 있음
분 쟁 조 정	소비자분쟁조정위원회	분쟁 조정

*자료: 일본 내각부국민생활소비자조정과(2002), 도도부현(都道府県) 등의 소비자행정의 현황, 기타 관련 자료를 중심으로 저자가 작성함.

또한 연도별 상담현황은 우리나라의 경우는 〈표 8-4〉, 일본의 경우는 〈표 8-5〉, 〈표 8-6〉과 같다.

표 8-4 한국소비자원의 연도별 상담현황

연 도	상담건수	피해구제 건 수	합의권고 비 율(%)	조정요청건수 비율		소비자 단체로부터 의뢰건수	조 정 요청건수*
				조정요청건수/ 상담건수(%)	조정요청건수/ 피해구제건수(%)		
1997	211,213	9,420	4.5	0.21	6.1	130	571
1998	271,263	13,057	4.8	0.19	4.5	90	593
1999	230,068	13,844	6.0	0.21	3.9	66	546
2000	337,026	21,306	6.3	0.13	2.1	42	485
2001	355,750	20,644	5.8	0.15	2.7	44	574
2002	311,236	23,255	7.5	0.20	2.5	40	632
2003	321,934	22,693	7.0	0.24	3.5	93	893
2004	272,942	19,649	7.2	0.37	5.2	135	1,125
2005	294,574	22,630	7.7	0.27	3.5	-	802

*한국소비자보호원 조정요청 접수건수 + 소비자단체로부터 의뢰건수

**자료 : 한국소비자원 분쟁조정팀 내부자료를 참고로 재구성.

표 8-5 일본의 상담기관별 전국소비생활 상담현황

연 도	상 담 기 관			
	소비생활센터	국민생활센터	소비자단체	합 계
1970	26,427	154	11,350	37,931
1975	127,435	4,554	14,470	146,459
1980	176,662	5,381	12,975	195,018
1985	366,424	6,367	3,611	377,135
1990	331,859	5,969	4,017	342,601
1995	499,857	6,944	3,765	510,566
2000	748,954	8,137	-	757,091
2001	874,528	9,299	-	883,827

*자료: 日本 国民生活センター(2002), 『消費生活年報 2001』 등을 참고로 재구성함.

표 8-6 일본의 지역별 소비생활센터의 상담통계

연 도	지역별 상담건수			
	도도부현	정부령지정도시	시구정촌	합 계
1975	93,188(73.1)	16,534(13.0)	17,713(13.9)	127,435(100.0)
1980	114,706(64.9)	33,013(18.7)	28,943(16.4)	176,662(100.0)
1985	222,524(60.7)	46,339(12.6)	97,561(26.6)	366,424(100.0)
1990	189,887(57.2)	40,442(12.2)	101,530(30.6)	331,859(100.0)
1995	271,754(54.4)	60,367(12.1)	167,736(33.6)	499,857(100.0)
2000	346,263(46.2)	102,493(13.7)	300,198(40.1)	748,954(100.0)

*자료: 日本 国民生活センター(2002),『消費生活年報 2001』

일본의 경우 소비자상담의 연도별 변화에서 보면, 도도부현에서는 점점 줄어들고, 시구정촌에서는 전체적으로 많은 양이 증가하고 있는 것을 볼 수 있다. 특히 지역적인 확대망을 형성한 소비생활센터의 역할 증대를 알 수 있으며, 소비자와 가까운 행정의 친밀함을 간접적으로 볼 수 있다.

이러한 것을 살펴볼 때, 한국소비자원은 상담에 많은 주력을 하나 일본국민생활센터는 전문자격증 소비자를 중심으로 부분적인 상담에 임하며, 국민생활센터에서 자격을 이수한 소비자전문상담원을 배출하여, 각 지역의 소비생활센터에서 상담하고 있다. 그리고 한국소비자원은 수도권 중심이나, 일본국민생활센터는 수도권, 소비생활센터는 지역적인 분산으로 지역행정 강화에 도모하고 있다. 또한 일본의 PIO-NET의 경우 전국의 주요한 구급병원과의 사이에도 연계를 두어 위해한 소비자정보 수집에 힘을 기울이고 있다.

따라서 우리나라의 경우, 2002년 7월 1일부터 시행되는 소비자전문상담가와 소비자학회 및 (사)한국소비자업무협회에서 인증한 소비자 관련 학과의 과목 이수 및 관련 기관에서 40시간 이상의 실습으로 소비자상담사 자격인증을 소지한 자가 유휴노동인력의 활용 차원에서 충분한 인적 자원이 됨을 주지해야 할 것이다.

3) 한국소비자원과 일본국민생활센터의 교육 및 연수의 비교

일본국민생활센터는 소비자교육으로서 잡지, 조사연구보고서 등을 발행하는 것 외에 기업인에 대한 소비자교육, 소비생활에 관한 조사연구발표회(전국소비자포럼) 등을 개최하고 있다. 그러나 빈번히 개최된 연수강좌는 행정직원, 소비자행정 상담업무 등에 대한 지원이며, 소비자교육만을 위한 것은 아니다. 상담원 양성 강좌는 소비자교육의 측면이 있지만 명칭에서 보듯이 본래는 상담업무에 관련인을 양성하는 강좌이다.

일본의 소비자교육에 관한 조사·연구에서는 1970년대부터 1980년대에 걸쳐 학교 소비자교육의 조사나, 최근에는 행정이 수행하는 소비자교육인 소비생활센터의 강좌 분석이나 학습 프로그램의 개발, 소비자 교과서의 연구 등이 수행되고 있다. 이 센터의 조사에 의하면, 1994년도에 전국의 49개 소비생활센터에서 수행한 소비생활강좌인 3,853강좌의 특징은 다음과 같다.

① 강좌의 테마는 소비자문제를 직접적으로 다루고 있다.
② 강좌 참가자는 11~50명 규모로 비교적 소수이다.
③ 1회 완결의 단발형 강좌가 압도적으로 많다.
④ 강좌방식은 강의형식이 주류이며, 체험참가형은 적다.
⑤ 수강자층은 일반소비자가 대부분이지만, 다양화되어 있다.
⑥ 강사는 소비자행정 직원이 중심이며, 대학교수, 변호사 등 전문가를 포함하여 다양하다(西村隆男, 1999).

일반 소비생활센터가 행하는 강좌(소비자교육강좌)의 내용은 생활지식에 대한 체계적 내용과 소비자문제에 대한 체계적 내용으로 구별이 가능하다. 전자는 의식주, 가계관리, 생활설계 등 생활의 전 영역에 걸쳐 지식적인 것이며, 후자는 일시적인 소비자피해를 반영한 문제구조, 소비자의 권리, 소비자의 의식 계발이 중심이다.

이상의 분석을 통하여 야스다(安田憲司, 1997)는 일반인의 소비자교육에는 "소비자로서의 권리 자각과 문제의식의 형성, 학습할 과제의 발견, 생활과제 해결 방법의 검토, 생활행동이나 라이프스타일의 창조 등 다이내믹한 관점이 중요하다."고 지적하였다.

일본의 경우 1960년대 이래, 소비자교육 분야에서는 양이나 질적인 면에서 소비생활센터 등의 자치단체가 중심적인 역할을 수행해 왔다. 센터는 일반적으로 첫째, 학습의욕이 있는 사람에 대한 학습의 기회 제공 및 학습 환경의 정비와 더불어, 둘째, 학습의욕이 없는 사람에 대한 학습의욕의 동기유발을 소비자교육에 진행해 왔다. 소비자교육과 정보제공을 구별하는 것은 어렵지만, 실제로는 강연, 강의, 심포지엄, 텍스트 등을 정기적으로 발송하는 통신강좌, 잡지, 조사보고서 등의 발생, 배포, 비디오를 빌려주는 등의 소비자교육과 팸플릿, 리플릿 등 인쇄물의 배포를 정보제공과 방법에서 구할 수 있다. 실제로 소비자교육은 주로 학습의욕이 있는 사람을 대상으로 하는 경향이 농후하다.

일반적으로 지방자치단체의 소비자행정은 개최시 소비자가 관심 있는 현실적인 테마를 중심으로 1일 1회의 강좌, 강연회, 포럼, 심포지엄 등의 이벤트, 고베(神戸)회의에서 알려진 소비자 조사연구발표회의 등을 개최하고, 또 현실적인 테마 또는 기본적인 테마를 어느 정도 계통적으로 학습이 가능하도록 하는 강좌를 수회(수일)에 걸쳐 개최하고 있다. 상품 테스트 교실을 개최하는 자치단체도 있으며 교원연수, 소비자단체 리더의 양성 강좌, 아이들을 위한 강좌(또는 부모동반 강좌 등) 등 수강대상을 특정하게 실시하고 있다. 또한 장소와 일시를 결정하여 소비자를 모집하는 모집 교육도 있다.

소비자교육의 문제로는 참석이 가능한 소비자만 참가한다는 점이다. 예를 들면, '듣고, 보는' 소극적인 학습방법보다도 '직접 체험하는' 적극적인 학습방법이 학습효과가 더 클 것이며, 응용 능력도 더 있으리라 사료된다. 그러나 자치단체가 개최 주간을 한정하므로, 유직자가 참가하기는 어렵다. 또한 1회는 물론 수회에서도 다수의 참가자를 대상으로 하기 때문에 '하고, 시험하는' 적극적인 방법을 실시하기 힘든 문제점이 있다.

학습의욕이 있지만, 특정 장소에서 실시하는 교육에 참가하지 못하는 소비자에 대해 통신교육을 실시하는 자치단체가 많으며, 통신교육은 소비생활센터 등이 소비자에게 '생활하는 교육'이며, 소비자는 시간과 장소에 구속 받지 않고 학습이 가능하다. 또한 텍스트를 보내거나 리포트 제출, 수료시험 등을 의무로 하는 경우도 있다.

센터의 소비자교육은 종래에는 학습의욕이 있는 소비자만을 모으는 경향이 강하였으나, 모든 소비자에게 소비자교육을 제공할 필요성이 고조되어 1980년대부터 학습의욕이 있는 소비자를 중심으로 하지만, 소비자가 모이면 자치단체가 강사를 파견하는 강사 파견, 출장강사제도를 개설하는 자치단체도 증가하고 있다. 예컨대, '모인 소비자 중심'과 '생활자 중심'과의 중간형이 생겨났다. 도쿄의 컨슈머 에이드(Consumer Aid)는 누구라도, 언제라도, 컨슈머 에이드의 파견을 도모하는 예이다.

핵심 소비자들을 사전에 임명하여, 도쿄보다도 많은 수가 참가하는 강좌 등을 어느 정도 확실히 개최하고 있는 예가 바로 요코하마시의 소비생활추진원의 컨슈머 코디네이터이다. 이들은 관심과 학습의욕이 없는 사람들이 관심을 끌도록 하는 것을 기대하는 방법이다.

대부분의 소비생활센터는 학교에서의 소비자교육을 지원하기 위해, 1972년에 고베(神戶) 시가 부교재를 제작·배포하고, 비디오나 도서자료를 대출하며, 소비자교육용 실험기구를 빌려주는 방법 등을 실시하고 있다.

예컨대, 컨슈머 에이드(Consumer Aid)는 지역이나 직장, 학부형모임 등 다양한 장소에서 개최하는 강좌 등에 소비자계발원을 강사로 파견하는 출장강좌를 실시하는 것을 의미한다. 예를 들어, 노인정이나 학부형모임 등은 무료로 실시하지만, 기업 등은 시간당 일정액을 회비로

표 8-7 한국소비자원과 일본국민생활센터의 교육 및 연수 역할의 비교

국 가	한국소비자원	일본국민생활센터
대 상	• 공무원 : 경제전문, 지역순회, 사법 연수원생 • 사업자 : 전문요원, 상담원 • 학생 : 대학생, 상담실무, 중학생, 초등학생, 고등학생 • 교원수탁교육	• 소비자행정 직원연수 • 소비생활상담원 강좌 • 생활대학이동세미나 • 기업직원 연수 • 소비자리더 연수 • 제3자 연수
교육 방법	한국소비자원 및 수험생 중심의 학교로 이동하여 시행	• 각 소비생활센터에서 방학 중 사회과 및 가정과 교원의 소비자교육 시행 • 컨슈머 에이드 시행 • 소비자단체와 학습교류
장소 및 현황	한국소비자원, 담당 장소로 이동	• 국민생활센터 본부 • 국민생활센터 상품 테스트 본부(숙식시설 견학 완비 : 소정의 유료, 최첨단 IT시설 도입, 유니버설디자인의 주택 건설) • 각 도부 소비생활센터는 학습실 및 설비를 무료로 이용
기타	초등학교 재량활동 수업교재 발간 Consumer TV 활용	각 지역 TV(31개 채널) 활용

받고 시행하는 경우가 있다.

학습활동 지원은 소비자단체 등의 협동에 의한 학습회나 소비자단체 상호간 정보교류집회 등을 개최하는 것을 의미한다. 예를 들면, 도쿄 종합소비생활센터의 경우에는 매년 10월을 소비자의 달로 지정하여 민간소비자단체와 교류를 통하여 개최와 관련된 전반적인 것을 함께 논의하고 있다.

그 밖에 학습실 이용은 소비자문제 학습활동 장소로서, 교실, 학습실, 보육실, 활동작업실(간단한 상품 테스트실) 등을 제공한다. 또한 활동 작업실에서는 인쇄실, 단절기 등이 사용 가능하며, 전시 및 교류 코너에는 자발적인 기획에 의한 정보제공이 가능하다.

사실 소비자교육만으로 소비자의식을 고양시키는 것은 불가능하지만, 소비자정책으로서의 소비자교육에는 "자각하는 소비자로서 행동 가능한 지식과 기능의 육성"이 기대된다.

소비생활센터의 강좌 중 '소비자로서의 자립', '자기책임시대의 소비자' 등의 제목이 눈에 띈다. 1회 강좌 수강만으로 소비자의식이 자각되어 행동 변화를 기대하기는 쉽지 않다. 따라서 일반강좌, 소비자리더 육성 강좌, 강사양성 강좌 등의 진일보한 교실을 개강할 필요가 있다.

새로운 경제사회에서는 소비자와 기업(사업자)이 주체적인 판단과 책임에 근거하여 자유롭고 창조적으로 활동할 것이다. 이러한 사회에서 기업에게는 시장경제의 룰에 따라 행동한 결과에 대한 책임이 요구되고 소비자에게는 소비자 한 사람 한 사람이 해야 할 역할에 큰 기대가 부여된다.

한편 소비자와 기업 사이에는 정보력, 교섭력 등의 많은 격차가 존재한다. 소비자가 자유롭고 창조적인 활동을 할 수 있도록 필요조건이 완전히 정비되어 있는 것은 아니다. 현재 소비자에게 요구되는 것은 경제사회의 급격한 변화에 수반되는 새로운 소비자문제에 적절하게 대응하는 것과 더불어, 소비자를 둘러싼 환경을 원하는 것으로 변모시키는 적극적인 역할이다. 이를 위해 소비자 스스로 처한 입장이나 기대되는 역할을 자각하고, 소비자에게 필요한 지식 · 기술 · 능력을 고조시켜 가는 자주적인 학습활동이 요구된다.

교육 및 연수에서 우리나라와 일본을 비교해 보면, 우선 양국이 모두 많은 소비자를 대상으로 소비자교육을 실시하고 있다는 공통점이 있다. 차이점으로는 우리나라에서는 주로 소비자가 이동하는 것이라면, 일본에서는 소비자가 있는 곳으로 찾아가고 전문상담원의 파견 등을 충분히 활용하고 있다는 점을 들 수 있다.

그 외 일본 국민생활센터는 NPO · 소비자단체 광장(くそしの정보교류프라자)을 센터 건물 2층에 운영하여 행정과 소비자단체의 네트워크 조성에 힘을 기울이고 있다. 이는 사회적 이슈가 되는 주제를 공론화

하여 여러 시각에서 들여다보며, 또한 각 NPO와 소비자단체의 활동을 소개하고 연계해 주고 있다.

5. 한국과 일본의 소비생활센터 비교

1) 한국의 소비생활센터

2007년 1월 현재, 16개의 소비생활센터가 발족·운영되고 있다. 이러한 소비생활센터의 추진배경을 살펴보면 다음과 같다.

정부의 소비자행정은 중앙정부와 지방자치단체가 역할 분담을 통하여 추진하고 있다. 정부는 중앙의 경우 각 부처에서 「소비자기본법」 및 소관 법령에 의거해 적절히 추진되고 있으나, 지방의 소비자행정은 예산, 인력, 전문성 등의 부족으로 지방 소비자들의 욕구를 만족시키지 못한다고 판단하여 다음과 같은 이유로 지방자치단체에 '소비생활센터'를 설립하여 지방의 소비자행정 활성화를 기하고자 하였다.

우선 지방자치단체 중 소비자 관련 전담과를 두고 있는 곳은 서울시뿐이며 대부분은 계에서 물가 업무와 함께 담당직원 1~2명이 수행하고 있는 현실이고 한국소비자원도 지역적 한계로 대부분 수도권 주민들이 이용하고 있으며, 지방소비자들은 소외되는 면이 있다. 실제로 한국소비자원에 피해구제를 신청한 소비자의 90%가 수도권 지역 소비자인 현실을 고려할 때 소비자보호행정 서비스의 균등한 제공과 지방소비자 민원의 해소 등 소비자보호 강화를 위하여 자치단체별로 소비자보호 전담기구를 설치·운용토록 지원하는 것이 필요하다는 인식하에 「소비자기본법」에 근거하여 자치단체별로 '소비생활센터'를 설치하고자 하였다.

표 8-8 소비생활센터의 지역별 전담직원 현황

센 터	자치단체 공 무 원	소 비 자 보 호 원	민간소비자 단 체	기 타 (일용직, 봉사)	계 (비상근 제외)
경기도 1	2		3		5
경기도 2	1			2	3
광주광역시	2	1	1		4
부산광역시	2			2	4
경상남도	1	1			2
대전광역시	1	1	1		3
인천광역시	1	1	2		4
충청남도	1	1			2
울산광역시	3	1		1	5
전라남도		1	1		2
강원도		1		1	2
전라북도		1	1		2
충청북도		1	1	1	3
경상북도	1	1	1		2
제주도		1	1		2
대구광역시	1	1			2
전 체	16	13	12	7	47
평 균	1.0	0.81	0.75	0.44	3.1

*자료: 최은숙(2005), 지방소비자행정에 관한 연구－소비생활센터의 활성화를 중심으로.

2) 일본의 소비생활센터

일본의 소비생활센터는 도도부현(都道府県), 시정촌(市町村)의 행정기관으로, 국민생활센터 등과 연대하여 소비자에게 정보제공, 고충처리, 상품 테스트 등의 소비자보호시책을 실시하고 있다. 소비생활센터는 지방공공단체가 조례에 의해 독자적으로 설치한 것이므로 그 명칭은 소비자생활센터, 생활과학센터, 시민생활센터 등으로 다양하며, 그 규모도 지역 실정에 따라 다양하다.

또한 지방소비생활센터는 소비자에 대한 지원행정의 거점으로서 국가가 장려하여 설립하였다. 그리고 현의 청사에서 독립하여, 소비자가 손쉽게 이용할 수 있는 번화가에 조성하도록 요청되었으며, 소비자 상담, 상품 테스트, 소비자 계발 및 교육을 실시함과 동시에 지방소비자 활동의 거점이 될 것으로 기대하였다.

설치 주체별 소비생활센터의 수를 보면 「소비자보호기본법」 제정 당시에는 전국에 2개밖에 없었으나, 1980년에는 230개, 그리고 현재인 2007년 6월을 기준으로 하여 도도부현(都道府県)에 147곳, 정령지정도시(政令指定都市)에 26곳, 시구정(市区町)에 369곳 등 모두 542여 곳에 이른다(日本 国民生活センター 홈페이지 www.konkuksen.go.jp 참조).

일본은 국가, 지방공공단체가 소비자운동에 의한 문제 제기로, 여러 가지 형태로 대응하는 소비자행정이 진행되고 있다. 소비자와 사업자의 관계에서 소비자의 입장에 배려하는 행정은 제2차 세계대전 후, 특히 1960년대 후반부터, 우선 국가의 소비자행정을 비롯하여 그 후 지방공공단체 행정 조직의 형태로 전개하여 현재에는 특히 지방공공단체의 소비자행정에 주목할 점이 많다(正田 杉・金森房子, 1997).

예를 들어 요코하마(横浜)시 소비자생활종합센터를 살펴보자.

요코하마시도 다른 자치단체와 같이 소비자행정의 일환으로써 소비자교육을 담당해 왔다. 일반 소비자를 위한 소비자센터에서는 소비자 강좌를 중점 사업으로 하여, 1970년대에는 라디오 방송을 이용한 통신교육 강좌를 실시하고 소비자모니터 제도를 확대하여 소비생활추진원 제도를 마련하는 등 적극적인 발전이 이루어졌다.

학교에서는 소비자교육 추진을 위해 1987년에 학교에 소비자교육추진 연구회를 발족하여 교원의 의식 계발을 중요시하면서 고교생 및 시립학교교원을 대상으로 소비자피해와 소비생활지식을 중심으로 조사를 실시하였다. 조사결과, 교원의 68.5%가 학교 소비자교육은 불충분하다고 응답하였고, 예를 들면 쿨링오프의 의미를 정확하게 응답한 학생도 33.3%에 불과하였다. 이에 소비자교육의 조건정비를 위해서는 정보와 연수가 반드시 필요하다고 결론지었다.

소비자교육의 중요성을 크게 교육으로 개발하기 위해 교원 지향의 소비자교육정보지 『NICE(*New Information for Consumer Education*)』를 1989년부터 발행하여 오늘날까지 이르고 있다. 그 정보지는 시내의 전 교원을 대상으로 배포되고 그 중에서도 수업실천 보고나 소비자상담의 사례가 호평을 받고 있다.

1990년에는 교육위원회와 경제국과의 긴밀한 연계를 갖기 위해 소비자교육연락회의를 설치하여 매년 수차례 개최하고 지도 자료나 학습 자료의 작성과 정보지 편집기획 등의 검토를 실시하였다. 교원지향 소비자교육 연수강좌도 개최하였으며 비디오 도서관도 정비되어 오늘날까지 이르고 있다. 학습 자료는 초등학생 지향의 재활용을 테마로 하는 것과 중·고등학생을 대상으로 하는 쿨링오프 문제를 다루는 것 등으로 작성되었다.

일반소비자 지향의 소비자교육 강좌도 다양해지고 있으며, 종래 유형의 '소비생활 일일세미나', 1995년도에 시작한 강사파견 강좌, 소수정예로 10일 정도의 시리즈 강좌인 '소비자생활세미나', 식품첨가물의 검출 등의 '테스트 교실' 등을 실시하고 있다.

그러나 요코하마(横浜)시는 오랜 세월 동안 소비생활조례가 없는 유일의 정령지정도시(政令指定都市)였다. 현의 조례가 있었기 때문에 그것으로 보완할 수 있었지만, 같은 현 내의 정령지정도시(政令指定都市)인 가와사끼(川崎)시는 1974년 10월에 조례 제정이 이루어졌다. 고베(神戸)시는 그보다 전인 1974년 5월, '고베시민의 생활을 책임지는 조례'로서 다른 자치단체에서 보다 먼저 소비생활조례를 제정하였다.

자치단체 행정에서 소비자정책이 실행될 수 있었던 것은 1968년에 「소비자보호기본법」이 제정되고 그것이 받아들여진 다음 해 「지방자치법」 개정이 이루어지고 지방행정사무에 소비자보호가 추가되어, 소비자정책을 행정사무로서 시행하는 데에 조례 제정이 필수적으로 필요했기 때문이다.

조례의 효과는 정책의 실행력을 담보로 하는 성격이 있으므로, 법률에서는 철저하지 않은 소비자보호 분야에 확실한 정책 실행을 재촉하는 요인으로 작용하게 된다. 따라서 요코하마(横浜)시는 준비단계를 거쳐 1996년 3월 소비생활조례를 제정하고 동시에 조례 제 7조를 기초로 하여 소비생활심의회를 발족하였다. 동 심의회는 소비자정책에 관한 중요사항을 심의하지만, 심의회 발족과 동시에 부회로써 고충처리부회를 설치하여 다음해 1997년 9월에는 소비자의 자립지원촉진시책을 검사하는 소비자지원부회를 독자적으로 설치했다. 후자의 지원부회는 타 자치단체에서 이제까지 설치한 경험이 없는 규제완화 시대의 새로운 소비자지원책을 검토하였다.

동 심의회에서는 1998년 8월 말, '소비자지원부회보고'를 〈소비생활심의회의 답신〉으로서 시장에게 제출했다. 그 개요로는 소비자자립을 촉진하기 위해서 첫째, 일반사회인의 소비자교육 기회를 보다 폭넓게 만들기 위해서 종래의 소비자생활추진원 제도를 한층 활성화하는 일, 둘째, 청소년의 소비교육 기회를 보다 폭넓게 만들기 위해서 조례의 학교교육 지원을 강화하는 일이 필요하다고 하였다. 결국, 규제완화 시대는 소비자자립이 부족하여 그것을 위한 조건정비로서 소비자교육이 자립지원책의 유력한 처방전이 되었다.

「소비자보호기본법」 제정 이후, 소비자보호시책으로서 정부나 지방자치단체와 함께 적극적인 행정을 전개해 왔다. 한편으로 사업자 규제를 시행하고 지방에서 소비자계발을 진행하는 소비자보호의 전반적인 시책은 시대의 변혁과 더불어 직시해야 한다.

전쟁 직후 시대와 비교하면 상품 안전성은 비약적으로 향상되었지만 소비자피해는 오늘날에도 계속 증가하고 있다. 혹자는 그것이 서비스상품의 피해나 거래관련 피해가 현저하게 증가한 것이 원인이라고 하지만, 행정에 의해 보호되고 지켜지고 있다는 소비자측의 의존적인 면에도 문제가 있다.

일본이 행정 주도의 국가라는 인식이 팽배하여, 자력으로 의사결정을 회피하거나 행정에 판단을 맡기는 소비자 · 시민이 일반화되어 버린 것은 반성할 점이다. 오늘날 경제사회는 공적 부조에도 시장원리를 적용하는 시민활동이 요구되어, 비대화하는 행정을 긴축하는 행정개혁 속에서 규제완화를 동시에 진행하고 있다. 그 결과, 소비자행정도 규제행정을 완화 · 축소하고, 소비자자립을 촉진 · 지원하는 미세한 시책에 중점을 두고 있다.

소비자의 자발적인 진전은 스스로의 노력만으로 가능한 것은 아니지만, 지금까지의 소비자보호 역사를 본다면, 필요한 것은 자립지원을 위한 프로그램의 구체적인 실행이다. 이것의 첫 번째 단계는 소비자에게 필요한 정보가 정확히 소비자에게 전달되는 시스템 구축이 시급하다고 볼 수 있다.

일본은 1999년에 「정보공개법」이 성립되었다. 또 1998년 1월의 「민사소송법」 개정으로 가능하게 된 소액소송제도가 잘 활용되도록 홍보활동, 이용과 촉진을 위한 재판소의 충실이 도모되어야 한다. 그 외, 「소비자계약법」, 그리고 소비자단체가 소송 당사자가 될 수 있는 단체소송권 도입이 검토되어야만 한다(西村陸男, 1999). 이러한 움직임을 통하여 일본은 2004년 「소비자계약법」과 「소비자단체소송법」이 시행되고 있다. 또한 강조되어야 할 것은 행정에 의한 소비자교육의 장소 제공이 가능한가이다. 소비자 스스로가 학습할 수 있는 환경을 정비하는 것은 무엇보다 필요하다.

표 8-9 일본의 소비생활센터 운영실태

구분	내용
지방자치단체주도형 : 이바라키현 소비생활센터 (茨城県 消費生活センター)	• 조 직(인원) : 센터장, 2과 4분실(총 35명 : 공무원 21명, 계약직 14명) ※ 계약직 보수 : 약 15만 엔(주4일 근무) • 예산(2000년도) : 57,407천 엔(센터 및 4개 분실 포함, 직원급여비 제외) – 국고지출금 6,729천 엔, 현(県) 일반재원 50,678천 엔 • 주요 업무 및 실적 – 소비자 계몽 및 강좌 : 총 136회(7,751명) – 정보제공 : 총111회(3,044명) – 상담 : 총 10,253건 – 테스트 : 835건 – 현내 시정촌의 기관은 日立市소비생활센터(1970), 鹿嶋市 소비생활센터(1973), 土浦市 소비생활센터(1974), 水戸市 소비생활센터(1975), 取手市 소비생활센터(1998), 쯔쿠바시(つくば市) 소비생활센터(1999), 히타찌나카시(ひたちなか市) 소비생활센터(2000)가 있음.
민간위탁형 : 홋카이도립 소비생활센터 (北海道立 消費生活センター)	• 조직(인력) : 총 43명(센터장, 부소장 2명 포함) – 직원은 총39명으로 총무국 9명(총무부 3명, 상품 테스트부 6명), 사무국 28명(계몽부 5명, 상담부 23명)임. – 센터의 전체인력은 전원 협회의 임직원이며 그 중 1명은 홋카이도 행정기관의 파견직원임(소비자상담원은 비상근계약직임) • 예산(2000년도) :217,036천 엔(북해도청의 위탁에 따른 수탁료 수입) ※ 2000년도 급여비 지출규모는 총 27,411천 엔임. • 주요 활동 – 소비생활상담 – 상품 테스트(국민생활센터와 공동비교 테스트, 동북 북해도 공동 테스트, 경제산업성 의뢰 테스트) – 소비자교육 및 계몽 활동(전시회, 센터뉴스: 연6회, 매회 45,000부)
일부민간 위탁형 : 삿포로시 소비자센터 (札幌市 消費者センター)	• 조직(인력) :총 20명 – 소장, 소비생활계 4명, 조사지도계 4명, 주사 1명, 계량시험소 10명 – 센터 인원 20명 전원 공무원임. ※ 상담업무의 위탁으로 삿포로소비자협회가 상담업무 수행에 투입한 인력은 18명으로 모두 계약직임. • 예산(2000년도) : 147,585천 엔(소비자보호관련 예산) ※ 일부 업무(상담 · 전시) 위탁예산 – 삿포로소비자협회 : 13,500천 엔 – 소비자축제실행위원회 : 4,050천 엔 • 주요 업무 – 소비생활상담 : 9,050건으로 이 중 80%가 불만처리, 20%는 상담 문의 (인터넷 이메일 상담은 받지 않음) – 소비자 계몽 : 『소비자월간』에 각종 기념강연회 및 특별전시회 실시 – 생활 정보제공 : 『暮らしのニュース』 발간(1967년부터 발행) – 상품 테스트 : 소비생활상담 해결을 위한 원인 규명 테스트, 소비자의 상품 선택 제공 목적의 시판중인 제품에 대한 품질 테스트 실시 – 소비자단체 육성 : (사)삿포로소비자협회에 사업비보조, 소비생활 관련 단체간담회

*자료: 최은숙(2005), 지방소비자행정에 관한 연구－소비생활센터의 활성화를 중심으로.

6. 한국과 일본의 비교를 통한 시사점

우리나라와 일본의 비교를 통한 시사점은 다음과 같다.

첫째, 일본국민생활센터는 소비자상담은 소비생활센터에 이양하고, 보다 정책 및 연구에 집중한다는 것이다.

둘째, 일본의 경우는 소비자행정인 국민생활센터와 소비생활센터가 민간 소비자단체의 자립과 지원을 양면적으로 지원하고 있다.

셋째, 일본의 경우는 국민생활센터에서 취득한 소비자 관련 자격증을 소지한 자가 소비생활센터에서 상담직으로 근무하고 있는 경우가 대부분이다.

넷째, 일본의 경우, 국민생활센터는 중앙행정, 지방의 소비생활센터는 지방행정의 체제로 서로 소비자보호를 위한 교류가 보다 활발하다.

다섯째, 일본의 소비생활센터 중에서는 민간 소비자단체에 소비자상담 및 교육에 해당하는 업무를 위탁하는 경우(홋카이도, 오사카의 경우)도 있다.

여섯째, 일본의 소비생활센터는 전국 어디에 있는 소비자도 손쉽게 활용할 수 있는 소비자의 파이프 역할을 한다.

일곱째, 우리나라에 비하여 일본의 경우는 소비자자립에 주력하고 있다.

여덟째, 우리나라 소비자원은 인터넷을 활용한 소비자상담, 교육이 활발하나, 일본의 국민생활센터는 전화 · 문서(우편)로만 소비자상담을 접수받고 있다.

아홉째, 일본의 국민생활센터는 지방 소비생활센터 및 병원으로부터 받은 위해정보의 집결지이며, 이를 PIO-NET을 통해 중요한 소비자정보로 활용하고 있다. 우리나라 또한 소비넷을 통해 위해정보 및 소비자 관련 정보를 수집 · 분석 · 활용하고 있다.

열째, 한국과 일본 모두 각각의 소비자 관련 정보를 수집 · 분석 · 활용하고 있지만 정보 공개 측면에서는 차이가 있다.

특히 일본의 국민생활센터는 다음과 같은 변화의 중기 목표를 두고 있다(国民生活センター, 2003).

① 소비자행정의 업무효율성

② 소비자행정의 슬림화 추구

③ 소비자상담 및 교육의 민간 참여 확대

④ 정보네트워크의 중핵적 기관으로 강화

⑤ 경유상담 및 전문상담에 집중

⑥ 종합적인 정보제공 및 조사·연구기관으로서 기능 재정비

일본의 국민생활센터는 우리나라의 한국소비자원 설립에 어느 정도 모델은 되었지만, 그 규모나 역할 면에서 일본의 국민생활센터(일본 국민생활센터는 예산 33억 3천4백만 엔, 인원 115명 ; 2006년 4월 1일 현재, 7부 4과 5실 1관 ; 2007년 2월 현재)보다 한국소비자보호원의 규모가 더 크다.

일본은 일찍이 사회단체보다 행정이 소비자정책 및 상담 등의 역할을 수행하여 일본의 소비자단체는 1995년도에 3,765건만의 소비생활 상담을 실시하였고 그 이후에는 상담이 미약하여 공인된 통계치가 없는 상황이다(1975년 14,470건, 1980년 12,975건, 1985년 3,661건, 1990년 4,017건). 따라서 일본의 소비자정책에 있어 소비자상담 및 교육, 정보제공 등 각종 시책을 담당하는 기관으로는 독립행정기관인 국민생활센터와 지방자치행정의 소비생활센터를 대표적 기관으로 볼 수 있다.

그러나 국민생활센터와 소비생활센터 또한 지역 단위 간 업무가 중복되며 역할 분담이 효율적으로 이루어지지 못하고 있다는 점, 본부(도쿄 시내)와 시험 및 연수(도쿄 근교) 시설의 분리로 인하여 지역적으로 일원화 및 이전에 대하여 대내외적으로 많은 지적을 받아왔다.

2003년 5월에 소비자정책심의기구인 국민생활심의회 소비자정책부회는 '21세기형 소비자정책의 나아갈 방향에 대하여'에서 국민생활센터와 지방자치단체, 또한 도도부현과 시정촌의 역할분담을 꾀하고 소비자교육 및 피해구제의 주체로서 소비자단체 및 NPO, 사업자 등 민간의 역할을 보다 중시하여 행정과의 연계활동을 도모할 것을 강조하였다. 이는 결국 소비자행정의 슬림화를 추구하고, 소비자시책에 있어 민간참여를 확대하는 방안으로 소비자행정의 업무효율성을 높이는 방침이다.

국민생활센터(중앙정부의 소비자전담기구)는 '특수법인정리합리화계획'(2002년 내각 결정)으로 2003년 10월부터 독립행정법인화되었다. 이에 업무 운영방침을 국민생활에 관한 정보 네트워크의 중핵적 기관으로서, 경유상담 및 전문상담에 집중하고, 종합적인 정보제공 및 조사연구 기관으로서 기능을 재정비한 것이다.

특히 2003년 10월부터 2008년 3월까지를 기한으로 하는 '국민생활센터 중기목표'에서 구체적인 업무 운영안을 제시하였는데, 이 가운데 특히 소비자상담에 있어서 지방소비생활센터의 정비 상황을 고려하여 직접상담을 단계적으로 축소하고 소비생활센터로부터의 경유상담을 강화하여 중기목표의 기말년도에는 경유상담의 비율을 전체상담의 50% 이상으로, 최종적으로는 경유상담만으로 국민생활센터의 상담업무를 대폭 축소·특화시킬 것을 명시하였다(国民生活センター, 2003).

한국소비자원도 공정거래위원회로 이관하면서 새로운 도약과 전문화를 위해 개편 또는 개혁이 필요하다.

생각해 볼 과제

1. 우리나라의 소비자 행정기구도를 도식화하여 일본의 소비자 행정기구도와 비교해 보시오.
2. 우리나라와 일본의 소비생활센터의 공통점과 차이점을 논의해 보시오.

5 미래 소비사회와 소비자운동 및 소비자단체

>>>주요용어

미래 소비사회 미래 소비사회의 소비자운동 소비자트렌드
미래 소비사회의 소비자단체 소비자단체의 발전방안

사회는 변화한다.

사회 변화란, 소비자 삶의 양식이 변화하고 그에 따라 소비자가 선호하는 상품과 서비스의 변화 등을 동반하며, 소비자문제도 여러 유형이 나타나게 되는 것을 의미한다. 따라서 사회 변화에 수용되고 소비자 의식에 부응하는 소비자운동 및 소비자단체의 발전이 필요하다.

소비자운동 및 소비자단체의 궁극적인 목표는 소비자운동을 통한 소비자보호 및 자립에 의의가 있으며, 이러한 목표를 달성하기 위해서는 보다 많은 소비자 호응이 기본적으로 요구된다. 즉, 소비자운동은 사회변화와 관련된 소비자의 자발적인 집합운동체이기 때문이다. 그러므로 소비자운동도 시류에 부응하는 소비자의 트렌드 파악이 필요하고 회원 확보 및 확대, 운동의 내용 및 방법의 다양화를 통해 발전을 모색해야 한다.

제5부에서는 미래사회의 변화와 트렌드, 새로운 사회단체의 새로운 출현, 그리고 소비자운동 및 소비자단체의 발전방안 등을 중심으로 살펴보고자 한다.

제9장

미래 소비사회와 소비자운동

1. 미래 소비사회의 변화

미래를 정확히 예측하는 것은 불가능하지만, 미래에 발생할 가능성이 있는 모습들을 예측하는 것은 가능하다.

미래학자 중 한 사람인 피터 슈워츠(Peter Schwartz)는 시나리오 방법론이 미래 예측에서 왜 유용한지를 밝히는 것을 시작으로, 미래를 예측하고 읽기 위한 논리와 철학을 쉽고 재미있게 얘기해 주고 있다. 그는 저서에서 특히 흥미로운 부분은 발간시점인 1991년 당시 15년 후를 내다본 2005년 무렵의 세계 예측 부분이다. 과연 그는 어떤 것들을 예측하였을까?

우선, 그는 통일된 독일이 세계에서 막강한 정치적 · 경제적 권력을 행사할 것이라고 예측하였다. 하지만 예측과 달리 독일이 지금까지도 통일의 후유증으로 경제적 · 사회적으로 고전을 면치 못하고 있는 것은 왜일까? 그리고 기술 진화에서는 미국의 기술 패권이 우리나라처럼 교육열이 높은 국가로 넘어갈 것이라고 예측하였는데, 이 예측은 놀랍게도 적지 않은 부분에서 현실과 일치한다. 우리나라는 2000년대부터 정보기술(IT)에서 세계를 선도하였고, 생명과학기술과 나노기술에서 큰 잠재력을 보여 왔다.

또한 피터 슈워츠는 세계가 이데올로기 대신 실용주의로 무장할 것이며, 세계를 누비는 신세대들이 등장하여 국가의 경계를 허물 것이라고 예측하였는데, 이러한 예측은 15년이 지난 지금 어느 정도 들어맞고 있다. 그리고 그는 2005년 무렵의 세계 모습으로 3개의 시나리오를 제시했다. '신(新)제국' 시나리오에서는 무역 규제로 어려움을 겪은 국가들이 경제통합을 시작으로 복합국가 형태를 띤 파워블록을 형성할 것임을 예측했다. 하지만 대표적인 신제국 중 미국과 일본의 연합파워블록, 러시아와 독일의 연합파워블록이 세계 변화를 리드할 것이라고 내다보았는데, 이는 현재의 상황과는 거리가 멀다.

'시장지배의 세계' 시나리오에서는 경제논리가 무엇보다 우선하며, 대기업보다 작고 빠르게 움직이는 소기업들이 경제의 주체가 되리라고 예측했다. 가장 어두운 시나리오인 '진보 없는 변화'에서는 빈부양극화가 극심해지고, 인간이 기술의 노예가 되는 암울한 미래를 내다보았다.

피터 슈워츠는 2005년의 우리나라에 대해서도 예측했다. 그는 "2005년경 한국은 IT 글로벌리더가 될 것이고, 특히 자라면서 IT를 체험한 한국의 어린 세대가 글로벌문화를 리드하는 주체로 부상할 것이다."라고 예측했다. 1991년 당시 인터넷이 등장하지 않았던 점을 감안하면 소름끼칠 정도로 정확한 예측이다. 반면 우리나라와 관련해 터무니없어 보이는 예측도 있다. 그는 미국의 공교육이 완전히 붕괴됐다면서 2005년 무렵에는 미국의 어린이들이 우리나라로 보내져 수준 높은 교육을 받을 것으로 예측했다. 이는 우리에게 쓴웃음을 짓게 하는 예측이 아닐 수 없다.

미래에 대한 관심이 그 어느 때보다 높아지고 있다. 이는 현실이 그만큼 불안하다는 것이며, 미래가 더욱 불확실해진다는 것이다.

페이스 팝콘(Faith Popcorn)이 쓴 미래서 『미래생활사전』은 미래를 꿈꾸는 자들로부터 사랑받는 애장서다. 미래 사회에서 사용될 만한 단어를 만들어 '사전'이라는 형식으로 소개하고 있는 이 책은 불확실한 미래를 가로지르는 메가 트렌드의 지형도를 그리는 데 더없이 유용한 정보를 제공한다. 보통의 예언서는 처음엔 흥미를 끌다가도 시간이 흐르고 예측이 빗나가면서 독자들의 관심에서 멀어지기 일쑤지만, 이 책의 진가는 해가 갈수록 더 빛나고 있다. 그가 만들어낸 미래 신조어가 하나둘씩 실생활에 등장할 때마다 독자들은 다음 세대가 책장에 꽂아둘 사전을 미리 읽는 즐거움을 만끽하게 된다.

이 책에서 저자는 노화, 신종 직업, 텔레커뮤니케이션 등 35개 주제에 따라 제시된 1,200개의 키워드를 통해 미래에 대한 모자이크 이미지를 독자들에게 제시한다. 이 책에서 보여 주고 있는 미래상을 한마디로 요약하면, '전문화되고 개성이 넘치는 개인주의 사회'라 할 수 있다. 미래에는 개인의 다양한 욕구를 충족시키는 제품이 생산되고, 이를 위해 새로운 직업이 등장할 것이며, 사회문화적인 변화가 생길 것이라는 주장이다. 잡지는 독자가 주문한 콘텐츠로 채워진 마이거진(Mygazine) 형태로 바뀔 것이며, 개인 웹 페이지를 관리하고 가꿔 주는 '웹 정원사'라는 신종 직업이 등장할 것이라는 이야기이다.

이처럼 미래에 관한 저서들은 좀 더 전문화된 사회, '꿈의 사회(Dream Society)'를 예측하고 있다. 그리고 2003년에 출간된 피터 슈워츠의 『이미 시작된 20년』은 원래의 제목이 '피할 수 없는 놀랄 일(Inevitable Surprises)'이다. 미래예측 전문가인 저자는 2030년까지 어떤 놀랄 일들이 벌어질 것인지 내다볼 수 있으므로 미래에 대비해야 한다고 말한다.

어떻게 앞으로 25년간 일어날 일들을 예상할 수 있단 말인가? 피터 슈워츠의 대답은 간단하다. 미래의 뿌리는 바로 오늘의 경향과 흐름 속에 들어 있기 때문이라는 것이다. 그 사례로는 2001년 9·11 테러를

든다. 그 테러 공격은 역사상 가장 잘 예측된 것이었지만 미국 관리들이 그것을 무시해 비극을 자초하고 말았다는 설명에서 '피할 수 없는 놀랄 일'에 대해 우리가 관심을 갖지 않을 수 없는 이유를 찾을 수 있다.

피터 슈워츠가 안내하는 2030년의 세계로 떠나 보자. 세계적으로 대규모의 인구 이동이 일어나 중국 청년들은 일자리와 신붓감을 찾아 미국으로 떠나고, 이슬람 청년들 역시 유럽으로 이주한다. 2025년 유럽 주요 국가에는 대규모의 이슬람 사회가 들어서게 된다. 그러나 이들은 유럽 사회에 융합되지 못한 채 그들끼리 살게 되므로 유럽의 모든 도시가 이슬람교도 빈민굴로 전락하는 모습을 보게 될지도 모른다.

세계 질서는 '불량배 슈퍼 파워'가 된 미국이 주도한다. 그러나 미국의 예전 동맹국들이 미국을 거부하는 행동은 더욱 확산되어 미군은 오키나와, 괌, 독일, 중동지역의 모든 미군기지에서 철수하게 된다.

많은 나라는 법과 질서의 국제적 토대를 발전시키는 데 동참하면서 번영을 누리지만 또 다른 많은 나라는 테러, 종교분쟁, 정치부패, 인종갈등, 마약, 에이즈 따위에 시달리며 비참한 운명을 맞게 된다. 사우디아라비아, 이집트, 파키스탄에서는 이슬람의 반란이 예상되고 필리핀, 인도네시아, 콩고민주공화국에서는 종교전쟁이 다가오며, 멕시코는 마약전쟁, 아프리카는 에이즈전쟁으로 시달린다.

그러나 인류는 과학기술의 일대 약진으로 미래의 번영을 담보한다. 2030년이 되면 생명공학의 발달로 70대의 사람들이 오늘날의 젊은이처럼 공공연하게 팔짱을 끼고 걷는 것을 발견할 수 있을 것이다. 또 2030년쯤에는 '특이점(singularity)'에 도달할 가능성이 높다. 여기에서 특이점이란 컴퓨터가 매우 영리해져서 인간의 능력을 앞서게 되는 시점을 뜻한다.

피터 슈워츠는 이런 피할 수 없는 놀랄 일 때문에 25년 뒤 인류는 역사상 세 번째 대변혁의 시기로 접어든다고 전제하고, 그에 대한 대비책을 제시한다. 그 하나가 창조적 파괴다. 창조적 파괴에는 불가피한 사회적 혼란, 안전한 생계수단의 포기, 긴밀한 인적 관계의 단절 등이 수반된다. 보수화 추세인 우리 사회 분위기에서 그의 처방에 공감할 사람이 얼마나 될지 궁금하다.

결국 미래에 세계가 나아갈 방향과 역사적인 전환점의 실마리는 언제나 과거와 현재에 놓여 있는 셈이다. 따라서 세상과 일정 거리를 유지하고 객관적인 시선으로 현재에 무엇이 내재되어 있는지 살펴보면 미래를 예측할 수 있다. 그래서 미래학자들은 특히 현재를 들여다보는 데 가장 좋은 도구인 신문, 책, 독서, 사색을 통해 미래에 대한 스케치를 해보는 것이 중요하다고 강조한다.

현재 개인과 기업, 조직, 정부 등 우리 모두는 격렬하고 급격한 변화에 직면하고 있다. 디지털 혁명의 가속화, 세계화의 물결과 그에 대한 저항, 중국의 부상과 에너지 및 환경 위기 등을 경험하고 있다. 앨빈 토플러는 『부의 미래』라는 책을 통해, 현재까지의 인간 역사를 부 창출 시스템의 관점에서 분석하고, 현재 우리가 겪고 있거나 경험할 것으로 예상되는 미래 현상에 대해 명쾌하게 설명한다. 저자는 부를 그 형태가 공유든 아니든 간에 일종의 소유라고 정의한다.

토플러는 부의 미래를 형성하게 될 심층기반으로 시간, 공간과 지식을 제시한다. 이 세 가지 기반이 적절히 조화를 이룰 때 부의 창출은 폭발력을 가진다. 현재 우리는 세 가지 심층기반의 조화를 위해 나아가는 중이며, 이 과정에서 혼란과 위기를 겪고 있다고 분석한다.

첫째로 시간을 제대로 다루지 못하는 경우에 비동시화(de-synchronization)의 비효율성이 발생한다. 변화의 소용돌이와 그에 적응하지 못하는 제도, 기관, 조직 등의 저항으로 인해 변화의 속도가 불규칙해진다. 일례로 토플러는 미국의 기업은 시속 100마일, NGO 및 사회단체는 시속 90마일, 가족은 시속 60마일, 노동조합은 시속 30마일, 정부 관료조직과 규제기관은 시속 25마일, 공교육제도인 학교는 시속 10마일, 국제적 유통기관 및 세계기구는 시속 5마일, 정치구조 및 조직은 시속 3마일, 그리고 마지막으로 법률은 시속 1마일이라고 비유하였다. 각 조직의 속도가 동시화 할수록, 부는 폭발적으로 증가할 수 있게 된다. 따라서 미래 도시는 '24/7(연중무휴)' 영업 방식이 주가 될 것으로 예상하였다.

둘째로 공간은 지속적으로 확대되고 있으며, 세계 각국은 지식집약적이고 부가가치가 높은 상품을 생산할 수 있는 노동력과 비즈니스를 위한 장소를 창출하기 위해 경쟁하고 있다. 아시아로 향하는 거대한 부의 이동이 이를 설명해 준다.

셋째로 지식은 한계가 없는 무한한 자원으로서 네트워크 산업의 성장, 지식상품의 비경쟁성, 비획일화와 맞춤제품의 빠른 성장 등 기존 사회에 근본적인 변화를 불러왔다. 저자는 프로슈밍(prosuming)의 중요성을 역설한다. 개인 또는 집단이 스스로 생산(produce)하면서 동시에 소비(consume)하는 행위가 프로슈밍이다. 건강한 삶을 위한 운동과 다이어트, 셀프서비스, DIY, 리눅스와 웹의 개발, 무료음악 파일 공유 등이 그 예이다. 프로슈밍을 통해 문화와 학습 방식이 바뀌었을 뿐만 아니라 돈을 벌고, 사업을 하고, 경제가 운영되고, 부가 창출되는 방식이 획기적으로 변화했다.

마지막으로 저자는 제3물결의 부 창출 시스템이 지각 변동을 가져와 중국이 부상하고, 일본과 유럽이 정체를 겪고 있다고 진단하면서 재도약을 위한 시사점을 제시하였다. 제도적 변화가 사회적 전환과 보조를 맞추지 못하는 비동시화는 미래의 부를 다른 곳으로 이동시켜 미국마저도 위태롭게 할 것이라고 경고한다. 이는 우리사회에서도 음미해 보아야 할 교훈이다.

미래학자들은 이구동성으로 기술과 정보의 발달로 야기된 권력 구조의 개편, 글로벌 경쟁의 심화, 노동 시장의 변화 등이 개인과 조직과 사회의 가치를 바꿀 것이라고 예측해 왔다.

차가운 머리와 따뜻한 가슴을 가진 의사, 한 번에 여러 일을 할 수 있는 멀티 플레이어, 상대의 기분을 배려하고 공감하는 사람 등의 능력이 모두 우뇌의 역할과 관련이 깊다고 설명한다. 덧붙이면 산업

분야가 성장의 정점을 지나 분화되고 파편화된 형태로 나눠지는 현상도 언급해야 할 것이다. 단일 목표를 둘러싸고 경쟁하던 시장에서는 군대식, 목표 지향적 시각이 유효했으나 이미 세분화된 틈새시장에서는 시장의 경계를 넘나드는 멀티플레이어의 역할이 더 중요해졌기 때문이다. 학문 간의 통합과 새로운 조합이 더욱더 절실한 이유가 거기에 있다.

이처럼 경계를 넘나드는 창의적인 능력을 저자는 '하이콘셉트'와 '하이터치'라는 용어로 설명한다. 하이콘셉트는 패턴과 기회를 감지하고, 예술적 미와 감정의 아름다움을 창조하며, 훌륭한 이야기를 창출할 뿐만 아니라 아이디어들을 결합해 새로운 것을 만들어내는 능력을 말한다. 하이터치는 다른 사람과 공감하는 데다 미묘한 인간관계를 잘 다루고, 자신과 다른 사람의 즐거움을 잘 유도하며 목적과 의미를 발견하고 추구하는 능력이다.

위에서 언급한 관련 저자 및 저서는 2007년 서두에 동아일보에서 선정한 앞서보는 '미래-미래학 20선'의 요점들이다. 이러한 미래 관련 저서에서 주장하는 것을 정리하면 다음과 같다.

① 변화의 소용돌이
② 권력구조의 변화
③ 시장지배 사회
④ 경쟁의 심화
⑤ IT관련 산업의 부흥
⑥ 국가경계 파괴
⑦ 웹 관련 다양한 신종직업 속출
⑧ 세계의 양극화
⑨ 글로벌 문화
⑩ 노령화
⑪ 프로슈밍
⑫ 개인과 조직의 사회 가치 변화

⑬ 소비자문제의 다양화

또한 트렌드 컨설팅 기업 아이에프네트워크는 2008년 봄 · 여름 소비자 라이프스타일 트렌드를 분석해 페미닌 어답터(Feminine Adopter), 뉴 킨(New Kin), 그린 노마드(Green Nomad), 아이 프로모터(I Promoter) 등 신소비족 4대 키워드를 선정했다.

첫째, 페미닌 어답터의 증가이다. 테크놀로지와 과학의 남성성에 변화를 모색하는 '부드러운 과학'이 대두되면서 신기술문화를 결정짓는 데 여성들의 감성이 새로운 매개체로 등장하고 있다. 듀퐁 코리안의 디자이너인 자하 하디드가 선보인 감성에 반응하는 퓨처 인텔리전트 주방환경 '지 아일랜드(Z. Island)'나 스와로브스키 장식을 한 필립스의 다이아몬드가 부착된 '42인치 PDP TV'가 바로 여성적 감성을 담은 대표적인 사례이다.

둘째, 뉴 킨(새로운 친족) 등장이다. 다양한 인종이 하나의 공동체를 형성해 새로운 의미를 부여하고 친밀감을 나누는 '뉴 킨'의 등장은 미래 소비 트렌드를 변화시킬 새로운 테마다. 그 대표적인 예가 할리우드 스타 안젤리나 졸리의 '뉴 킨' 형태의 가족이다. 졸리는 제3세계 빈곤국에서 아이들을 입양해 뉴 킨 형태의 가족을 구성하고 있다. 미국 화가 케이트 그렛츠는 졸리를 성모마리아로 묘사한 작품에서 뉴 킨 가족의 도래를 암시했다.

셋째, 그린 노마드의 탄생이다. 그린 노마드는 도시든 시골이든 내가 머무는 공간 그 자체에서 정신적인 해방감을 맛보아야 하는 도시 유목민을 지칭한다. 이들은 자연이 좋다고 집을 떠나지 않는다. 대신 집안에 자연을 들여 놓는다. 해변에서 볼 수 있는 자갈 모양의 쿠션이나 나무 모양을 연상케 하는 냉장고 등도 바로 그린 노마드의 욕구를 겨냥해 나온 신제품 디자인들이다.

넷째, 아이 프로모터의 대두이다. 자신의 개성과 감성을 표현할 수 있는 상품과 정보를 섭렵하고 이에 과감히 투자하는 마니아, 즉 '아이 프로모터'가 2008년 상반기 소비 트렌드의 중심이 될 것으로 전망하고 있다.

이미 지난해부터 인터넷 세상을 뒤흔들고 있는 UCC는 바로 '아이 프로모터'의 등장을 알리는 서막이라고 할 수 있다. 이들은 단순한 블로거에서 진화해 자신을 최고의 상품으로 거듭나게 하기 위한 '개인 브랜딩(Me-Branding)'에 소비를 집중하는 1인 기업 형태를 띨 것으로 보인다(매일경제, 2007. 2. 6). 즉, 여성성을 담는 감성적인 코드가 중심인 사회, 다인종・다문화 가족을 끌어안으려는 집합적인 공동체 중심 사회, 자연을 늘 가까이 하려는 자연친화적 에콜로지 사회, 나를 마케팅하는 자신의 표현을 홍보하는 데에서 초월한 판매촉진 시대의 사회를 예측할 수 있다.

2005년 LG경제연구원 소속 연구원 71명이 소비, 산업, 사회문화, 인구, 경영, 국내 경제, 글로벌이라는 7개의 큰 틀로 나누어 각자의 시각에서 본 2010년의 모습은 어떠한지 살펴보자.

문화적 코드가 가미된 문화융합상품 '컬덕(culture + produce)'의 전성 시대가 열리고, 가정이라는 안락한 '누에고치' 속에서 게임과 MP3 플레이어, DVD 등 온갖 디지털문화를 즐기는 '디지털 코쿠닝'으로 거리는 한산해진다고 하였다. 웬만한 접촉사고에도 긁힌 자국 하나 남지 않는 나노소재 자동차가 대중화되고, 가사노동으로부터 인간을 해방시킬 로봇가정부가 등장하며, 노령화의 부작용으로 경제적으로 덜 윤택하더라도 안정적 삶을 택하는 위험 기피형 사회가 되고, 질 높은 교육・관광・의료서비스라는 '삶의 질'을 찾아 해외로 사람과 돈이 떠나는 '코리안 엑소더스'가 논란이 될 것이다.

일본의 '히키코모리'라는 말은 사회적으로 적응하지 못한 채 집안에 틀어박혀 두문불출하는 사람을 뜻한다. 이는 일본의 젊은 층을 걱정하는 이들의 입에서 흔히 나오는 말이다. 이와 유사하게 일본 사회를 걱정하는 새로운 단어가 등장했는데, 마케팅과 사회학 부문에서 활약하고 있는 미우라 아쓰시(三浦展)의 책에서 만나는 '하류사회'이다. 일본의 20년 장기 불황의 끝자락에서 만나는 이 단어에 가슴이 답답해지는데, 이는 이웃나라의 이야기만이 아니기 때문이다.

일본 사회의 문제점은 30대 초반 젊은 세대의 하류화 경향이다. 미우라는 이미 일본에서 '하류'가 40%를 차지하며, 20~30세의 프리터, 쉽게 말해 아르바이트직 근로자들이 400만 명을 넘는다고 지적하고 있다. 여기에서 '하류'는 물질적으로 궁핍한 하층민이라는 뜻보다 희망과 의욕의 부재라는 의미를 내포하고 있다. 이를 극복하기 위해서 개인적·사회적 차원의 다양한 지원이 필요하며, 개인적 차원에서는 커뮤니케이션과 대화 능력을 키워야 한다고 주장하고 있다. 또한 자기다움만을 고집해 다른 사람들과의 커뮤니케이션을 피하고, 사회 적응을 거부하는 젊은이는 낮은 계층에 속할 가능성이 높다는 것도 지적하고 있다.

다양한 미래 분석가, 트렌드 분석자들이 미래의 소비자들을 지적하는 키워드가 많지만, 그 중에서도 '웰니스(wellness)', '게이티드 럭셔리(gated luxury)', '리젠더링(regendering)' 등이 있다.

'웰니스'는 우리 사회에서 불었던 '웰빙' 신드롬과 비슷한 것으로 주요 선진국에서는 90세 이상으로 수명이 연장될 것이 확실시되면서 고소득 실버계층 '레인보우 유스(rainbow youth)'가 주목받고 있다. '레인보우 유스'층 성장의 의미는 이제 스피드 명상, 요가, 웰니스 클리닉, 스파 호텔, 안식 휴가 등이 일반화되면서 건강은 곧 부를 의미한다는 인식이 강화된다는 것이다.

'게이티드 럭셔리'란 부유층만의 안전하고 배타적인 소비 수요를 말한다. 1990년대 이후 세계 주요 도시의 부유층 거주지의 부동산 가격이 두 배 이상 상승하고 VIP 소비가 대중화됐고 호화서비스에 대한 수요가 폭발적으로 증가했다. 미래에 이 같은 부유층은 M으로 시작되는 최상위 창작 부문, 즉 음악(music), 모델링(modeling), 미디어(media)에 종사하는 30대일 가능성이 큰데 이들은 향후 트렌드를 이끌어갈 주요 수요층으로 여겨진다.

'리젠더링'은 성 인식의 변화다. 서구에서 남성은 점차 제2의 성이라는 인식이 확산되고 있다. 남성들도 시대의 변화에 따라 화장품과 향수를 즐기고 30세까지도 어머니와 같이 거주하는 변화를 보이고 있다. 이에 따라 남성과 여성의 차이를 인식하고 서로를 배려하는 브랜드가 점차 인기를 더할 것으로 전망하고 있다.

정부에서는 2007년 2월 5일에 '2년 일찍 취직, 5년 늦게 퇴직(2 + 5)'이라는 인적 자원 활용계획을 내놓았는데, 이는 생애근로기간을 총 7년 늘려 선진국 수준으로 끌어올리겠다는 것이다. 2010년 이후 초등학교 입학연령 5세, 가을학기 제도 도입, 군복무 6개월 단축 등으로 구직연령을 2년가량 앞당길 수 있다고 주장하고 있다. 정년도 현행 60세에서 65세로 단계적으로 늦추고 권고사항으로 되어 있는 정년을 법으로 의무화하는 방안도 내놓으면서 향후 인력 부족에 선제적으로 대응하는 중장기적 방향을 제시하였다.

이러한 생애주기의 변화는 다양한 사회적 시너지 효과를 거둘 수 있지만, 제반 여건과 환경 요소의 전반적인 변화를 동반해야 실효성이 있을 것이다.

표 9-1 우리나라와 선진국의 생애주기

항 목	취 학	입 대	취 업	결혼 · 출산	퇴 직
우리나라	만 6세	20세	25세	30세	57세
선진국	만 5세	19세	22세(OECD 평균은 23세임)	25세	61세

이렇게 다변화되는 사회에서 소비자들 간의 단합을 도모하는 이슈는 무엇인가? 또한 어떤 이슈와 방법으로 단합할 것인가는 우리의 숙제이다. 특히 소비자의 생애주기 변화와 건강 및 웰빙 트렌드의 먹을거리 관련 테마는 변하지 않는 소비자의 중요한 이슈가 될 것으로 보인다.

우리 모두는 정보화 사회 이후의 사회는 어떤 사회일까, 미래 사회는 어떤 사회일까에 관심이 지대하다. 이에 혹자는 소비자의 생각, 가치, 그리고 꿈을 만들고 판매하는 '꿈의 사회'로 예측하기도 한다. 우리 모두는 그 꿈을 어떤 것으로 채워 나갈지, 그 꿈을 꾸기 위해 어떤 문제가 발생할 것인지를 조심스럽게 두드려 보아야 할 것이다.

행복하지 않은 서울시민-세계 10대 도시 중 행복지수 꼴찌

세계 주요 도시 시민 중 서울시민이 생활에 대한 불만이 가장 높은 것으로 나타났다. 서울복지재단은 18일 대한민국학술원과 공동으로 실시한 '세계 10대 도시 행복도 조사' 결과 서울시민의 행복도가 100점 만점에 63.64점으로 최하위를 기록했다고 밝혔다.

서울, 뉴욕, 토론토, 런던, 파리, 베를린, 밀라노, 도쿄, 베이징, 스톡홀름의 18세 이상 성인 남녀 10,014명을 대상으로 지난해 11월과 12월 이뤄진 이번 조사에서 행복도 1위는 80.08점을 얻은 스웨덴 스톡홀름이었다. 캐나다 토론토(79.97)와 미국 뉴욕(78.30)은 각각 2, 3위를 기록했다. 중국 베이징(67.76)과 일본 도쿄(69.01)는 서울과 함께 평균(73.17)에도 미치지 못하는 점수로 각각 9위와 8위로 처졌다.

행복도 점수는 "지금 행복하십니까?"라는 질문에 대해 응답자들이 스스로 느끼고 있는 행복의 정도를 0~5점 사이에서 대답하도록 한 뒤 이를 100점 만점으로 환산한 것이다.

이번 조사에서는 행복도 외에 자부심과 경제, 문화 교육, 복지, 안전, 생태환경, 생활환경, 시 행정, 공동체 생활, 건강의 만족도 등 10개 항목에 대한 조사도 이루어졌는데 서울은 자부심, 공동체 생활 등 7개 항목에서 최하위를 벗어나지 못했다.

특히 시민으로서 느끼는 자부심에서 서울은 100점 만점에 55.51점으로 조사 대상 도시 중 유일하게 60점을 넘지 못했다. 또 "이웃 주민들과의 교류와 봉사활동이 활발한가?"를 물은 공동체 생활 항목에서도 평균(63.25)에 크게 못 미치는 44.08점을 기록했다.

－동아일보(2007. 1. 19)

2. 미래 소비사회와 소비자운동

우리 사회를 돌이켜 보면, 네트워크를 통해 특정 주제에 국한되지 않는 사람들의 관계망인 사이버 공동체 혹은 가상공동체가 출현하였으며, 네트워크가 만들어낸 사이버 공간에서 사람들은 지속적으로 감정을 나누고 공통의 관심사와 경험을 나누는 사회적 교류를 네트워크를 통해 다양하게 형성하고 확대해 가고 있다.

특히 최근 컴퓨터의 보급 확대와 인터넷 이용 인구의 급격한 증가로 정보기술이 소비생활에 미치는 영향력이 날로 커지고 있다. 한국인터넷정보센터에 의하면 우리나라의 인터넷 이용자수는 33,580천 명(2006년 6월)을 넘은 것으로 보고 있다. 이와 함께 기존의 아날로그 제품과는 다른 디지털 제품의 소비, 전자 방식을 통한 거래의 확대 등 소비생활 전반에 있어서 많은 변화가 진전되고 있다.

이와 같이 인터넷 이용자 수의 증가로 전자상거래의 확대 등 소비생활 자체도 많은 변화를 경험하고 있지만, 소비자운동 분야에 인터넷을 이용한 전략들이 도입되기 시작했다. 즉, 소비자운동 홍보 분야에서 책자와 같은 인쇄물에 주로 의존하던 방식에서 벗어나 홈페이지 운영을 통해 단체의 소개와 운동성과를 알리는 일이 가능해졌고, 소비자의 직접 참여를 통한 항의시위, 불매운동 등을 온라인 서명운동으로 보완함으로써 소비자의 결집된 힘을 과시할 수 있게 되었다. 또 전자메일을 이용한 회원가입의 권유가 이루어지고 있고, 지금까지 주로 전화나 서신 등의 매체에 의존하거나 방문을 통해 면대면으로 이루어지던 소비자상담과 더불어 홈페이지의 게시판 및 전자메일을 매개로 하는 온라인 소비자상담이 병행되고 있다.

지금까지 정보제공형 소비자운동에서 주요 활동 영역으로 자리 잡은 소비자상담은 상담사례로 발표되는 극소수를 제외하고는 비공개로 진행되었다. 반면 인터넷을 통한 소비자상담은 상담의 내용을 공개하여 여러 사람이 피해내용과 구제방법을 공유할 수 있게 함으로써 소비자문제를 사전에 예방하고, 제시된 다른 소비자의 유사사례를 참조해 소비자가 스스로 해결책을 찾을 수 있게 함으로써 소비자교육의 역할까지 수행하고 있다.

인터넷 이용자의 증가로 인한 소비자운동의 또 다른 변화는 전통적인 소비자운동단체와는 달리 가상공간에서만 소비자운동을 전개하는 이른바 '사이버 소비자운동'이 시도되고 있다는 점이다. 이러한 새로운 유형의 소비자운동은 개인이 구축한 홈페이지를 통해 구체적인 소비자정보를 제공하는 '정보제공형'과 특정기업 또는 특정제품의 사용과 관련한 불만을 경험한 소비자들이 개인적 차원에서 '안티 제품형'(회사명), 홈페이지를 개설하고 부정적 정보를 파급하는 '항의·불만 표출형', 그리고 특정한 제품이나 서비스에 관한 정보를 제공하고 의견을 나누는 '사용자모임' 등 다양한 방식으로 나타나고 있다.

이렇게 인터넷을 이용한 소비자운동이 활성화되는 것은 인터넷의 장점과 이용 인구의 특수성에서 기인하는 것으로 추측된다. 즉, 인터넷을 통한 소비자운동은 운동 전개에 필요한 시간과 장소에 구속을 받지 않는다는 물리적 환경상의 장점과 그동안 소비자운동 참여에 상대적으로 무관심했던 지방 거주자, 남성, 젊은 층, 직장인 등 다양한 계층을 흡수하는 특성을 보인다.

사이버 소비자운동은 기존에 활동하던 소비자운동과 비교해 볼 때 참여자의 다양성뿐만 아니라 운동의 전개 방식이나 전략 사용에 있어서도 차이를 보일 것으로 예상된다. 즉, 소비자정보의 즉각적인 확산과 이에 대한 소비자들의 반응을 동시에 파악할 수 있으므로 양방향의 의사소통이 가능해졌고, 소비자들의 힘을 효과적으로 결집하기에도 유리한 수단이 되었다.

하지만, 사이버 소비자운동은 참여자의 익명성으로 인해 제공되는 정보나 의견제시에 있어 근거 없는 비방이나, 저속한 표현을 사용하는 경우도 있음을 부정할 수 없다. 따라서 이러한 시도들이 하나의 운동으로 정착되기까지는 다소 시행착오를 겪게 될 것으로 예상된다.

소비자가 네트워크를 통해 소비자공동체를 형성하는 일이 손쉬워지면서 소비자의 주권 향상을 위한 소비자운동 또한 네트워크를 통해 보다 폭넓은 소비자의 참여와 관심 및 행동을 효율적으로 유도할 수 있게 되었다. 또한 디지털 시대의 소비자운동은 디지털 소비자운동이라는 새로운 패러다임을 기반으로 보다 더 소비자의 주권 향상에 기여할 수 있다.

따라서 앞으로는 소비자단체에서 어떻게, 어느 정도, 그리고 무슨 내용을 중심으로 사이버 소비자공동체를 활용하는가 하는 것이 주요 관건이다.

첫째, 사이버 소비자운동의 주체가 다양화될 것이다.

둘째, 사이버 소비자운동의 목적이 다양화될 것이다.

셋째, 사이버 소비자운동의 기간이 다양화될 것이다.

넷째, 사이버 소비자운동의 결과가 다양화될 것이다.

다섯째, 사이버 소비자운동의 참여 형태가 다양화될 것이다.

이러한 현상을 중심으로 볼 때, 미래의 소비자운동은 방법 면에서의 변화, 내용 면에서의 변화, 규모 면에서의 변화, 목적 면에서의 변화, 그리고 주체의 변화 등에서 다양화 될 것으로 보인다. 이에 소비자운동은 방법, 내용, 규모, 목적에 따라 연합 및 연계하기도 하고, 전문화된 기타 단체와 신축적으로 다변화할 수 있는 소비자단체의 역량이 필요할 것으로 보인다.

생각해 볼 과제

1. 미래 사회의 소비 트렌드를 예측해 보고, 그에 동반하는 소비자문제 변화를 예측해 보시오.
2. 사이버 소비자운동의 일환으로 안티 사이트에 대한 동향과 변화를 토론해 보시오.

제10장

소비자운동 및 소비자단체의 발전방안

1. 소비자운동의 미래

소비자운동은 일반적으로 소비자운동(consumer movement) 혹은 컨슈머리즘(consumerism)이라고 하는데, 이의 전개과정은 대개 1960년 이전과 이후로 구분할 수 있으며, 1960년 이전을 대표하는 시대는 1920년대와 1930년대이다. 또한 1960년 이후에 전개된 소비자운동을 컨슈머리즘 운동(consumerism movement)이라 부른다.

스탠턴(William J. Stanton)은 1920년대와 1930년대의 소비자운동과 1960년대 이후의 컨슈머리즘과의 차이를 다음 두 가지로 구분하고 있다.

첫째, 사회적 · 경제적 배경에 매우 큰 차이가 있다. 1930년대는 불황중에 있었고 저소득이었으며 풍부한 경제가 아니었지만, 오늘날의 컨슈머리즘은 고소득의 환경 속에서 발생하고 생활필수품이 충족되어 있다.

둘째, 두 가지의 소비자운동에 관련된 규제의 성질과 목적이 서로 다르다. 1930년대는 대규모회사로부터 소규모회사를 보호하는 것으로서, 그 강조점이 경쟁을 옹호하고 소비자보호는 부산물이었지만, 오늘날은 소비자보호가 중심이 된다.

이와 같이 오늘날의 소비자보호운동은 소비자 주권의식, 소비자주의(consumerism)를 바탕으로 개인, 단체 소비자, 기업, 정부가 거래관계에서 일어나는 여러 가지 소비자 또는 사용자의 불평·불만을 해소 혹은 완화하기 위한 중요한 사회적 운동이라고 정의할 수 있다.

소비자보호문제가 처음으로 대두된 것은 1844년 영국의 신흥공업도시인 랭커셔(Lancashire)의 '로치데일 공장개척자조합'이라는 소비생활협동조합의 설립에 기인한다.

"노동운동은 19세기의 발견이고 소비자운동은 20세기의 발명"이라고 한 국제소비자기구(International Organization of Consumers Unions)와 미국소비자동맹(Consumers Union)의 회장 콜스튼(Colstone E. Warne) 박사의 말은 이를 한마디로 나타낸 것이라 하겠다. 이러한 소비자보호운동의 형태를 주체별로 보면, ① 소비자에 의한 소비자보호, ② 기업에 의한 소비자보호, ③ 행정에 의한 소비자보호로 나눌 수 있다. 또한 재정상 분류는 ① 민간주도형(미영형), ② 정부주도형(북구형)으로 대별된다. 기능별로 보면, ① 소비생활협동형, ② 조직적 저항형, ③ 정보제공형으로 나눌 수 있다. 결국 소비자보호운동의 본질은 소비자주권을 옹호하고 소비자의 권리를 보장하고 신장시켜 국민의 후생복지를 실현하는 것이라 하겠다.

소비자운동의 범위가 넓고 조직적으로 되어 있는 선진국 중에서 미국의 경우 1929년부터 시작된 경제공황을 계기로 소비자들이 가치관의 변화를 일으켰다. 이는 물가상승과 산업공해에서 자신을 보호하려는 소비자의 자기방어 노력의 결과라고 할 수 있으며, 이러한 소비자들의 움직임은 근본적으로 이윤극대화주의의 기업으로 하여금 인간,

소비자를 중요시하는 관점에서 기업행동을 유도하게 하였다.

또한 미국에서는 19세기 「소비자보호법」이 제정되어 많은 실효를 거두었으며 20세기에 와서도 '뉴딜'정책의 일환으로 소비자보호기구의 개편과 권한도 강화되었다. 이렇게 소비자행정이 근대적인 모습으로 등장한 것은 케네디 대통령이 의회에 보낸 '메시지' 이후라고 볼 수 있다.

영국의 경우는 1957년 소비자기관 체제가 급속히 정비되어 조직적인 면에서는 미국보다 많았으며, 이들은 기관 체제를 통해서 소극적인 운동을 전개하였다. 그러나 이 중 영국소비자회의는 상품마크와 품질보증표에 관한 법령의 준비를 시점으로 소비자를 보호하며, 특히 생활협동조직은 스스로의 매장을 만들고 상품과 서비스를 취급하며 중앙과 지방에 함께 조직되어 있는 것이 특징이다.

일본의 경우는 1948년 주부들의 불량성냥퇴치운동을 계기로 1961년 일본의 소비자협회가 발족되어 기관지에 테스트 결과를 발표하면서 소비자상담창구를 설치하고 처리를 도모하는 등 소비자보호운동이 활발하게 발전되었다. 또한 1968년에는 「소비자보호기본법」이 의회에서 제정되어 통과되었다. 일본의 소비자행정은 1949년에 실효된 「식품위생법」과 「독점금지법」이 제정되면서부터였고, 그 후 부분적으로 법이 제정되었다.

그렇다면 과연 우리나라는 어떠한가? 과거에 우리나라는 소비자 자신이 자신을 보호할 만큼 상품지식, 소비자교육 내지 계몽 등이 되어 있지 않았으며, 조직 면에서도 마찬가지였다. 그러나 우리나라에서도 「소비자기본법」의 개정으로 인하여 소비자는 물론 정부나 각 기업들도 적극적인 상호협조와 노력이 필요하다고 할 수 있다.

소비자운동의 미래를 살펴보기 위해 소비자운동이 대중적인 지지를 얻어서 법제화에 성공하기 위한 요인들을 살펴보면 다음과 같다.

특히, 마이어(Mayer)는 소비자운동 법제화 성공에 다음과 같은 요인들이 영향을 미친다고 주장하였다.

첫째, 대중의 생각이다. 대중의 생각이 직접 소비자운동을 법제화하는 데 영향을 미치지는 못하지만 역으로 법제화시키는 사람들이 대중의 생각에 영향을 미치고 있다. 대중의 생각이 소비자운동가와 같은 생각을 하고 있지만, 시간의 흐름에 따라 변화한다. 초기에는 사회문제를 의식하지 못하지만 운동하는 사람들이 문제를 인지시키고 설득시키면 대중들은 운동가에 따르지만, 그 문제가 상당한 대가를 지불해야 한다면 소비자는 운동에 대한 관심이 줄어들기 시작한다. 따라서 대중의 생각은 고정되기보다는 변동적이라고 할 수 있다.

둘째, 지도자의 지도력이다. 일반적으로 대통령이 직접적으로 중요하다기보다 대통령이 담당자를 지명할 때 대통령의 의지를 알 수 있다. 또한 의회의 분위기 역시 중요하다. 진보적인 의원들이 다수일 경우에는 소비자운동을 법제화하기가 수월하다.

셋째, 대중매체의 활용이다. 소비자운동가들은 소비자문제와 관련된 사건이 일어났을 때 신속하게 매스컴을 이용해서 정보를 확산시키는 일이 중요하다. 이러한 작업을 대중들에게 인지시키는 것은 매우 중요하며 이는 의사결정자에게 영향을 미치게 된다.

넷째, 법안의 이름이다. 법안의 이름 역시 중요하다. 일반적으로 법안의 이름에 '공평', '진실'이라는 말이 들어 있을 때 긍정적인 반응을 더 얻는 것으로 나타났다.

다섯째, 반대자의 설득이다. 어떤 법안이든지 이해관계자들이 있게 마련이다. 따라서 이들을 어떻게든 설득시키는 일은 매우 중요하다고 볼 수 있다.

여섯째, 기업과 소비자 간 연대이다. 사안에 따라서 기업 간에도 이해관계가 다르기 때문에 소비자를 옹호할 수 있는 기업도 있을 수 있다. 따라서 그들을 찾아 연합할 수 있도록 해야 한다.

일곱째, 협상의 기술이다. 어떤 사안이건 협상의 여지가 있다. 전혀 양보 없이 소비자운동을 법제화시킨다는 것은 쉽지 않으므로 양보에 대한 전략을 세워서 협상에 임해야 한다.

송보경(1980)은 소속된 소비자단체의 과제와 전망을 통하여 우리나라 소비자운동의 과제와 전망을 다음과 같이 언급하였다.

첫째, 왜곡된 정보의 차단과 정보접근 용이성의 확보, 효율적인 소비자 정보제공 그리고 소비자 관련 정책결정과정의 참여문제를 어떻게 풀어야 하는가이다.

둘째, 누가 활동을 지원할 것인가? 이는 재정지원에 관한 것으로서 모임의 독립적이고 지속적인 활동은 자유로운 재원을 필요로 한다. 소비자단체의 활동은 소비자 불만을 처리하는 활동, 소비자에게 정보를 제공하는 활동, 그리고 소비자의 권익을 지키기 위한 권익 향상 활동 등으로 구분할 수 있다. 소비자 불만을 처리하는 활동의 지원은 정부 혹은 기업으로부터 받을 수 있다. 원인제공자 원칙에 따라 불량품을 만든 업체 혹은 불만족한 서비스를 제공한 기업으로부터 대가를 요구할 수 있기 때문이다.

그러나 현재까지 우리나라에서는 소비자단체가 소비자 불만처리 비용을 기업으로부터 받지 않으며, 다만 소비자 불만처리 비용의 일부를 지방자치단체로부터 받고 있는 경우도 있다. 또한 소비자 불만처리의 대가로 활동을 지속할 수 있다고 하더라도 그것은 소비자보호활동이지 소비자의 권리를 찾는 소비자운동이 아니라는 한계가 있다. 즉 소비자 불만처리 비용으로 단체를 유지한다면 이것은 소비자운동단체로서의 정체성 문제에 당면하게 된다.

다음으로는 소비자 정보제공에 대한 대가를 소비자로부터 받는 것이다. 미국과 유럽의 경우에는 소비자단체가 정기간행물을 판매하며 경제적인 독립성을 가지고 소비자단체 활동의 지속성을 유지하고 있다. 이러한 전통적인 소비자단체의 회비는 소비자 보고서라는 월간잡지의 구독료를 의미한다(미국의 소비자동맹(Consumers Union)은 『컨슈머리포트(*Consumer Report*)』, 영국의 소비자협회(Consumer Association)는

『위치(*Which*)』).

그러나 소비자단체가 소비자에게 정보를 제공하는 활동도 소비자가 정보를 구매할 용의가 있는가? 현재 소비자단체가 정보를 생산할 능력이 있는가? 정부기관과 저가 정보제공 경쟁이 가능한가? 하는 어려움에 당면하게 된다. 소비자단체의 정보생산이란 제품 검사와 서비스 평가의 결과물인데, 이 결과가 소비자잡지의 주된 내용이 된다.

셋째, 소비자주권을 지키기 위한 활동은 누가 지불해야 하느냐 하는 것이다. 어떤 측면에서 보면 이 활동만이 소비자단체를 구분 짓는 기준이 될 수 있다.

소비자 불만처리와 소비자 정보제공은 선별적으로 기업과 정부가 활동을 할 수 있다. 소비자운동이 활성화되기 위해서는 소비자권익을 지키기 위한 활동이 핵심이 되어야 할 것이다. 그러나 사실 이 활동의 대가를 소비자에게 기대하는 것이 가장 어렵다.

20세기 후반에 들어서 전세계적으로 가장 비약적인 성장을 이룬 조직 중의 하나는 바로 NGO라 할 수 있다. NGO의 성장은 NGO 분야에 대한 학문적 관심을 폭발적으로 증가시켰다. 우리나라에 있어 NGO 논의는 다양한 분야에서 광범위하게 이루어지고 있으며, 특히 최근 활발히 논의되고 있는 거버넌스 이론으로 정부, 시장, 시민사회 간 관계의 재정립 및 상호의존성이 강조되면서 학문적으로 각 부문 간의 관계연구가 활성화되고 있다. 그리하여 국가와 시민사회의 관계, 즉 정부와 NGO와의 관계에 대한 연구가 크게 진전되었고, 또 국가와 기업(시장) 간 관계도 재검토되고 있는 실정이다.

소비자단체와 더불어 NGO의 확산도 눈에 띄게 볼 수 있는데, 그 이유로는 첫째, 인터넷과 휴대전화 등을 통해 상호간 연결점인 네트워크가 개량되었기 때문이다. 둘째, 공통의 목적과 문제를 판별하고, 서로에 대해 잘 알게 되어 연계와 조직이 용이해졌으며, 그에 따른 비용도 저렴하기 때문이다. 셋째, 변화의 가속화로 인해 새로운 기회와 두려움이 형성되고 있기 때문이다. 이에 지식은 부와 빈곤의 경계, 역량과 무기력의 경계, 인간적 성취와 좌절의 경계를 정의하는 데 점차 더 중요한 기준으로 자리 잡고 있다. 이에 지식을 육성하고, 전파시키고, 개선시키는 능력 양성이 필요하며, 이는 소비자의 지위와도 관련된다. 특히 가까운 일본에서는 근래에 NGO 관련법에 소비자 관련 영역이 첨가되면서 NGO의 증가, 활동 영역의 확대 등으로 나타나고 있다.

2. NGO 관련 이론

1) 사회적 교환이론

사회적 교환이론이란, 공리주의 경제학과 형태주의 심리학을 토대로 한 '보상'과 '비용(처벌)'이라는 개념을 근거로 하여 사회적 관계는 보상과 처벌의 교환을 통해 상호작용이 이루어지는 과정이라고 본다. 교환이론의 대표적인 학자인 휴먼스(Humans, 1961)는 인간의 형태를 상호작용하는 개인들 사이의 보상과 비용의 교환으로서 개념화하였고, 보상을 추구하는 인간의 이기심을 사회적 상호작용의 보편적 동기로서 가정하였다(양춘 외, 1986).

휴먼스의 교환이론이 인간행동과 개인들 간의 교환관계에 초점을 둔 반면, 블라우(Blau, 1964)의 이론은 사회 권력구조의 출현과 조직 간 갈등에 집중했다. 블라우는 합리성(rationality), 상호성(reciprocity), 공정성(justice), 한계효용(marginal utility), 불균형(imbalance)이라는 5가지 원칙을 제시한다. 또한 공정성과 상호성의 원칙을 바탕으로 교환관계가 형성되지만, 교환이 권력의 불평등을 야기하게 되고 이것을 정당화할 가치가 제도화되지 못하면 저항세력의 형성을 초래하여 사회적 갈등이 발생한다(Turner, 2001 ; 권인석, 1999). 즉 사회적 교환이론에서 교환이란 사회규범적인 맥락에서 일어나므로 보상이나 비용의 인지는 문화적 가치와 경험에 의존하게 되어 규범에서 벗어나는 행위를 하는 것은 교환에서 오는 보상을 줄이며 역할갈등을 초래한다(조병은 · 신화용, 1992).

교환이론의 기본명제로서 보상과 비용은 조직 간 관계구조의 관건이 되는데, 조직 간의 상호작용이 보상을 발생시킬 경우는 조직 간에 교환관계가 성립되어 결합적인 형태를 띠는 반면, 보상에 비해 비용이 클 경우는 분리적인 형태를 보인다. 이러한 교환이론을 NGO와 기업 간 관계에 적용하면, 먼저 NGO와 기업은 기본적으로 조직의 긍정적인 가치(보상)를 최대화하려는 욕구를 가지므로 NGO와 기업 간의 활동이 서로에게 보상이나 이익을 발생시킬 것이라 기대되면 이들은 협력하게 된다. 그러나 서로의 활동이 보상보다 비용을 초래할 경우는 관계 자체가 성립되지 못하거나 갈등 관계를 형성해 분리적 양상을 보이게 된다.

이들 관계를 좌우하는 보상과 비용에 대한 인식은 사회적 규범이나 문화적 가치에 영향을 받는다. 따라서 NGO와 기업 간 관계 형성이 사회적으로 당위성을 지니며 양자의 친화력에 대한 사회적 · 문화적 인식이 긍정적인 경우에는 상호관계에서 오는 비용이 보상보다 크더라도 관계가 성립 · 지속될 수 있다. 반면에 NGO와 기업의 친화력에 대한 강한 사회적 터부가 존재하는 경우는 보상이 크더라도 교환관계가 성립되기 어려우며 상호관계도 갈등적 양상을 나타낼 수 있다. 이상과 같은 교환이론에 따라 NGO와 기업은 보상과 비용의 교환을 통해 협력 혹은 갈등 관계를 형성할 수 있다.

2) 게임이론

게임이론(Neumann & Morgenstern, 1944 ; Nash, 1951)은 합리적 선택 상황을 기본 전제로 한 상호의존적인 선택에 관한 이론이다. 게임 경기자들은 의사결정시 자신의 행위를 고려한 상대의 선택행위를 예상하면서 자신의 이익을 극대화하는 방향으로 선택을 행한다고 본다. 일반적으로 게임은 갈등구조가 있는 상황을 묘사하므로 경기자들 간에는 협상과정과 같은 일정한 법률적·사회적 규칙이 있으며(김영세, 1998), 규칙 범위 내에서 경기자들은 자신의 이익을 관철시키기 위해 각종 전략을 사용하고 경기자들의 전략이 상호작용하여 결과가 결정된다.

결국 게임이론에서는 전략적인 선택이 무엇보다 중요한데, 조직 간 관계에서 전략은 조직이 처해 있는 상황이나 환경 여건에 따라 좌우된다. 그러나 무엇보다도 상대 조직에 대한 인식과 전략에 대한 예측을 통해 결정되므로 상대 전략에 따라 상이한 전략을 채택하게 된다. 이러한 선택에 따라 조직 간 관계가 달라질 뿐 아니라 관계에 따라 조직 전략이 변하기도 한다. 따라서 게임이론은 조직 간 상호관계와 전략적 행동을 이해하는 데 유용한 분석도구가 될 수 있다.

게임이론은 각각의 상황에 따라 적용될 수 있는 게임 논리가 상이하므로 이를 활용해 NGO와 기업관계를 분석한다면, 특정 상황이나 구체적인 사례에 적용하는 것이 분석의 타당성을 높일 수 있다. 그러나 일반화하여 적용해 보면, 조직 특성상 NGO는 공익을 지향하는 반면 기업은 사익을 추구한다. 따라서 양자 간에는 이해·관심이 상반되고 이익이 출동할 가능성이 높으므로 게임이 경쟁적이고 갈등적인 상황으로 전개되기 쉽다. 이러한 갈등상황에서 NGO는 비협조적 전략을 취할 가능성이 높다. 그 이유는 테쉬(Tesh)에 의하면 경제적 이익을 추구하는 집단은 상대조직체와 타협이 가능하지만, 공익을 추구하고 원칙을 주장하는 집단은 상대조직체와 타협이 불가능하기 때문이다

(윤희중 · 차희원, 1999, 재인용).

특히 기업에 대한 사회적 신뢰가 낮으며 NGO의 주요 역할은 기업에 대한 감시 및 견제라는 사회적 인식이 팽배하고 그러한 NGO 활동에 대중이 강한 지지를 보낼 경우에 NGO는 기업 전략과 무관하게 비협조적인 전략을 취하는 것이 우월하다. 이 경우에는 기업도 협조보다는 비협조적인 전략을 취할 가능성이 높으므로 양자의 이러한 전략적 선택행위는 네거티브 섬 게임으로 귀결된다. 그러나 현실세계의 이러한 게임적 상황에서도 경기자들 사이에는 약간의 공통이익 영역이 존재하므로, NGO와 기업 모두가 최대 이익을 얻기 위해서는 공동이익을 추구하는 윈-윈(win-win) 전략을 선택하는 것이 합리적이다. 하지만 일반적으로 게임에 참여하는 행위자는 상대가 공동 이익을 추구할 것이라는 확신이 없는 한 양쪽 모두에게 유리한 결과를 가져오는 선택을 행하지 않는다(김인철 · 최진식, 1999). 이것은 각자 자신의 이익만을 극대화하고자 선택한 우월 전략 행위가 사회적으로 비효율적인 결과를 낳는 죄수의 딜레마 상황을 초래한다. 이를 막기 위해서는 무엇보다 상호 신뢰와 커뮤니케이션이 전제되어야 한다.

그런데 순차게임이나 반복게임에서는 죄수의 딜레마 게임의 결과도 상호 협조로 나타날 수 있으므로 NGO와 기업이 참여하는 게임이 반복적 게임이라는 점에서 양자 간의 협력이 가능하다. 이상과 같이 게임이론에서 NGO와 기업 관계는 전략에 따라 갈등 혹은 협력 관계로 산정될 수 있다.

3) 자원의존이론

자원의존이론은 조직 간의 관계를 이해함에 있어 '자원의 교환'에 초점을 맞추고 있다. 자원의존이론에 의하면 모든 조직은 필요한 자원을 조직 내부에서 모두 충당할 수 없고 부족한 자원은 외부조직에 의존하게 된다(Aldrich, 1976 ; Pfeffer & Salancik, 1978 ; 김준기, 2000).

조직은 자원 제약을 최소화하면서 보유자원의 활용을 최대화하기 위해 자신에게 부족한 가치 있는 자원을 보유한 외부조직에 의존하게 된다. 그 의존 정도는 외부조직이 가진 자원의 희소적 가치인 자원의 중요성과 대체성(자원통제의 집중도)에 영향을 받는다(Pfeffer & Salancik, 1978). 즉 조직은 조직력을 극대화하고 불확실성을 감소시키고자 외부조직에 불가피하게 의존하게 되며, 그 의존 정도는 조직간 관계구조에 영향을 미치게 된다. 결국 서로 교환할 가치 있는 자원을 보유한 조직들 간에는 상호의존관계를 형성하게 되고, 보완적 자원을 보유하기 위해 조직은 상호협력하게 된다. 따라서 자원의존이론은 특정 자원을 매개로 하여 조직이 협력하게 되는 조건을 밝히고 있다.

자원의존이론을 기업과 NGO 간 관계의 이론화에 적용하기 위해서는 우선 관계형성의 전제가 되는 자원의 교환과 관련하여 기업과 NGO가 상호 교환할 수 있는 자원이 무엇인지를 살펴볼 필요가 있다. 먼저 기업이 NGO에게 제공할 수 있는 자원에는 재정적·물질적 자원, 인적 자원, 전문적 경영지식 및 기술 등을 들 수 있다, 반면 NGO가 기업에게 제공할 수 있는 자원에는 사회적 신뢰, 평판, 긍정적인 기업이미지, 다양한 정보, 마케팅 효과 등을 들 수 있다. 이러한 자원의 필요성과 중요성에 대한 인식의 차이에 따라 기업과 NGO 간 관계는 상이한 양상을 나타낼 것이다. 하지만 실제로 상호간의 관계가 형성되면 그 형태는 일방적 관계보다 상호의존적 관계로 나타날 가능성이 높다.

4) 네트워크 이론

네트워크 이론에서는 신뢰, 상호호혜성, 상호의존성을 핵심요소로 하여 형성되는 상호작용적 관계를 의미하는 네트워크를 구조적 관점에서 분석한다. 네트워크의 개념은 학자에 따라 다양하게 정의되는데, 대표적으로 파월(Powell, 1990)은 네트워크를 교환, 상호의존적 자원의 흐름, 커뮤니케이션 연계의 잠재적 혹은 수평적인 형태로 정의하며(배

웅환, 2003, 재인용), 백형업(2003)은 장기적인 협력관계를 맺고 있는 둘 이상의 행위 주체가 독립성을 유지하면서 상호 신뢰를 바탕으로 전략적 의도하에서 장기적인 결속관계를 구축 및 유지하는 과정을 네트워크라고 하였다(백형업, 2003). 즉 네트워크는 반복적 · 지속적 교환을 통해 생성되는 신뢰와 상호 의존성을 본질로 하는 행위자 간의 조직화된 상호작용적 관계구조로서 이루어진다. 이러한 네트워크 이론은 상호협력을 발생시키고 지속시키는 교환의 논리로 설명된다.

네트워크 이론에 따르면 경제조직으로서의 기업과 사회조직으로서 NGO의 관계는 기본적으로 사회적 관계에 토대를 둔다고 본다. 그라노베터(Granovettor, 1985)는 경제조직에 있어 사회적 관계의 중요성을 강조하면서 모든 경제적 활동은 사회적 네트워크에 내재하며 사회적 네트워크가 경제적 교환을 가능하게 해주는 신뢰의 기초를 제공한다고 본다. 김상조(2002)는 시민사회가 네트워크이듯이 기업도 결코 단일한 의사결정주체가 아니라 명시적 · 암묵적 계약을 통해 장기간에 거

표 10-1 조직 간 관계에 관한 이론적 관점의 주요 내용

이론적 관점	주요 목표	주요 변수	관계 형태	공통 요인
사회적 교환이론	보상과 이익의 추구	· 보상과 비용 · 이익 추구 · 상호작용	협력 혹은 갈등 관계	· 이익추구 (공동이익의 추구 정도) · 상호작용 (자원의 교환, 정보의 교환 및 커뮤니케이션의 정도)
자원 의존이론	자원계약의 최소화 조직력의 극대화	· 자원 · 교환 정도 · 상호의존성	상호의존적 협력 관계	
게임이론	자기이익의 극대화	· 전략 · 이익 추구 · 신뢰 · 커뮤니케이션	협력 혹은 갈등 관계	
네트워크 이론	장기적 상호이익의 달성	· 신뢰 · 상호이익 · 자원 및 정보의 교환 · 커뮤니케이션	상호의존적 협력 관계	

쳐 비시장적 · 위계적 관계를 유지하는 다양한 구성원의 상이한 네트워크이므로 이 두 개의 네트워크는 상당수의 구성원을 공유하고 있어 동떨어진 별개의 조직 간 문제로만 환원할 수 없다고 하였다.

5) NGO와 기업 관계의 유형화

NGO와 기업의 관계를 공동이익의 추구 정도와 상호작용 정도를 기준으로 유형화하면 다음 〈그림 10-1〉과 같다.

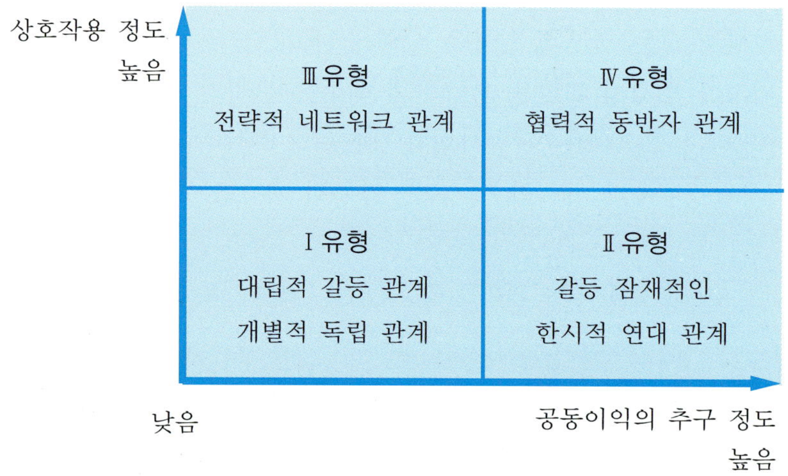

그림 10-1 기업과 NGO의 관계 유형

*자료: 장임숙(2005), NGO와 기업 간 관계의 유형화－식품안전사고를 둘러싼 환경운동연합과 CJ(주)의 관계를 중심으로, 한국행정학회.

첫째, Ⅰ유형은 조직이 각자 개별이익을 추구하고 조직적 상호작용이 낮아 상대에 대한 이해나 인식이 부족해 신뢰 형성이 어려운 관계이다. 이 경우 기업과 NGO는 대립적 갈등 관계 혹은 개별적 독립 관계를 보이게 된다.

먼저 대립적 갈등 관계는 상호간에 조직 목표나 이익이 상충하고 상대와의 자원 및 정보의 교환과 커뮤니케이션의 결핍으로 상호 목표나 이익에 대한 인식의 편차가 매우 커서 자기이익의 극대화만을 추구하면서 상대를 적대시하며 갈등을 일으키는 경우에 나타난다. 이 유형은 공익을 추구하는 NGO와 사익을 추구하는 기업 사이에 일반적으로 나타날 수 있는 관계유형으로서 기업의 이익이 사회적·경제적으로 바람직하지 못한 경우 NGO가 기업을 비난·공격하고 이에 대해 기업이 대항·방어하는 경우에 형성된다.

개별적 독립 관계는 조직이 서로 다른 영역에서 활동하거나 개별 영역의 분리가 명확하여 조직이 공동이익을 추구하거나 자원·정보의 교환 및 커뮤니케이션의 필요성을 인식하지 못해 상호작용이 부족한 경우에 나타나게 된다. 그러나 현실적으로 사회 내에 존재하는 기업과 NGO는 공동의 구성원을 가지므로 어떠한 형태로든 상호작용하게 되고 더구나 최근 조직의 개별적 영역이 허물어지고 경계가 모호해지는 상황에서 기업과 NGO의 개별적 독립 관계는 존재하기 어렵다.

둘째, Ⅱ유형은 조직이 공동이익을 추구하는 반면 상호작용 정도가 낮은 관계로서, 이 경우 기업과 NGO 관계는 신뢰 결핍으로 인하여 갈등 관계로 전환될 수 있는 갈등잠재적인 한시적 연대 관계로 나타난다. 기업과 NGO 양측 모두가 최대 이익을 얻을 수 있는 공동이익의 영역이 존재하는 경우, 양자는 공동이익을 추구하기 위해 상호작용하지만, 그 과정이 반복적·지속적이지 못하고 일시적·한시적으로 상호작용함으로써 신뢰 구축이 어려운 경우가 이에 해당된다.

이러한 관계유형에서 양자는 상대에 대한 자원의존이 그리 높지 않고 정보교환과 커뮤니케이션 채널이 관행화되어 있지 않아서 장기적 관계 유지가 어려울 뿐 아니라 서로에 대한 신뢰도도 낮다. 또한 서로의 이익 달성을 위해 공동 이익이 존재하는 경우에만 관계를 형성하므로 그렇지 못할 경우에는 언제든지 갈등적·대립적 관계를 나타낼 수 있다. 이러한 관계의 현실적 양태는 단기적 공동이익을 위해서로 연대하지만 상호작용의 부족으로 신뢰 형성이 어려워 장기적으로 관계를 유지하기 어려운 한시적 연대 관계에서 발생한다. 그리고 갈등적 관계의 기업과 NGO와 소모적 논쟁을 그만두고 상호이익의 접합점을 찾아 타협하는 경우에도 이러한 관계 유형이 나타날 수 있다. 이 경우에 타협은 관계의 근본적인 변화를 유도하지 못하는 일시적인 관계 변화에 불과하다.

셋째, Ⅲ유형은 조직이 개별적 이익을 추구하지만 상호작용의 정도가 높은 관계로서, 이 경우 기업과 NGO의 관계는 전략적 네트워크 관계로 나타난다. 이러한 관계 유형에 해당하는 기업과 NGO는 지속적으로 상호작용하지만 공동의 이익보다는 개별조직의 이익과 목표 달성을 더욱 중요시하므로 개별조직의 독립성을 유지하면서 전략적 의도하에 상호의존적 관계구조를 형성한다고 볼 수 있다. 이러한 관계 유형은 자원 및 정보교환이 빈번하고 커뮤니케이션 채널이 구축되어 지속적·장기적으로 상호작용함으로써 신뢰가 형성된 관계에서 나타나므로 파트너십의 형성이나 협력적 동반자관계로 발전할 가능성이 높다.

이러한 유형은 시민사회가 발전해 NGO가 상당한 전문성과 대중성을 보유하고 상당한 영향력을 행사함으로써 기업과 대등한 입장에서 관계를 유지하는 사회에서 지배적이다.

넷째, Ⅳ유형은 조직이 서로 빈번히 상호작용하고 공동이익을 추구하면서 신뢰를 형성한 관계로서, 이 경우 기업과 NGO의 관계는 협력적 파트너십의 관계를 형성하게 된다. 상대가 제공해줄 수 있는 자원의 중요성을 인식하고 상대의 자원에 대한 의존도가 높은 기업과 NGO가 자원을 상호교환하고 정보공유와 원활한 커뮤니케이션을 통해 상호신뢰를 구축하여 장기적으로 협력하는 파트너십 관계를 형성하는 경우가 이에 해당된다. 이 유형은 지속적인 상호작용을 통한 성숙된 관계를 형성하고 있어 관계의 성과도 높게 나타나므로 4가지 유형 중에서 Ⅳ유형이 기업과 NGO의 상호발전을 위해서는 가장 바람직한 유형이라 할 수 있다. 실제로 기업시민정신이 확립되고 시민사회가 성숙하고 사회적 자본이 풍부하며 협력문화가 발전된 사회는 이러한 관계가 형성되기 좋은 토양이 된다.

우리나라의 경우에는 기업의 사회적 책임의식의 결여, 시민사회의 미성숙, 사회적 자본의 결핍 등으로 인해 이 같은 유형의 관계가 발전되기 힘들다. 그렇지만 최근 들어 시민사회가 상대적으로 급성장하고 기업시민으로서 책임의식을 가진 기업이 늘고 있기 때문에 우리나라에서 이러한 관계 유형의 적용이 전혀 무용한 것은 아니다(장임숙, 2005).

3. 소비자단체의 발전방안

사실 국내의 소비자운동과 미국이나 유럽의 소비자운동을 단순 비교함으로써 국내의 소비자운동을 설명하려는 시도들이 있지만, 이런 비교로 우리나라 소비자운동의 핵심을 제대로 이해하기에는 불충분하다. 예를 들어 미국이나 유럽에서 활동하는 전통적인 소비자단체는 소비자에게 정보를 제공함으로써 소비자의 선택을 돕는 것이 주요 활동이다. 이 과정에서 소비자는 반드시 월간지라는 형태로 정보를 구매하기 때문에 단체의 재정적인 독립을 가능하게 한다. 즉 미국 및 유럽의 소비자단체는 비영리단체로서 월간 정보지를 통해 소비자에게 회비를 받고 정보를 제공한다.

그러나 이런 방식의 소비자단체 활동은 소비자들로 하여금 상품을 단순하게 구매하는 수동적인 역할로만 한정시키는 단점이 있기 때문에 소비자단체의 역할을 정책결정 참여 등에 적극적으로 확대하는 단체도 생겼다.

요약하면 미국이나 유럽의 전통적인 소비자단체는 비영리·비정치적인 특성을 제외하면, 월간잡지 출판 판매회사이며 잡지의 내용은 주로 상품 검사결과이다(송보경, 1987).

현재 우리나라의 소비자단체는 소비자단체협의회와 생활협동조합으로 대별하여 구분할 수 있다. 소비자단체협의회는 소비자 불만처리와 소비자 정보제공에 중점을 두고 활동을 하는 단체이며, 생활협동조합은 소비자가 집단으로 구매단계를 단순화하는 직접구매 활동을 하는 단체이다. 소비자단체협의회나 생활협동조합이나 소비자의 구매력을 통해 시장의 영향력을 행사하여 소비자의 이익을 증대시키려는 점은 공통이므로 이를 소비자단체라고 할 수 있다. 그러나 소비자단체협의회와 생활협동조합의 차이점은 전자는 정보제공을 주요 수단으로 하고, 후자는 재화와 용역의 직접구매를 방법으로 한다. 또한 전자는 소비자권익 지키기를 단일 목적으로 하는 소비자단체와 사회단체 활동에 소비자보호 활동을 포함시킨 다목적 활동단체로 구분된다.

이와 같은 구분은 단체의 정체성 및 재원과 밀접한 관련이 있으므로 중요하다. 단일 목적의 소비자단체는 그 독립성을 보장하기 위해 원칙적으로 기업으로부터 금전, 제품과 용역 그리고 광고 등 어떤 형태의 협찬을 받을 수 없다. 기타 다목적 단체들은 단일 목적 단체와 비교하여 기업과의 관계가 비교적 자유롭다. 소비자단체협의회에 가입한 10개 단체 중 다목적 시민단체는 YMCA, YWCA 등이 있다.

그 외 단체는 거의 소비자운동 단체이다. 이 중에서 '소비자를 연구하는 시민의 모임'은 국제소비자기구의 유일한 한국 정회원단체이며, 소비자단체협의회 자체는 준회원이다.

이에 우리나라 소비자단체의 그간 역할을 살펴보면, 첫째, 소비자상담 및 불만처리로서 소비자단체들은 소비자고발센터에 접수된 소비자고발을 상담·처리한다. 둘째, 소비자단체의 회원과 일반소비자를 대상으로 하는 소비자교육으로 여기에는 소비자운동을 보다 효과적으로 추진하기 위한 모니터교육 및 실무자교육도 포함된다. 셋째, 상품의 시험 검사 및 조사 활동, 넷째, 소비자에 대한 정보제공 활동이 있다.

현재 우리나라의 소비자단체 가운데 소비자문제만을 전담하는 단체는 소수에 불과하고, 나머지는 여성단체 내지 사회단체들의 프로그램의 일부로서 운영되는 취약성을 보이고 있다. 또 그 활동도 거의 대부분 단순한 소비자 불만처리에 머무르고 있고, 근본적인 소비자문제를 해결하기 위한 차원의 활동은 시민의 모임과 같은 극히 일부 단체에서만 행해지고 있다.

신종원(1998)은 다양하게 변화하는 우리나라에서 대안적 사회 공동체의 추구는 소비자운동의 과제라고 하였다. 우리 사회 변화의 계기는 이제 소비지상주의, 시장적 가치지향의 한계, 그리고 사회적 연대방식의 부재로 인한 위험 사회로 가고 있다는 것을 지적하면서, 그 대안으로서 위기 극복을 위한 사회적 접근이 새로운 소비자운동의 과제라고 하였다. 이에 대한 몇 가지 지적사항을 보면 다음과 같다.

첫째, 개인소비자와 가계의 보호이다.

둘째, 탈소비주의, 새로운 접근 방식의 필요성이다.

셋째, 나눔의 소비 정착이다.

넷째, 소비주의를 대신하는 정신주의의 필요성이다.

다섯째, 소비자 참여형의 법·제도의 실현이다.

또한 지금까지 소비자보호의 문제점을 혹자는 다음과 같이 언급하고 있다.

기업 측면에서 보면 다음과 같다.

첫째, 마케팅 철학의 빈곤으로 소비자 지향적 마케팅 프로그램이 결여되었음을 지적하지 않을 수 없다. 일부 기업이 아직도 생산 지향적이거나 판매 지향적인 경영이념으로 이윤 추구에만 급급한 나머지 사회성과 공공성을 인식하지 못하고, 소비자보호를 남의 일로만 생각하는 경향이 있다.

둘째, 상품의 품질관리와 규격관리는 물론 제조년월일, 유효기간,

가격, 용법, 보관 방법 등에 관한 정보제공에도 소홀히 하여 소비자의 지혜로운 선택과 소비에 지장을 주고 있다.

셋째, 과대광고와 기만광고로 소비자의 판매 후 인지상의 불협화음을 야기하는 일이 허다하였으며, 이에 따라 구매 결정에서 두려움을 느끼게 하는 기업도 많았다.

넷째, 유통기관의 부정, 부당행위 등을 언급할 수 있다. 즉, 행정적인 차원에서의 기업통제 미비를 들 수 있다.

다섯째, 기업측에 소비자의 불평, 불만이 제기되어도 책임 있는 해결을 기대할 수가 없었다.

정부 측면에서 보면 다음과 같다.

첫째, 소비자행정의 다원화로서 과거 우리나라의 소비자보호는 관계기관이 다원화되어 있어 많은 부서가 관여하고 있었다. 통합 조정기능을 대행하는 기관이 없으므로 통일적인 정책적 결정도 어려웠고 동일한 문제에 대해서도 각 부서간의 이견으로 대립하거나 마찰과 갈등마저 일어나 효율적인 소비자보호행정을 기대하기가 어려웠다.

둘째, 소비자보호 전담기관의 부재로서 국립상품 테스트 기관이나 소비자의 고발 접수 및 처리를 전문적으로 다루는 기관을 과거에는 생각할 수 없었다.

소비자 측면에서 보면 다음과 같다.

첫째, 우리나라의 소비자들은 소비자 주권의식이 결여되어 '소비자 또는 고객은 왕'이라는 자기의 권리와 지위를 수호하고자 하는 결의가 굳지 못하며 소극적인 태도로 항상 피해의식에 사로 잡혀 있었다.

둘째, 우리나라의 소비자들은 구매의사 결정에 필요한 정보 입수에 그다지 노력을 기울이지 않기 때문에 주관적 통찰과 이해로 접근하는 태도가 결여되어 광고의 기만에 이용당하는 예가 빈번하였다.

셋째, 소비자의 고발정신 결여로 부정·부당한 기업 관행을 지적하고 시정하는 운동에 무관심한 경우가 많았다.

소비자단체 측면에서 보면 다음과 같다.

첫째, 우리나라의 소비자단체는 대부분이 여성단체이었으며, 효과적이고 조직적 활동을 전개하기에는 미흡한 조직이다.

둘째, 유능한 지도자의 부재로서 선진국인 미국의 경우에는 유능한 지도자가 선도적 역할을 맡아 소비자보호운동을 강력히 추진하고 생활화로 이끌었다. 이처럼 우리나라에서도 뜻있는 지도자의 많은 참여가 필요한데 아직까지 그렇지 못한 것이 아쉽다.

따라서 이에 대한 개선 방안이 필요하다. 특히 소비자문제에 대한 개선은 소비자, 기업, 정부의 3자가 담당하는 역할과 책임을 수행하기 위해 부단한 노력과 총화가 이루어질 때, 비로소 실효를 거둘 수 있을 것이다.

기업은 소비자에게 유익한 정보를 제공하기 위해 최대의 노력과 소비자에게 제공되는 제품 및 상품의 조건에 대한 정보를 완전히 공개하여야 한다. 공정거래를 위해서는 「공정거래법」의 연구, 공정거래제도의 확립, 품질관리기구와 소비자 불평불만 처리기관의 설치, 기업인들 스스로 기업윤리강령을 보강·실천하고 철저한 가격 표시를 실현해야 할 것이다.

정부는 자발적인 소비자단체의 조직과 운동을 행정 및 재정적인 측면에서 적극적으로 지원해야 하며, 소비자교육 계몽과 우량상품을 위한 소비자보호를 위한 전시회 개최 및 소비자보호센터의 설치·운용, 그리고 소비자행정기구를 강화해야 할 것이다.

소비자측면에서 소비자운동이 실효를 얻기 위해서는 자각된 소비자와 소비자운동의 조직적인 소비자단체가 회원을 대폭 확보하고, 소비자를 대상으로 한 사회교육 실시 및 독자적인 상품시험을 할 수 있는 실험실의 구비 등 정보 교환 및 제공을 위한 기관지를 최대로 활용하고 소비자협동조합을 이용, 각 단체의 유기적인 면과 조직적인 통일이 필요하며 소비자보호에 관한 국제적인 운동기구에 가입 내지 확대를 강화하도록 노력하여야 함은 물론 정부의 지원도 받아야 할 것이다(황삼생, 2004).

소비자단체의 발전은 우리 모든 소비자의 몫이다. 특히 소비자의 의식, 소비자행정과의 관계, 그리고 기업 및 사회적인 지원과 밀접한 관련이 있다. 이에 소비자단체는 내용 전문화, 방법 특성화, 네트워크화, 국제화 그리고 회원 확대화 등을 이룬다면 더욱 발전할 것으로 보인다.

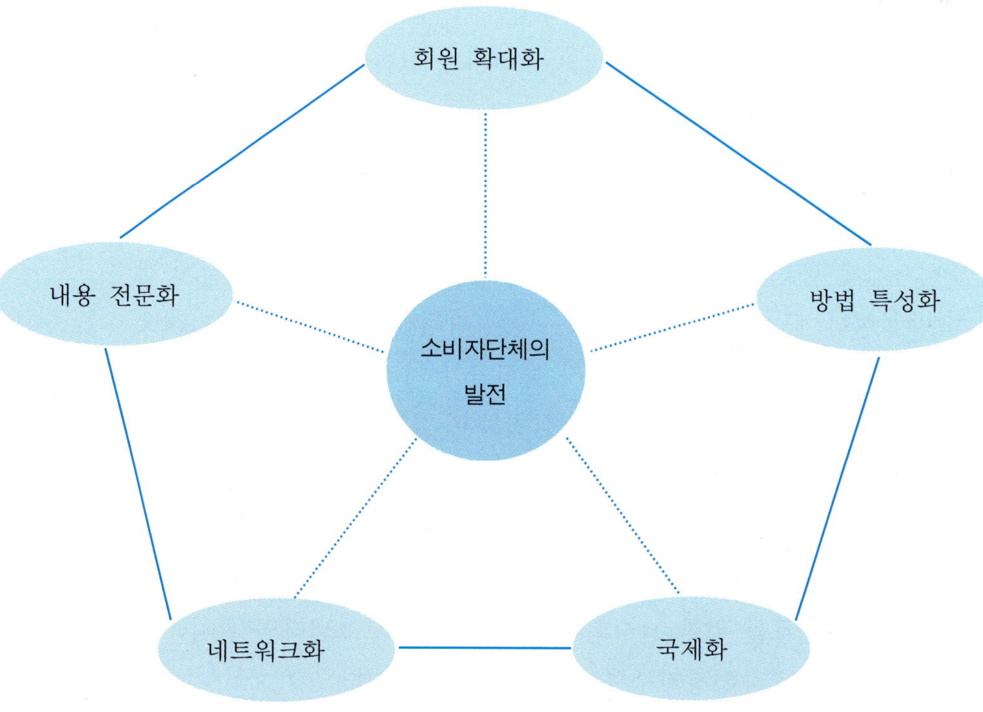

그림 10-2 소비자단체의 발전

생각해 볼 과제

1. 소비자단체의 역할이 미래 소비사회에서는 어떻게 변화할지 토론해 보시오.
2. 소비자단체의 발전을 위한 구체적으로 제언해 보시오.

6 소비자단체 및 소비자행정 종사자 조사결과

>>>주요용어

종사자의 직무만족도 활동제약요인 업무강화를 위한 요인

활동평가 개선사항

소비자를 중심적인 관점에 둔다면, 소비자를 위한 소비자에 의한 소비자행정과 소비자단체는 밀접한 관련성이 있고 연계되어 있어야 한다. 특히 그 속에서 오랜 기간 몸담고 소명의식을 지니고 활동해 온 종사자는 그 누구보다 소비자단체 및 소비자행정의 특성, 현황, 그리고 문제점 및 개선사항을 잘 알고 있다고 할 수 있다.

또한 소비자단체 및 소비자행정의 좀 더 나은 발전 및 소비자 중심으로의 새로운 도약 및 전진을 위해서 이와 관련된 종사자의 중요한 의견을 모을 필요가 있다.

따라서 제6부에서는 우리나라의 소비자단체 종사자, 일본의 소비자단체 종사자, 그리고 지역 소비자행정을 담당하는 일본의 소비생활센터 종사자, 우리나라의 소비생활센터 종사자를 대상으로 조사한 연구 결과를 중심으로 종사자의 업무만족도, 활동평가, 그리고 발전방안을 모색해 보고자 한다.

이를 통해 미래 소비자 중심적인 소비자단체, 소비자행정, 그리고 소비자정책에 소비자를 위한 접점에서 대민 서비스의 구체적인 내용이 강화될 수 있을 것이다.

제11장

한국과 일본의 소비자단체 종사자 조사결과

실제로 소비자단체에 종사하는 종사자의 의견은 중요하다. 이를 위하여 저자는 우리나라와 일본의 소비자단체 종사자를 대상으로 소비자단체 종사자의 직무만족도, 활동 분야별 평가 비교, 소비자단체 종사자의 활동 제약 요인, 그리고 소비자단체 종사자의 업무능력 강화를 위한 필요사항 등을 조사해 보았다. 또한, 우리나라와 일본 소비자단체 종사자의 비교를 제시하였다.

1. 조사 관련 내용

본 조사의 대상은 한국과 일본의 민간 소비자단체에 소속된 종사자를 대상으로 하였다.

우리나라의 소비자단체 조사는 6곳의 중앙단체, 그리고 지역 7곳을 대상으로 2003년 11월부터 2004년 1월까지 자기응답 방법으로 방문조사 및 우편조사를 실시하였다.

일본의 소비자단체 조사는 2002년 10월 6일부터 2003년 1월까지 일본 현지에서 내각부 조사결과인 전국소비자단체 조사결과(단체별, 주소수록)를 중심으로 30개의 중앙단체와 지역의 소비자단체 8곳을 포함하여 설문지를 우편으로 우송하거나 방문하여 배포하였으며, 회수된 것 중 기재가 불확실한 것을 제외하였다.

최종적으로 본 분석에 사용한 것은 한국 80부, 일본 105부로 한국과 일본 모두를 합하면 185부이다.

본 조사에 사용된 설문지의 척도구성은 다음과 같다.

우선 조사대상자의 사회적 · 경제적 특성 변수는 연령, 성별, 교육수준, 결혼상태 등 총4문항으로 구성하였다. 조사대상자의 단체 근무특성에 관한 변수는 근무기간, 소속상태 등 2문항으로 구성하였다.

조사대상자의 직무만족도는 선행연구 및 전문가 심층면접 결과를 기초로 하여 16문항 모두 5점 척도로 구성하였다. 그리고 한국 · 일본 민간 소비자단체 종사자의 활동 분야별 단체에 대한 평가는 소비자단체의 역할을 중심으로 14문항 모두 5점 척도로 구성하였다. 그 외 업무활동에 있어서 제약 요인은 6문항을 명목척도로, 그리고 업무 능력 강화를 위해 더 필요한 사항은 10문항 모두 5점 척도로 구성하였다.

본 연구의 분석방법은 SAS 프로그램을 사용하였으며, 조사대상자의 일반적 특성, 직무만족도, 단체 활동에 대한 평가, 업무활동에 있어서 제약 요인, 업무 능력 강화를 위해 필요한 사항을 분석하기 위하여 평균, 빈도분석을 사용하였다. 조사대상자의 민간 소비자단체에서의 직무만족도는 변수별 유형화를 위하여 요인분석(factor analysis)을 실시하였다. 그리고 조사대상자의 특성별 직무만족도의 차이는 t-test와

One-Way ANOVA로 분석하였으며, 사후검증으로는 DMR(Duncan's Multiple Range Test)검증을 실시하였다. 그 외 한국과 일본 소비자단체 종사자의 직무만족도에 대한 요인별 차이, 업무능력 강화를 위해 필요한 사항의 차이는 t-test를 실시하였다.

2. 조사결과

먼저 우리나라의 조사대상자를 보면 평균 연령 35세, 성별로는 여성 92%, 남성 약 8%로 나타났다. 학력을 평균 교육 연수로 살펴보면 15년 정도로 높게 나타났으며, 결혼상태는 미혼 50%, 기혼 50%로 나타났다. 그리고 단체 근무 특성은 근무기간이 평균 5년 정도로 나타났으며, 단체 내에서의 소속 상태는 정직원 71%, 기타 29% 순으로 나타났다

다음으로 일본 조사대상자의 사회적 · 경제적 특성은 평균 연령 58세로, 성별은 여성 82.9%, 남성 17.1%로 나타났다. 학력은 평균 교육연수로 보면 14.4년 정도로 단기대학이나 각종 전문학교 졸업 수준으로 나타났으며, 결혼상태는 전원이 기혼으로 나타났다. 그리고 단체 근무 특성은 근무기간이 평균 16.3년 정도로 나타났으며, 소속상태는 정직원 57%, 그리고 기타 43%의 순으로 나타났다.

이러한 점을 비교해 볼 때, 우리나라의 소비자단체 종사자는 젊은 층 중심의 고학력자, 그리고 신진세력 중심이며, 일본 소비자단체에 종사하는 조사대상자는 유경험자, 고령화 등으로 특징지을 수 있다. 특히 연령과 근무기간은 우리나라와 일본의 현격한 차이로 인하여 집단 구분을 달리하여 분석하였다.

1) 한국 · 일본 민간 소비자단체 종사자의 직무만족도 요인 분석

한국 · 일본 민간 소비자단체 종사자의 직무만족도를 알고자 관련 문항(16문항)을 적은 수의 공통된 요인인자로 묶기 위하여 요인 분석을 실시한 후, 고유치가 1.0 이상인 것을 요인으로 유형화하였다. 그 결과 〈표 11-1〉과 같이 다섯 개의 요인으로 추출되었으며, 각 요인을 요인 Ⅰ은 동료와의 관계 만족, 요인 Ⅱ는 사회적 기여도 만족, 요인 Ⅲ은 일에 대한 특성 만족, 요인 Ⅳ는 일의 성과 및 양 만족, 요인 Ⅴ는 사회적 편익 만족 등으로 명명하였다.

표 11-1 한국 · 일본 민간 소비자단체 종사자의 직무만족도 요인 행렬표

변수 \ 요인	요인 Ⅰ: 동료 간의 관계 만족	요인 Ⅱ: 사회적 기여도 만족	요인 Ⅲ: 일의 특성 만족	요인 Ⅳ: 일의 성과 및 양 만족	요인 Ⅴ: 사회적 편익 만족	h^2
나와 동료들은 열성적이다.	0.8556	0.0860	−0.0530	0.2186	−0.0281	0.7909
나와 동료들은 사명감을 갖고 있다.	0.8516	0.2948	−0.0307	0.1723	−0.0058	0.8428
나와 동료들은 관계가 좋고 만족한다.	0.7940	0.1723	−0.1593	0.1182	0.0662	0.7039
나와 동료들은 서로 잘 이해한다.	0.7768	0.2927	−0.0312	0.2060	0.0505	0.7351
내가 하는 일은 사회에서 꼭 필요한 일이다.	0.0809	0.8363	−0.0518	0.0620	0.0226	0.7130
내가 하는 일은 지역사회 발전에도 도움이 된다.	0.2254	0.8061	−0.0013	0.1506	0.0041	0.7234
내가 하는 일은 사회적 기여도가 크다.	0.1377	0.7995	0.1187	0.2147	−0.0171	0.7186
내가 하는 일은 소비자의 복지에 영향을 준다.	0.3889	0.6835	0.1201	−0.1224	0.0853	0.6552
내가 하는 일은 단순 반복적이지 않다.	0.0299	0.0722	0.8399	0.0090	0.0196	0.7120
내가 하는 일은 누구나 할 수 있는 일은 아니다.	−0.1649	0.0179	0.7661	−0.0222	0.0672	0.6194
내가 하는 일은 창조성이 있다.	−0.1868	0.0639	0.5906	0.2383	−0.4661	0.6618
내가 하는 일의 성과에 만족한다.	0.1935	0.3045	−0.0051	0.7851	0.0827	0.7535
내가 하는 일의 업무량이 적절하다.	0.3603	−0.1721	−0.0132	0.6962	0.0933	0.6531
내가 하는 일은 의미가 있다.	0.1777	0.4406	0.1802	0.6072	0.0275	0.6277
나의 직장과 자택 간의 출퇴근 거리가 적당하다.	−0.1617	0.0662	−0.1822	0.1410	0.7633	0.6663
나의 업무에 대한 소득적인 측면이 적당하다고 생각한다.	0.2362	0.0091	0.3527	0.0699	0.7041	0.6810
고유치	3.2629	2.9961	1.8928	1.7737	1.3328	
전체변량(%)	0.3182	0.1380	0.0979	0.0816	0.0680	
누적변량(%)	0.3182	0.4562	0.5541	0.6357	0.7037	
Cronbach' α	.90	.84	.66	.68	.64	.80(전체)

다섯 개의 요인별로 각 문항 합의 평균점수를 구하였고, 이 평균점수가 하위 영역별 인식의 정도를 나타내며 다섯 요인의 설명력은 70.4%이다.

위의 다섯 가지 요인이 각각 어느 정도의 비중을 차지하는지 알기 위하여 각 요인별 문항의 합을 구한 결과는 〈표 11-2〉와 같다. 우리나라의 경우, 요인 Ⅱ에서는 사회적 기여도 만족(4.14), 요인 Ⅰ에서는 동료 간의 관계 만족(3.87), 요인 Ⅳ에서는 일의 성과 및 양 만족(3.48), 요인 Ⅲ에서는 일의 특성 만족(3.28), 요인 Ⅴ에서는 사회적 편익 만족(2.82)의 순서로 나타났다. 일본의 경우, 요인별로 평균 점수를 보면 요인 Ⅱ에서는 사회적 기여도 만족(4.34), 요인 Ⅰ에서는 동료들과의 관계 만족(3.89), 요인 Ⅳ에서는 일의 성과 및 양 만족(3.79), 요인 Ⅲ에서는 일의 특성 만족(3.67), 요인 Ⅴ에서는 사회적 편익 만족(2.71)의 순서로 동일하게 나타났다.

우리나라와 일본의 차이를 비교한 결과, 요인 Ⅲ에서 일의 특성 만족과 요인 Ⅳ에서 일의 성과 및 양 만족에서 차이를 보였으며, 모두 우리나라에 비하여 일본 소비자단체 종사자의 관련 직무만족도가 높게 나타났다. 또한 전체에서도 우리나라에 비하여 일본 소비자단체 종사자의 직무만족도가 조금 더 높게 나타났다.

표 11-2 한국 · 일본 민간 소비자단체 종사자의 직무만족도 요인의 비교 및 차이

직무만족도 요인	한 국	일 본	t값
	평 균	평 균	
요인 Ⅰ: 동료 간의 관계 만족	3.87	3.89	−0.19
요인 Ⅱ: 사회적 기여도 만족	4.14	4.34	−1.80
요인 Ⅲ: 일의 특성 만족	3.28	3.67	−3.01**
요인 Ⅳ: 일의 성과 및 양 만족	3.48	3.79	−2.74**
요인 Ⅴ: 사회적 편익 만족	2.82	2.71	0.79
전 체	3.62	3.80	−2.44*

*p<.05 **p<.01

2) 한국 · 일본 민간 소비자단체 종사자의 관련변수별 직무만족도의 차이

한국 · 일본 민간 소비자단체 종사자의 관련변수별 직무만족도의 차이를 살펴본 결과는 〈표 11-3〉, 〈표 11-4〉와 같다.

우선 우리나라의 경우, 요인 Ⅰ(동료 간의 관계 만족), 요인 Ⅱ(사회적 기여도 만족), 요인 Ⅳ(일의 성과 및 양 만족)는 결혼상태에서만 유의한 차이를 보여, 기혼이 미혼에 비해 동료 간의 만족도, 사회적 기여도, 일의 성과 및 양에 대한 만족도가 높게 나타났다. 그리고 요인 Ⅲ(일의 특성 만족), 요인 Ⅴ(사회 편익 만족)는 유의한 변수가 없었다. 전체 직무만족도는 결혼상태에서만 유의한 차이를 나타내어, 기혼인 경우에 미혼보다 만족도가 높게 나타났다.

일본의 경우, 요인 Ⅰ(동료 간의 관계 만족)에서 연령, 성별, 근무기간별로 유의한 차이가 있었다. 연령에서는 가장 많은 집단인 70대 이상에서 60대 이하의 집단과 동료 간의 관계성 만족도에서 차이가 나타났으며, 성별에서는 여자가 남자에 비해서 만족도가 높게 나타났다. 요인 Ⅱ(사회적 기여도 만족)에서는 유의한 변수가 없었다. 요인 Ⅲ(일의 특성 만족)에서는 성별, 학력에서 유의한 차이를 보였으며, 여자에 비하여 남자의 경우 만족도가 높았고, 학력에서는 학력이 높은 경우가 낮은 경우보다 높았다. 요인 Ⅳ(일의 성과 및 양 만족)에서는 연령, 학력에서 유의한 차이를 보여 연령이 낮은 집단에 비하여 높은 집단에서, 그리고 학력이 낮은 집단보다 높은 집단에서 일의 성과 및 양에 대한 만족도가 높았다. 요인 Ⅴ(사회 편익성 만족도)에서는 연령, 성별, 학력에서 유의한 차이를 보여, 연령이 높은 집단보다는 낮은 집단에서 여자보다는 남자인 경우에, 그리고 학력이 낮은 집단에서 만족도가 높게 나타났다. 전체 직무만족도에서는 유의한 차이가 없었다.

표 11-3 한국 민간 소비자단체 종사자의 관련 변수별 직무만족도의 차이

특 성	변 수	집 단	요인 I: 동료 간의 관계 만족		요인 II: 사회적 기여도 만족		요인 III: 일의 특성 만족		요인 IV: 일의 성과 및 양 만족		요인 V: 사회적 편익 만족		전 체	
		한 국	M	D[a]	M	D[a]	M	D[a]	M	D[a]	M	D[a]	M	D[a]
사회적 · 경제적 특 성	연 령	30대	3.89		4.03		3.24		3.44		2.69		3.56	
		40대	3.69		3.99		3.52		3.35		2.73		3.51	
		50대	3.96		4.51		3.11		3.63		3.02		3.77	
		60대 이상	4.07		4.07		3.48		3.67		3.08		3.84	
		F 비	0.68		2.13		0.88		0.81		0.89		1.69	
	성 별	여 자	3.86		4.35		3.31		3.50		2.85		3.64	
		남 자	3.96		5.03		3.13		3.33		2.42		3.35	
		t 값	−0.29		0.76		0.45		0.56		1.21		1.39	
	학 력	고졸 이하	4.08		4.33		2.97		3.44		2.96		3.67	
		전문대졸	3.55		4.08		3.37		3.40		2.80		3.52	
		대 졸	3.87		3.90		3.31		3.36		2.79		3.52	
		대학원졸 이상	3.86		4.51		3.58		3.72		2.75		3.81	
		F 비	0.92		2.88*		1.17		1.17		0.15		1.62	
	결혼 상태	미 혼	3.72		3.88		3.30		3.32		2.67		3.46	
		기 혼	4.04		4.42		3.29		3.67		2.99		3.81	
		t 값	−1.95*		−3.20**		0.07		−2.28*		−1.65		−3.40**	
단 체 근 무 특 성	근무 기간	1년 이하	3.93		4.24		3.25		3.54		2.98		3.70	
		1~5년	3.95		4.05		3.29		3.38		2.76		3.62	
		6~10년	3.75		4.17		3.13		3.59		2.72		3.58	
		11년 이상	3.75		4.45		3.95		3.60		2.95		3.68	
		F 비	0.36		0.74		1.60		0.49		0.41		0.26	
	소속 상태	정직원	3.81		4.18		3.25		3.47		2.77		3.58	
		기 타	3.99		4.09		3.41		3.48		2.90		3.70	
		t 값	−0.93		0.44		−0.69		−0.11		−0.59		−0.95	

*p<.05 **p<.01

a) D: Duncans' Multiple Range Test

표 11-4 일본 민간 소비자단체 종사자의 관련 변수별 직무만족도의 차이

특 성	변 수	집 단	요인 I: 동료 간의 관계 만족		요인 II: 사회적 기여도 만족		요인 III: 일의 특성 만족		요인 IV: 일의 성과 및 양 만족		요인 V: 사회적 편익 만족		전 체	
		일 본	M	D[a]	M	D[a]	M	D[a]	M	D[a]	M	D[a]	M	D[a]
일반적 특 성	연 령	40대	3.61	B	4.18		3.83		3.24	B	2.96	A	3.64	
		50대	3.80	B	4.31		3.69		3.82	A	3.00	A	3.81	
		60대	3.91	B	4.34		3.76		3.81	A	2.62	A	3.81	
		70대 이상	4.43	A	4.57		3.29		4.24	A	1.75	B	3.88	
		F 비	2.68*		0.76		1.23		3.72**		5.66**		0.57	
	성 별	여 자	3.97		4.30		3.58		3.78		2.56		3.77	
		남 자	3.54		4.49		4.13		3.85		3.44		3.93	
		t 값	1.95*		−0.99		−2.53**		−0.33		−3.29**		−1.28	
	학 력	고졸 이하	3.87		4.34		3.40	A	3.67	B	3.14	A	3.76	
		전문대졸	4.19		4.32		3.43	A	4.27	AB	1.86	B	3.80	
		대 졸	3.76		4.36		3.94	AB	3.59	B	2.90	AB	3.80	
		대학원졸 이상	3.75		4.00		4.33	B	4.67	A	2.50	AB	3.94	
		F 비	1.46		0.16		3.92**		5.20**		8.64***		0.08	
단 체 근 무 특 성	근 무 기 간	5년 이하	3.43	B	4.25		3.61		3.54		2.96		3.63	
		6~10년	4.19	A	4.53		3.65		4.05		2.73		3.96	
		11~20년	3.85	AB	4.26		3.78		3.71		2.71		3.77	
		21~30년	3.98	A	4.28		3.83		3.83		2.85		3.86	
		31년 이상	4.19	A	4.44		3.36		3.92		1.92		3.76	
		F 비	3.13**		0.61		0.76		1.18		2.22		1.34	
	소 속 상 태	정직원	3.95		4.37		3.58		3.86		2.62		3.80	
		기 타	3.82		4.29		3.81		3.70		2.83		3.79	
		t 값	0.79		0.61		−1.36		0.92		−1.01		0.13	

*p<.05 **p<.01 ***p<.001

a) D: Duncans' Multiple Range Test

3) 한국 · 일본 민간 소비자단체 종사자의 단체에 대한 활동 분야별 평가

한국 · 일본 민간 소비자단체 종사자의 단체에 대한 활동 분야별 평가를 알아보기 위하여 질문한 결과(표 11-5 참조)를 살펴보면 다음과 같다. 우리나라에서는 소비자상담 접수(4.11), 소비자상담 및 피해구제(4.02), 시장에서의 조사 감시 활동(3.80), 불매 계몽 등의 캠페인 활동(3.75), 소비자교육 및 연수 모니터 교육(3.68) 등의 순서로 활동에 대해 긍정적으로 인식하는 수준이 높게 나타났다. 한편, 일본에서는 타 기관과의 연대활동(3.56), 각종 제도와 정책 연구 및 건의(3.28),

표 11-5 한국 · 일본 민간 소비자단체 종사자의 단체에 대한 활동 분야별 평가

활동 분야	한 국	일 본	t 값
	평 균	평 균	
1. 소비자상담 접수	4.11	2.79	9.37***
2. 소비자상담 및 피해구제	4.02	2.17	12.38***
3. 각종 제도와 정책 연구 및 건의	3.14	3.28	−0.98
4. 안전 정보의 수집 및 평가	2.97	2.86	0.66
5. 상품 시험 검사	2.52	2.06	2.73**
6. 거래제도 개선	2.92	2.09	5.12***
7. 소비자교육 및 연수, 모니터교육	3.68	3.11	3.52***
8. 출판 및 정보 제공	3.30	2.63	4.11***
9. 홈페이지 운영 및 사이버 활동	3.03	2.19	4.86***
10. 홍보 활동	3.50	2.99	3.64***
11. 소속 직원 및 회원에 대한 교육	3.42	3.19	1.69
12. 타 기관과 연대 활동	3.22	3.56	−2.22*
13. 시장에서의 조사 감시 활동	3.80	2.60	7.25***
14. 불매, 계몽 등의 캠페인 활동	3.75	2.80	5.86***
전 체	3.38	2.74	6.51***

*p<.05 **p<.01 ***p<.001

소속 직원 및 회원의 교육(3.19) 등의 순서로 활동에 대해 긍정적으로 나타났다.

그러나 측정한 문항별 평균 점수로 볼 때, 우리나라에서는 활동평가에서 높은 수준을 보였으나, 일본은 우리나라에 비하여 그다지 높지 않은 수준을 나타낸다. 따라서 어느 정도 우리나라 민간 소비자단체의 활동이 상당히 활발할 뿐만 아니라, 종사자들도 긍정적으로 평가하는 것을 볼 수 있다.

우리나라와 일본의 민간 소비자단체 종사자의 활동 분야별 평가를 서로 평균의 차이로 살펴본 결과, 안전 정보의 수집 및 평가와 소속 직원 및 회원의 교육을 제외한 나머지 모든 부분에 있어서 서로 차이를 보였으며, 유의한 차이를 보인 결과 중에서 타 기관과의 연대 활동에서만 일본의 평균이 높게 나타난 반면, 나머지 모두는 우리나라가 높게 나타났다.

특히 우리나라의 민간 소비자단체의 특성별 활동 분야의 차별화를 위하여 같은 관심사가 있는 단체 간의 연대 활동에 힘을 기울이면 더 많은 힘으로 확대될 것으로 보인다.

일본의 경우, 상품시험 검사, 거래제도 개선, 소비자상담 및 피해구제, 홈페이지 운영 및 사이버 활동에서 극히 낮은 평가를 보였다. 또한 네트워크 및 정보화 면에서 우리나라에 비하여 그 정도가 미약함을 알 수 있다.

우리나라와 일본의 소비자단체 역할을 크게 분류하면 상담 및 피해구제, 상품 테스트, 교육 및 정보제공 등으로 유형화할 수 있다. 또한 이러한 영역에서는 현재 우리나라가 일본보다 더 활성화되고 적극적인 것을 알 수 있다.

4) 한국 · 일본 민간 소비자단체 활동의 제약 요인

한국 · 일본 민간 소비자단체 종사자가 활동하는 데 있어서 제약 요인을 조사한 결과는 다음 〈표 11-6〉과 같다.

표 11-6 한국 · 일본 민간 소비자단체 종사자의 활동 제약 요인

활동의 제약 요인	한 국		일 본		t 값
	평균	순위	평균	순위	
1. 인력(인재) 부족	4.19	2	4.01	1	1.32
2. 업무능력 부족	3.26	7	3.39	7	−0.78
3. 예산 부족	4.28	1	3.85	2	3.18**
4. 기업의 인식 부족	3.48	5	3.51	6	−0.23
5. 소비자의 인식 부족	3.51	4	3.53	5	−0.25
6. 정부의 지원 부족	3.66	3	3.68	3	−0.11
7. 사회의 관심 부족	3.27	6	3.65	4	−2.65**

**p<.01

우선 평균별로 순위를 보면, 우리나라의 경우는 예산 부족, 인력 부족, 정부의 지원 부족, 소비자의 인식 부족, 기업의 인식 부족, 사회의 관심 부족, 업무능력 부족 등이다. 즉, 재정, 인력, 지원, 사회관심, 그리고 개인적인 측면의 순으로 들고 있다. 일본의 경우는 인력 부족, 예산 부족, 정부의 지원 부족, 사회의 관심 부족, 소비자의 인식 부족, 기업의 인식 부족, 업무능력의 부족 등이다. 즉, 인력, 재정, 사회 관심, 그리고 개인적인 측면의 순으로 들고 있다. 양국을 비교해 보았을 때, 재정, 인력, 사회적 관심 등이 공통된 사항으로 나타났다.

이것을 양국 간 비교해 본 결과, 예산 부족과 사회의 관심 부족에서는 유의한 차이가 있다. 예산 부족은 우리나라에서 더 활동 제약 요인으로 지적되고 있으며, 사회의 관심 부족은 일본에서 더 활동의 제약 요인으로 지적되어 평균이 높게 나타났다.

5) 한국 · 일본 민간 소비자단체 업무능력 강화를 위한 필요사항

한국과 일본에서 민간 소비자단체의 업무능력 강화를 위하여 필요한 종사자의 요구사항을 질문한 결과는 다음 〈표 11-7〉과 같다.

표 11-7 한국 · 일본 민간 소비자단체 종사자의 업무능력 강화를 위한 필요사항

업무능력 강화를 위한 필요사항	한 국	일 본
	순 위	순 위
1. 소비자와 판매자의 법적 권리와 책임	1	1
2. 대인관계 및 의사소통 기술	3	3
3. 정보조사 활용능력	2	5
4. 소비자보호의 구조와 관련 기관의 이해	3	2
5. 소비자행동에 대한 이해 및 지식	6	3
6. 컴퓨터 관련 이용 능력	7	5
7. 상품의 특성과 성능의 이해 및 상품 관련지식	5	7
8. 판매 및 광고의 촉진 활동에 대한 지식	9	8
9. 서비스업에 대한 지식	10	8
10. 기업구조와 유통 시스템의 내적 구조 이해	8	7

우선, 우리나라의 경우는 소비자와 판매자의 법적 권리와 책임, 정보조사 활용능력, 대인관계 및 의사소통 기술, 소비자보호의 구조와 관련 기관의 이해, 상품의 특성과 성능의 이해 및 상품 관련 지식의 순으로 나타났다.

이에 비하여 일본은 소비자와 판매자의 법적 권리와 책임을 우선적으로 지적한 것은 우리나라와 같았으나, 그 다음으로는 소비자보호의 구조와 관련 기관의 이해, 대인관계 및 의사소통 기술, 소비자행동에

대한 이해 및 지식, 정보조사 활용능력, 컴퓨터의 이용능력 등의 순으로 나타났다. 따라서 소비자와 판매자의 법적 권리와 책임에 대한 요구사항은 앞으로의 소비자 자립을 위한 메시지임을 알 수 있다. 그리고 일본의 경우는 우리나라에 비하여 컴퓨터 이용능력 등을 더 원하는 것으로 나타났다.

3. 결론 및 제언

우선, 우리나라와 일본의 민간 소비자단체의 관련 문헌고찰을 통한 비교·분석을 통해 주목할 점은 다음과 같다.

첫째, 소비자단체의 규모인 단체수, 회원수 등에서는 일본이 그 역사와 규모 면에서 조금은 앞선다는 점이다.

둘째, 일본에 비하여 한국의 민간 소비자단체는 홈페이지 운영 및 인터넷 상담 등에서 앞선다는 점이다.

셋째, 한국의 민간 소비자단체는 소비자상담 및 피해구제, 일본은 소비자 자립을 위한 소비자교육에 중점을 두고 있는 것을 들 수 있다.

넷째, 일본은 지방소비생활센터의 활성화, 즉 행정의 역할 주도로 인하여 민간 소비자단체의 역할이 상당히 감소되었고, 그에 비하여 우리나라의 민간 소비자단체는 고도의 활동기인 것을 알 수 있다.

다섯째, 민간 소비자단체의 역사적인 면은 일본이 우리나라에 비하여 앞서지만, 그와 아울러 회원 및 종사자의 노령화를 엿볼 수 있다.

여섯째, 일본의 경우는 민간 소비자단체의 활동이 중앙단체보다는 지역, 특히 지방단체로 그 활동이 옮겨지고 있다.

일곱째, 우리나라와 일본의 민간 소비자단체 모두 여성 중심의 구성원을 들 수 있다.

여덟째, 우리나라와 일본의 민간 소비자단체 모두 재정적인 열악함을 들 수 있다.

위의 문헌고찰 및 설문조사의 결과를 통하여 제언을 하면 다음과 같다.

첫째, 일본 민간 소비자단체의 여러 내용을 통한 시사점을 잘 살펴볼 필요가 있다. 즉, 일본은 민간 소비자단체의 역사가 오래되었고, 행정과의 관계 및 활동내용을 고려해 볼 때, 더 이상 쟁점적인 활동내용이 미약하다는 점, 노령화인 점, 여성중심인 점, 그리고 후계자 양성의 부족 등을 지적할 수 있다. 이에 비하여 활동고조기인 우리의 민간 소비자단체는 활성기에 더 나은 미래지향적 · 발전적 소비자운동을 위하여 특히 남성회원의 확보에 보다 많은 관심을 기울일 필요가 있다.

둘째, 소비자단체 간의 네트워크 및 정보 공유가 필요하다. 특히 다양한 소비자단체의 지금까지의 여러 역할을 특성화하기 위하여, 그리고 소비자교육 및 자립의 강화를 위하여 개별 단체의 활동도 중요하지만, 단체 전체의 힘을 더하고 결집하기 위하여 단체 간 및 관련 기관 간 네트워크화 및 정보 공유가 필요하다.

셋째, 양국을 비교해 본 결과, 예산 부족과 사회의 관심 부족에서는 유의한 차이가 나타났다. 즉, 예산 부족은 우리나라에서 더 활동의 제약 요인으로 지적되고 있으며, 사회의 관심 부족은 일본에서 더 활동의 제약 요인으로 지적되어 평균이 높게 나타났다.

이에 어떠한 단체이건 가장 우선 문제가 되는 것이 예산 부족이라고 할 수 있다. 특히 이러한 예산 부족을 해결하기 위해서는 소비자의 지원을 유도하는 다양한 프로그램과 사회적 차원의 제도 확립 등이 필요하다. 예를 들면, 민간 소비자단체의 소비자분쟁조정의 활성화, 집단소송의 도입 및 활성화, 그리고 정부 용역사업의 확대 등을 들 수 있다.

넷째, 소비자단체별 특성화 고려가 필요하다. 특히 일본의 경우,

상품시험 검사, 거래제도 개선, 소비자상담 및 피해구제, 그리고 홈페이지 운영 및 사이버 활동에서 극히 낮은 평가를 보이는 것으로, 우리나라에 비해 미약한 정도임을 알 수 있다. 이에 우리나라는 인터넷 관련 강국이라는 장점을 활용하여 다양한 매체를 활용하고, 단체의 특성별 강화 영역을 확대할 필요가 있다. 특히 국내 중심의 소비자문제가 국제적으로 확대되는 경향에 대비한 인터넷을 활용한 온라인 분쟁조정도 확대할 필요가 있다.

다섯째, 후계자 양성 방안이 필요하다. 일본은 민간 소비자단체가 노령화, 여성 중심화 등이 극복해야 할 과제이지만, 우리나라의 민간 소비자단체는 상당히 젊고 활기차다고 할 수 있다. 그러나 보다 먼 미래를 위하여 단체의 특성에 걸맞는 전문인 후계자도 양성되어야 할 것이다.

여섯째, 보다 많은 소비자의 관심 유도가 필요하다. 소비자의 자율적인 구성 단체인 소비자단체는 그 누구보다 소비자가 중심이 되어야 한다. 특히 소비자 중심적인 단체로 거듭나기 위해서는 보다 많은 소비자의 관심과 특히 고도로 다양화되고 변화되는 소비자 관련 내용을 위한 전문가 집단의 관심이 필요하다.

일곱째, 일본의 경우는 소비자행정, 특히 지방소비자행정의 체계적인 활동으로 인하여 소비자단체의 활동이 미약해지고 있다. 일본의 경우 소비생활센터의 역할이 강화되어 지역 소비자단체의 활동이 미약해진 점을 감안하여, 우리나라 지방소비생활센터의 도입기 상황에서 기존 소비자단체의 유능한 경험을 살리고, 전문 인력과 연계된 활동으로의 조직에 관심을 기울일 필요성을 엿볼 수 있다.

본 연구는 우리나라와 일본이 사회적인 차이가 있음에도 불구하고, 두 나라를 비교한 기본적인 논리는 모순이 있음을 자인하며, 이는 본 연구의 제한점임을 밝힌다. 이에 본 연구는 우리나라와 일본의 경우 경제 규모 측면에서나 지방자치제의 발전, 그리고 역사적 배경에서 많은 차이점이 있지만, 지정학적인 위치와 역사적 관계에서 많은 연관이 있는 것을 축으로 하여, 현재 조사대상자의 설문결과를 중심으로 학문적인 측면에서만 비교하였음을 밝힌다.

생각해 볼 과제

1. 소비자운동가를 조사하여 직접 인터뷰해 보시오.
2. 가까운 소비자단체를 방문·견학한 후 토론해 보시오.

제12장

일본 국민생활센터 및 소비생활센터 종사자 조사결과

일본의 국민생활센터는 한국의 소비자원에 해당하며 소비생활센터는 한국·일본 모두 동일한 명칭을 사용하고 있다. 특히 지역의 소비생활센터는 지역의 소비자행정 실행기관으로, 일본은 2007년 현재 542곳이 이르고 있어 이 곳에서 종사하는 종사자를 대상으로 활동성과의 평가, 발전을 위한 평가, 발전에 대한 의견, 그리고 소비자와 행정에 바라는 의견 등을 조사해 보았다.

1. 조사 관련 내용

일본의 국민생활센터와 소비생활센터에 소속된 직원 및 회원을 대상으로 심층면접 및 설문조사를 실시하였다. 이는 한국소비자원의 설립에 모델이 되었던 국민생활센터와 현재 우리나라 재정경제부에서 지방소비자를 위한 소비생활센터가 확대되고 있으므로 일본의 소비생활센터를 조사하여 우리의 발전적인 방안을 보다 더 객관적으로 생각해 볼 수 있다고 간주하였다.

조사는 2002년 8월부터 9월까지 일본 현지에서 전문가와의 심층면접(학자, 국민생활센터 직원, 소비생활센터 관계자, 행정가 등)을 실시하였으며, 선행연구 및 심층면접 결과 완성된 설문지로 개별 인터뷰 및 자기응답 방법으로 메일 조사를 2002년 10월 6일부터 2003년 1월까지 실시하였다. 설문지는 전체 300부가 배포되었으나, 본 조사의 분석에 사용한 것은 251부이다.

본 조사에 사용된 설문지의 척도 구성은 다음과 같다.

우선 조사대상자의 사회적 · 경제적 변수로는 연령, 성별, 교육수준, 결혼상태 등 총 4문항으로 구성하였다. 조사대상자의 근무 센터의 특성에 관한 변수로는 근무기간, 소속상태, 담당업무, 직위, 그리고 소비자 관련 자격증의 유무(종류) 등 5문항으로 구성하였다. 조사대상자가 소속된 센터의 성과에 대한 평가는 소비자단체의 역할에 필요한 사항으로 모두 15문항을 5점 척도로 구성하였다.

종속변수인 국민생활센터와 소비생활센터의 활동 평가는 전문가와의 심층면접 결과에서 나타난 내용을 중심으로 연구자가 전문화 영역, 국제화 영역, 소비자 참가 영역, 사회에 대한 공헌 영역, 자금 영역, 타 단체와의 연계 영역, 네트워크 활용 영역, 다양한 매체 활용 영역 등으로 구분하여 관련 문항 총 19개를 5점 리커트 척도로 구성하였다.

그 외 센터의 발전 의견을 묻는 1문항, 그리고 소비자 및 행정에 바라는 사항 등에 관한 2문항 등 3문항은 조사대상자가 직접 서술하도록 개방형 문항으로 구성하였다.

본 연구의 분석 방법은 SAS 프로그램을 사용하였으며, 조사대상자의 일반적 특성, 소속 센터의 활동 영역별 성과에 대한 평가, 활동에 대한 평가 등을 분석하기 위하여 평균, 빈도 분석을 사용하였으며, 조사대상자의 센터에 대한 활동 평가는 변수별 유형화를 위하여 요인 분석(Factor Analysis)을 실시하였다. 그리고 조사대상자의 관련 변수별 단체에 대한 활동 평가의 평균 차이는 t-test와 One-Way ANOVA로 분석하였다. 그리고 사후검증으로는 DMR(Duncan's Multiple Range Test)검증을 실시하였다.

2. 조사결과

조사대상자의 일반적 특성은 평균 연령 48세, 성별은 여성 90%, 남성 약 10%로 나타났다. 학력은 평균 교육연수로 보면 14.6년 정도로 단기대학이나 각종 전문학교 졸업 수준으로 나타났고, 결혼상태는 기혼이 약 85%, 미혼이 15%로 나타났다. 그리고 센터의 근무 특성은 근무기간이 평균 6년 정도로 나타났으며, 조사대상자의 센터 내에서의 소속 상태는 임시직원이 62%로 가장 많았으며, 정직원은 22.9%로 나타났다. 담당업무는 소비자상담 및 교육 담당 78.8%, 연구 · 기획 · 관리 · 행정 20.1%, 기타의 순으로 나타났고, 직위는 연구 · 행정직이 34%, 촉탁직원인 65%로 나타났다.

조사대상자의 소비자 관련 자격증 소유 여부는 없는 경우가 36%, 그 외에는 1개 이상을 소유한 것으로 나타났다. 특히 1개인 경우는 소비생활전문상담원, 2개인 경우는 소비생활전문상담원과 소비생활어드바이저, 그리고 그 다음은 소비생활컨설턴트, 파이넨셜플래너 및 기타로 나타났다.

1) 일본 국민생활센터 및 소비생활센터의 활동 영역별 성과에 대한 평가

우선 조사대상자 본인이 소속된 센터의 활동 영역별 성과에 대한 평가를 살펴보았으며 그 결과는 〈표 12-1〉과 같다.

일본 국민생활센터의 기능과 역할을 니시무라(西村隆男, 1999)는 다음과 같이 말하고 있다.

첫째, 전국의 소비생활센터와 연결한 네트워크(PIO-NET)에 의해 소비자 고충상담의 수집, 분석, 상품사고에 관한 위해의 정보제공이다.

둘째, 월간 잡지 『현명한 눈』, 『국민생활』이나 『삶의 핵심 지식』 등을 발행하는 것에 의한 소비자 계발이다.

셋째, 상품 테스트의 실시와 테스트 결과의 공표이다.

넷째, 소비자상담 업무를 통한 소비자교육이다.

다섯째, 소비생활에 관한 기초 연구(학술지 『국민생활연구』나 보고서 등의 발행)이다.

여섯째, 소비생활 문헌자료의 수집과 관람 제공이다.

일곱째, 상담원양성강좌의 개최나 소비생활전문상담원 자격의 인증 등을 들고 있다.

이를 중심으로 결과를 살펴볼 때, 조사대상자는 소비자피해 구제 지원 활동, 소비자교육 및 계발, 타 기관과의 연계, 홍보 활동, 소비자정책 관련 활동, 시장감시 역할의 순으로 잘 활동하고 있다고 평가하였다. 따라서 일본의 경우는 우리나라와 달리 소비자 피해구제, 고충처리 상담 등이 국민생활센터, 소비생활센터 등 행정에 의해 주로 실시되고 있음을 볼 수 있다.

표 12-1 센터의 활동 분야별 성과에 대한 평가

활동 분야	센터의 활동 분야별 성과에 대한 평가	
	평 균	표준편차
소비자 피해구제 지원 활동	3.73	0.70
소비자교육 및 계발	2.90	0.71
타 기관과의 연계	2.82	0.86
홍보 활동	2.74	0.78
소비자정책 관련 활동	2.35	0.74
시장감시 역할	2.09	0.63
전 체	2.77	0.53

2) 일본 국민생활센터 및 소비생활센터의 활동 평가 정도

본인이 소속된 센터에 대한 활동 평가는 공통요인을 파악하고 변수 구성의 타당성 검증을 위하여 요인 분석을 실시하였다. 요인분석 방법은 요인수를 최소화하면서 정보손실을 최소화할 수 있는 주성분 분석(Principal Components Analysis) 추출모델을 채택하였다. 즉, 19개로 구성된 문항을 적은 수의 관련 요인으로 묶기 위하여 요인분석을 실시하였으나, 그 중 1개의 문항이 개별적으로 나타나 18개의 문항으로 요인분석을 재 실시하였다.

그 결과 5개의 요인으로 나타나 요인 Ⅰ은 네트워크 및 다양성의 부족, 요인 Ⅱ는 재정확보의 부족, 요인 Ⅲ은 전문성 결여, 요인 Ⅳ는 소비자인식 및 공헌 부족, 요인 Ⅴ는 국제교류 및 변화 부응 부족 등으로 명명하였다.

요인분석 결과 및 요인별 신뢰도는 다음 〈표 12-2〉와 같다.

표 12-2 일본 센터의 활동 평가에 대한 요인 행렬표

요인 변수	요인 Ⅰ: 네트워크 및 다양성 부족	요인 Ⅱ: 재정 확보 부족	요인 Ⅲ: 전문성 결여	요인 Ⅳ: 소비자 인식 및 공헌 부족	요인 Ⅴ: 국제교류 및 변화 부응 부족	h^2
국민생활센터와 소비생활센터는 활동을 위해 다양한 방법 및 매개를 활용하지 못한다.	0.8270	0.1365	0.1609	0.0911	0.1209	0.7513
국민생활센터와 소비생활센터는 타 기관, 단체와의 연계가 잘되어 있지 않다.	0.8172	0.2013	0.0630	0.0375	0.0890	0.7218
국민생활센터와 소비생활센터는 타 기관, 단체, 지방과 네트워크가 형성되어 있지 않다.	0.7672	0.0704	0.1440	0.2779	0.1151	0.7048
국민생활센터와 소비생활센터는 타 기관, 단체와 연합해서 활동하고 있지 않다.	0.7442	0.1674	0.1359	0.2310	-0.0632	0.6578
국민생활센터와 소비생활센터는 변화하는 사회에 대해서 다양한 대처능력이 없다.	0.6918	0.1694	0.2231	0.1980	0.2339	0.6510
국민생활센터와 소비생활센터는 정부의 재정지원이 부족하다.	0.0944	0.91654	0.0693	-0.0042	0.0580	0.8571
국민생활센터와 소비생활센터는 정부의 지원확대가 보다 필요하다.	0.0651	0.89354	0.0694	0.0573	0.0377	0.8121
국민생활센터와 소비생활센터는 재정기반 확보가 잘되어 있지 않다.	0.2557	0.83818	0.0558	0.1918	0.0077	0.8078
국민생활센터와 소비생활센터는 사업수익이 부족하다.	0.1455	0.78702	0.0312	-0.0805	0.0733	0.6534
국민생활센터와 소비생활센터는 활동 내용 및 분야가 전문화되어 있지 않다.	0.1629	0.03641	0.9158	0.1358	0.0766	0.8909
국민생활센터와 소비생활센터는 활동 인재가 전문화되어 있지 않다.	0.1895	0.08316	0.8959	0.1318	0.1285	0.8794
국민생활센터와 소비생활센터는 소비자의 참가확대가 보다 필요하다.	0.0083	0.15001	-0.0086	0.8394	0.1064	0.7386
국민생활센터와 소비생활센터는 소비자에게 잘 인식되고 있지 않다.	0.2991	0.04983	0.1957	0.7246	0.0081	0.6554
국민생활센터와 소비생활센터는 사회에 그다지 공헌하고 있지 않다.	0.2879	0.11541	0.0965	0.5427	0.0464	0.4023
국민생활센터와 소비생활센터는 국제적 교류가 그다지 없다.	0.0196	0.03293	0.0567	0.0025	0.8468	0.7219
국민생활센터와 소비생활센터는 세계의 변화에 잘 적응하지 못한다.	0.1290	0.08326	0.2030	0.2520	0.7389	0.6744
국민생활센터와 소비생활센터는 네트워크를 잘 활용하고 있지 않다.	0.2137	0.18902	0.3980	-0.0370	0.4107	0.4099
국민생활센터와 소비생활센터는 훨씬 많은 전문가를 양성할 필요가 있다.	0.1761	0.03599	-0.0508	-0.0288	0.4098	0.2981
고유치	5.6890	2.5046	1.5918	1.3071	1.1962	
전체 변량(%)	0.31610.	0.1391	0.0884	0.0726	0.0665	
누적 변량(%)	3161	0.4552	0.5436	0.6163	0.6827	
Cronbach α	.90	.68	.97	.30	.17	.85(전체)

요인별 평균을 〈표 12-3〉에서 보면, 요인 Ⅱ(재정 확보의 부족) 3.97, 요인 Ⅴ(국제교류 및 변화 부응 부족) 3.71, 요인 Ⅲ(전문성 결여) 3.42, 요인 Ⅰ(네트워크 및 다양성 부족) 3.09로 나타났으며, 요인 Ⅳ(소비자 인식 및 공헌 부족) 2.72로 나타났다. 전체 평균은 3.38로 나타나 긍정적으로 평가하고 있음을 알 수 있다.

표 12-3 요인별 평균 및 표준편차

요 인	소속된 센터의 활동 평가	
	평 균	표준편차
요인 Ⅱ: 재정 확보 부족	3.97	0.85
요인 Ⅴ: 국제교류 및 변화 부응 부족	3.71	0.84
요인 Ⅲ: 전문성 결여	3.42	1.12
요인 Ⅰ: 네트워크 및 다양성 부족	3.09	0.70
요인 Ⅳ: 소비자 인식 및 공헌 부족	2.72	0.66
요인 전체	3.38	0.56

3) 조사대상자의 관련변수별 센터 발전을 위한 평가 정도의 차이

일본의 국민생활센터와 소비생활센터에 소속된 조사대상자의 특성별 센터의 활동에 대한 평가의 차이를 본 결과, 통계적으로 유의미한 결과를 보인 것은 〈표 12-4〉와 같다.

① 요인 Ⅰ: 네트워크 및 다양성 부족에서는 조사대상자의 연령, 성별에서 차이가 나타나 조사대상자의 연령이 40대인 경우에 50대 이상보다, 그리고 여자가 남자보다 센터의 네트워크 및 다양성 부족을 높게 인식하고 있었다.

② 요인 Ⅱ: 재정 확보의 부족에서는 결혼여부를 제외한 연령, 성별, 학력, 근무기간, 소속상태, 담당업무, 직위, 소비자 관련 자격증 소유여부 등에서 차이가 나타났다. 즉, 연령이 40대 이상인 경우가 30대보다, 남성보다 여성인 경우에, 근무기간이 3년 이상인 경우, 그리고 임시직원인 경우, 직위가 촉탁직원인 경우에 재정 확보의 부족을 지적하였다. 이는 불안정한 본인의 직위와 관련이 있는 것으로 보인다. 한 경우의 조사대상자가 자격증이 없는 조사대상자에 비해 재정 확보

표 12-4 조사대상자의 일반적 특성에 따른 센터활동 평가정도의 차이

특 성	변 수	집 단	네트워크 및 다양성 부족		재정 확보 부족		전문성 결여		소비자인식 및 공헌 부족		국제교류 및 변화 부응 부족	
			M	D[a]	M	D[a]	M	D[a]	M	D[a]	M	D[a]
일반적 특성	연 령	30대	3.07	AB	3.77	B	3.51		2.69		3.70	
		40대	3.30	A	4.09	A	3.48		2.72		3.79	
		50대 이상	2.93	B	4.06	A	3.29		2.75		3.65	
		F 비	4.09**		3.76*		1.0		0.19		0.98	
	성 별	여 자	3.13		4.11		3.44		2.73		3.74	
		남 자	2.73		3.65		3.07		2.70		3.63	
		t 값	1.90*		2.44**		1.38		0.19		0.66	
	학 력	고졸 이하	3.02		3.78	B	3.39		2.75		3.64	
		전문대졸	3.07		4.14	A	3.49		2.77		3.74	
		대졸 이상	3.16		4.06	A	3.45		2.67		3.76	
		F 비	0.65		4.26**		0.07		0.42		0.84	
	결혼 여부	미 혼	2.97		4.13		3.24		2.80		3.68	
		기 혼	3.11		4.05		3.44		2.72		3.73	
		t 값	0.45		0.50		-0.90		0.58		-0.36	
센터 근무 특성	근무기간	3년 미만	3.13		3.70	B	3.49		2.72		3.68	
		3~6년 미만	3.28		4.09	A	3.43		2.85		3.88	
		6~9년 미만	3.07		4.07	AB	3.62		2.75		3.82	
		9년 이상	3.65		4.17	A	3.48		2.74		3.70	
		F 비	0.57		3.22*		0.16		0.29		0.91	
	소속상태	정직원	2.87		3.63	B	3.01	B	2.75	AB	3.55	B
		임시직원	3.11		4.22	A	3.44	AB	2.66	B	3.74	AB
		기 타	3.32		4.08	A	3.87	A	3.01	A	3.94	A
		F 비	2.43		10.01***		5.59**		2.93*		2.96*	
	담당업무	기획·관리·행정	3.03		3.81		3.16		2.87		3.66	
		소비자문제 관련 및 교육	3.11		4.16		3.46		2.70		3.73	
		F 비	-0.54		-2.49*		-1.46		1.33		-0.52	
	직 위	행정직	3.02		3.89		3.32		2.70		3.73	
		촉탁직원	3.17		4.25		3.45		2.71		3.74	
		F 비	-1.05		-2.83**		-0.73		-0.10		-0.05	
	소비자 관련 자격증 소유 여부	0개	2.93		3.79	B	3.10	B	2.76		3.66	
		1개	3.16		4.16	A	3.50	A	2.74		3.73	
		2개 이상	3.20		4.28	A	3.66	A	2.70		3.80	
		F 비	1.90		7.37***		4.73**		0.14		0.77	

*p <.05 **p <.01 ***p <.001

a) D: Duncan's Multiple Range Test

의 부족을 지적하였다.

③ 요인 Ⅲ: 전문성 결여에서는 조사대상자의 소속 상태, 소비자 관련 자격증 소유여부에서 차이를 보였는데, 소속 상태가 정직원보다는 임시직일 경우, 그리고 자격증 소유가 1개 이상인 경우에 전문성 결여를 지적하였다.

④ 요인 Ⅳ: 소비자의 인식 및 공헌 부족을 지적하였다.

⑤ 요인 Ⅴ: 국제교류 및 변화 부응 부족에서는 조사대상자의 소속상태에서만 차이를 보여, 소속상태가 불안정한 경우에 소비자 인식 및 공헌 부족과 국제교류 및 변화 부응 부족을 지적하였다.

4) 조사대상자의 국민생활센터 및 소비생활센터의 발전에 대한 의견

국민생활센터 및 소비생활센터의 발전에 대한 의견을 파악하기 위하여 본인이 소속된 센터의 발전방안에 대한 설문지를 통해 주관적 견해를 서술하도록 질문하였으며, 그 결과는 〈표 12-5〉와 같다.

첫째, 인적 자원의 확대가 필요하다. 즉, 직원의 증가, 젊은 인재의 확대, 소비자상담원의 증가, 오피니언 리더의 양성을 위한 후계자 및 리더의 양성, 자원봉사자 및 소비자 모니터의 확보, 보다 많은 전문가 유입 등이 필요하다고 지적하였다.

둘째, 지역 자원의 확대 및 타 기관(국외 포함)과의 네트워크화가 필요하다. 즉, 지역의 전문가와의 교류 확대 및 지역 자원의 활용, 초중고 등 지역과의 소비자교육 연대, 타 센터와의 연대, 국제적 교류와 공유 등을 요구하였다.

셋째, 물적 자원의 확대 및 재정 기반의 확립이 필요하다. 이는 직접적인 정부의 보조 증대, 행정기관이지만 활동적인 수입사업의 확대 등을 들고 있었다.

넷째, 전문적 내용의 확대가 필요하다. 즉, ADR 수행기능의 강화,

표 12-5 조사대상자의 일본국민생활센터 및 소비생활센터의 발전방안에 대한 의견

변 수	집 단	N	%
발전방안	인적 자원의 확대	35	23.65
	지역자원의 확대	37	25.0
	물적 자원의 확대	17	11.49
	전문적 내용의 확대	59	39.86
	전 체	148(100.0)	

전산화 강화, 상품 비교 테스트의 강화, 전문가와의 교류 확대, 타 전문기관과의 교류 확대, 전국 수준의 다양한 정보의 수집, 조례의 개정, 직원교육의 전문화 등을 요구하였다.

다섯째, 기타 사항으로 행정으로부터의 독립, 상담원의 대우 향상 및 안정적 신분 보장, 상담 시설의 확충, 센터간의 조직 강화, 국민생활센터의 파이프 역할 강화, 상품 테스트의 확대, 시민과의 친밀도 강화 등을 요구하였다.

이러한 결과를 통해서 우리는 일본의 국민생활센터와 소비생활센터의 연계성에 대해서 주목해야 할 것이다. 특히 각 지역에 있는 지방소비자를 위한 소비생활센터의 확대를 도모하는 우리나라의 경우에, 이미 전국에서 다양한 활동을 하고 있는 일본의 소비생활센터의 역할 및 기능에 대해 주목할 필요가 있다.

일본의 소비생활센터의 상담직은 대부분 국민생활센터의 소비생활 전문상담원의 자격증을 소지한 사람으로 촉탁직인 임시직에 종사하고 있어 이들의 대우 증진 및 안정적인 신분 보장에 대한 요구가 많았던 것에도 주목할 필요가 있다.

일본의 경우 이미 폐지가 검토되는 소비생활센터가 도래하고 있어, 우리의 경우도 설립에 있어 정확한 지역적 특성 및 영역을 고려하여야 할 것이다.

5) 조사대상자의 요구사항

조사대상자의 요구사항을 질문한 결과, 소비자에게는 소비자의 자기 책임과 사회변화를 인식할 수 있는 소비자의 자립을 우선적으로 지적하였다. 그리고 소비자의 교육에 적극적으로 참여하고, 본인과 관련된 정보수집에 적극적인 참여를 지적하였다. 구체적으로는 어떠한 계약을 체결하더라도 정확한 판단을 고려하여 유의할 것을 지적하였다.

조사대상자가 행정에 대해 바라는 사항을 질문한 결과, 행정은 보다 많은 소비자교육을 충실히 강화해야 하며, 관련 예산의 확대, 사업자에 대한 규제 강화, 행정직원의 재교육 등을 지적하였다.

또한 본 조사대사자 중 많은 부분을 차지하는 소비생활센터의 상담자들은 상담원에 대한 처우 개선을 요구하였다.

표 12-6 조사대상자의 요구사항

구 분	요 구 사 항
소비자 측 면	첫째, 소비자의 자립을 요구하였다. 둘째, 소비자의 적극적인 참여를 요구하였다. 셋째, 계약 체결 시 유의점을 요구하였다.
행 정 측 면	첫째, 행정의 소비자교육 강화를 요구하였다. 둘째, 행정 지원의 강화를 요구하였다. 셋째, 행정원의 재교육을 요구하였다. 넷째, 상담원에 대한 처우 개선을 요구하였다.

3. 결론 및 제언

앞의 조사결과를 중심으로 한국소비자원이 발전을 거듭할 수 있는 방안을 제안하면 다음과 같다.

첫째, 한국소비자원의 역할 특성화이다. 한국소비자원은 연구 및 정책 제언 기능을 강화하고, 상담 기능을 기존의 소비자단체와 지방의 소비생활센터로 이양할 필요가 있다.

둘째, 한국소비자원의 지역 활동 강화이다. 한국소비자원의 활동이 수도권 중심에서 지역과 연계하여 지역 중심의 역할을 강화해야 한다. 이를 위해서 좀더 많은 예산과 행정력의 확보 및 강화가 요구되며, 지역의 분원 설립을 고려할 필요가 있다.

셋째, 디지털 시대에 대비한 지역과의 네트워크 강화이다. 일본의 PIO-NET과 같은 소비넷의 개발 및 보급과, 소비자상담을 위한 지역 분소의 설치, 그리고 심도 있는 지역과의 네트워크화가 이루어져야 한다.

넷째, 국제화에 대비 강화이다. 국제화 및 세계화에 부응하여 국제화를 강화해야 하며, 우리나라에 거주하는 외국인을 위한 다양한 시스템을 도입하고, 우리나라 소비자가 외국의 기업과 관련된 여러 소비자문제에 대한 해결 및 예방, 그리고 보호도 계획해야 한다.

다섯째, 한국소비자원 전용 방송매체의 설립이다. 디지털 시대에 다양하게 변화하는 소비자정보, 소비자의 특성에 부응하여 세대별 다양한 매체의 이용이 필요하다. 또한 시대적 변화에 부응하는 전자메일 중심의 상담처리, 그리고 사이버 소비자센터의 운영 및 강화가 요구된다.

여섯째, 소비자 관련 기관과의 연대 요구이다. 민간 소비자단체, 기업, 학계 및 소비자와 관련된 기관과의 연대가 필요하다.

일곱째, 소비자 관련 전문노동력의 활용 확대이다. 지방의 소비생활센터의 활성화에 대비하여 지역 분소의 전문가로 관련 전공자 및 자격증 소유자의 배치가 필요하다.

여덟째, 소비자에게 다가가는 다양한 방법의 응용이다. 기존에 한국소비자원에 소비자가 접근하는 유형에서 일본의 컨슈머 에이드(Consumer Aid) 제도나 행정에서의 시설 편의 제공 등과 같이 소비자에게 접근하는 형태로의 전환이 필요하다. 즉, 무료시설의 확대 및 실질적인 사용 강화가 요구된다.

아홉째, 소비자교육의 강화이다. 소비자의 자립이 이상적이긴 하지만, 여러 활동을 통한 최종 목적이 소비자의 자립이므로 어려서부터 소비자교육을 받을 수 있는 교육적 시스템과 소비자교육 시행기관으로서의 강화 및 시스템 구비가 필요하다.

이러한 제안이 구체적으로 이루어지기 위해서는 그 기제에 물적 · 인적 자원의 지원이 선행되어야 한다.

우리나라와 일본의 비교 · 분석을 통해 여러 가지 사항을 참고할 수 있지만, 그 중에서도 일본의 앞선 소비자행정과 소비자단체의 커다란 역할 등을 들 수 있다. 또한 일본의 경우, 지방자치단체의 활성화로 인한 지역소비생활센터 역할 증대가 특징이며, 그에 비하여 우리나라는 이제 지역화의 도약기로 접어들고 있다. 그리고 일본의 오사카 소비생활센터의 예에서 볼 수 있듯이 지역주민 소비자교육 계발을 위한 홍보, 체험관의 운영은 기업 및 기타 기관과 긴밀한 연계를 이루고 있어 많은 시사점을 제공하고 있다.

생각해 볼 과제

1. 우리나라와 일본의 소비자행정시스템을 비교하고, 우리나라 지역 소비생활센터의 활성화를 위한 방안을 토론해 보시오.
2. 소비생활센터를 방문 후 토론해 보시오.

한국 소비생활센터 종사자 조사결과

우리나라 소비생활센터는 지역의 소비자단체와 더불어 지역 소비자를 접하는 최종적인 채널이라고 볼 수 있다. 1995년부터 시작한 지방자치제의 한 성과라고도 할 수 있는 지역의 소비생활센터는 소비자 중심적인 기관으로 거듭나야 한다. 이에 지역의 소비생활센터 종사자를 대상으로 업무활동 평가, 업무만족도, 업무수행을 위한 제언, 발전방안 등을 조사하였다.

1. 조사 관련 내용

본 조사는 지방소비자행정의 실태와 소비생활센터의 현황을 파악하기 위하여 각 지방자치단체의 홈페이지 분석 및 문헌자료조사 방법을 실시하였다. 또한 각 지방자치단체의 소비생활센터 근무자를 대상으로 한 업무만족도 및 업무평가를 위한 방법으로 설문조사를 병행하여 실시하였다.

본 조사의 대상은 각 광역시와 자치단체의 홈페이지와 소비자원에서 실시한 문헌자료조사를 대상으로 사용하였다. 설문조사로는 2004년 10월 현재 6개의 광역시과 9개의 자치단체에 설치 · 운영 중인 16개(경기2곳, 광주광역시, 부산광역시, 대전광역시, 인천광역시, 울산광역시, 대구광역시, 경상남도, 충청남도, 전라남도, 강원도, 전라북도, 충청북도, 경상북도, 제주도) 소비생활센터에 근무하는 담당자(공무원, 소비자보호원, 민간소비자단체)를 대상으로 하였고, 2004년 9월부터 10월까지 우편조사를 실시하였다.

그 결과 60부를 배송하였으나 48부가 회수되었으며, 그 중 응답이 부실한 2부를 제외하고 최종 분석 자료로 사용된 것은 46부이다.

본 조사의 설문지 척도구성은 다음과 같다.

우선 조사대상자의 사회적 · 경제적 변수는 성별, 연령, 학력, 소속기관, 업무 분야, 직위 등 총 6문항으로 구성하였다. 조사대상자의 업무만족도는 16문항 5점 척도로 구성하였고, 업무활동 평가는 17문항 5점 척도로 구성하였다. 소비생활센터의 업무평가에 대한 문항은 18문항, 소비생활센터의 업무제약 요인은 14문항, 소비생활센터 활성화를 위해 필요한 사항에 대해 11문항 5점 척도로 하였으며, 그 외 6문항(병행업무, 업무 수행시 애로사항, 센터의 문제점 및 개선점, 직위와 소속센터의 지명 등)은 개방형의 질문으로 응답자의 서술을 근거로 분석하였다.

소비생활센터의 업무 현황에 대한 조사는 16곳의 소비생활센터 근무자(지방자치단체공무원, 소비자보호원, 민간소비자단체)를 대상으로, 근무자의 업무만족도와 업무 활동에 관한 평가와 더불어 소비생활센터 자체의 업무에 대한 평가를 하였다본 조사의 분석 방법은 SPSS 프로그램을 사용하였으며, 조사대상자의 일반적 특성과 소속센터의 활동 영역별 업무성과에 대한 평가, 활동에 대한 평가 등을 분석하기 위하여 평균, 빈도 분석을 사용하였다. 조사대상자의 소속센터에 대한 활동평가는 선행연구를 통하여 변수별 유형화를 하였고, 유형별 평가의 평균은 t-test와 일원분산분석(One-Way ANOVA)을 하였으며, 사후 검증으로 DMR(Duncan's Multiple Range Test)을 실시하였다.

문항 간의 내적 타당도인 신뢰도 검증을 Cronbach's α 로 살펴보았으며, 그 결과 업무만족도 0.781, 업무활동평가 0.697, 업무평가 0.681, 업무제약요인 0.692로 나타났다.

2. 조사결과

조사대상자의 일반적 특성을 살펴보면 조사자의 평균 연령은 38세이며, 여성 41.3%, 남성 58.7%로 나타났다. 소속기관별로는 지방자치단체 공무원이 37.0%, 소비자보호원 파견 직원이 28.3%, 민간소비자단체 파견 직원이 21.7%, 기타(일용직)는 13.0%로 나타났고, 학력 평균은 16.2년 수준으로 나타났다.

1) 조사대상자의 담당업무 및 병행업무

조사대상자가 현재 소비생활센터에서 담당하고 있는 업무 분야와 센터업무 외에 병행업무가 있는가에 대한 유무를 묻는 질문에 대한 결과는 다음 〈표 13-1〉과 같다.

표 13-1 조사대상자의 담당 업무 및 병행 업무

변　　수	집　　단	N	%
담당 업무	소비자상담	37	80.4
	소비자교육	21	45.7
	소비자 정보제공	26	56.5
	물가안정 지도단속	2	4.3
	분쟁조정 관련 업무	13	28.3
	방문판매 등 지도단속	6	13.0
	기타	3	6.5
센터 업무 외 병행 업무의 유무	있다	5	13.0
	없다	40	87.0

조사대상자의 담당 업무 조사에는 조사자가 담당하고 있는 업무에 모두 체크하도록 하였으며, 업무에 우선순위를 두지는 않았다. 그 결과 소비자상담 80.4%, 소비자 정보제공 56.5%, 소비자교육 45.7%로 나타났다. 다음으로는 분쟁조정 관련 업무 28.3%, 방문판매 등 지도단속 업무 13.0%, 기타 업무가 6.5%, 물가안정 지도단속이 4.3%로 나타났다. 조사결과 조사자의 대부분이 소비자상담 업무를 담당하고 있는 것으로 나타났다.

또한 조사대상자의 소비생활센터 업무 외 병행 업무의 유무를 묻는 질문에서 조사자의 87.0%가 병행 업무가 없다고 응답하였으며, 13.0%가 센터의 업무 외에 병행하고 있는 업무가 있다고 응답하였다. 병행 업무의 내용으로는 대부분 지방자치단체 공무원들이 지역유통과 경제에 관련한 공무원 자체 고유 업무에 해당하는 것으로 응답하였다.

현재 소비생활센터의 운영이 소비자원과 민간소비자단체의 경우 파견인력임과 동시에 한시적 인력임을 고려할 때, 주체 당사자인 지방자치단체 공무원들의 역할과 업무에 대한 책임과 열성이 무엇보다도 중요하다.

2) 소비생활센터 업무의 영역별 평가 차이

소비생활센터의 업무활동 평가를 위하여 17개 문항을 영역별로 분류한 후 각 유형별 평균을 구한 결과 유형별 평균은 〈표 13-2〉와 같다. 그 결과 전문성 결여 3.80, 재정 및 지원 부족 3.28, 소비자인식 및 공헌 부족 3.08, 네트워크 및 다양성 부족 3.08, 국제교류 및 변화 부응 부족 2.31 순으로 나타났다. 이것을 조사대상자의 특성별 파악을 위하여 좀 더 세밀하게 분석한 결과 〈표 13-3〉과 같다.

조사대상자의 특성에 따른 소비생활센터 업무의 영역별 평가정도를 살펴 본 결과, 통계적으로 유의미한 결과, 우선 조사결과 재정 및 지원 부족과 전문성 결여, 국제교류 및 변화부응 부족에서는 조사대상자의 특성에 따라 유의미한 차이가 나타나지 않아, 특정 집단에 따른 차이 없이 모든 요인에 대해 부족하다고 인식하는 것으로 나타났다.

소비자인식 및 사회 공헌 부족에서 조사대상자의 학력에 따른 차이가 나타나는데, 대졸 집단과 대학원졸 집단 사이에는 별 차이를 보이지 않았으나, 두 집단과 전문대졸 이하의 집단 간에는 차이를 보였다. 조사자의 학력이 낮을 경우 센터에 대한 소비자의 인식과 기타 사회에 대한 공헌이 부족하다고 인식하는 것으로 나타났다.

또한 네트워크 및 다양성 부족에서도 조사자의 학력에 의해서만 집단 간의 차이를 보였다. 조사대상자의 학력이 높은 집단이 센터 운영에 있어 네트워크 및 다양성 부족에 대해 높게 인식하는 것으로 나타났다.

표 13-2 소비생활센터 업무의 영역별 업무활동 평가

영 역	센터의 영역별 업무활동 평가	
	평 균	표준편차
재정 및 지원 부족	3.28	0.40
전문성 결여	3.80	0.59
국제교류 및 변화 부응 부족	2.31	0.65
소비자인식 및 공헌 부족	3.08	0.34
네트워크 및 다양성 부족	3.08	0.57
전 체	3.12	0.26

표 13-3 조사대상자의 일반적 특성별 소비생활센터 활동의 영역별 평가정도의 차이

특성	변수	집 단	재정 및 지원 부족		전문성 결여		국제교류 및 변화부응 부족		소비자인식 및 공헌 부족		네트워크 및 다양성 부족		전 체	
			M	D[a]	M	D[a]	M	D[a]	M	D[a]	M	D[a]	M	D[a]
사회적·경제적 특성	성별	남	3.28		3.83		3.06		2.41		3.08		3.13	
		여	3.28		3.75		3.12		2.17		3.09		3.08	
		t 값	0.02		0.47		1.26		-0.58		-0.07		0.65	
	연령	20~29세	3.37		3.58		2.37		3.16		3.02		3.11	
		30~39세	3.27		3.91		2.33		3.05		3.25		3.17	
		40~49세	3.25		3.82		2.29		3.07		3.03		3.09	
		F 비	0.24		0.78		0.04		0.26		0.64		0.29	
	학력	전문대졸 이하	3.17		3.83		2.33		3.33	B	3.00	AB	3.13	
		대졸	3.29		3.76		2.30		3.09	A	3.30	B	3.15	
		대학원졸	3.33		3.87		2.33		2.92	A	2.72	A	3.04	
		F 비	0.42		0.22		0.009		3.91*		5.39**		0.82	
	소속기관	자치단체공무원	3.17		3.96		2.35		3.13		3.25	AB	3.18	
		소비자원	3.38		3.74		2.25		2.92		2.83	A	3.03	
		민간소비자단체	3.20		3.73		2.26		3.23		2.92	AB	3.07	
		기타(일용직)	3.50		3.61		2.44		3.05		3.43	B	3.21	
		F 비	1.38		0.69		0.14		1.77		2.65		1.14	

*p <.05 **p <.01 ***p <.001

a) D: Duncan's Multiple Range Test

3) 소비생활센터 업무 담당자의 업무 만족도 차이

소비생활센터 업무 담당자의 업무 만족도는 가장 기본적인 일의 성과와 동료 간의 관계, 사회에 대한 기여와 업무담당자의 편익만족 측면의 16개 문항으로 구성된 질문을 선행연구를 통하여 요인화 하였으며, 이에 따라 분류된 5개의 요인별 평균을 살펴보았다. 그 결과는 다음 〈표 13-4〉와 같다. 사회적 기여도 만족 4.26, 동료 간의 관계 만족 3.79, 업무 성과 및 업무량의 만족 3.61, 사회적 편익 만족 3.43, 업무의 특성 만족 2.86 순으로 나타났다. 전체 평균은 3.59로 어느 정도 높은 것으로 보인다.

표 13-4 소비생활센터 업무 담당자의 업무 만족도 요인별 평균

요 인	평 균	표준편차
업무 성과 및 업무량의 만족	3.61	0.66
업무의 특성 만족	2.86	0.64
동료 간의 관계 만족	3.79	0.78
시회적 기여도 만족	4.26	0.61
사회적 편익 만족	3.43	0.92
전 체	3.59	0.42

또한 조사대상자의 특성별 업무 만족도의 차이를 살펴본 결과로는 다음 〈표 13-5〉와 같다.

업무 성과 및 업무량의 만족에서는 소속기관에 따라서만 유의미한 차이를 보였는데, 자치단체공무원과 소비자원, 민간소비자단체 직원에 비해 기타(일용직)의 경우에는 만족도가 현저하게 떨어지는 것을 볼 수 있다. 업무의 특성 만족에서는 모든 변수에서 유의미한 차이를 보이지 않았다.

또한 동료 간의 관계 만족은 학력과 소속기관에 따라 서로 유의미한

표 13-5 조사대상자의 일반적 특성에 따른 업무 만족도의 차이

특성	변수	집 단	업무 성과 및 업무량의 만족		업무의 특성 만족		동료 간의 관계 만족		사회적 기여도 만족		사회적 편익 만족		전 체	
			M	D[a]	M	D[a]	M	D[a]	M	D[a]	M	D[a]	M	D[a]
사회인구학적 특성	성별	남	3.75		2.85		3.66		4.36		3.70		3.71	
		여	3.40		3.85		3.98		4.11		3.05		3.58	
		t 값	1.80		-0.04		-1.38		1.33		2.29*		1.01	
	연령	20~29	3.41		3.20	B	4.00		4.31		2.81	A	3.67	
		30~39	3.41		2.52	A	3.93		4.16		3.33	AB	3.56	
		40~49	3.75		2.89	AB	3.67		4.28		3.67	B	3.69	
		F 비	1.51		3.08		0.78		0.19		3.05		0.46	
	학력	전문대졸이하	3.46		3.04		3.84	AB	3.63	A	3.50		3.49	
		대 졸	3.67		2.84		4.04	B	4.46	B	3.28		3.66	
		대학원졸	3.59		2.77		3.31	A	4.27	B	3.69		3.53	
		F 비	0.29		0.44		24.35*		7.19**		0.87		0.68	
	소속기관	자치단체공무원	3.96	B	2.86		4.10	B	4.26		4.00	C	3.87	B
		소비자원	3.56	B	2.87		3.33	A	4.44		3.54	BC	3.59	AB
		민간소비자단체	3.50	B	3.00		3.75	AB	4.12		3.10	B	3.57	AB
		기타(일용직)	2.88	A	2.55		4.04	B	4.08		2.16	A	3.32	A
		F 비	5.18**		0.59		3.01*		0.69		10.41***		3.54*	

*p <.05 **p <.01 ***p <.001

a) D: Duncan's Multiple Range Test

차이를 보이는데, 대졸 집단과 대학원졸 집단 사이에 동료 간의 관계만족의 차이를 보였고, 대졸 집단이 동료 간의 관계에 있어 더 만족하는 것으로 나타났다. 또한 소속기관에 있어 자치단체 공무원이 동료 간의 관계 만족도가 높게 나타났다.

사회적 기여도 만족은 학력에 따라 유의한 차이를 보이고 있으며, 학력이 낮은 집단이 높은 것을 알 수 있다.

사회적 편익 만족은 성별과 소속기관에 따라 유의한 차이를 보이고 있으며, 여자보다는 남자가, 소속기관에 따라서는 자치단체공무원의 사회편익 만족도가 높게 나타났다. 전체 업무 만족도에서는 소속기관에 따라서만 유의한 차이를 보였으며, 자치단체공무원의 업무 만족도가 가장 높게 나타났다.

4) 조사대상자의 소비생활센터에 대한 활동 분야별 평가

소비생활센터의 활동이 비록 짧은 기간 동안의 활동이었지만 그동안의 활동 내용을 소비생활센터 업무 종사자인 본인 스스로 활동 정도가 어떠하였는지 평가하도록 하였다.

구체적으로 조사대상자가 소속된 소비생활센터의 분야별 소비자보호 업무의 활동 평가를 살펴보았으며, 그 결과는 〈표 13-6〉과 같다.

표 13-6 센터의 소비자보호 업무 분야별 활동 평가

활 동 분 야	평 균	표준편차	순 위
1. 소비자상담 접수	4.00	0.94	1
2. 소비자상담 분쟁 조정	3.43	1.04	6
3. 각종 제도와 정책 연구 및 건의	2.91	1.02	11
4. 안전 정보의 수집 및 평가	2.61	1.11	15
5. 상품 시험 검사	1.63	0.90	18
6. 거래제도 개선	2.39	1.02	17
7. 소비자교육 및 연수	3.72	1.03	3
8. 출판 및 정보제공	3.78	0.87	2
9. 홈페이지 운영 및 사이버 활동	2.46	0.98	16
10. 홍보 활동	2.67	1.25	14
11. 소속 직원 및 회원의 교육	2.91	1.11	11
12. 타 기관과 연대 활동	2.96	0.76	10
13. 시장에서의 조사 감시 활동	3.17	1.23	7
14. 불매·계몽 등의 캠페인 활동	3.56	1.04	4
15. 소속 직원에게 변화하는 법과 정책에 대한 교육 및 정보제공	3.00	1.01	9
16. 물가안정 지도단속	3.06	1.24	8
17. 소비자단체 지원	3.56	0.78	4
18. 리콜 등 안전 업무	2.71	0.98	13
전 체	3.03	0.24	

소비자상담 접수(4.00), 출판 및 정보제공(3.78), 소비자교육 및 연수(3.72), 불매·계몽 등의 캠페인 활동 순으로 긍정적(인식 수준이 높게)인 평가가 나타났다.

반면, 상품 시험 검사(1.63), 홈페이지 운영 및 사이버 활동에 대한 평가는 낮은 수준을 나타냈는데, 이는 지역별로 상품 시험 검사를 시행하고 있는 소비생활센터가 적기 때문이라는 것을 알 수 있다. 따라서 앞으로 지역에서도 상품시험 검사를 할 수 있는 시스템 구비가 개별 소비생활센터나 혹은 지역단체와 연합으로 시행할 수 있도록 하는 것이 필요하다.

김시월(2004)의 연구결과에 따르면 일본의 경우에는 지역별 도시 중심의 소비생활센터가 상품 시험 검사를 실시하며, 학교와 연계하여 수업 장소로도 무료 대여하고 있어 지역소비자와의 교류가 활발한 것으로 조사되었다. 이에 우리나라에서도 지역단체와 연계한 프로그램의 개발 및 보급의 필요성이 강조된다.

5) 소비생활센터 업무수행의 제약 요인 및 소비생활센터 활성화 저해 요인

현재 소비생활센터의 활성화 촉진을 위해 장해가 될 수 있는 업무수행의 제약 요인과 활성화 저해 요인에 대해 알아보았다. 조사자의 센터 업무수행을 위한 제약 요인을 조사한 결과는 다음 〈표 13-7〉과 같다.

우선 평균별로 제약요인 순위를 보면 인력(인재) 부족, 예산 부족(정부지원금), 지도자의 부재(기관장의 소비자보호 업무에 대한 관심 부족), 업무담당자의 전문성 및 업무능력 부족, 소비생활센터에 대한 교육 및 홍보 부족, 기업의 인식 부족, 소비자의 인식 및 참여 부족, 소비자 관련 법과 정책(제도) 등의 미비, 장소의 협소 및 부적절, 언론의 무관심 등의 순으로 나타났다. 센터의 업무 수행을 위한 가장 큰 요인으

표 13-7 소비생활센터의 업무수행을 위한 제약 요인

제 약 요 인	평균	표준편차	순위
1. 인력(인재) 부족	4.13	0.75	1
2. 업무담당자의 전문성 및 업무능력 부족	3.36	1.12	4
3. 예산 부족(정부지원금)	3.69	1.03	2
4. 기업의 인식 부족	3.19	0.83	6
5. 소비자의 인식 및 참여 부족	3.07	0.93	7
6. 소비자 관련 법, 정책(제도) 등의 미비	3.07	1.02	7
7. 지도자의 부재(기관장의 소비자보호 업무에 대한 관심 부족)	3.50	1.29	3
8. 언론의 무관심	2.82	0.97	10
9. 장소의 협소 및 부적절	3.02	1.18	9
10. 소비생활센터에 대한 교육 및 홍보	3.30	0.87	5
전 체	3.32	0.43	

로 인력(인재)의 부족을 들었는데 이는 곧 전문 인력의 부족을 뜻하는 것으로 볼 수 있다.

따라서 소비생활센터가 지역의 소비자 관련 행정기구로서 자리 잡기 위해서는 지역에서 소비자 관련 단체로서 활동한 전문가와의 연계가 필요한 것으로 보인다.

표 13-8 소비생활센터의 활성화 저해 요인별 평균 및 표준편차

소비생활센터의 활성화 저해 요인	평 균	표준편차
공무원의 순환보직으로 인한 업무 전문성 결여	4.32	1.01
혼합근무로 인한 책임감 및 소속감 부족	3.76	1.17
센터장의 겸직으로 인한 업무의 추진 및 일괄적 보고체계 미흡	3.73	1.02
혼합근무로 인한 업무상 지휘·통제의 어려움	3.39	1.14
전 체	3.80	0.83

소비생활센터의 원활한 업무수행에 있어 제약 요인은 인력(인재)의 부족이며, 위의 〈표 13-8〉의 조사결과에서도 알 수 있듯이 소비생활센터의 활성화에 있어 가장 큰 저해 요인은 공무원의 순환보직으로 인하여 업무의 전문성이 결여된다는 것이다.

공통적으로 전문성을 갖춘 인력의 부족에 대한 점을 지적하였는데, 인력 충원도 중요한 문제이지만 업무담당자들이 소비자문제에 대한 전문성을 갖추는 것도 시급한 문제라고 할 수 있다. 이러한 문제해결을 위해 업무담당자에게 소비자상담사와 같은 자격증을 갖추도록 권장하거나, 업무 활동과 성과에 따른 일정한 인센티브 제공 등 다양한 방법을 통해 스스로 소비자 업무에 전문성을 겸비하도록 노력하는 것이 필요하다.

6) 조사대상자의 소비생활센터 발전에 대한 의견

우선 소비생활센터 업무 담당자가 생각하는 센터발전을 위한 운영방식에 대해 조사한 결과는 다음 〈표 13-9〉와 같다. 운영 방식에 대한 구체적인 결과는 자치단체 내 인원으로 수행한다(32.6%), 기존 방식대로 수행한다(28.3%), 민간소비자단체와 협력하여 수행한다(19.6%)

표 13-9 소비생활센터 업무 담당자가 생각하는 센터 발전을 위한 적당한 운영 방식

운영 방식	N	%	순위
자치단체 내 인원으로 수행	15	32.6	1
민간소비자단체와 협력하여 수행	9	19.6	3
자치단체는 제외하고 파견인력 (소비자원, 민간소비자단체)만으로 수행	3	6.5	5
기존방식대로 수행	13	28.3	2
기 타	6	13.0	4
합 계	46	100	

등의 순으로 나타났다. 이는 지역의 특성을 이해하는 정도와 다른 단체와의 연계 등에 있어서 부정적인 의견을 나타내는 것으로 볼 수 있다.

소비생활센터의 발전에 대한 의견을 파악하기 위하여 응답자 본인이 소속되어 있는 센터의 발전방안에 대한 의견을 주관적 견해로 서술하도록 질문하였다. 여러 의견 중 무응답을 제외하고 우선 순으로 언급한 내용만을 발췌하여 살펴본 결과는 〈표 13-10〉과 같다.

표 13-10 소비생활센터 발전방안에 대한 의견

개 선 방 안	N	%	순 위
물적 자원의 확대(예산 확보)	10	14.6	2
인적 자원의 확대(전문인력 확보)	17	41.5	1
지역여건 확대	6	14.6	3
소비생활센터 위상 정립	2	4.9	5
업무 영역 및 내용 강화	2	4.9	5
기 타	4	19.5	4
전 체	41	100.0	

*무응답으로 인하여 사례수에 차이가 있음.

첫째, 인적 자원의 확대(전문인력 확보)가 가장 요구된다고 응답하였다. 센터 담당 공무원의 순환보직으로 인한 잦은 인사이동, 센터 업무진행을 위한 최소인력의 부족, 소비자문제에 있어 전문성을 지닌 전문상담원의 부족을 지적하였고, 또한 근무여건이 안정되지 못하는 일용직 직원의 정규직원화 · 상근인력화가 시급하다고 지적하였다.

둘째, 물적 자원의 확대(예산 확보)가 요구된다고 하였다. 정부의 재정지원과 자치단체의 소비자 업무에 대한 예산 확보가 필요하다고 지적하였다.

셋째, 지역여건의 확대로 자치단체 자체에서의 소비자보호 업무에 대한 관심의 부족을 지적하였으며, 단체장과 간부들의 소비생활센터에 대한 무관심을 지적하였다.

넷째, 소비생활센터의 위상 정립이 절실히 요구된다고 하였다.

기타 의견으로는 센터 담당자들의 소비자문제나 기타 새로운 정보나 교육 획득의 기회와 경로가 미비함을 지적하였고, 상담원의 근무조건 개선과 직원 간(지방자치단체, 소비자보호원, 민간단체)의 업무의 차별화, 센터의 행정적 권한(중재 · 합의) 등이 필요하다고 지적하였다.

3. 결론 및 제언

지금까지의 조사결과와 문헌연구를 통하여 지방소비자행정의 발전 방안에 대하여 제시하면 다음과 같다.

첫째, 전문 인력에 대한 중앙정부 및 지방자치단체의 지원 및 관심이 필요하다. 연구결과 조사대상자들은 소비생활센터 업무 수행에 있어 가장 큰 제약 요인으로 인력 부족에 대해 지적하였으며, 소비생활센터의 활성화 저해 요인으로 가장 큰 문제점을 공무원의 순환보직으로 인한 업무의 전문성 결여를 들었다.

정부는 소비생활센터 설립 시 전문 인력에 대한 파견을 한시적으로 명시하였는데, 소비생활센터가 지방자치단체에 정착할 때까지 지속적인 인력 지원을 유지해야 할 것이다.

지방자치단체의 경우 아직까지도 소비자 업무를 담당하는 과나 국의 주요 목표가 소비자문제이기보다는 지역경제의 활성화인 만큼 소비자문제에 대하여는 2차원적이고 시급하지 않은 문제로 인식하는 경향이 있다. 또한 지방화 시대에 따른 지역 소비자의 수요 확산에 따라 지역의 소비자행정 업무가 증대되었음에도 불구하고, 소비행정 담당 공무원의 수는 기존과 큰 차이가 없으며, 또한 소비자행정의 전문가가 아닌 행정 업무를 처리하던 담당자가 순환보직의 인사이동에 의하여 소비생활센터의 담당자가 되었다고 볼 수 있다. 이로 인해 전문화되고 복잡해진 소비자문제의 해결과 소비자행정을 처리하기에는 무리가 있다.

이러한 문제점을 해소하기 위하여 지방자치단체에서는 소비자행정 업무의 정원에 대한 대폭 확대와 소비자행정 업무에 전문성을 지닌 인사의 채용을 적극 고려하여야 하며, 또한 소비자상담사 자격을 갖춘 전문 인력을 채용하여 인사이동 없이 소비자행정만을 전담토록 하여야 할 것이다.

둘째, 중앙정부와 지방자치단체의 소비자행정에 대한 예산 충원이 필요하다. 지방자치단체의 경우 소비자행정에 대한 인식 부족으로 예산편성과 집행에 소극적이며 우선순위로 두지 않는 경향이 있다. 소비자행정에 대한 인식 제고와 더불어 자치단체에서 소비자행정을 위한 예산편성에 대한 지침제도를 개선하는 등의 소비자행정업무에 있어 위한 예산지원을 위한 노력을 기울여야 할 것이다.

셋째, 소비생활센터 업무에서 지역특성을 고려한 업무 활동의 특성화와 업무 영역에 대한 전문화가 요구된다. 지역 간 업무 차별이 없는 일괄적인 업무 추진이 아니라, 소비생활센터의 운영에 있어 자치단체는 행정 현실과 그 지역 특성이나 역사 등을 고려하여 지역 실정에 맞는 업무 활동의 특성화를 살려야 한다. 이로 인해 각 지역 특성에 따라 발생하는 소비자 불만 해소에 노력해야 할 것이며, 이 특성화된 내용으로 소비자에게 정보제공은 물론 소비자교육에 힘써야 할 것이다. 또한 각 소비생활센터에서 지방자치단체 내 업무 활동에 대한 평가를 자주 실시하여, 부족한 업무의 개선책을 마련을 하여야 할 것이다.

업무 영역에서 소비자단체와 구별되는 전문화를 이루어야 한다. 예를 들어 공무원 · 사업자 등에 대한 교육과 분쟁 조정과 시험 검사,

제도・정책 연구 및 건의와 같은 업무는 소비생활센터가 전문적으로 담당해야 한다. 또한 소비자단체는 조사사업과 소비자교육, 소비자상담, 캠페인 활동을 추진하는 등, 소비생활센터와 소비자단체 간의 업무영역을 차별화함으로써 서로간의 업무의 전문성을 확고히 할 필요가 있다.

넷째, 변화의 흐름에 맞는 소비자교육과 정보제공이 이루어져야 한다. 현대는 고도의 소비사회로 변화되었고, 급격한 생활환경의 개선과 변화로 인하여 소비자들의 욕구와 소비도 다양화되었다. 또한 소비자의 계층도 한층 다양해져 그에 따르는 소비자 불만과 소비자문제 역시 복잡하고 다양화되었다. 이에 소비생활센터에서는 계층별・분야별로 다양한 소비자교육을 시행해야 하며, 소비자가 관심을 가지고 있는 현실적인 문제로 소비자교육을 실시하여야 한다. 또한 소비자와 기업가가 직접 참여할 수 있는 강의나 강연, 심포지엄과 같은 공개강좌를 통하여 소비자교육에 대한 관심과 활성화를 이루어야 한다.

정보제공 역시 일회성 전단지와 같은 매체를 이용할 것이 아니라 각 지방자치단체의 인터넷 홈페이지나 각종 방송매체 등 시대의 흐름에 맞는 정보 전달 방법을 이용한 정보제공 인프라를 구축하여, 소비자와 사업자에게 지속적이고 유기적인 정보제공이 이루어질 수 있도록 노력해야 할 것이다. 이는 곧 소비자교육과 정보제공 분야에서 소비생활센터가 지방자치단체의 중심적인 역할을 할 수 있는 기반을 다지는 것이다.

다섯째, 소비생활센터 업무 담당자들의 근무환경에 대한 개선이 필요하다. 조사결과 소비생활센터 업무 담당자들은 센터 운영에서 열악한 환경과 소득이나 센터 내 처한 위치 등에서 많은 불만을 토로하고 있었다. 민간소비자단체의 경우, 직원으로 간주하기보다는 일용직 내지는 봉사자로 인식할 때가 많다고 하였다. 따라서 이러한 점은 업무 성과와 수행에 많은 악영향을 끼칠 것으로 우려된다.

또한 소비생활센터 업무에 있어 직접 종사자인 업무 담당자들에 대한 인건비와 활동비 등의 예산 지원도 증원해야 하며, 원활한 업무를 위해 스스로 업무에 대한 자부심과 소비생활센터에 대한 소속감을 갖도록 근무환경에 대한 개선과 사기 증대가 요구된다.

여섯째, 보다 많은 소비생활센터의 설립과 활발한 홍보 활동이 요구된다. 일본의 경우 정부령지정도시, 시구정촌에 소비생활센터가 지정되어 있어 각 지역과의 연계 및 다양한 역할을 수행하고 있다. 이는 우리나라가 수도권에 집중되어 있는데 비해 542개소에 달하는 지역소비생활센터 간의 연계를 통한 전국적인 네트워크화를 말한다. 우리나라도 16개 자치단체뿐 아니라, 시 · 구 · 동에 걸쳐 소비생활센터를 설치하여 지역 간 관계 구축과 연계를 이루어야 할 것이다.

또한 소비생활센터의 설치장소를 지역주민과 밀착될 수 있는 이동이 빈번한 장소에 설치하는 등 지역주민의 잦은 교류를 유도해야 하며, 지역 학교와의 연계 등을 통하여 학생들에게도 어려서부터 소비자교육을 실시하는 소비자교육 시행기관으로서의 인식과 강화가 필요하다.

예를 들어 김시월(2004)의 연구에 따르면, 일본의 경우는 소비자 중심적인 소비생활센터 운영을 위하여 그 장소를 소비자들이 쉽게 파악할 수 있는 통행이 잦고, 쉽게 눈에 띄는 곳에 배치하는 등 소비자 중심적인 배려가 있다.

일곱째, 지방행정의 가장 중요한 목표는 지역주민의 삶의 질 수준을 높이고, 지역 주민의 만족수준을 향상시키는 것이라 하겠다. 이에 소비생활센터의 역할은 소비자에겐 소비자교육과 정보제공, 상담 등을 통하여 합리적 소비를 유도하고, 사업자에겐 소비자에게 위해한 거래로 시장질서를 문란하게 하는 것을 규제하고 건전한 거래질서를 확립하게 하는 것이라 하겠다.

지방소비자행정은 결과적으로 지역경제의 활성화와 지역 생산성을 향상시키는 가교 및 거점이다. 따라서 소비생활센터는 지방소비자행정 구현에 있어, 소비자교육과 소비자 정보제공에만 집중하기보다 사업자의 올바른 거래질서를 유도하고, 소비자 중심의 기업 마인드를 심어 주기 위한 기업 소비자교육 및 정보제공을 실시하여야 한다. 또한 소비자와 기업, 소비생활센터와의 관계 활성화를 이루어야 한다.

여덟째, 지방행정 및 기타 구심점의 역할을 담당할 소비생활센터의 필요성을 들 수 있다. 소비생활센터가 지방소비자의 친밀한 소비자교육, 소비자 정보제공을 통하여 소비자와 기업, 소비자와 정부, 그리고 국가에 대한 신뢰감을 높일 수 있는 구심점이 되어 지방경제 및 소비생활의 활성화를 도모해야 한다.

따라서 일본과 같은 생활자 중심의 용어인 '소비생활센터'보다도 '소비자교육'과 '소비자정보'를 중심으로 하는 시대에 부응하는 명칭으로 '소비자교육 및 정보센터'로의 개명도 제안할 수 있다.

끝으로 본 조사에 있어 몇 가지의 한계점을 지적할 수 있다. 우선 조사대상자의 선정과 조사대상수에 있어 소비생활센터 근무인원 통계에 따라 75명 전체를 대상으로 설문조사를 실시하려고 하였다. 그러나 의도와는 달리 비상근 인력이 제외된 상근 인력만이 설문에 응하여 비상근 인력에 대한 조사는 이루어지지 못하였다.

또한 본 조사는 소비생활센터의 현황과 더불어 조사자의 업무 실태, 업무 만족도에 대한 조사를 한 것으로 소속기관이 각기 다른 사람들의 구성으로 인한 애로사항과 그로 인한 업무 수행에 있어 불만 등에 대하여 개별 질문과 같은 심도 있는 토의 방법이 필요하였지만 우편설문조사에 그친 한계점을 지니고 있다.

그러나 본 조사는 지방소비자행정과 이제 운영 초기 단계인 소비생활센터의 활성화를 위하여 방향을 제시하는 데 도움이 될 것으로 기대한다. 또한 지방소비자행정이 정착되고 소비생활센터가 적극적으로 활성화되는 시기까지 계속적인 후속 연구가 필요하다.

생각해 볼 과제

1. 소비자행정의 중앙과 지역의 차이점과 연계를 살펴보시오.
2. 소비자운동, 단체, 행정과 관련된 연구조사를 시도해 보시오.

참고문헌

강석우(1999), 최근의 소비자 운동과 신용카드의 생활화 운동에 관한 고찰: 사회변화이론의 적용, 경제연구 제20권 제2호, 225-249.

강호균(1990), 한국의 소비자교육의 실태와 개선방안에 관한 고찰, 호남대학교 경영행정대학원 석사학위논문.

권오승(2000), 한국에 있어서 소비자보호를 위한 법과 정책, 서울대학교법학연구소, 서울대법학 제113호, 1-22.

권인석(1999), 교환이론에 의한 대학조직의 비판적 분석 시도, 상지대학교 논문집 제21권, 47-65.

김경배(1990), 우리나라 소비자보호운동의 추진실태와 발전방안에 관한 연구, 경남대학교 경영대학원 석사학위논문.

김만수(1991), 우리나라 소비자 보호단체활동의 문제점에 관한 연구, 연세대학교 경영대학원 석사학위논문.

김상조(2002), 지배구조 개선을 통한 기업과 NGO간의 파트너십 구축, 한국비영리연구 제1권 제1호, 177-207.

김성천(2004), 소비자개념에 관한 법제 개선방안, 한국소비자보호원, 연구보고서.

______(2004), 일본의 소비자보호기본법 개정, 법제처, 법제 통권 제558호, 74-87.

김수경(1999), 우리나라 소비자보호활동의 성숙기 진입을 위한 반전방향, 서강대학교 경영대학원 석사학위논문.

김시월(2004), 디지털 시대에 대응하는 한국소비자보호원의 발전방안: 일본의 국민생활센터, 소비생활센터와의 비교 연구, 소비자학연구 제15권 제1호, 39-63.

______(2004), 일본 민간 소비자단체의 활동에 관한 연구: 한국 민간 소비자단체의 발전방안 제시를 중심으로, 소비자학연구 제15권 제2호, 39-66.

______(2004), 한국・일본 민간 소비자단체의 활동 비교 연구, 소비자학연

구 제15권 제3호, 45-65.
김영세(1998), 한국의 부패 발생요인 및 경제적 효과 분석, 성균관대학교 대학원, 석사학위논문.
김인철・최진식(1999), 지방정부간의 갈등과 협상에 관한 연구: 대구 위천 공단조성과 부산 낙동강 수질개선 문제를 중심으로, 한국정책학회보 제8권 제3호, 99-120.
김종구(2000), 21세기 소비자정책 방향, 한국소비자보호원, 소비자문제연구 제23권, 181-188.
김준기(2000), 정부-NGO관계의 이론적 고찰: 자원의존모형의 관점에서, 한국정책학회보 제9권 제2호, 5-28.
민현선(2006), 21C 소비자정책의 패러다임 전환과 소비자보호법 개정의 의미, 한국소비자학회 정기총회 및 학술대회.
박인례(2005), 소비자운동 성과의 영향요인: 소비자단체를 중심으로, 숙명여자대학교 대학원, 박사학위논문.
박혜경(1977), 한국에 있어서 소비자보호운동의 조직화에 관한 연구, 고려대학교 경영대학 경영논총 제22권, 121-135.
배응환(2003), 거버넌스의 실험: 네트워크조직의 이론과 실제: 대청호살리기운동본부를 중심으로, 한국행정학보 제37권 제3호, 67-93.
백병성(2004), 지방분권에 따른 지방소비자행정의 정착－소비생활센터를 중심으로, 지방행정연구 제18권 제2호, 141-164.
______(2004), 지방소비생활센터 운영체계화 방안 연구, 한국소비자보호원.
송보경(1980), 소비자운동의 반성과 전망, 소비자 제15호, 20-23.
______(1987), 외국의 소비자보호운동 현황: 각종 단체와 정부, 유기적 협조체제 구축, 한국방송광고공사 광고정보 제74호, 26-29.
______(2002), 한국의 소비자운동의 관제와 전망－소비자모임의 식품 안전성 캠페인을 중심으로, 한국사회이론학회지 제22권, 151-177.
신종원(1998), 21세기 소비자주권－새로운 소비자운동을 요청한다, 한국소비자학회 98년도 정기총회 및 학술대회, 47-55.
윤희중・차희원(1999), 이슈의 속성과 관련된 행동적 공중(시민단체: NGO)의 갈등초기 행동유형에 관한 연구: 기업상품 및 광고와 정부정책에 대한 시민단체의 행동유형 비교를 중심으로, 한국광고학회 광고학연구 제10권 제3호, 31-68.
이득연 · 송순영(1992), 소비자교육 내용모형 개발 및 방안: 사회교육을 중심으로, 연구보고서 – 한국소비자보호원, 92-06.
이우용(1991), 우리나라 소비자보호운동의 발전과 이에 대한 소비자연구의 기여, 서강경영논총 제2권, 193-207.
이은희 · 김시월 · 배순영(2006), 외국 경쟁당국의 소비자교육 현황 연구, 한국소비자교육지원센터 공정거래위원회 연구용역.
이종혜 · 이기춘(1998), 한국 소비자단체의 형성과 운영에 관한 연구 – 정치적 기업가의 역할과 선택적 편익제공 이론을 중심으로, 소비자학연구 제9권 제4호, 117-135.
임영순(1998), 소비자보호운동의 개선방향에 관한 연구, 수원대학교 대학원, 석사학위논문
장임숙(2005), 정부혁신과 정책지향 – 식품안전사고를 둘러싼 환경운동연합과 CJ(주)의 관례를 중심으로, 한국행정논집 제17권 제3호, 931-955.
______(2005), NGO와 기업간 관계의 유형화 – 식품안전사고를 둘러싼 환경운동연합과 CJ(주)의 관계를 중심으로, 한국행정논집 제17권 제3호, 931-955.
재정경제부 · 한국개발연구원(2004), 중장기 소비자정책 추진방향 연구, 한국개발연구원.
전정환(1993), 정책문제의 특성과 공익단체의 활동전략에 관한 연구: 소비자단체를 중심으로, 서울대학교 행정대학원, 박사학위논문.
______(1995), 한국사회에서 시민운동과 정부: 소비자단체의 참여 활성화에 관한 연구, 한국사회와 행정연구 제6호, 47-67.
전홍규(1998), 생활협동조합과 소비자운동, 한국도시연구소, 도시와 빈곤 제30권, 64-85.
조병은 · 신화용(1992), 사회교환이론적 관점에서 본 맞벌이 가족의 성인딸 – 며느리와 노모의 관계, 한국노년학 제12권 제2호, 83-98.
최은숙(2005), 지방소비자행정에 관한 연구 – 소비생활센터의 활성화를 중심으로, 건국대학교 일반대학원, 석사학위논문.
한국소비자단체협의회, 각 연도별 정기총회 자료집.
한국소비자원, 각 연도별 소비자피해구제 연보 및 사례집.

허경옥(1998), 일본의 소비자운동, 소비자정책, 소비자지향적 경영에 관한 소고, 대한가정학회 제36권 제3호, 173-190.
홍연금(1999), 민간소비자단체의 소비자교육 현황과 발전방향, 가톨릭대학교 대학원, 석사학위논문
황삼생(1982), 우리나라 소비자보호운동에 관한 고찰, 한국지역사회발전연구 제7권, 65-76.
황정선(2004), 환경변화에 대응하는 소비자정책의 방향, 소비자정책동향 제1권 제2호, 25-40.
*일본 자료는 2006년 5월 말까지 국민생활센터의 사이트에 등록된 정보임(2006. 8. 4 국민생활센터 기자설명회 자료).

강홍렬(2006), 『메가트렌드 코리아』, 한길사.
권오승(1996), 『소비자 보호법』, 법문사.
김명철 역(2006), 『새로운 미래가 온다』, 한국경제신문사.
김시월 역(2004), 『일본의 소비자교육』, 시그마프레스.
김중웅 역(2006), 『부의 미래』, 청림출판.
매일경제(2007. 2. 6), 아이에프네트워크 전망－2008 소비자가 원하는 4대 트렌드.
박슬라 역(2004), 『미래를 읽는 기술』, 비즈니스북스.
박슬라·안진환 역(2006), 『마인드 세트』, 비즈니스북스.
박정숙 역(2006), 『미래의 소비자들』, 에코리브르.
서정환 역(2005), 『드림 소사이어티』, 리드리드출판.
석기용 역(2004), 『프리 에이전트의 시대』, 에코리브르.
송보경·김재옥(1997), 『소비사회학』, 집현전.
안진환 역(2006), 『예측지능』, 북플래너.
양춘·박상태·석현호(1986), 『사회학개론』, 진성사.
우태정 역(2003), 『이미 시작된 20년』, 필맥.
이강현(2003), 『소비자정책행정론』, 시그마프레스.
이미옥 역(2002), 『잡노마드 사회』, 문예출판사.
이상률 역(1988), 『문화와 소비』, 문예출판사.
이순호 역(2006), 『인류의 미래사』, 교양인.

이어령(2006), 『디지로그』, 생각의나무.
이인식(2006), 『미래교양사전』, 갤리온.
이주명 역(2005), 『이미 시작된 20년 후』, 필맥.
이주형 역(2005), 『What's Next? 2015』, 청년정신.
이화성 역(2006), 『하류사회-새로운 계층집단의 출현』, 씨앗을뿌리는사람.
이희재 역(2001), 『소유의 종말』, 민음사.
인트랜스번역원 역(2003), 『미래생활사전』, 을유문화사.
정택룡 역(2006), 『우리가 꼭 알아야할 미래 시나리오』, 위즈덤하우스.
형선호 역(2005), 『2010 대한민국 트렌드』, 한국경제신문사.

JA전국여성조직협의회, www.zenchu-ja.or.jp
녹색소비자연대, www.gcn.or.kr
대한주부클럽연합회, www.jubuclub.or.kr
대한YWCA연합회, www.ywca.or.kr
소비자문제를 연구하는 시민의 모임, www.cacpk.org
신일본부인회, www.shinfujin.gr.jp
일본 국민생활센터, www.kokusen.gr.jp
일본 내각부 국민생활국, www5.cao.go.jp/seikatsu/info/info.html
일본생활협동조합연합회, jccu.coop
일본소비생활어드바이저・컨설턴트협회, www.nacs.or.jp
일본소비자연맹, www1.jca.apc.org/nishoren
일본소비자협회, www1.sphere.ne.jp/jca-home
전국소비자단체연락회, www.shodanren.gr.jp
전국소비자상담원협회, www.zenso.or.jp
전국주부교실중앙회, www.nchc.or.kr
주부연합회, shufuren.net
한국소비생활연구원, www.sobo112.or.kr
한국소비자단체협의회, www.consumernet.or.kr
한국소비자보호원 홈페이지, www.cpb.or.kr
한국소비자연맹, www.cuk.or.kr
한국소비자정보넷 홈페이지, www.consumergateway.go.kr

한국여성단체협의회, www.iwomen.or.kr
한국YMCA전국연맹, www.ymcakorea.org

Campbell, C.(1987), *The Romantic Ethic and the Spirit of Modern Consumerism*, Basil Blackwell.

Colston, E. Warne(1971), *Consumer Action Programs of the Consumer Union of United States, Economics of Consumer Protection*, Interstate Printer & Publishers, 61-72.

Daniel J. Boorstin(1973), *The Americans: the democratic experience*, New York: Random House.

David Vogel, Mark Nadel(1977), Who is a Consumer?: An Analysis of the Politics of Consumer Conflict, *American Politics Research,* Vol.5, 27-56.

Galbraith(1958), *The Affluent Society*, Hought on Mifflin.

Granovettor(1985), Economic Action and Social Structure: The problem of embeddedness, *American Journal of Sociology* 9, 481-510.

Hansmann, Henry(1981), Nonprofit Enterprise in the Performing Arts, *Bell Journal of Economics* 12, 341-361.

Henry Assael(1995), Consumer Behavior and Marketing Action, Boston: Kent Publishing Co.

Jones, P.d'Alroy(1965), *The Consumer Society: A History of American Capitalism*, Pelican Books.

Katona, G.(1964), *The Mass Consumption Society*, McGraw-Hill.

Legergott, W.(1993), *Land of Desire: Merchant, Power and the Rise of American Culture*, Pantheon Books.

Mayer N. Zald(1995), The strange career of an idea and its Resurrection: Social Movements in Organizations, *Journal of Management Inquity* 6, 157-166.

Mckendrick, N. et al.(1982), *The Birth of a Consumer Society: The Commercialization of Eighteeth-Century England*, Indiana Univerty Press.

Mukerji, C.(1983), *From Graven Images: Patterns of Modern Materialism*, Columbia University Press.

Olson(1965), Associative Memory System Implementation and Characteristics, *IEEE* Vol EC-14, Issue 4, 669-670.

Pfeffer, J. and G. Salancik(1978), *The External Control of Organization : A Resource Dependence Perspective*, Harper & Row: New York.

Potter, D. M.(1954), *People of Plenty*, University of Chicago Press

Rostow, W. W.(1960), *The Stages of Economic Growth: A Non-Communist Manifesto*, Cambridge University Press.

Tanner, J. et al.(1998), *Geschichete der Konsumgesellschaft: Märkte Kultur and Identität*(15-20, Jahrhundert), Chronos Verlag.

Thirsk, J.(1978), *Economic Policy and Projects: The Development of a Consumer Society in Early Modern England*, Clarendon Press.

Turner, B. S.(2001), The Erosion of Cithzenship, *The British Journal of Sociology* 52, 189-210.

Weisbord, Burton A.(1988), *The Nonprofit Economy*, Cambridge: Harvard University Press.

Williams, R. H.(1982), *Dream Worlds: Mass Consumption in Late Nineteenth-Century France*, University of California Press.

今井光映·中原秀樹(1994),『消費者教育論』, 有斐閣』

臼井栄治·白川智洋·鮫島和子(1990),『消費者保護論』, 日本消費者教育学会編

国民生活センター(1981),『消費者運動の現状と課題』, 勁草書房

________________(1993),『消費者問題と消費者保護』

________________(1996),『消費者運動50年』, ドメス出版

________________(1999),『戦後消費者運動史(資料編)』

________________(1999),『戦後消費者運動史』

________________(2000),『90年代の国民生活センター』

________________(2001),『前後消費者運動史(資料編)』

________________(2004),『生活関聯 NPO・消費者団体活動基礎調査 報告書』

________________(2006), 2005年度 PIO-NETにみる消費生活相談, 危害·

危険情報
国民生活センター(2006), 消費生活相談にみる2006年の10大項目, 記者公表資料
________________, 『消費生活午報』, 名年度版
巻正平(1994), 『消費者問題読本』, 東洋経済新報社
吉田良子(2001), 『消費者問題入問』, 建佯社
間々田孝夫(2001), 『消費社会論』, 有斐閣コンパクト
内閣府(2003), 消費者団体を主体と団体訴訟制度とする消費者団体の役割, 消費者組織に関する研究会報告書
内閣府(2004), 『国民生活白書』(平成 16年版)
内閣府 国民生活局 消費者調整課, 『費者団体基本調査結果』, 各年度版
________________(2002), 『2001年度 消費者団体基本調査結果』
________________(2005), 『2004年度 消費者団体基本調査結果』
内閣府 国民生活局(2002), 『ハンドブック 消費者 2002』
内閣府(2001), 『平成 13年度 消費者団体の概要』
______(2002), 『平成 14年度 消費者団体の概要』
______(2003), 『NPO法の運用方針の改定について』
内田隆三(1987), 『消費社会と権力』, 岩波書店
多田吉三・大久保克子・西村晶子(2002), 『消費者問題の理論と展開』, 晃洋書房
鈴木深雪(1999), 『消費生活論; 消費者政策』, 尚学社
馬場紀子・宮本美智子・御船美智子 著(2002), 『生活経済論』, 有斐閣
米川五郎 外(1994), 『消費者教育の すすめ』, 有斐閣選書
米川五郎・高橋明子・小木紀之(1997) 『消費者教育の すすめ』, 有斐閣選書(新版)
半鷪広志(1999), 消費者運動の時代区分と類型化に関する一考察, 国民生活研究 第39巻 3号, 20-36
西村隆男(1999), 『日本の消費者教育』, 有斐閣
小谷正守・保田芳昭(1980), 『現代日本の消費者問題』, ミネルバ書房
消費者教育学会(2000), 『新 消費者保護論』, 光生館
______________(2005), 『消費生活思想の展開』, 細務経理協会

消費者大会実行委員会(2001),『全国消費者大会資料編』
消費者経済学会(1993),『消費者経済学総論』, 税務経済協会
松葉口玲子(1997), 持続可能存社会(こまけこの消費者教育仁関する一考察), 日本消費者教育学会 消費者教育第十七冊, 37-48.
松村晴路(2001),『消費者主権と 消費者法』, 嵯峨野書院
水野良象(1992),『商品学読本』, 東洋経済新報社
安田憲司(1997),『森を守る文明・支配する文明』, PHP研究所
奥むめお(1945),『主婦聯合会 便紙』, たのしい闘争
日本生協協同組合連合会(2001),『現代日本生協運動史・資料集』第3巻
日本消費者教育学会(1998),『新・消費者保護論』, 光生館
日本綜合研究所(1980),『 消費者主権に関する研究』
全国消費者単体連絡会(2001),『消団蓮30年の歩み』
正田 杉・金森房子(1997),『消費者問題を 学ぶ』, 有斐閣選書(第2版)
佐伯章一(1997), 『アメリカが最も 煇いて見えた時代(解説)』, 新潮社, 387-93.
奥村忠雄(1990), 消費者団体と消費者運動, 関西消費者協会, 消費者情報, 6月号.
花森安治(1968),『広告が多すぎる』, 萁しの手岾
デイブイド・スロスビー(2000),『文化経済学』, 日本経済新聞社

부록

- 소비자기본법
- 일본 소비자문제 연표
- 일본 소비자대회 관련 연표

소비자기본법

[전부개정 2006.9.27 법률 제7988호], 시행일 2007.3.28

제1장 총 칙

제1조 (목적) 이 법은 소비자의 권익을 증진하기 위하여 소비자의 권리와 책무, 국가·지방자치단체 및 사업자의 책무, 소비자단체의 역할 및 자유시장경제에서 소비자와 사업자 사이의 관계를 규정함과 아울러 소비자정책의 종합적 추진을 위한 기본적인 사항을 규정함으로써 소비생활의 향상과 국민경제의 발전에 이바지함을 목적으로 한다.

제2조 (정의) 이 법에서 사용하는 용어의 정의는 다음과 같다.

1. '소비자'라 함은 사업자가 제공하는 물품 또는 용역(시설물을 포함한다. 이하 같다)을 소비생활을 위하여 사용(이용을 포함한다. 이하 같다)하는 자 또는 생산활동을 위하여 사용하는 자로서 대통령령이 정하는 자를 말한다.
2. '사업자'라 함은 물품을 제조(가공 또는 포장을 포함한다. 이하 같다)·수입·판매하거나 용역을 제공하는 자를 말한다.
3. '소비자단체'라 함은 소비자의 권익을 증진하기 위하여 소비자가 조직한 단체를 말한다.
4. '사업자단체'라 함은 2 이상의 사업자가 공동의 이익을 증진할 목적으로 조직한 단체를 말한다.

제3조 (다른 법률과의 관계) 소비자의 권익에 관하여 다른 법률에서 특별한 규정을 두고 있는 경우를 제외하고는 이 법을 적용한다.

제2장 소비자의 권리와 책무

제4조 (소비자의 기본적 권리) 소비자는 다음 각 호의 기본적 권리를 가진다.

1. 물품 또는 용역(이하 '물품등'이라 한다)으로 인한 생명·신체 또는 재산에 대한 위해로부터 보호받을 권리
2. 물품등을 선택함에 있어서 필요한 지식 및 정보를 제공받을 권리
3. 물품등을 사용함에 있어서 거래상대방·구입장소·가격 및 거래조건 등을 자유로이 선택할 권리
4. 소비생활에 영향을 주는 국가 및 지방자치단체의 정책과 사업자의 사업활동 등에 대하여 의견을 반영시킬 권리
5. 물품등의 사용으로 인하여 입은 피해에 대하여 신속·공정한 절차에 따라 적절한 보상을 받을 권리
6. 합리적인 소비생활을 위하여 필요한 교육을 받을 권리
7. 소비자 스스로의 권익을 증진하기 위하여 단체를 조직하고 이를 통하여 활동할 수 있는 권리
8. 안전하고 쾌적한 소비생활 환경에서 소비할 권리

제5조 (소비자의 책무) ① 소비자는 사업자 등과 더불어 자유시장경제를 구성하는 주체임을 인식하여 물품등을 올바르게 선택하고, 제4조의 규정에 따른 소비자의 기본적 권리를 정당하게 행사하여야 한다.

② 소비자는 스스로의 권익을 증진하기 위하여 필요한 지식과 정보를 습득하도록 노력하여야 한다.

③ 소비자는 자주적이고 합리적인 행동과 자원절약적이고 환경친화적인 소비생활을 함으로써 소비생활의 향상과 국민경제의 발전에 적극적인 역할을 다하여야 한다.

제3장 국가·지방자치단체 및 사업자의 책무

제1절 국가 및 지방자치단체의 책무 등

제6조 (국가 및 지방자치단체의 책무) 국가 및 지방자치단체는 제4조의 규정에 따른 소비자의 기본적 권리가 실현되도록 하기 위하여 다음 각 호의 책무를 진다.

1. 관계 법령 및 조례의 제정 및 개정·폐지
2. 필요한 행정조직의 정비 및 운영 개선
3. 필요한 시책의 수립 및 실시
4. 소비자의 건전하고 자주적인 조직활동의 지원·육성

제7조 (지방행정조직에 대한 지원) 국가는 지방자치단체의 소비자권익과 관련된 행정조직의 설치·운영 등에 관하여 대통령령이 정하는 바에 따라 필요한 지원을 할 수 있다.

제8조 (위해의 방지) ① 국가는 사업자가 소비자에게 제공하는 물품등으로 인한 소비자의 생명·신체 또는 재산에 대한 위해를 방지하기 위하여 다음 각 호의 사항에 관하여 사업자가 지켜야 할 기준을 정하여야 한다.

1. 물품등의 성분·함량·구조 등 안전에 관한 중요한 사항
2. 물품등을 사용할 때의 지시사항이나 경고 등 표시할 내용과 방법
3. 그 밖에 위해방지를 위하여 필요하다고 인정되는 사항

② 중앙행정기관의 장은 제1항의 규정에 따라 국가가 정한 기준을 사업자가 준수하는지 여부를 정기적으로 시험·검사 또는 조사하여야 한다.

제9조 (계량 및 규격의 적정화) ① 국가 및 지방자치단체는 소비자가 사업자와의 거래에 있어서 계량으로 인하여 손해를 입지 아니하도록 물품등의 계량에 관하여 필요한 시책을 강구하여야 한다.
② 국가 및 지방자치단체는 물품등의 품질개선 및 소비생활의 향상을 위하여 물품등의 규격을 정하고 이를 보급하기 위한 시책을 강구하여야 한다.

제10조 (표시의 기준) 국가는 소비자가 사업자와의 거래에 있어서 표시나 포장 등으로 인하여 물품등을 잘못 선택하거나 사용하지 아니하도록 물품등에 대하여 다음 각 호의 사항에 관한 표시기준을 정하여야 한다.

1. 상품명·용도·성분·재질·성능·규격·가격·용량·허가번호 및 용역의 내용
2. 물품등을 제조·수입 또는 판매하거나 제공한 사업자의 명칭(주소 및 전화번호를 포함한다) 및 물품의 원산지
3. 사용방법, 사용·보관할 때의 주의사항 및 경고사항
4. 제조연월일, 품질보증기간 또는 식품이나 의약품 등 유통과정에서 변질되기

쉬운 물품은 그 유효기간
5. 표시의 크기·위치 및 방법
6. 물품등에 따른 불만이나 소비자피해가 있는 경우의 처리기구(주소 및 전화번호를 포함한다) 및 처리방법

제11조 (광고의 기준) 국가는 물품등의 잘못된 소비 또는 과다한 소비로 인하여 발생할 수 있는 소비자의 생명·신체 또는 재산에 대한 위해를 방지하기 위하여 다음 각 호의 어느 하나에 해당하는 경우에는 광고의 내용 및 방법에 관한 기준을 정하여야 한다.

1. 용도·성분·성능·규격 또는 원산지 등을 광고하는 때에 허가 또는 공인된 내용만으로 광고를 제한할 필요가 있거나 특정내용을 소비자에게 반드시 알릴 필요가 있는 경우
2. 소비자가 오해할 우려가 있는 특정용어 또는 특정표현의 사용을 제한할 필요가 있는 경우
3. 광고의 매체 또는 시간대에 대하여 제한이 필요한 경우

제12조 (거래의 적정화) ① 국가는 사업자의 불공정한 거래조건이나 거래방법으로 인하여 소비자가 부당한 피해를 입지 아니하도록 필요한 시책을 수립·실시하여야 한다.
② 국가는 소비자의 합리적인 선택을 방해하고 소비자에게 손해를 끼칠 우려가 있다고 인정되는 사업자의 부당한 행위를 지정·고시할 수 있다.
③ 국가 및 지방자치단체는 약관에 따른 거래 및 방문판매·다단계판매·할부판매·통신판매·전자거래 등 특수한 형태의 거래에 대하여는 소비자의 권익을 위하여 필요한 시책을 강구하여야 한다.

제13조 (소비자에의 정보제공) ① 국가 및 지방자치단체는 소비자의 기본적인 권리가 실현될 수 있도록 소비자의 권익과 관련된 주요시책 및 주요결정사항을 소비자에게 알려야 한다.
② 국가 및 지방자치단체는 소비자가 물품등을 합리적으로 선택할 수 있도록 하기 위하여 물품등의 거래조건·거래방법·품질·안전성 및 환경성 등에 관련되는 사업자의 정보가 소비자에게 제공될 수 있도록 필요한 시책을 강구하여야 한다.

제14조 (소비자의 능력 향상) ① 국가 및 지방자치단체는 소비자의 올바른 권리행

사를 이끌고, 물품등과 관련된 판단능력을 높이며, 소비자가 자신의 선택에 책임을 지는 소비생활을 할 수 있도록 필요한 교육을 하여야 한다.

② 국가 및 지방자치단체는 경제 및 사회의 발전에 따라 소비자의 능력 향상을 위한 프로그램을 개발하여야 한다.

③ 국가 및 지방자치단체는 소비자교육과 학교교육·평생교육을 연계하여 교육적 효과를 높이기 위한 시책을 수립·시행하여야 한다.

④ 국가 및 지방자치단체는 소비자의 능력을 효과적으로 향상시키기 위한 방법으로 「방송법」에 따른 방송사업을 할 수 있다.

⑤ 제1항의 규정에 따른 소비자교육의 방법 등에 관하여 필요한 사항은 대통령령으로 정한다.

제15조 (개인정보의 보호) ① 국가 및 지방자치단체는 소비자가 사업자와의 거래에서 개인정보의 분실·도난·누출·변조 또는 훼손으로 인하여 부당한 피해를 입지 아니하도록 필요한 시책을 강구하여야 한다.

② 국가는 제1항의 규정에 따라 소비자의 개인정보를 보호하기 위한 기준을 정하여야 한다.

제16조 (소비자분쟁의 해결) ① 국가 및 지방자치단체는 소비자의 불만이나 피해가 신속·공정하게 처리될 수 있도록 관련기구의 설치 등 필요한 조치를 강구하여야 한다.

② 국가는 소비자와 사업자 사이에 발생하는 분쟁을 원활하게 해결하기 위하여 대통령령이 정하는 바에 따라 소비자분쟁해결기준을 제정할 수 있다.

③ 제2항의 규정에 따른 소비자분쟁해결기준은 분쟁당사자 사이에 분쟁해결방법에 관한 별도의 의사표시가 없는 경우에 한하여 분쟁해결을 위한 합의 또는 권고의 기준이 된다.

제17조 (시험·검사시설의 설치 등) ① 국가 및 지방자치단체는 물품등의 규격·품질 및 안전성 등에 관하여 시험·검사 또는 조사를 실시할 수 있는 기구와 시설을 갖추어야 한다.

② 국가·지방자치단체 또는 소비자나 소비자단체는 필요하다고 인정되는 때 또는 소비자의 요청이 있는 때에는 제1항의 규정에 따라 설치된 시험·검사기관이나 제33조의 규정에 따른 한국소비자원(이하 '한국소비자원'이라 한다)에 시험·검사 또는 조사를 의뢰하여 시험 등을 실시할 수 있다.

③ 국가 및 지방자치단체는 제2항의 규정에 따라 시험 등을 실시한 경우에는 그 결과를 공표하고 소비자의 권익을 위하여 필요한 조치를 취하여야 한다.

④ 국가 및 지방자치단체는 소비자단체가 물품등의 규격·품질 또는 안전성 등에 관하여 시험·검사를 실시할 수 있는 시설을 갖출 수 있도록 지원할 수 있다.

⑤ 국가 및 지방자치단체는 제8조·제10조 내지 제13조 또는 제15조의 규정에 따라 기준을 정하거나 소비자의 권익과 관련된 시책을 수립하기 위하여 필요한 경우에는 한국소비자원, 국립 또는 공립의 시험·검사기관 등 대통령령이 정하는 기관에 조사·연구를 의뢰할 수 있다.

제2절 사업자의 책무 등

제18조 (소비자권익 증진시책에 대한 협력 등) ① 사업자는 국가 및 지방자치단체의 소비자권익 증진시책에 적극 협력하여야 한다.

② 사업자는 소비자단체 및 한국소비자원의 소비자 권익증진과 관련된 업무의 추진에 필요한 자료 및 정보제공 요청에 적극 협력하여야 한다.

③ 사업자는 안전하고 쾌적한 소비생활 환경을 조성하기 위하여 물품등을 제공함에 있어서 환경친화적인 기술의 개발과 자원의 재활용을 위하여 노력하여야 한다.

제19조 (사업자의 책무) ① 사업자는 물품등으로 인하여 소비자에게 생명·신체 또는 재산에 대한 위해가 발생하지 아니하도록 필요한 조치를 강구하여야 한다.

② 사업자는 물품등을 공급함에 있어서 소비자의 합리적인 선택이나 이익을 침해할 우려가 있는 거래조건이나 거래방법을 사용하여서는 아니 된다.

③ 사업자는 소비자에게 물품등에 대한 정보를 성실하고 정확하게 제공하여야 한다.

④ 사업자는 소비자의 개인정보가 분실·도난·누출·변조 또는 훼손되지 아니하도록 그 개인정보를 성실하게 취급하여야 한다.

⑤ 사업자는 물품등의 하자로 인한 소비자의 불만이나 피해를 해결하거나 보상하여야 하며, 채무불이행 등으로 인한 소비자의 손해를 배상하여야 한다.

제20조 (소비자의 권익증진 관련기준의 준수) ① 사업자는 제8조제1항의 규정에 따라 국가가 정한 기준에 위반되는 물품등을 제조·수입·판매하거나 제공하여서는 아니 된다.

② 사업자는 제10조의 규정에 따라 국가가 정한 표시기준을 위반하여서는 아니 된다.

③ 사업자는 제11조의 규정에 따라 국가가 정한 광고기준을 위반하여서는

아니 된다.

④ 사업자는 제12조 제2항의 규정에 따라 국가가 지정·고시한 행위를 하여서는 아니 된다.

⑤ 사업자는 제15조 제2항의 규정에 따라 국가가 정한 개인정보의 보호기준을 위반하여서는 아니 된다.

제4장 소비자정책의 추진체계

제1절 소비자정책의 수립

제21조 (기본계획의 수립 등) ① 재정경제부장관은 제23조의 규정에 따른 소비자정책위원회의 심의·의결을 거쳐 소비자정책에 관한 기본계획(이하 '기본계획'이라 한다)을 3년마다 수립하여야 한다.

② 기본계획에는 다음 각 호의 사항이 포함되어야 한다.

1. 소비자정책과 관련된 경제·사회 환경의 변화
2. 소비자정책의 기본방향
3. 다음 각 목의 사항이 포함된 소비자정책의 목표
가. 소비자안전의 강화
나. 소비자와 사업자 사이의 거래의 공정화 및 적정화
다. 소비자교육 및 정보제공의 촉진
라. 소비자피해의 원활한 구제
마. 국제소비자문제에 대한 대응
바. 그 밖에 소비자의 권익과 관련된 주요한 사항
4. 소비자정책의 추진과 관련된 재원의 조달방법
5. 어린이 위해방지를 위한 연령별 안전기준의 작성
6. 그 밖에 소비자정책의 수립과 추진에 필요한 사항

③ 재정경제부장관은 제23조의 규정에 따른 소비자정책위원회의 심의·의결을 거쳐 기본계획을 변경할 수 있다.

④ 기본계획의 수립·변경 절차 등에 관하여 필요한 사항은 대통령령으로 정한다.

제22조 (시행계획의 수립 등) ① 관계 중앙행정기관의 장은 기본계획에 따라 매년 10월 31일까지 소관 업무에 관하여 다음 연도의 소비자정책에 관한 시행계획(이하 '중앙행정기관별시행계획'이라 한다)을 수립하여야 한다.

② 특별시장·광역시장 또는 도지사(이하 '시·도지사'라 한다)는 기본계획과 중앙행정기관별시행계획에 따라 매년 11월 30일까지 소비자정책에 관한 다음 연도의 시·도별시행계획(이하 '시·도별시행계획'이라 한다)을 수립하여야 한다.

③ 재정경제부장관은 매년 12월 31일까지 중앙행정기관별시행계획 및 시·도별시행계획을 취합·조정하여 제23조의 규정에 따른 소비자정책위원회의 심의·의결을 거쳐 종합적인 시행계획(이하 '종합시행계획'이라 한다)을 수립하여야 한다.

④ 관계 중앙행정기관의 장 및 시·도지사는 종합시행계획이 실효성 있게 추진될 수 있도록 매년 소요비용에 대한 예산편성 등 필요한 재정조치를 강구하여야 한다.

⑤ 종합시행계획의 수립 및 그 집행실적의 평가 등에 관하여 필요한 사항은 대통령령으로 정한다.

제2절 소비자정책위원회

제23조 (소비자정책위원회의 설치) 소비자의 권익증진 및 소비생활의 향상에 관한 기본적인 정책을 심의·의결하기 위하여 재정경제부에 소비자정책위원회(이하 '정책위원회'라 한다)를 둔다.

제24조 (정책위원회의 구성) ① 정책위원회는 위원장 2인을 포함한 25인 이내의 위원으로 구성한다.

② 위원장은 재정경제부장관과 소비자문제에 관하여 학식과 경험이 풍부한 자 중에서 대통령이 위촉하는 자가 된다.

③ 위원은 관계 중앙행정기관의 장 및 제38조의 규정에 따른 한국소비자원의 원장(이하 '원장'이라 한다)과 다음 각 호의 어느 하나에 해당하는 자 중에서 재정경제부장관이 위촉하는 자가 된다.

1. 소비자문제에 관한 학식과 경험이 풍부한 자
2. 제29조의 규정에 따라 등록한 소비자단체(이하 '등록소비자단체'라 한다) 및 대통령령이 정하는 경제단체에서 추천하는 소비자대표 및 경제계대표

④ 제2항의 규정에 따른 위촉위원장 및 제3항의 규정에 따른 위촉위원의 임기는 3년으로 한다.

⑤ 정책위원회에 간사 2인을 두되, 재정경제부 및 공정거래위원회 소속 공무원 중에서 각 1인을 재정경제부장관이 임명한다.

제25조 (정책위원회의 기능 등) ① 정책위원회는 다음 각 호의 사항을 심의·의결한다.

1. 기본계획 및 종합시행계획
2. 소비자정책의 종합적 추진에 관한 사항
3. 소비자정책의 평가 및 제도개선에 관한 사항
4. 그 밖에 위원장이 소비자의 권익증진 및 소비생활의 향상을 위하여 토의에 부치는 사항

② 정책위원회는 업무를 효율적으로 수행하기 위하여 정책위원회에 실무위원회와 분야별 전문위원회를 둘 수 있다.

③ 이 법에 규정한 것 외에 정책위원회·실무위원회 및 전문위원회의 조직과 운영에 관하여 필요한 사항은 대통령령으로 정한다.

제26조 (의견청취 등) ① 정책위원회는 제25조 제1항 각 호의 사항을 심의하기 위하여 필요한 경우에는 소비자문제에 관하여 전문지식이 있는 자, 소비자 또는 관계사업자의 의견을 들을 수 있다.

② 재정경제부장관은 소비자권익증진, 정책위원회의 운영 등을 위하여 필요한 경우 중앙행정기관의 장 및 지방자치단체의 장 등 관계 행정기관에 의견제시 및 자료제출을 요청할 수 있다.

제3절 국제협력

제27조 (국제협력) ① 국가는 소비자문제의 국제화에 대응하기 위하여 국가 사이의 상호협력방안을 마련하는 등 필요한 대책을 강구하여야 한다.

② 재정경제부장관은 관계 중앙행정기관의 장과 협의하여 국제적인 소비자문제에 대응하기 위한 정보의 공유, 국제협력창구 또는 협의체의 구성·운영 등 관련 시책을 수립·시행하여야 한다.

③ 제2항의 규정에 따른 관련 시책의 수립 등에 관하여 필요한 사항은 대통령령으로 정한다.

제5장 소비자단체

제28조 (소비자단체의 업무 등) ① 소비자단체는 다음 각 호의 업무를 행한다.

1. 국가 및 지방자치단체의 소비자의 권익과 관련된 시책에 대한 건의
2. 물품등의 규격·품질·안전성·환경성에 관한 시험·검사 및 가격 등을 포함한 거래조건이나 거래방법에 관한 조사·분석
3. 소비자문제에 관한 조사·연구
4. 소비자의 교육
5. 소비자의 불만 및 피해를 처리하기 위한 상담·정보제공 및 당사자 사이의 합의의 권고

② 소비자단체는 제1항 제2호의 규정에 따른 조사·분석 등의 결과를 공표할 수 있다. 다만, 공표되는 사항 중 물품등의 품질·성능 및 성분 등에 관한 시험·검사로서 전문적인 인력과 설비를 필요로 하는 시험·검사인 경우에는 대통령령이 정하는 시험·검사기관의 시험·검사를 거친 후 공표하여야 한다.
③ 소비자단체는 제78조의 규정에 따라 자료 및 정보의 제공을 요청하였음에도 사업자 또는 사업자단체가 정당한 사유 없이 이를 거부·방해·기피하거나 거짓으로 제출한 경우에는 그 사업자 또는 사업자단체의 이름(상호 그 밖의 명칭을 포함한다), 거부 등의 사실과 사유를 「신문등의자유와기능보장에관한법률」에 따른 일반일간신문에 게재할 수 있다.
④ 소비자단체는 업무상 알게 된 정보를 소비자의 권익을 증진하기 위한 목적이 아닌 용도에 사용하여서는 아니 된다.
⑤ 소비자단체는 사업자 또는 사업자단체로부터 제공받은 자료 및 정보를 소비자의 권익을 증진하기 위한 목적이 아닌 용도로 사용함으로써 사업자 또는 사업자단체에 손해를 끼친 때에는 그 손해에 대하여 배상할 책임을 진다.

제29조 (소비자단체의 등록) ① 다음 각 호의 요건을 모두 갖춘 소비자단체는 대통령령이 정하는 바에 따라 공정거래위원회 또는 지방자치단체에 등록할 수 있다.

1. 제28조 제1항 제2호 및 제5호의 업무를 수행할 것
2. 물품 및 용역에 대하여 전반적인 소비자문제를 취급할 것
3. 대통령령이 정하는 설비와 인력을 갖출 것
4. 「비영리민간단체 지원법」 제2조 각 호의 요건을 모두 갖출 것

② 공정거래위원회 또는 지방자치단체의 장은 제1항의 규정에 따라 등록을 신청한 소비자단체가 제1항 각 호의 요건을 갖추었는지 여부를 심사하여 등록 여부를 결정하여야 한다.

제30조 (등록의 취소) ① 공정거래위원회 또는 지방자치단체의 장은 소비자단체가 거짓 그 밖의 부정한 방법으로 제29조의 규정에 따른 등록을 한 경우에는 등록을 취소하여야 한다.

② 공정거래위원회 또는 지방자치단체의 장은 등록소비자단체가 제29조 제1항 각 호의 요건을 갖추지 못하게 된 경우에는 3월 이내에 보완을 하도록 명할 수 있고, 그 기간이 경과하여도 요건을 갖추지 못하는 경우에는 등록을 취소할 수 있다.

제31조 (자율적 분쟁조정) ① 제29조의 규정에 따라 공정거래위원회에 등록한 소비자단체의 협의체는 제28조 제1항 제5호의 규정에 따른 소비자의 불만 및 피해를 처리하기 위하여 자율적 분쟁조정(분쟁조정)을 할 수 있다. 다만, 다른 법률의 규정에 따라 설치된 전문성이 요구되는 분야의 분쟁조정기구(분쟁조정기구)로서 대통령령이 정하는 기구에서 관장하는 사항에 대하여는 그러하지 아니하다.

② 제1항의 규정에 따른 자율적 분쟁조정은 당사자가 이를 수락한 경우에는 당사자 사이에 자율적 분쟁조정의 내용과 동일한 합의가 성립된 것으로 본다.

③ 제1항 본문의 규정에 따른 소비자단체의 협의체 구성 및 분쟁조정의 절차 등에 관하여 필요한 사항은 대통령령으로 정한다.

제32조 (보조금의 지급) 국가 또는 지방자치단체는 등록소비자단체의 건전한 육성·발전을 위하여 필요하다고 인정될 때에는 보조금을 지급할 수 있다.

제6장 한국소비자원

제1절 설립 등

제33조 (설립) ① 소비자권익 증진시책의 효과적인 추진을 위하여 한국소비자원을 설립한다.

② 한국소비자원은 법인으로 한다.

③ 한국소비자원은 공정거래위원회의 승인을 얻어 필요한 곳에 그 지부를 설치할 수 있다.

④ 한국소비자원은 그 주된 사무소의 소재지에서 설립등기를 함으로써 성립한다.

제34조 (정관) 한국소비자원의 정관에는 다음 각 호의 사항을 기재하여야 한다.

1. 목적
2. 명칭
3. 주된 사무소 및 지부에 관한 사항
4. 임원 및 직원에 관한 사항
5. 이사회의 운영에 관한 사항
6. 제51조의 규정에 따른 소비자안전센터에 관한 사항
7. 제60조의 규정에 따른 소비자분쟁조정위원회에 관한 사항
8. 업무에 관한 사항
9. 재산 및 회계에 관한 사항
10. 공고에 관한 사항
11. 정관의 변경에 관한 사항
12. 내부규정의 제정 및 개정·폐지에 관한 사항

제35조 (업무) ① 한국소비자원의 업무는 다음 각 호와 같다.

1. 소비자의 권익과 관련된 제도와 정책의 연구 및 건의
2. 소비자의 권익증진을 위하여 필요한 경우 물품등의 규격·품질·안전성·환경성에 관한 시험·검사 및 가격 등을 포함한 거래조건이나 거래방법에 대한 조사·분석
3. 소비자의 권익증진·안전 및 소비생활의 향상을 위한 정보의 수집·제공 및 국제협력
4. 소비자의 권익증진·안전 및 능력개발과 관련된 교육·홍보 및 방송사업
5. 소비자의 불만처리 및 피해구제
6. 소비자의 권익증진 및 소비생활의 합리화를 위한 종합적인 조사·연구
7. 국가 또는 지방자치단체가 소비자의 권익증진과 관련하여 의뢰한 조사 등의 업무
8. 그 밖에 소비자의 권익증진 및 안전에 관한 업무

② 한국소비자원이 제1항 제5호의 규정에 따른 업무를 수행함에 있어서 다음 각 호의 사항은 그 처리대상에서 제외한다.

1. 국가 또는 지방자치단체가 제공한 물품등으로 인하여 발생한 피해구제. 다만, 대통령령으로 정하는 물품등에 관하여는 그러하지 아니하다.
2. 그 밖에 다른 법률의 규정에 따라 설치된 전문성이 요구되는 분야의 분쟁조정기구에 신청된 피해구제 등으로서 대통령령이 정하는 피해구제

③ 한국소비자원은 업무수행 과정에서 취득한 사실 중 소비자의 권익증진,

소비자피해의 확산 방지, 물품등의 품질향상 그 밖에 소비생활의 향상을 위하여 필요하다고 인정되는 사실은 이를 공표하여야 한다. 다만, 사업자 또는 사업자단체의 영업비밀을 보호할 필요가 있다고 인정되거나 공익상 필요하다고 인정되는 때에는 그러하지 아니하다.

제36조 (시험·검사의 의뢰) ① 원장은 제35조 제1항 제2호 및 제5호의 업무를 수행함에 있어서 필요하다고 인정되는 때에는 국립 또는 공립의 시험·검사기관에 물품등에 대한 시험·검사를 의뢰할 수 있다.

② 제1항의 규정에 따른 의뢰를 받은 기관은 특별한 사유가 없는 한 우선하여 이에 응하여야 한다.

제37조 (유사명칭의 사용금지) 이 법에 따른 한국소비자원이 아닌 자는 한국소비자원 또는 이와 유사한 한국소비자보호원 등의 명칭을 사용하여서는 아니 된다.

제2절 임원 및 이사회

제38조 (임원 및 임기) ① 한국소비자원에 원장·부원장 및 제51조의 규정에 따른 소비자안전센터의 소장(이하 '소장'이라 한다) 각 1인을 포함한 10인 이내의 이사와 감사 1인을 둔다.

② 원장·부원장·소장 및 대통령령이 정하는 이사는 상임으로 하고 그 밖의 임원은 비상임으로 한다.

③ 원장은 소비자문제에 관하여 학식과 경험이 풍부한 자 중에서 공정거래위원회위원장의 제청으로 대통령이 임명한다.

④ 부원장 및 이사는 소비자문제에 관하여 학식과 경험이 풍부한 자 중에서, 소장은 소비자안전에 관하여 학식과 경험이 풍부한 자 중에서 각각 원장의 제청으로 공정거래위원회위원장이 임명한다.

⑤ 감사는 공정거래위원회위원장이 임명한다.

⑥ 임원의 임기는 3년으로 한다.

제39조 (임원의 직무) ① 원장은 한국소비자원을 대표하고 한국소비자원의 업무를 총괄한다.

② 부원장은 원장을 보좌하며, 원장이 부득이한 사유로 직무를 수행할 수 없는 경우에 그 직무를 대행한다.

③ 소장은 원장의 지휘를 받아 제51조 제1항의 규정에 따라 설치되는 소비자안전센터의 업무를 총괄하며, 원장·부원장 및 소장이 아닌 이사는 정관이 정하는

바에 따라 한국소비자원의 업무를 분장한다.

④ 원장·부원장이 모두 부득이한 사유로 직무를 수행할 수 없는 때에는 상임이사·비상임이사의 순으로 정관이 정하는 순서에 따라 그 직무를 대행한다.

⑤ 감사는 한국소비자원의 업무 및 회계를 감사한다.

제40조 (이사회) ① 한국소비자원의 업무와 운영에 관한 중요사항을 심의·의결하기 위하여 한국소비자원에 이사회를 둔다.

② 이사회는 원장·부원장·소장 그 밖의 이사로 구성한다.

③ 원장은 이사회를 소집하고 이사회의 의장이 된다.

④ 감사는 이사회에 출석하여 의견을 진술할 수 있다.

제3절 회계 · 감독 등

제41조 (재원) 한국소비자원의 설립·시설·운영 및 업무에 필요한 경비는 다음 각 호의 재원으로 충당한다.

1. 국가 및 지방자치단체의 출연금
2. 그 밖에 한국소비자원의 운영에 따른 수입금

제42조 (감독) ① 공정거래위원회는 한국소비자원(제51조의 규정에 따른 소비자안전센터를 포함한다. 이하 이 절에서 같다)을 지도·감독하고, 필요하다고 인정되는 때에는 한국소비자원에 대하여 그 사업에 관한 지시 또는 명령을 할 수 있다.

② 한국소비자원은 매년 업무계획서와 예산서를 작성하여 공정거래위원회의 승인을 얻어야 하며, 매년 결산보고서와 이에 대한 감사의 의견서를 작성하여 공정거래위원회에 보고하여야 한다. 이 경우 그 절차 등에 관하여는 대통령령으로 정한다.

③ 공정거래위원회는 필요하다고 인정되는 때에는 한국소비자원에 대하여 그 업무·회계 및 재산에 관한 사항을 보고하게 하거나 감사할 수 있다.

제43조 (벌칙 적용에서의 공무원 의제) 한국소비자원의 임원, 제60조의 규정에 따른 소비자분쟁조정위원회의 위원 및 대통령령이 정하는 직원은 「형법」 제129조 내지 제132조를 적용할 때에는 이를 공무원으로 본다.

제44조 (준용) 한국소비자원에 관하여 이 법에 규정하지 아니한 사항에 관하여는 「민법」 중 재단법인에 관한 규정을 준용한다.

제7장 소비자안전

제1절 총칙

제45조 (취약계층의 보호) ① 국가 및 지방자치단체는 어린이·노약자 및 장애인 등 안전취약계층에 대하여 우선적으로 보호시책을 강구하여야 한다.

② 사업자는 어린이·노약자 및 장애인 등 안전취약계층에 대하여 물품등을 판매·광고 또는 제공하는 경우에는 그 취약계층에게 위해가 발생하지 아니하도록 제19조 제1항의 규정에 따른 조치와 더불어 필요한 예방조치를 취하여야 한다.

제46조 (시정요청 등) 재정경제부장관은 사업자가 제공한 물품등으로 인하여 소비자에게 위해발생이 우려되는 경우에는 관계중앙행정기관의 장에게 다음 각 호의 조치를 요청할 수 있다.

1. 사업자가 다른 법령에서 정한 안전조치를 취하지 아니하는 경우에는 그 법령의 규정에 따른 조치
2. 다른 법령에서 안전기준이나 규격을 정하고 있지 아니하는 경우에는 다음 각 목의 조치

가. 제49조의 규정에 따른 수거·파기 등의 권고
나. 제50조의 규정에 따른 수거·파기 등의 명령
다. 제86조 제1항 제1호의 규정에 따른 과태료 처분

3. 그 밖에 물품등에 대한 위해방지대책의 강구

제2절 소비자안전조치

제47조 (결함정보의 보고의무) ① 사업자는 소비자에게 제공한 물품등에 소비자의 생명·신체 또는 재산에 위해를 끼치거나 끼칠 우려가 있는 제조·설계 또는 표시 등의 중대한 결함이 있는 사실을 알게 된 때에는 그 결함의 내용을 소관중앙행정기관의 장에게 보고(전자적 보고를 포함한다. 이하 같다)하여야 한다.

② 제1항의 규정에 따른 보고를 받은 중앙행정기관의 장은 사업자가 보고한 결함의 내용에 관하여 제17조의 규정에 따른 시험·검사기관 또는 한국소비자원 등에 시험·검사를 의뢰하고, 시험·검사의 결과 그 물품등이 제49조 또는 제50조의 요건에 해당하는 경우에는 사업자에게 각각에 해당하는 규정에 따른 필요한 조치를 취하여야 한다.

③ 제1항의 규정에 따라 결함의 내용을 보고하여야 할 사업자는 다음 각 호와 같다.

1. 물품등을 제조·수입 또는 제공하는 자
2. 물품에 성명·상호 그 밖에 식별 가능한 기호 등을 부착함으로써 자신을 제조자로 표시한 자
3. 「유통산업발전법」 제2조 제3호의 규정에 따른 대규모점포 중 대통령령이 정하는 대규모점포를 설치하여 운영하는 자
4. 그 밖에 소비자의 생명·신체 및 재산에 위해를 끼치거나 끼칠 우려가 있는 물품등을 제조·수입·판매 또는 제공하는 자로서 대통령령이 정하는 자

④ 제1항의 규정에 따라 사업자가 보고하여야 할 중대한 결함의 범위, 보고기한 및 보고절차 등에 관하여 필요한 사항은 대통령령으로 정한다.

제48조 (물품등의 자진수거 등) 사업자는 소비자에게 제공한 물품등의 결함으로 인하여 소비자의 생명·신체 또는 재산에 위해를 끼치거나 끼칠 우려가 있는 경우에는 대통령령이 정하는 바에 따라 당해 물품등의 수거·파기·수리·교환·환급 또는 제조·수입·판매·제공의 금지 그 밖의 필요한 조치를 취하여야 한다.

제49조 (수거·파기 등의 권고 등) ① 중앙행정기관의 장은 사업자가 제공한 물품등의 결함으로 인하여 소비자의 생명·신체 또는 재산에 위해를 끼치거나 끼칠 우려가 있다고 인정되는 경우에는 그 사업자에 대하여 당해 물품등의 수거·파기·수리·교환·환급 또는 제조·수입·판매·제공의 금지 그 밖의 필요한 조치를 권고할 수 있다.
② 제1항의 규정에 따른 권고를 받은 사업자는 그 권고의 수락 여부를 소관 중앙행정기관의 장에게 통지하여야 한다.
③ 사업자는 제1항의 규정에 따른 권고를 수락한 경우에는 제48조의 규정에 따른 조치를 취하여야 한다.
④ 중앙행정기관의 장은 제1항의 규정에 따른 권고를 받은 사업자가 정당한 사유 없이 그 권고를 따르지 아니하는 때에는 사업자가 권고를 받은 사실을 공표할 수 있다.
⑤ 제1항 내지 제4항의 규정에 따른 권고, 권고의 수락 및 공표의 절차에 관하여 필요한 사항은 대통령령으로 정한다.

제50조 (수거·파기 등의 명령 등) ① 중앙행정기관의 장은 사업자가 제공한 물품등의 결함으로 인하여 소비자의 생명·신체 또는 재산에 위해를 끼치거나 끼칠 우려가 있다고 인정되는 경우에는 대통령령이 정하는 절차에 따라 그 물품등의 수거·파기·수리·교환·환급을 명하거나 제조·수입·판매 또는 제공의 금지를 명

할 수 있고, 그 물품등과 관련된 시설의 개수(개수) 그 밖의 필요한 조치를 명할 수 있다. 다만, 소비자의 생명·신체 또는 재산에 긴급하고 현저한 위해를 끼치거나 끼칠 우려가 있다고 인정되는 경우로서 그 위해의 발생 또는 확산을 방지하기 위하여 불가피하다고 인정되는 경우에는 그 절차를 생략할 수 있다.

② 중앙행정기관의 장은 사업자가 제1항의 규정에 따른 명령에 따르지 아니하는 경우에는 대통령령이 정하는 바에 따라 직접 그 물품등의 수거·파기 또는 제공금지 등 필요한 조치를 취할 수 있다.

제3절 위해정보의 수집 등

제51조 (소비자안전센터의 설치) ① 소비자안전시책을 지원하기 위하여 한국소비자원에 소비자안전센터를 둔다.

② 소비자안전센터에 소장 1인을 두고, 그 조직에 관한 사항은 정관으로 정한다.

③ 소비자안전센터의 업무는 다음 각 호와 같다.

1. 제52조의 규정에 따른 위해정보의 수집 및 처리
2. 소비자안전을 확보하기 위한 조사 및 연구
3. 소비자안전과 관련된 교육 및 홍보
4. 위해 물품등에 대한 시정 건의
5. 소비자안전에 관한 국제협력
6. 그 밖에 소비자안전에 관한 업무

제52조 (위해정보의 수집 및 처리) ① 소비자안전센터는 물품등으로 인하여 소비자의 생명·신체 또는 재산에 위해가 발생하였거나 발생할 우려가 있는 사안에 대한 정보(이하 '위해정보'라 한다)를 수집할 수 있다.

② 소장은 제1항의 규정에 따라 수집한 위해정보를 분석하여 그 결과를 원장에게 보고하여야 하고, 원장은 위해정보의 분석결과에 따라 필요한 경우에는 다음 각 호의 조치를 할 수 있다.

1. 위해방지 및 사고예방을 위한 소비자안전경보의 발령
2. 물품등의 안전성에 관한 사실의 공표
3. 위해 물품등을 제공하는 사업자에 대한 시정 권고
4. 국가 또는 지방자치단체에의 시정조치·제도개선 건의
5. 그 밖에 소비자안전을 확보하기 위하여 필요한 조치로서 대통령령이 정하는 사항

③ 제1항 및 제2항의 규정에 따라 위해정보를 수집·처리하는 자는 물품등의 위해성이 판명되어 공표되기 전까지 사업자명·상품명·피해정도·사건경위에 관한 사항을 누설하여서는 아니 된다.

④ 재정경제부장관은 소비자안전센터가 위해정보를 효율적으로 수집할 수 있도록 하기 위하여 필요한 경우에는 행정기관·병원·학교·소비자단체 등을 위해정보 제출기관으로 지정·운영할 수 있다.

⑤ 제1항 및 제2항의 규정에 따른 위해정보의 수집 및 처리 등에 관하여 필요한 사항은 대통령령으로 정한다.

제8장 소비자분쟁의 해결

제1절 사업자의 불만처리 등

제53조 (소비자상담기구의 설치·운영) ①사업자 및 사업자단체는 소비자로부터 제기되는 의견이나 불만 등을 기업경영에 반영하고, 소비자의 피해를 신속하게 처리하기 위한 기구(이하 '소비자상담기구'라 한다)의 설치·운영에 적극 노력하여야 한다.

② 사업자 및 사업자단체는 소비자의 불만 또는 피해의 상담을 위하여 「국가기술자격법」에 따른 관련 자격이 있는 자 등 전담직원을 고용·배치하도록 적극 노력하여야 한다.

제54조 (소비자상담기구의 설치 권장) ① 중앙행정기관의 장은 사업자 또는 사업자단체에게 소비자상담기구의 설치·운영을 권장하거나 그 설치·운영에 필요한 지원을 할 수 있다.

② 재정경제부장관은 소비자상담기구의 설치·운영에 관한 권장기준을 정하여 고시할 수 있다.

제2절 한국소비자원의 피해구제

제55조 (피해구제의 신청 등) ① 소비자는 물품등의 사용으로 인한 피해의 구제를 한국소비자원에 신청할 수 있다.

② 국가·지방자치단체 또는 소비자단체는 소비자로부터 피해구제의 신청을 받은 때에는 한국소비자원에 그 처리를 의뢰할 수 있다.

③ 사업자는 소비자로부터 피해구제의 신청을 받은 때에는 다음 각 호의 어느 하나에 해당하는 경우에 한하여 한국소비자원에 그 처리를 의뢰할 수 있다.

1. 소비자로부터 피해구제의 신청을 받은 날부터 30일이 경과하여도 합의에 이르지 못하는 경우
2. 한국소비자원에 피해구제의 처리를 의뢰하기로 소비자와 합의한 경우
3. 그 밖에 한국소비자원의 피해구제의 처리가 필요한 경우로서 대통령령이 정하는 사유에 해당하는 경우

④ 원장은 제1항의 규정에 따른 피해구제의 신청(제2항 및 제3항의 규정에 따른 피해구제의 의뢰를 포함한다. 이하 이 절에서 같다)을 받은 경우 그 내용이 한국소비자원에서 처리하는 것이 부적합하다고 판단되는 때에는 신청인에게 그 사유를 통보하고 그 사건의 처리를 중지할 수 있다.

제56조 (위법사실의 통보 등) 원장은 피해구제신청사건을 처리함에 있어서 당사자 또는 관계인이 법령을 위반한 것으로 판단되는 때에는 관계기관에 이를 통보하고 적절한 조치를 의뢰하여야 한다.

제57조 (합의권고) 원장은 피해구제신청의 당사자에 대하여 피해보상에 관한 합의를 권고할 수 있다.

제58조 (처리기간) 원장은 제55조 제1항 내지 제3항의 규정에 따라 피해구제의 신청을 받은 날부터 30일 이내에 제57조의 규정에 따른 합의가 이루어지지 아니하는 때에는 지체 없이 제60조의 규정에 따른 소비자분쟁조정위원회에 분쟁조정을 신청하여야 한다. 다만, 피해의 원인규명 등에 상당한 시일이 요구되는 피해구제신청사건으로서 대통령령이 정하는 사건에 대하여는 60일 이내의 범위에서 처리기간을 연장할 수 있다.

제59조 (피해구제절차의 중지) ① 한국소비자원의 피해구제 처리절차 중에 법원에 소를 제기한 당사자는 그 사실을 한국소비자원에 통보하여야 한다.
② 한국소비자원은 당사자의 소제기 사실을 알게 된 때에는 지체 없이 피해구제절차를 중지하고, 당사자에게 이를 통지하여야 한다.

제3절 소비자분쟁의 조정(조정) 등

제60조 (소비자분쟁조정위원회의 설치) ① 소비자와 사업자 사이에 발생한 분쟁을 조정하기 위하여 한국소비자원에 소비자분쟁조정위원회(이하 '조정위원회'라 한다)를 둔다.
② 조정위원회는 다음 각 호의 사항을 심의·의결한다.

1. 소비자분쟁에 대한 조정결정
2. 조정위원회의 의사(의사)에 관한 규칙의 제정 및 개정·폐지
3. 그 밖에 조정위원회의 위원장이 토의에 부치는 사항

③ 조정위원회의 운영 및 조정절차 등에 관하여 필요한 사항은 대통령령으로 정한다.

제61조 (조정위원회의 구성) ① 조정위원회는 위원장 1인을 포함한 50인 이내의 위원으로 구성하며, 위원장을 포함한 2인은 상임으로 하고, 나머지는 비상임으로 한다.
② 위원은 다음 각 호의 어느 하나에 해당하는 자 중에서 대통령령이 정하는 바에 따라 원장의 제청에 의하여 공정거래위원회위원장이 임명 또는 위촉한다.

1. 대학이나 공인된 연구기관에서 부교수 이상 또는 이에 상당하는 직에 있거나 있었던 자로서 소비자권익 관련분야를 전공한 자
2. 4급 이상의 공무원 또는 이에 상당하는 공공기관의 직에 있거나 있었던 자로서 소비자권익과 관련된 업무에 실무경험이 있는 자
3. 판사·검사 또는 변호사의 자격이 있는 자
4. 소비자단체의 임원의 직에 있거나 있었던 자
5. 사업자 또는 사업자단체의 임원의 직에 있거나 있었던 자
6. 그 밖에 소비자권익과 관련된 업무에 관한 학식과 경험이 풍부한 자

③ 위원장은 상임위원 중에서 공정거래위원회위원장이 임명한다.
④ 위원장이 부득이한 사유로 직무를 수행할 수 없는 때에는 위원장이 아닌 상임위원이 위원장의 직무를 대행하고, 위원장이 아닌 상임위원이 부득이한 사유로 위원장의 직무를 대행할 수 없는 때에는 공정거래위원회위원장이 지정하는 위원이 그 직무를 대행한다.
⑤ 위원의 임기는 3년으로 하며, 연임할 수 있다.
⑥ 조정위원회의 업무를 효율적으로 수행하기 위하여 조정위원회에 분야별 전문위원회를 둘 수 있다.
⑦ 제6항의 규정에 따른 전문위원회의 구성 및 운영에 관하여 필요한 사항은 대통령령으로 정한다.

제62조 (위원의 신분보장) 위원은 자격정지 이상의 형을 선고받거나 신체상 또는 정신상의 장애로 직무를 수행할 수 없는 경우를 제외하고는 그의 의사와 다르게

면직되지 아니한다.

제63조 (조정위원회의 회의) ① 조정위원회의 회의는 위원장·상임위원 및 위원장이 회의마다 지명하는 5인 이상 9인 이하의 위원으로 구성한다.
② 조정위원회의 회의는 제1항의 규정에 따른 위원 과반수의 출석과 출석위원 과반수의 찬성으로 의결한다.

제64조 (위원의 제척·기피·회피) ①조정위원회의 위원은 다음 각 호의 어느 하나에 해당하는 경우에는 제58조 또는 제65조 제1항의 규정에 따라 조정위원회에 신청된 그 분쟁조정사건(이하 이 조에서 '사건'이라 한다)의 심의·의결에서 제척된다.

1. 위원 또는 그 배우자나 배우자이었던 자가 그 사건의 당사자가 되거나 그 사건에 관하여 공동의 권리자 또는 의무자의 관계에 있는 경우
2. 위원이 그 사건의 당사자와 친족관계에 있거나 있었던 경우
3. 위원이 그 사건에 관하여 증언이나 감정을 한 경우
4. 위원이 그 사건에 관하여 당사자의 대리인으로서 관여하거나 관여하였던 경우

② 당사자는 위원에게 심의·의결의 공정을 기대하기 어려운 사정이 있는 경우에는 원장에게 기피신청을 할 수 있다. 이 경우 원장은 기피신청에 대하여 조정위원회의 의결을 거치지 아니하고 결정한다.
③ 위원이 제1항 또는 제2항의 사유에 해당하는 경우에는 스스로 그 사건의 심의·의결에서 회피할 수 있다.

제65조 (분쟁조정) ① 소비자와 사업자 사이에 발생한 분쟁에 관하여 제16조 제1항의 규정에 따라 설치된 기구에서 소비자분쟁이 해결되지 아니하거나 제28조 제1항 제5호의 규정에 따른 합의권고에 따른 합의가 이루어지지 아니한 경우 당사자나 그 기구 또는 단체의 장은 조정위원회에 분쟁조정을 신청할 수 있다.
② 조정위원회는 제58조 또는 제1항의 규정에 따라 분쟁조정을 신청받은 경우에는 대통령령이 정하는 바에 따라 지체 없이 분쟁조정절차를 개시하여야 한다.
③ 조정위원회는 제2항의 규정에 따른 분쟁조정을 위하여 필요한 경우에는 제61조 제6항의 규정에 따른 전문위원회에 자문할 수 있다.

④ 조정위원회는 제2항의 규정에 따른 분쟁조정절차에 앞서 이해관계인·소비자단체 또는 관계기관의 의견을 들을 수 있다.
⑤ 제59조의 규정은 분쟁조정절차의 중지에 관하여 이를 준용한다.

제66조 (분쟁조정의 기간) ① 조정위원회는 제58조 또는 제65조 제1항의 규정에 따라 분쟁조정을 신청받은 때에는 그 신청을 받은 날부터 30일 이내에 그 분쟁조정을 마쳐야 한다.
② 조정위원회는 제1항의 규정에 불구하고 부득이한 사정으로 30일 이내에 그 분쟁조정을 마칠 수 없는 경우에는 그 기간을 연장할 수 있다. 이 경우 그 사유와 기한을 명시하여 당사자 및 그 대리인에게 통지하여야 한다.

제67조 (분쟁조정의 효력 등) ① 조정위원회의 위원장은 제66조의 규정에 따라 분쟁조정을 마친 때에는 지체 없이 당사자에게 그 분쟁조정의 내용을 통지하여야 한다.
② 제1항의 규정에 따른 통지를 받은 당사자는 그 통지를 받은 날부터 15일 이내에 분쟁조정의 내용에 대한 수락 여부를 조정위원회에 통보하여야 한다. 이 경우 15일 이내에 의사표시가 없는 때에는 수락한 것으로 본다.
③ 제2항의 규정에 따라 당사자가 분쟁조정의 내용을 수락하거나 수락한 것으로 보는 경우 조정위원회는 조정조서를 작성하고, 조정위원회의 위원장 및 각 당사자가 기명·날인하여야 한다. 다만, 수락한 것으로 보는 경우에는 각 당사자의 기명·날인을 생략할 수 있다.
④ 제2항의 규정에 따라 당사자가 분쟁조정의 내용을 수락하거나 수락한 것으로 보는 때에는 그 분쟁조정의 내용은 재판상 화해와 동일한 효력을 갖는다.

제68조 (분쟁조정의 특례) ① 제65조 제1항의 규정에 불구하고, 국가·지방자치단체·한국소비자원 또는 소비자단체·사업자는 소비자의 피해가 다수의 소비자에게 같거나 비슷한 유형으로 발생하는 경우로서 대통령령이 정하는 사건에 대하여는 조정위원회에 일괄적인 분쟁조정(이하 '집단분쟁조정'이라 한다)을 의뢰 또는 신청할 수 있다.
② 제1항의 규정에 따라 집단분쟁조정을 의뢰받거나 신청받은 조정위원회는 조정위원회의 의결로써 제3항 내지 제7항의 규정에 따른 집단분쟁조정의 절차를 개시할 수 있다. 이 경우 조정위원회는 대통령령이 정하는 기간동안 그 절차의 개시를 공고하여야 한다.
③ 조정위원회는 집단분쟁조정의 당사자가 아닌 소비자 또는 사업자로부터 그 분쟁조정의 당사자에 추가로 포함될 수 있도록 하는 신청을 받을 수 있다.

④ 조정위원회는 조정위원회의 의결로써 제1항 및 제3항의 규정에 따른 집단분쟁조정의 당사자 중에서 공동의 이익을 대표하기에 가장 적합한 1인 또는 수인을 대표당사자로 선임할 수 있다.

⑤ 조정위원회는 사업자가 조정위원회의 집단분쟁조정의 내용을 수락한 경우에는 집단분쟁조정의 당사자가 아닌 자로서 피해를 입은 소비자에 대한 보상계획서를 작성하여 조정위원회에 제출하도록 권고할 수 있다.

⑥ 제65조 제5항의 규정에 불구하고, 조정위원회는 집단분쟁조정의 당사자인 다수의 소비자 중 일부의 소비자가 법원에 소를 제기한 경우에는 그 절차를 중지하지 아니하고, 소를 제기한 일부의 소비자를 그 절차에서 제외한다.

⑦ 제66조 제1항의 규정에 불구하고, 집단분쟁조정의 기간은 제2항의 규정에 따른 공고가 종료된 날의 다음 날부터 기산한다.

⑧ 집단분쟁조정의 절차 등에 관하여 필요한 사항은 대통령령으로 정한다.

제69조 (「민사조정법」의 준용) 조정위원회의 운영 및 조정절차에 관하여 이 법에서 규정하지 아니한 사항에 대하여는 「민사조정법」을 준용한다.

제4절 소비자단체소송

제70조 (단체소송의 대상 등) 다음 각 호의 어느 하나에 해당하는 단체는 사업자가 제20조의 규정을 위반하여 소비자의 생명·신체 또는 재산에 대한 권익을 직접적으로 침해하고 그 침해가 계속되는 경우 법원에 소비자권익침해행위의 금지·중지를 구하는 소송(이하 '단체소송'이라 한다)을 제기할 수 있다.

1. 제29조의 규정에 따라 공정거래위원회에 등록한 소비자단체로서 다음 각 목의 요건을 모두 갖춘 단체

가. 정관에 따라 상시적으로 소비자의 권익증진을 주된 목적으로 하는 단체일 것
나. 단체의 정회원수가 1천 명 이상일 것
다. 제29조의 규정에 따른 등록 후 3년이 경과하였을 것

2. 「상공회의소법」에 따른 대한상공회의소, 「중소기업협동조합법」에 따른 중소기업협동조합중앙회 및 전국 단위의 경제단체로서 대통령령이 정하는 단체
3. 「비영리민간단체 지원법」 제2조의 규정에 따른 비영리민간단체로서 다음 각 목의 요건을 모두 갖춘 단체

가. 법률상 또는 사실상 동일한 침해를 입은 50인 이상의 소비자로부터 단체소송의 제기를 요청받을 것

나. 정관에 소비자의 권익증진을 단체의 목적으로 명시한 후 최근 3년 이상 이를 위한 활동실적이 있을 것
다. 단체의 상시 구성원수가 5천 명 이상일 것
라. 중앙행정기관에 등록되어 있을 것
[시행일: 2008. 1. 1] 제70조

제71조 (전속관할) ① 단체소송의 소는 피고의 주된 사무소 또는 영업소가 있는 곳, 주된 사무소나 영업소가 없는 경우에는 주된 업무담당자의 주소가 있는 곳의 지방법원 본원 합의부의 관할에 전속한다.
② 제1항의 규정을 외국사업자에 적용하는 경우 대한민국에 있는 이들의 주된 사무소·영업소 또는 업무담당자의 주소에 따라 정한다.
[시행일: 2008. 1. 1] 제71조

제72조 (소송대리인의 선임) 단체소송의 원고는 변호사를 소송대리인으로 선임하여야 한다.
[시행일: 2008. 1. 1] 제72조

제73조 (소송허가신청) ① 단체소송을 제기하는 단체는 소장과 함께 다음 각 호의 사항을 기재한 소송허가신청서를 법원에 제출하여야 한다.

1. 원고 및 그 소송대리인
2. 피고
3. 금지·중지를 구하는 사업자의 소비자권익 침해행위의 범위

② 제1항의 규정에 따른 소송허가신청서에는 다음 각 호의 자료를 첨부하여야 한다.

1. 소제기단체가 제70조 각 호의 어느 하나에 해당하는 요건을 갖추고 있음을 소명하는 자료
2. 소제기단체가 제74조 제1항 제3호의 규정에 따라 요청한 서면 및 이에 대한 사업자의 의견서. 다만, 동호에서 정하는 기간 내에 사업자의 응답이 없을 경우에는 사업자의 의견서를 생략할 수 있다.
[시행일: 2008. 1. 1] 제73조

제74조 (소송허가요건 등) ① 법원은 다음 각 호의 요건을 모두 갖춘 경우에

한하여 결정으로 단체소송을 허가한다.

1. 물품등의 사용으로 인하여 소비자의 생명·신체 또는 재산에 피해가 발생하거나 발생할 우려가 있는 등 다수 소비자의 권익보호 및 피해예방을 위한 공익상의 필요가 있을 것
2. 제73조의 규정에 따른 소송허가신청서의 기재사항에 흠결이 없을 것
3. 소제기단체가 사업자에게 소비자권익 침해행위를 금지·중지할 것을 서면으로 요청한 후 14일이 경과하였을 것

② 단체소송을 허가하거나 불허가하는 결정에 대하여는 즉시 항고할 수 있다.

[시행일: 2008. 1. 1] 제74조

제75조 (확정판결의 효력) 원고의 청구를 기각하는 판결이 확정된 경우 이와 동일한 사안에 관하여는 제70조의 규정에 따른 다른 단체는 단체소송을 제기할 수 없다. 다만, 다음 각 호의 어느 하나에 해당하는 경우에는 그러하지 아니하다.

1. 판결이 확정된 후 그 사안과 관련하여 국가 또는 지방자치단체가 설립한 기관에 의하여 새로운 연구결과나 증거가 나타난 경우
2. 기각판결이 원고의 고의로 인한 것임이 밝혀진 경우

[시행일: 2008. 1. 1] 제75조

제76조 (「민사소송법」의 적용 등) ① 단체소송에 관하여 이 법에 특별한 규정이 없는 경우에는 「민사소송법」을 적용한다.
② 제74조의 규정에 따른 단체소송의 허가결정이 있는 경우에는 「민사집행법」 제4편의 규정에 따른 보전처분을 할 수 있다.
③ 단체소송의 절차에 관하여 필요한 사항은 대법원규칙으로 정한다.
[시행일: 2008. 1. 1] 제76조

제9장 조사절차 등

제77조 (검사와 자료제출 등) ① 중앙행정기관의 장은 다음 각 호의 어느 하나에 해당하는 경우에는 대통령령이 정하는 바에 따라 소속공무원으로 하여금 사업자의 물품·시설 및 제조공정 그 밖의 물건을 검사하게 하거나 그 사업자에게 그 업무에 관한 보고 또는 관계 물품·서류 등의 제출을 명할 수 있다.

1. 제13조의 규정에 따라 소비자에게 정보제공을 하기 위하여 필요한 경우
2. 제16조 제1항의 규정에 따라 소비자의 불만 및 피해를 처리하기 위하여 필요한 경우
3. 이 법의 위반 여부를 확인하기 위하여 필요한 경우

② 중앙행정기관의 장은 물품등의 안전성을 의심할 만한 정당한 이유가 있는 경우로서 대통령령이 정하는 사유가 있는 때에는 소속 공무원으로 하여금 사업자의 영업장소, 제조장소, 창고 등 저장소, 사무소 그 밖의 이와 유사한 장소에 출입하여 제1항의 규정에 따른 검사 등을 할 수 있다.
③ 제1항 또는 제2항의 규정에 따라 검사 등을 하는 공무원은 그 권한을 나타내는 증표를 지니고 이를 관계인에게 내보여야 한다.
④ 이 법에 따른 직무에 종사하는 공무원은 제1항 또는 제2항의 규정에 따른 검사나 제출된 물품 또는 서류 등으로 알게 된 내용을 이 법의 시행을 위한 목적 아닌 용도로 사용하여서는 아니 된다.
⑤ 중앙행정기관의 장은 소관 소비자권익 증진시책을 추진하기 위하여 필요한 경우에는 원장에게 소비자피해에 관한 정보 및 각종 실태조사 결과 등 소비자의 권익과 관련된 정보의 제공을 요청할 수 있다.

제78조 (자료 및 정보제공요청 등) ① 소비자단체 및 한국소비자원은 그 업무를 추진함에 있어서 필요한 자료 및 정보의 제공을 사업자 또는 사업자단체에 요청할 수 있다. 이 경우 그 사업자 또는 사업자단체는 정당한 사유가 없는 한 이에 응하여야 한다.
② 제1항의 규정에 따라 자료 및 정보의 제공을 요청하는 소비자단체 및 한국소비자원은 그 자료 및 정보의 사용목적·사용절차 등을 미리 사업자 또는 사업자단체에게 알려야 한다.
③ 제1항의 규정에 따라 소비자단체가 자료 및 정보를 요청하는 때에는 제79조의 규정에 따른 소비자정보요청협의회의 협의·조정을 미리 거쳐야 한다.
④ 제1항의 규정에 따라 자료 및 정보를 요청할 수 있는 소비자단체의 요건과

자료 및 정보의 범위 등에 관한 사항은 대통령령으로 정한다.

⑤ 제1항 내지 제4항의 규정에 따라 사업자 또는 사업자단체로부터 소비자단체에 제공된 자료 및 정보는 미리 사업자 또는 사업자단체에 알린 사용목적이 아닌 용도 및 사용절차가 아닌 방법으로 사용하여서는 아니 된다.

제79조 (소비자정보요청협의회) ① 제78조 제1항의 규정에 따른 소비자단체의 자료 및 정보의 제공요청과 관련한 다음 각 호의 사항을 협의·조정하기 위하여 한국소비자원에 소비자정보요청협의회(이하 '협의회'라 한다)를 둔다.

1. 소비자단체가 요청하는 자료 및 정보의 범위·사용목적·사용절차에 관한 사항
2. 그 밖에 대통령령이 정하는 사항

② 협의회의 구성과 운영 그 밖에 필요한 사항은 대통령령으로 정한다.

제10장 보 칙

제80조 (시정조치 등) ① 중앙행정기관의 장은 사업자가 제20조의 규정을 위반하는 행위를 한 경우에는 그 사업자에게 그 행위의 중지 등 시정에 필요한 조치를 명할 수 있다.

② 중앙행정기관의 장은 사업자에게 제1항의 규정에 따라 시정명령을 받은 사실을 공표하도록 명할 수 있다.

제81조 (시정조치의 요청 등) ① 국가 및 지방자치단체는 사업자가 제20조의 규정을 위반하는지 여부를 판단하기 위하여 필요한 경우에는 등록소비자단체 또는 한국소비자원에 조사를 의뢰할 수 있다.

② 재정경제부장관은 사업자가 제20조의 규정을 위반하는 행위를 한 사실을 알게 된 때에는 그 물품등을 주관하는 중앙행정기관의 장에게 위반행위의 시정에 필요한 적절한 조치를 요청할 수 있다.

제82조 (청문) 중앙행정기관의 장은 제30조·제50조 또는 제80조의 규정에 따른 명령 등의 조치를 하고자 하는 경우에는 청문을 실시하여야 한다. 다만, 제50조 제1항 단서의 경우에는 그러하지 아니하다.

第83조 (권한의 위임·위탁 등) ① 중앙행정기관의 장은 이 법에 따른 권한의 일부를 대통령령이 정하는 바에 따라 시·도지사에게 위임할 수 있다.
② 공정거래위원회는 다음 각 호의 어느 하나에 해당하는 경우에는 제77조 제1항의 규정에 따른 행정기관의 장의 권한 중 공정거래위원회의 검사 등의 권한을 한국소비자원에 위탁할 수 있다.

1. 제17조 제2항의 규정에 따라 한국소비자원에 시험·검사 또는 조사를 의뢰하는 경우
2. 제55조 제1항 내지 제3항의 규정에 따라 한국소비자원에 신청 또는 의뢰된 피해구제사건을 처리함에 있어서 사실확인을 위하여 필요하다고 인정되는 경우

③ 제77조 제3항 및 제4항의 규정은 제2항의 규정에 따라 공정거래위원회로부터 제77조 제1항의 규정에 따른 공정거래위원회의 검사 등의 권한을 위탁받은 한국소비자원의 직원으로서 그 검사 등의 권한을 행하는 직원에 대하여 이를 준용한다.

제11장 벌 칙

第84조 (벌칙) ① 다음 각 호의 어느 하나에 해당하는 자는 3년 이하의 징역 또는 5천만원 이하의 벌금에 처한다.

1. 제50조 또는 제80조의 규정에 따른 명령을 위반한 자
2. 제77조 제4항(제83조 제3항의 규정에 따라 준용되는 경우를 포함한다)의 규정을 위반하여 검사 등으로 알게 된 내용을 이 법의 시행을 위한 목적이 아닌 용도로 사용한 자
3. 제78조 제5항의 규정을 위반하여 제공된 자료 및 정보를 사용목적이 아닌 용도 또는 사용절차가 아닌 방법으로 사용한 자

② 제52조 제3항의 규정을 위반하여 위해정보에 관한 사항을 누설한 자는 1년 이하의 징역 또는 3천만원 이하의 벌금에 처한다.
③ 제1항의 경우에 징역형과 벌금형은 이를 병과(병과)할 수 있다.

第85조 (양벌규정) 법인의 대표자 또는 법인이나 개인의 대리인, 사용인 그 밖에

종업원이 그 법인 또는 개인의 업무에 관하여 제84조 제1항 또는 제2항의 위반행위를 한 때에는 행위자를 벌할 뿐만 아니라 그 법인 또는 개인에 대하여도 각각 해당 조항의 벌금형을 과한다.

제86조 (과태료) ① 다음 각 호의 어느 하나에 해당하는 자는 3천만원 이하의 과태료에 처한다.

1. 제20조의 규정을 위반한 자
2. 제37조의 규정을 위반하여 동일 또는 유사명칭을 사용한 자
3. 제47조 제1항의 규정을 위반하여 물품등의 중대한 결함의 내용을 보고하지 아니하거나 허위로 보고한 자
4. 제77조 제1항 또는 제2항의 규정에 따른 검사·출입을 거부·방해·기피한 자, 업무에 관한 보고를 하지 아니하거나 허위로 보고한 자 또는 관계 물품·서류 등을 제출하지 아니하거나 허위로 제출한 자

② 제1항의 규정에 따른 과태료는 대통령령이 정하는 바에 따라 중앙행정기관의 장 또는 특별시장·광역시장 또는 도지사(이하 '부과권자'라 한다)가 부과·징수한다.
③ 제1항의 규정에 따른 과태료의 부과기준은 대통령령으로 정한다.
④ 제2항의 규정에 따른 과태료 처분을 받아들이지 않을 이유가 있는 자는 그 처분의 고지를 받은 날부터 30일 이내에 부과권자에게 이의를 제기할 수 있다.
⑤ 제2항의 규정에 따른 과태료 처분을 받은 자가 제4항의 규정에 따라 이의를 제기한 때에는 부과권자는 지체 없이 관할 법원에 그 사실을 통보하여야 하며, 그 통보를 받은 관할 법원은 「비송사건절차법」에 따른 과태료의 재판을 한다.
⑥ 제4항의 규정에 따른 기간 이내에 이의를 제기하지 아니하고 과태료를 납부하지 아니한 때에는 국세 또는 지방세 체납처분의 예에 따라 이를 징수한다.

부 칙

(제7988호, 2006. 9. 27)

제1조 (시행일) 이 법은 공포 후 6개월이 경과한 날부터 시행한다. 다만, 제70조 내지 제76조의 개정규정은 2008년 1월 1일부터 시행한다.

제2조 (소비자정책에 관한 기본계획 및 시행계획의 수립에 관한 적용례) 기본계획, 중앙행정기관별시행계획, 시·도별시행계획 및 종합시행계획은 이 법이 시행되는 연도의 다음 연도의 계획부터 적용한다.

제3조 (한국소비자원의 감사의 임기에 관한 적용례) 제38조 제6항의 개정규정 중 감사의 임기에 관한 사항은 이 법 시행 후 최초로 임명되는 감사부터 적용한다.

제4조 (한국소비자원의 결산보고서와 이에 대한 감사의견서의 보고에 관한 적용례) 제42조 제2항의 개정규정은 이 법 시행 후 최초로 한국소비자원이 공정거래위원회에 보고하는 결산보고서와 이에 대한 감사의견서부터 적용한다.

제5조 (소비자로부터 피해구제의 신청을 받은 사업자의 한국소비자원에의 처리의뢰에 관한 적용례) 제55조 제3항의 개정규정은 이 법 시행 후 최초로 사업자가 소비자로부터 피해구제의 신청을 받는 것부터 적용한다.

제6조 (한국소비자원이 처리하는 피해구제신청사건의 처리기간에 관한 적용례) 제58조 단서의 개정규정은 이 법 시행 후 최초로 한국소비자원이 제55조 제1항 내지 제3항의 개정규정에 따라 피해구제의 신청 또는 의뢰를 받는 것부터 적용한다.

제7조 (소비자정책심의위원회에 대한 경과조치) ① 이 법 시행 당시 종전의 「소비자보호법」 제21조의 규정에 따라 재정경제부에 둔 소비자정책심의위원회는 제23조의 개정규정에 따른 소비자정책위원회로 본다.

② 이 법 시행 당시 종전의 「소비자보호법」 제22조의 규정에 따라 위촉된 소비자정책심의위원회의 위원은 제24조의 개정규정에 따라 위촉된 소비자정책위원회의 위원으로 보며, 그 임기는 종전의 규정에 따라 임명된 날부터 기산한다.

제8조 (소비자단체의 등록에 관한 경과조치) 이 법 시행 당시 종전의 「소비자보호법」 제19조 제1항의 규정에 따라 등록을 한 소비자단체는 제29조 제1항의 개정규정에 따른 요건에 따라 등록을 한 소비자단체로 본다. 다만, 제29조 제1항 각 호의 요건을 갖추지 못한 소비자단체는 이 법 시행일부터 1년 이내에 그 요건을 갖추어야 하고, 그 기간 내에 요건을 갖추지 못하는 경우에는 공정거래위원회 또는 지방자치단체의 장은 제30조의 개정규정에 따라 그 등록을

취소하여야 한다.

제9조 (한국소비자보호원 등에 관한 경과조치) ① 이 법 시행 당시 종전의 「소비자보호법」 제26조의 규정에 따라 설립된 한국소비자보호원은 제33조의 개정규정에 따른 한국소비자원으로 본다.

② 이 법시행 당시 종전의 「소비자보호법」에 따른 한국소비자보호원·소비자분쟁조정위원회·소비자정보요청위원회 또는 한국소비자보호원의 장(이하 '한국소비자보호원등'이라 한다. 이하 같다)이 행한 행위 또는 한국소비자보호원등에 대하여 행하여진 행위는 그에 해당하는 이 법의 규정에 따른 한국소비자원·소비자분쟁조정위원회·소비자정보요청협의회 또는 한국소비자원의 장(이하 '한국소비자원등'이라 한다. 이하 같다)이 행하거나 한국소비자원등에 대하여 행하여진 것으로 본다.

③ 이 법 시행 당시 종전의 「소비자보호법」 제31조 또는 제35조의 규정에 따라 임명 또는 위촉된 한국소비자보호원의 임원 및 소비자분쟁조정위원회의 위원은 제38조 또는 제61조의 개정규정에 따라 임명 또는 위촉된 한국소비자원의 임원 및 소비자분쟁조정위원회의 위원으로 보며, 그 임기는 종전의 규정에 따라 임명 또는 위촉된 날부터 기산한다.

④ 이 법 시행 당시 종전의 「소비자보호법」 제47조의 규정에 따라 국가가 한국소비자보호원에 출연한 출연금은 제41조 제1호의 개정규정에 따른 국가의 출연금으로 본다.

⑤ 이 법 시행 당시 한국소비자보호원에 관한 등기부 그 밖의 공부에 표시된 '한국소비자보호원'의 명의는 각각 '한국소비자원'의 명의로 본다.

제10조 (행정처분 등에 관한 경과조치) 이 법 시행 당시 종전의 「소비자보호법」에 따라 국가·지방자치단체 및 중앙행정기관의 장 등(한국소비자보호원등을 제외하며, 이하 이 조에서 '국가등'이라 한다)이 행한 행정처분 등 또는 국가등에 행하여진 등록신청 등은 이 법의 해당 규정에 따른 행정처분 등 또는 등록신청 등으로 본다.

제11조 (벌칙 등에 관한 경과조치) 이 법 시행 전의 행위에 대한 벌칙 및 과태료를 적용할 때에는 종전의 「소비자보호법」에 따른다.

제12조 (다른 법률의 개정) ① 「금융감독기구의설치등에관한법률」 일부를 다음과 같이 개정한다.

제52조 제2항 제3호 중 '소비자보호법에 의한 한국소비자보호원'을 '「소비자기본법」에 의한 한국소비자원'으로 한다.

② 「농어업·농어촌특별대책위원회의설치및운영등에관한법률」 일부를 다음과 같이 개정한다.

제3조 제4항 제2호 중 '「소비자보호법」 제2조'를 '「소비자기본법」 제2조 제3호'로 한다.

③ 수산물품질관리법 일부를 다음과 같이 개정한다.

제47조 제1항 중 '소비자보호법'을 '「소비자기본법」'으로 한다.

④ 약관의 규제에 관한 법률 일부를 다음과 같이 개정한다.

제19조 중 '소비자보호법'을 '「소비자기본법」'으로, '한국소비자보호원'을 '한국소비자원'으로 한다.

제19조의 2 제2항을 다음과 같이 개정한다.

② 「소비자기본법」 제29조의 규정에 따라 등록한 소비자단체 또는 동법 제33조의 규정에 따라 설립된 한국소비자원(이하 '소비자단체등'이라 한다)은 소비자피해가 자주 일어나는 거래 분야의 표준이 될 약관을 마련할 것을 공정거래위원회에 요청할 수 있다.

⑤ 여객자동차 운수사업법 일부를 다음과 같이 개정한다.

제66조의 3 제2항 제4호 중 "「소비자보호법」에 의한 한국소비자보호원 또는 동법 제19조의 규정에 의하여 등록한 소비자단체"를 "「소비자기본법」에 의한 한국소비자원 또는 동법 제29조의 규정에 따라 등록한 소비자단체"로 한다.

⑥ 온라인 디지털콘텐츠산업 발전법 일부를 다음과 같이 개정한다.

제16조 중 '「소비자보호법」'을 '「소비자기본법」'으로 한다.

⑦ 전자거래기본법 일부를 다음과 같이 개정한다.

제15조 제1항 중 '「소비자보호법」'을 '「소비자기본법」'으로 한다.

⑧ 지방세법 일부를 다음과 같이 개정한다.

제268조 본문 중 '「소비자보호법」에 의한 소비자피해보상기준'을 '「소비자기본법」에 의한 소비자분쟁해결기준'으로 한다.

제288조 제1항 제3호를 다음과 같이 개정한다.

3. 「소비자기본법」에 의한 한국소비자원

⑨ 특별소비세법 일부를 다음과 같이 개정한다.

제20조 제2항 제3호 전단 중 '「소비자보호법」'을 '「소비자기본법」'으로 한다.

⑩ 표시·광고의 공정화에 관한 법률 일부를 다음과 같이 개정한다.

제4조 제2항 중 '「소비자보호법」 제19조 제1항의 규정에 의하여 등록된 소비자단체'를 '「소비자기본법」 제29조의 규정에 따라 등록한 소비자단체'로 한다.

⑪ 항공안전 및 보안에 관한 법률 일부를 다음과 같이 개정한다.

제36조 제1항 본문 중 '「소비자보호법」에 의한 한국소비자보호원(이하 '소비자보호원'이라 한다)'을 '「소비자기본법」에 의한 한국소비자원(이하 '한국소비자원'이라 한다)'으로 하고, 동조 제3항 중 '소비자보호원'을 '한국소비자원'으로 한다.

⑫ 화물자동차운수사업법 일부를 다음과 같이 개정한다.

제8조 제7항 및 제13조 제2항 중 "「소비자보호법」 제26조 제1항의 규정에 의한 한국소비자보호원 또는 동법 제19조 제1항의 규정에 따라 등록한 소비자단체"를 각각 "「소비자기본법」 제33조 제1항의 규정에 따른 한국소비자원 또는 동법 제29조의 규정에 따라 등록한 소비자단체"로 한다.

제13조 (다른 법령과의 관계) 이 법 시행 당시 다른 법령에서 종전의 「소비자보호법」 또는 그 규정을 인용하고 있는 경우 이 법 중 그에 해당하는 규정이 있는 때에는 종전의 규정에 갈음하여 이 법 또는 이 법의 해당 조항을 인용한 것으로 본다.

일본 소비자문제연표

연 도	월	내 용
1947	7	「사적독점금지와공정거래의확보에관한법률」 시행, '공정거래위원회' 발족
	8	물가청 발족
	12	후생성 「식품위생법」 공표, 「식품위생감시원제도」 발족
1948	10	'주부연합회' 결성
1949	1	오사카주부모임, 주부연합회 '주부의 상점선정운동'
1950	5	농림성 「농림물자규격법(JAS)」 공표
	11	주부연합회 '일용품심사부' 설치
1951	6	주부연합회 노란 무에서 오라민 검출
1955	8	운수성 「자동차손실배상보장법」 시행 모리나가비소밀크사건 발생(1963 무죄, 1966 일심 파기), 스몬스병 산발(1978 스몬병 소송)
1956	2	후생성 '의약품광고 적정화기준'
	6	「섬유제품품질표시법」(1953. 3 법안)
	10	일본생활협동조합연합회 '전국소비자대회'
1957	2	전국소비자대회 '소비자선언' 채택
	7	주부연합회 부당 표시 주스 추방운동 개시 (1964 분말주스, 1968 기만적 주스 표시, 1969 과즙 함유량 표시, 1971 '주스재판' 종결, 1971. 11 공정거래위원회 '무과즙 표시' 의무화)
	10	후생성 신약 사리도마이드 허가(1958 '다이니혼제약' 대량판매, 1962 사리도마이드사건 발생, 1974. 10 소송 종결)
1958	3	주부연합회 '소비세미나' 개시
1959	1	일본생산성본부 '소비자교실' 개설
1960	8	후생성 「약사법」 공표 주부연합회 '고충상담창구' 개설(1961 전국 35개소로 확장)
1961	1	다마가와에서 합성세제 발포(1962 합성세제 유해 논쟁)
	6	후생성 '식품첨가물의 표시기준' 개정
	7	통산성 「할부판매법」 공표(1984. 5 개정)
	9	'가짜소고기통조림사건'(1962. 5 「경표법」 제정) '일본소비자협회' 발족(1962 소비생활컨설턴트 양성강좌 개설)
1962	3	케네디 대통령 〈소비자의 권리보호에 관한 특별교서〉
	5	소비자동맹회장 콜스턴 일본 방문

연 도	월	내 용
1962	5	공정거래위원회 「부당경품류및부당표시방지법(경표법)」 공표
	7	민사당정책연구회 「소비자기본법」 검토(1968. 5 「소비자기본법」)
1963	1	국민생활향상대책심의회 <소비자보호에 관한 답신>
1964	4	공정거래위원회 「소비자모니터 제도」
	5	'소비과학센터' 주부연합회에서 독립
	9	임시행정조사회 〈소비자행정의 개혁에 관한 답신〉
	11	제1회 '전국소비자대회'
1965	2	감기약 앰플로 인한 쇼크사 속출(1965. 5 제조금지)
	5	후생성 합성착색료 적색 1호와 101호 사용금지(1965. 7 합성살균료 AF2 사용허가, 1967. 2 녹색1호 금지)
	6	경제기획청에 국민생활국 설치, 국민생활심의회 발족
1966	7	주부연합회 '유리아수지에서 포르말린 검출'
	11	공정거래위원회 '대기업가전 6사의 가격카르텔' 수색검사(1966. 12 협정파기)
1967	2	유업회사 원료유의 가격인상결정(1967. 4 전국적인 반대운동)
	4	식품위생조사회 〈'인공감미료즈르친' 사용금지 답신〉(1969 후생성 치쿠로 금지)
	5	포카레몬사건
	6	경제기획청 「소비생활센터 제도」 발족(1964.4 공정거래위원회 '소비자모니터')
	7	전국지역부인단체연합회 '100엔 화장품' 운동 개시(1969. 6 '치후레' 발매)
1968	5	「소비자보호기본법」 공표(1964. 7 민사당 '소비자기본법안', 1967. 11 중의원물가문제 등에 관한 특별위원회 '소비자보호기본법안 요강 시안', 1967. 12 '소비자문제에 관한 소위원회' 설치, 1968. 8 제1회 소비자보호회의)
	10	'카네미쌀오일사건' 발생 (1987 화해, 1973. 4 치바니코오일사건, 2002. 3 원인물질은 PCB에서가 아니라 PCDF 폴리염화벤조브랜임을 확인)
1969	3	「지방자치법」 개정(소비자보호 명시)
	7	후생성 「식품위생법」 개정(가공식품의 표시 강화)
	8	운수성, 「결함 자동차 리콜제도」(1995. 7 퇴출의무화 2000. 3 누계 1,1141건 약 2,913만 대), 공정거래위원회 '과대포장 상품 공개 검사회'
	11	일본소비자연맹창립위원회(1974. 5 '일본소비자연맹' 외자계 콜라회사 4개사를 독금법 위반으로 고발
	12	통산성, 외자계 백과사전의 방문판매 적정화를 통달

연도	월	내 용
1970	4	일본자동차 User Union 결성(1971. 11 공갈사건)
	5	「농림물자등의규격화및표시의적정화에관한법률」 개정 도쿄, 도내 단지를 대상으로 한 '생선식품의 산지직결운동' 개시
	8	일본소비자연맹 '불량상품 일람표' 전국지역부인단체연합회 '컬러텔레비전의 이중가격 실태조사'(소비자 5단체 컬러텔레비전 불매운동, 가전 회사의 가격 인하, 1971. 6 종결선언)
	10	소비자 5단체, 마쯔시다 전기제품을 '불법재판매'로 불매운동(1971. 3 공정거래위원회 심결) 국민생활센터 개설(1962년 설립한 '국민생활연구소' 흡수)
	11	국민생활심의회 〈소비생활에 관한 정보제공 및 지식 보급에 관한 답신〉 일본소비자연맹 '브리태니커 일본지사'를 공정거래위원회에 부당표시로 신고
1971	1	랄프 네이더 방문
	3	소비자 8단체 재판상품의 불매운동 단결(1971. 6 주부연합회, 자생당화장품 불매운동)
	8	산업구조심의회 '소비자안전대책소위원회' 설치 영양개선보급회 「단위가격제도」 추진
	10	일본완구협회 'ST 마크'(보험부착안전마크) 실시
	12	「택지건물거래업법」 시행
1972	5	「경표법」 개정(일부 도도부현 위탁)
	6	「할부판매법」 개정(할부판매 조건 명시, 「쿨링오프제도」 도입 등) 통산성, PCB 제조판매 금지
	9	소비자 8단체, 공정거래위원회에 재판매제도 금지 요망(1973. 8 재판매 지정품목 축소)
	11	태풍 20호로 조립식주택의 피해 속출
1973	2	국민생활심의회 〈서비스에 관한 소비자보호에 대하여 답신〉
	6	「생활관련물자의매점매석에대한긴급조치법」 공표 통산성 안전3법(「소비생활용제품안전법」, 「화학물질심사및제조등제도에관한법률」, 「유해물질을함유한가정용품의제도에관한법률」) 공표
	9	경제기획청물가국 발족
	11	관서지방에서 '화장실용 휴지파동', 전국적으로 '등유' 등 '물자부족파동' 파급, 종합상사 석유판매업자의 '매점매석' 문제화

연 도	월	내　　용
1973	12	생활 2법(「국민생활안정긴급조치법」, 「석유수급적정화법」) 공표
1974	4	'빼앗긴 것을 도로 찾는 소비자의 모임' 결성
	7	소비자 35단체 우에노제약에 합성살균료 AF2 제조판매금지소송(1974. 8 식품위생조사회, 금지 답신)
	10	국민생활심의회소비자보호부회 '소비자피해의 구제에 대하여' 중간보고
	11	'등유의 불법카르텔'에 대한 독금법 위반으로, 쯔루오카생협이 소송
	12	산업구조심의회 '다단계상법, 할부판매 등의 특수판매' 규제를 답신
1975	2	다단계판매피해자 '다단계상법피해자대책위원회' 결성 오사카소비자모임, 고베소비자협회 '치아 고충110번'(110번 운동으로 발전, 1975. 3 은행 피해, 1979. 5 아동상품) 도쿄지소연 '제1회 소비자들이 본 결함상품전'
	5	후생성, OPP사용의 미국산 그레이프 후르츠
	12	도쿄소비자조례시행
1976	6	「방문판매등에관한법률(방판법)」 공표(1988. 11 개정, 1996. 5 개정)
	11	화장품 공해피해자의 모임(오사카) 발족 사채 및 결함주택의 피해 심각화(1982. 5 '전국사채피해자연락협의회' 결성)
1977	6	「독금법」 개정(재판매축소, 1980. 10 서적의 재판매 일부 자유화)
1978	5	제1회 '소비자의 날'
	9	산업구조심의회 '내구소비재의 품질보증에 대하여' 답신
	11	「피라미드방지에관한법률(피라미드강금지법)」 공표
1979	9	약사 2법('의약품부작용피해자구제기금', '약사법개정') 공표
	10	금전의 선물거래에서 피해자 속출(1984. 7 도요타상사사건)
1980	3	국민생활센터, 상품 테스트 연수시설 개설
	4	맨션문제에서 행동하는 모임 발족
	7	건강보험 「해외의료비지불제도」(2001. 1 국민건강보험에도 적용) 통산성, 「소비자생활어드바이저 인정등록 제도」(1988. 6 '일본소비생활어드바이저 컨설턴트협회' 발족)
	8	국민생활심의회 소비자정책부회 〈'단기해외연수의 적정화에 대하여' 답신〉
	9	급식빵의 효소산 카리움추방운동
	10	'소비자관련전문가회의 ACAP' 발족

연도	월	내 용
1981	11	국민생활심의회소비자정책부회 '소비자거래에 사용될 약관의 적정화에 대하여' 보고 일본소비자교육학회 설립
	12	국민생활심의회소비자정책부회 '제품관련 사고에 의한 소비자 피해구제에 대하여' '소비자신용기관의 적정한 운영에 대하여' 보고
1982	7	「해외상품시장에있어서선물거래의위탁등에관한법률」 공표
1983	8	후생성, 식품첨가물 11품목 추가지정, 14품목사용기준 완화
	11	소액무담보대출(샐러리맨대출) 2법(「대금업의규제등에관한법률」, '예금·금리 등의 단속법의 일부개정' 시행
	12	국민생활심의회 소비자정책부회 '점포 외에 소비자거래 적정화에 대해서' 보고
1984	3	국민생활심의회 소비자정책부회 '소비자거래에 이용되는 약관의 적정화에 대해서' 국민생활센터 '전국소비생활정보(PIO-NET)' 운영 개시 도쿄변호사회「식품안전기본법」, 「식품피해자구제기금제도」 제창
	4	경제기획청 '건강식품 판매 등에 관한 종합실태조사' 결과보고
	5	「할부판매개정법」
	7	오스트리아산 와인에서 지에틸렌그리콜 검출, 만즈와인으로도 파급 도요타상사 「현물거래상법(도요타상사사건)」 (1989. 3 오사카지법 유죄판결, 1991. 7 파산관재업무종료, 2002. 9 최고재판국 행정책임인증) (관련사건으로 끝나지 않고 2001. 11 야마토도시관재사건, 2002. 3 하찌요우물류사건)
	11	경제기업청 '제1회 소비자문제국민회의' 개최
	12	산요(SANYO)전기제품 석유팬히터에서 중독사 발생
1985	4	국민생활심의회 소비자정책부회 '정보화시대의 소비자정책에 대해서' 보고
	7	국민생활심의회 소비자정책부회 '국제무역과 소비자정책에 대해서' 의견 공표
1986	2	국민생활심의회 약관적정화위원회 '소위 현물 혹은 상법으로의 대응에 대해서' 의견 공표
	4	경시청, 생활경제과 신설, 사건원인센터 설치
	5	「특정상품등의예탁등거래계약에관한법률」 「유가증권과관련투자고문업의규제등에관한법률」 공표
	6	통산성, 「방문판매 문제 정보제공 제도」, 악질 12개 회사의 수법 공표
	9	국민생활심의회 '학교에서의 소비자교육에 대해서' 교육과정 심의회에 요망

연 도	월	내 용
1986	12	국민생활심의회 서비스소위원회 '새로운 서비스거래에 있어서 소비자보호에 대해서' 보고
1987	2	국적 피라미드판매 '국리민복(나라의 이익과 국민의 행복)회' 국회에서 문제화
	4	「화학물질심사및제조등의규제에관한법률」(PCB 금지)
	5	'전국 영감상법대책변호사연합' 결성
1988	1	산업구조심의회 「방판법」 개정(집요한 권유·서비스거래 등 답신) 답신
	5	미도리십자, 비가열혈약제제에서 에이즈바이러스 HIV가 투입(1998. 4 구 요시도미제약이 흡수병합)
	6	오사카에서 병사우육의 대량 유출
	11	「저당증권업의규제등에관한법률」 시행
1990	3	일본전자기계공업회, 컬러텔레비전의 발화사고로 자체기준책정(1991년 텔레비전, 대형냉장고에서 발연, 발화사고 계속 발생)
	7	가와사키시 「시민옴브즈맨제도」 조례시행
1991	2	농수성, '일반야채, 과실의 표시가이드라인' 설정(1991. 4 식품표시 대책실 설치, 1993. 4 유기농산물 등 특별표시 가이드라인, 1994. 8 수산처, 점포앞 수산물의 표시 가이드라인, 1996. 9 청과물 5품목에 원산지표시 의무화)
	4	우육, 오렌지 자유화
	7	공정거래위원회, '유통, 거래관행에서 독점금지법 운용 가이드라인' 발표
	9	후생성, 35농약의 잔여기준설정
1992	10	국민생활심의회 종합적인 소비자피해방지, 구제 방법 답신 카드로 인한 다중채무자의 자기파산 심각
1993	1	건설성주택택지심의회 임대주택표준약관서 모델 작성
	9	공정거래위원회, 자생당계열의 도매업자의 소매업자에 대한 공급정지를 독점금지법 위반으로 검사 후생성, 항바이러스제 솔브제에 긴급안정정보
1994	3	오사카 지방재판, 텔레비젼의 발화사고에 제조물책임을 인정, 마쯔시다전기에 손해배상을 명령
	5	도쿄지역재판, 변액보험의 위험 설명부족으로 메이지생명에 약 3억 엔의 손해배상을 명령
	6	「제조물책임법(PL법)」 성립(1991. 5 소비자를 위한 「제조물책임법」 제정을 요구하는 연락회, 1991. 10 국민생활심의회 PL법 입법화 찬반양론의 중간보고, 1993. 12 국민생활심의회 PL법을 중심으로 한 종합적인 소비자피해 방지, 구제책의 구체화를 답신) 민간업계의 PL대응창구 설치

연 도	월	내 용
1995	4	식품위생조사회, 〈가공식품의 제조연월일 대신 기한표시 도입(2년 후) 답신〉
	5	식품위생법 개정, 종합위생관리제조과정 HACCP승인제도 도입
	7	자동차제작자 등에 대한 리콜제도(도출, 회수, 무료수리 의무화)
	9	국민생활센터, 통산성에서 전화에 의한 권유나 계약의 규제 요망
1996	4	여행업법 일반개정(업무의 적정화, 표준여행업 약관개정 등) 농수성 '유기농산물 및 특별재배농산물에 관한 표시 가이드라인'
	8	병원성 대장균 O-157오염으로 6,000명(사망 3) 이하 피해자
	12	국민생활심의회 '소비자거래 적정화 지향' 보고
1997	2	「부동산특정공동사업법」(주택택지심의회 맨션 관리조합 표준모델 작성)
	4	농수성 식품의 제조가공일 표시를 유통기한 표시로 일반화 공정거래위원회, 저작물 이외의 재판지정상품 취소
	5	공정거래위원회, '유료 노인 홈에서 소비자거래의 적정화에 대해서' 보고
1998	8	의사에 대한 손해배상청구 급증(1997년 596건)
	10	농수성, '식품 등의 표시, 규격제도의 재고에 대해서' 보고
	11	농수성, '유기식품의 검사, 인증제도 도입에 대해서' 보고
	12	우정성 '전기통신사업에서 개인정보보호에 관한 가이드라인' 개정 생명보험 보험계약자 보호기구, 증권회사 투자자보호기금 설립
1999	1	일본의사회 '카르텔 원칙공개' 지침
	2	「부정정보검색(access)행위금지등에관한법률」 시행
	4	「방문판매등에관한법률」, 증권회사 '투자자보호기금' 설립
	7	금융심의회 '금융서비스법안' 농수성「JAS법」 개정(소비자를 대상으로 하는 전 음식료품에 품질표시기준제도·생선식료품원산지표시·가공식품원재료표시·유전자조합 표시의무화
2000	1	니찌에 「대금업규제법」 위반으로 업무정지
	3	후생성 중앙약사심의회 특별부회, 화장품의 성분표시 결정
	4	「주택의품질확보의촉진등에관한법률」 시행
	6	'유키지루시유업 식중독사고'(피해자 약 1만 2천 명, 2001. 3 경상적자로 전락, 그룹 위기, 2001. 7 공장장 3명 기소, 2002. 2 '버터 품질보증기한서 교체' 발각 2002. 4 홋카이도 위연원인 품질로서 황색포도당구균의 중독 엔테로트립신 A형과 H형의 복수중독의 관여인증 2002. 8 신회사 '일본우유협회'에서 '메구밀크'의 상표로 재발족 예정) 「대규모소매점포입지법」 시행

연 도	월	내 용
2000	9	마쯔시다자동차 결함은폐 사장교체(2001. 4 운수성「도로운송차량법」위반으로 400만 엔의 행정처벌, 판매부진, 2001. 3 결산으로 과거최대 적자) 산요전기 '석유팬히터'의 결함(약 72만 대) 2년간 공표하지 않음
2001	3	공정거래위원회, 신문·서적·잡지·레코드판·음악용 테이프와 CD의 재판존속 용인
	4	「소비자계약법」(소비자에게 불리한 계약무효·해약료 결정 등) 시행 「금융상품의판매등에관한법률」 시행 「전기용품안전법」 시행 주택품질확보촉진법에 의한 주택보증기구의 주택성능보증제도(신축주택의 10년간 하자보증)
	5	건축기준법「중간검사제도」(건축 확인-중간검사-공사완료검사)
	9	도쿄지방재판, 약해에이즈사건으로 후생성 마쯔무라 과장에게 관료 부주의 책임 인정 일본에서 광우병 발생(농수성, 병든 소폐기를 확인하지 않고, 가축용 사료로 가공, 2001. 10 전국 가축 검사의 2차 판정으로 양성이 확정되기까지 공표하지 않고, 2002. 5 4마리의 광우 발견: 1996. 3~4생 제외), 2002. 8 5마리의 BSE 감염우(전국가축 검사 100만 마리 이상)
	11	유키지루시식품 광우병육 판매제도 악용 발각(2002. 2 유키지루시식품, 관동Meat Center 돈육가공품에서도 산지 위장, 2002. 3 회사 해산 2002. 5 두 명의 임원을 사기로 체포), 2002. 6 일본식품 수입품종의 소 122톤을 국산 위장,「회사재생법」신청 식품위장표시문제에 소비자의 관심이 상당히 고조됨(2001. 12. 오사카에서 학교 급식용육 납입업자에게 표시위장 의혹·도산, 2001. 1 아마가사키시에서 학교급식용 국산 소에서 오스트리아산 고기 혼합 발각, 2002. 2 구마모토의 야채업자가 한국산의 정육점에서 구마모토산의 가축을 부풀려서 판매, 2002. 6 암소 수입육의 국산위장－근기농정국 JAS법 위반으로 적발, 2002. 8 일등급 햄 냉동 초돈의 기한만료 적발) 「전자소비자계약법」 시행
2002	2	요미우리신문 '광우병(Mad Cow Disease)' 표기를 'BSE; Bovine Spongiform Encephalopathy'로 변경 생협·슈퍼의 일부에서 전농이 제공하는 일부 농축산물의 '이력서(산지명·생산자명·비료나 사료의 종류와 양 등'의 공개운동 시작 수상 '식품안전부문 통일'의 검토를 지시 후생노동성 '표시감시'를 철저히 하기 위해서 전국 22만 개소의 식품제조 가공시설 검사 실시 요청

연 도	월	내 용
2002	3	농수성 '식품표시제도 재고', JAS·식품위생법의 통합검토, '식품안전청'에 의한 감시위원회의 검토(2002. 4. '식품과 농산물의 재생계획' 식품표시·감시체제강화와 보조, (재)식생활정보서비스센터 '식품표시110번' 확충) 공정거래위원회, 부당표시의 배제명령(유키지루시식품의 위장소, 전농 계장의 '무농약육'(항생물질투입 사료 불사용) 위장, 국산에 수입육 혼입, 2002. 4. 마루베니축산의 위장 계육→사장 사임) 우유사업재편계획(유키지루시유업·전농·협동유업·요즈바유업 등) 전국하치요우물류 '건강식품 다단계판매'가 1,500억 엔 , 축자법 위반으로 적발, 도요타상사사건으로 인한 연속 피해 발생
	4	미즈호홀딩스, ATM시스템의 장애로 구좌 대체처리가 대혼란 SHARP세탁기 배선 실수로 화재발생 우려(1998. 11~1999. 12. 제조 약 22.5만 대) 「식품위생법」, 용기포장된 24가공식품에 '알레르기성 원인물질표시' 농수성, 전농자하에서 국산육 무표시로 유통자숙 요청 후생노동성·농수성 'BSE조사검토위원회' 육골분규제에 시의원의 영향·생산자 중시의 실정을 인정→농수 가구의 호된 반발
	5	수입식품에 무허가첨가물(산화방지제 t-바칠히드로키손, TBHQ)의 사용 발각 '구스킨' 운영의 '미스터 도넛'의 고기 약 1,300만 개, 스미야식품의 음차식품 "전국 농가의 대용유(사료)는 안전하다."는 신문광고가 소비자와 축산농가의 불신감을 변화시키지 못했다고 농수성에 항의-사죄 정부 '식품안전위원회' 설치결정, 농촌수산성을 식품성으로 오사카부의 식품가공시설·판매점의 설립조사에서 5,086 중에서 390개 시설에서 식육의 부적절한 표시
	6	일본식품 '수입육 122톤 국산위장' 발각(회사재생법 신청) 협화향료화학의 무인가향료(아세트알데이드·프로판알데이드·히마시유 외 3물질 첨가)에서 관련식품 회사 175개가 이제까지 없던 최대의 '사죄의 신문광고', 사원 대부분 해고
	7	중국산 농산물에서 기준을 초과하는 잔여농약 중국제 약제에서 유해물질(n-니트론펜팔라민) 검출
	8	중국제 건강식품에서 '미승인의약품' 검출 USJ(Universal Studio Japan)에서 안전문제(화약사용량·음료수 배관 실수)

연 도	월	내 용
2002	8	일본햄의 자회사 '일본 푸드'가 BSE대책우육매상 신청 938톤 중 1.3톤이 수입우육으로 판명, 농수성 관업자숙(2002. 9. 1 해제) 신청전량의 교체금 정지, 회장대표권 반성(업계단체 '일본햄' 회장사임)·사장전무로 강등·간부교체·일본푸드 3개관업부 폐쇄, 120개촌 급식에서 일본햄 제품을 배제 일본경단련 '기업행동헌장'(1991. 9 제정)을 재정비하여, 불의의 사고에 대한 책임강조 후생노동성, 2001년부터 건강식품의 예고 없는 검사(불시검문) 실시 계획

*관련사항은 ( ) 내에 기재하고 있다. 숫자는 연, 월, 사항의 순으로 되어 있다.

**多田吉三·大久保克子·西村晶子(2002), 消費者問題の理論と展開, 晃洋書房, 231-240 를 번역한 자료

일본 소비자대회 관련 연표

연대	소비자운동 테마	사회의 주된 동향
1957	전국소비자대회(2월) 대회 결의 ① 기업단체법안 반대 ② 환경위생관계영업법 반대 ③ 소매조정법안 반대 소비자선언의 채택 제2회 전국소비자대회(11월)	경제기획청, 처음으로 국민생활백서 발표
1960	제3회 전국소비자대회(10월) 물가문제를 중심으로 한 공개 질문회 개최	국제소비자기구(IOCU) 설립 신일본미국안보조약 조인
1964	제1차 전국소비자대회(11월) 이 대회 이후, 실행위원회 주최의 대회 정식명칭 '물가인상반대 전국소비자대회' 결의 3안을 채택 '물가인상정치에 대한 결의' '소비자 쌀 가격인상에 항의하고, 철회를 요구하는 결의' '국철 등 교통운임 가격인상을 반대하는 결의' '소비자대회선언' 결정	통산성에 소비경제과 설치 주부연, 분말주스의 허위표시 고발
1965	제2차 전국소비자대회(4월) 제1차는 생협 부인단체 중심으로, 제2차는 노동조합 중심으로 개최 ▶대회 슬로건 · 생활과 생명을 위협하는 고물가, 정부는 책임지고 생활을 안정시켜라 · 수도료, 운임, 교육비 등 공공요금 가격 인상에 반대한다 · 소비자 물가인상 반대, 식생활 안정을 확보하라 · 보건 및 나쁜 공공규제를 멈추고 국가의 책임하에 사회보장을 확립하라 · 주택토지 임대가격을 억제하고 공영 저가임대주택의 대량건설을 실행하라 · 대기업에게 가볍고 노동자에게 무거운 세제반대면세점을 대폭 인상하라 · 관리 협정가격에 반대하고 대자본의 유통지배를 배제하라 · 유해상품이나 과대광고를 추방하고 소비자보호행정을 확립하라 제3회 전국소비자대회(11월) ▶중심 슬로건 · 고물가와 과세로 국민생활을 파괴한 사토 내각은 즉시 물러나라 · 배급 쌀 가격인상을 멈추라, 식료품관리제도를 파괴하는 슬라이드 제도를 반대한다	후생성, 합성착색료 적색1호와 101호 사용금지 경제기획청에 국민생활국 설치, 국민생활심의회 발족 아가노강 유역에 중독환자발생(니가타미나마타병) 후생성 AF_2의 사용허가

연대	소비자운동 테마	사회의 주된 동향
1965	· 국철, 사철 등 운임가격 인상을 멈출 것. 경영 민주화를 실행하고 경영 내용을 공개하라 · 도쿄 등 수도요금 인상을 멈추고 지방공영기업에 국고보조를 강화하라 · 인플레를 이끄는 전쟁으로 연결되는 적자공채 발행을 멈춰라 · 독금법의 운용을 강화하고 독점가격, 협정가격을 관리하라 · 신문가격의 일방적 가격인상 반대. 가격인상분을 미지불로 항의하자 · 유해한 세제, 불량약품 등, 유행상품의 수거를 요구하고 불매운동으로 추방하자 · 건강보험 3법의 나쁜 개정을 멈추고, 의료비는 국가에서 부담하라	
1966	제4회 전국소비자대회(11월), 정식명칭 '전국소비자결의 대회' ▶중심 슬로건 · 소비자 쌀 가격인상 반대 슬라이드제 반대·식료품관리제도를 지켜라 · 국립대학수업료·급식비 등 교육비 인상을 반대 한다 · 전신전화요금·교통요금 등 각종 공공요금 인상을 반대 한다 · 건강 의료비의 부담증가의무 반대, 사회보장을 확충하라 · 고정자산세 인상·부가가치세 신설 등 세금부담증가 반대, 근로소득의 백만 엔까지 비과세 하라	물가 노동의 날 개최 타르계 색소 7품목 사용금지
1967	제5회 전국소비자대회(3월) 정식명칭 '제5회 전국소비자대회·토론집회' 제6회 소비자대회(11월) ▶중심 슬로건 · 물가상승·중과세의 사또 내각을 즉시 퇴진시키자 · 소비자 쌀 가격·각종 공공요금의 인상에 반대하자	포카레몬사건 부당표시에 대한 비판 우유에 야자유 사용사건 공해대책기본법 공표
1968	제7회 소비자대회(11월) '물가상승에 반대, 생활을 지키는 제7회 전국소비자궐기대회' 개최 ▶중심 슬로건 · 모든 소비자는 물가인상에 일어나서 반대하고, 생활을 지키는 국가 예산을 요구하자 · 소비자 쌀 가격 인상에 반대! · 의료보험의 조악한 부분 개편을 중지하라	대기오염방지법 공표 소비자보호기본법 시행 도쿄소비자센터 개설
1969	제8회 전국소비자대회(11월) 실행위원회는 대회개최마다 결성하고, 종료 후에는 해산 일상 활동은 전국소비자단체연합회에서 하는 것을 확인 가네미 피해지원 결의를 채택 5분과회(물가문제, 유해상품과 표시문제, 세금문제, 쌀과 식료품관리문제, 의료 사회보험문제) 개최 ▶중심 슬로건 · 1945년 국가예산을 국민의 생활과 건강을 지키고 평화를 지키는 입장에서 편성하라 · 공공요금인상 반대, 사철(개인 철도), 택시요금 인상계획을 철회하라 · 소비자 쌀 가격을 인상하는 자주유통쌀 반대	도쿄대 야스다 강당에 기동대 투입 지방자치법 개정(소비자보호를 지방공공단체에 의무화) 식품위생법 개정(가공식품의 표시 강화) 자주유통쌀제도 실시 농정심의회, 종합농업정책으로 쌀 생산억제를 답신

연대	소비자운동 테마	사회의 주된 동향
1969	· 이중가격제로 맛있고 싼 쌀을 국민에게 보증하라 · 독점 물가를 앙등시키는 독점금지법의 개악에 반대한다 · 생선식품 등의 가격인상을 초래하는 대자본 시장지배에 반대한다 · 유해상품, 허위·부당표시를 엄격하게 규제하고, 국제적으로 유해한 식품첨가물은 즉시 금지시켜라 · 고정자산세 인상, 간접세 등의 대중과세 반대, 노동자의 면세점을 대폭 인상시켜라 · 공단주택임대가격의 일제 인상 반대, 저가격의 살기 좋은 공영주택을 대량 건설하고 주택난을 해결하라 · 의료보험제도의 개악계획을 철회하고, 사회보장을 확충하라 · 교육예산을 대폭 증대하고, 소액부담으로 누구나 좋은 교육을 받을 수 있도록 하라 · 자주적 소비자조직인 생협에 대한 부당한 차별 반대, 생협의 확대를 강화하라	후생성, 치쿠로를 금지 회수 지시 모리나가우유 중독 어린이를 지키는 모임 결성 됴쿄, 노인의료비(70세 이상) 무료화 실시
1970	제9회 전국소비자대회(11월) '컬러텔레비전 가격인하 요구'를 추진하는 특별결의를 채택 4분과회 '물가문제', '유해식품·공해문제', '세금문제', '주택·임대가·사회보장'을 개최 ▶중심 슬로건 · 소비자의 단결로 운임, 소비자 쌀 가격, 수업료, 보육료, 우편료, 전화료, 주택임대가, 식량품 등의 물가인상을 중지하라 · 소비생활을 위협하는 공해·유해상품을 없애자 · 대기업의 이익을 막고 소비자부담을 지우는 정치를 멈추고, 국민생활을 안정시키자	치쿠로 식품회수 연기에 대하여, 소비자단체 대표가 후생성에 항의 일본미국안보조약 자동 연장 국민생활센터 설립
1971	제 10회 전국소비자대회 분과회는 '관리가격과 공공요금', '농수산물과 유통문제', '유해식품과 부당표시', '세금문제', '의료와 연금' 5분과회 ▶중심 슬로건 · 대기업 엔 달러 대책에 반대하고, 국민우선의 정치로 변화시키자 · 공공요금을 선두로, 물가인상을 멈추고, 관리가격을 타파하고, 공해 유해상품을 없애자 · 소비자는 단결하여, 자주적인 조직과 운동을 전국에 널리 알리자	환경청 설치 닉슨 미국대통령 엔 달러 교환 정지 정부 엔을 변동 상장제로 이행 주부연, 주스류 표시의 공정경쟁규약에 대한 불복
1972	제11회 전국소비자대회(11월) 분과회는 '공공요금', '관리가격', '농수산물과 유통문제', '유해식품과 부당표지', '세금문제', '의료·연금·주택' 6분과회 ▶중심 슬로건 · 공공요금인상에 반대, 대기업 본위의 관리가격타파, 인플레정책을 그만두게 하자 · 공해, 유해식품을 제거하고, 인간과 자연환경을 지키자 · 소비자는 단결해서 자주적인 조직과 운동을 전국적으로 확대하고 국민생활 우선의 정치를 확립하자	오키나와가 변환되어 오키나와현 발족 '일본열도개조론' 발표 모리나가비소밀크사건의 책임을 인정
1973	제12회 전국소비자대회(11월) 제1차 석유쇼크에 의한 물품부족, 석유인상으로 분과회·전체 회의에도 분노의 발언이 잇달았음	매점·매석 방지의 긴급조치법 공표

연대	소비자운동 테마	사회의 주된 동향
1973	'생활관련 물자 부당 매점, 매석 등의 방지 긴급조치 법안'에 대상 품목 확대, 매점사실발표, 매도 의무 등을 정부에 제의할 것을 결정 분과회는 '공공요금', '관리가격', '농수산물과 유통', '유해식품과 부당표지', '생활과 세금', '의료와 연금' 6분과회 ▶중심슬로건 · 인플레정책을 멈추고, 공공요금을 비롯한 물가인상을 저지하자 · 공해·생활환경의 파괴를 멈추고, 안정되고 충분한 식량 확보를 요구하자 · 소비자의 힘을 결집하고 국민생활 우선의 정치를 실현시키자	OPEC, 원유인상 발표 (제1차 석유쇼크) 공정거래위원회, 독점금지법 위반혐의로 석유연맹과 도매업자에게 판매하는 대기업 13곳 조사
1974	第13회 전국소비자대회 5분과회 개최 '공공요금', '관리가격의 계략', '식량 확보와 농수산물의 유통', '유해식품과 부당표지', '무거운 세금과 예산' 전체 회의에서 '국회 즉시개최와 독점금지법 강화개정을 요구하는 특별결의' 채택 ▶중심 슬로건 · 정부·대기업의 물가인상을 중지시키고 심각한 인플레와 광란의 물가를 저지하자 · 안정되고 충분한 식량·생활물자의 확보를 요구하고 공해·환경파괴를 저지하자 · 국민생활 본위의 정치경제 변화를 위하여 소비자의 총력을 결집하고 일어서자	등유, 프로판 가스, 화장지 등 표준가격 설정 공정거래위원회, 독점금지법 위반 혐의로 석유연맹과 도매업자에게 판매하는 대기업 12곳에 인상협정과 생산제한의 파괴권고 등유 재판 시작
1975	第14회 전국소비자대회(11월) "술, 담배, 우편 등 인상 3법안 철회를 요구하는 동시에, 전 국회에서 5당 일치를 본 독점금지법의 강화개정안을 이번 국회에서 반드시 성립될 수 있도록 강하게 요구한다"는 특별결의 채택 5 분과회 '공공요금' '대기업의 횡포를 억제하기 위하여' '농산물과 유통' '유해식품, 동해, 환경 파괴' '소비자행정과 세금' 개최 ▶중심 슬로건 · 인플레, 불경기로부터 생활을 지키고, 정부, 대기업의 물가인상을 멈추게 하자 · 공해, 환경파괴, 유해상품으로부터 생명을 지키고 주요 식량 자급을 요구 하자 · 국민생활 본위의 정치·경제로 바꾸기 위하여, 소비자는 총력을 기울여 자주적인 조직과 운동을 강조하자	베트남 전쟁종결 75년 농업 센서스(인구조사), 농가총수 500만 호 이상 75년도 재정특례법 성립(적자 국채공인, 229조 엔 발행)
1976	第15회 전국소비자대회 총선거에서 특별결의 채택 5분과회 '공공요금인상반대운동 과제' '대기업의 횡포를 억제하기 위하여' '식량·농업에 관한 정세' '유해식품과 환경파괴' '소비자행정관계, 세금' 개최 ▶중심 슬로건 · 정부·대기업에 의한 공공요금·제품가격 인상을 반대하고, 인플레	미국 상원에서 록키드사건 해결 방문판매법 공표 가와사키시 환경평가 조례 제정

연대	소비자운동 테마	사회의 주된 동향
1976	정책을 근절시키자 · 공해, 환경파괴, 유해식품으로부터 생명을 지키고, 주요 식량 자급을 요구하자 · 소비자는 단결하여 자주적인 조직과 운동을 강화하고, 금권·부패정치와 소비자를 무시하는 정치를 제거하자	
1977	第16회 전국소비자대회 대회선언 및 특별 결의(엔고 차익환원과 일반소비세도입 반대) 채택 6분과회 '공공요금과 주택·에너지정책', '독점가격과 불공평한 세제', '농수산물의 자급·유통문제', '유해식품과 환경파괴', '소비자의 권리와 소비자행정' 개최 ▶중심 슬로건 · 정부, 대기업에 의한 공공요금·모든 물가인상, 일반소비세 신설에 반대하고 주택정책의 확립을 요구하자 · 환경파괴, 유해상품을 없애자 · 주요 식량의 자급률을 높이고 국민을 위한 자원에너지의 유효한 활용을 요구하자 · 소비자의 자주적인 조직과 운동을 강화하고 삶을 소중히 여기는 정치를 확립하자	후생성, 수입 감귤류에 방부제 OPP 사용허가 독점금지법 개정안 성립 第1회 소비자문제 고베회의 세제조사회, 일반소비세도입의 답신 후쿠오카 지방법원 가네미(등유) 판결, 피해자 승소
1978	第17회 전국소비자대회(11월) '소비자행정에 대한 7개의 체크포인트' 제안, 행정의 민주화가 더욱 전진되도록 결의 지방 소비자단체연합에서도 '소비자보호조례' 제정과 행정에 참가 활동을 강화 ▶중심 슬로건 · 일반소비세 신설 반대, 불공평한 세제를 시정하라 · 엔고 차익환원, 공공요금·모든 물가를 인하하라 · 소비자의 자주적인 조직과 운동을 강화하고 생명과 생활을 소중히 여기는 사회를 구축하자	대규모 소매점포법 개정공표(대규모점의 노점규제 강화) 일본·미국 농산물교섭 타결(오렌지, 소고기 등 수입 확대) 미국·중국 국교정상화
1979	第18회 전국소비자대회(11월) 6분과회 '광란물가 재래 저지를 위하여', '식량의 자급과 식생활', '일반소비세 도입 저지를 위하여', '소비자의 권리와 소비자행정', '아이들의 건강과 생활·문화' 개최 앙와 파자르 IOCU 회장으로부터 메시지 도착 ▶중심 슬로건 · 매점·매석을 멈추게 하고 인플레 광란물가의 재래를 저지하자 · 일반소비세 도입을 결코 허락하지 말고 불공평한 세제를 시정하자 · 소비자의 자주적인 조직과 운동을 강화하고 생명과 생활을 소중히 여기는 사회를 구축하자	미국 Three Mile 섬 원자력발전소 방사능 누출사고 도쿄정상회담 개최 시가현 '비와고호수의 부영양화 방지조례' 제정
1980	第19회 전국소비자대회(11월) 8개 분과회 '물가문제', '세금과 재정', '식생활과 식량', '유해식품과 환경오염', '아이들의 미래를 위하여', '건강문제', '소비자권리와 소비자행정', '거주문제' 개최 일반소비세에 반대하는 특별결의 채택	후생성, 과산화수소의 발암성을 발표 무린 합성세제 판매 이란·이라크 전쟁발발

연대	소비자운동 테마	사회의 주된 동향
1980	▶중심 슬로건 · 소비자의 단결로 평화와 삶을 구축하는 80년대를 개척하자	
1981	제20회 전국소비자대회(11월) 제2차 '소비자선언'과 '국민 본위의 행정개혁을 요구하는 특별결의' 채택 9개 분과회 '공공요금·독점가격문제', '물가와 삶', '행정개혁과 국민생활', '식생활과 건강', '유해식품과 환경오염', '아이들의 미래를 위하여', '건강문제', '지역사회와 소비자운동', '거주문제' 개최 ▶중심 슬로건 · 공공요금·독점가격의 결정법을 민주화하고 경영내용을 공개하게 하며 여론의 힘으로 부당한 인상을 멈추게 하자 · 평화와 국민생활을 위협하는 '행정개혁'에 반대하자 · 소비자의 자주적인 조직을 강화하고 공동행동을 확대하자	등유 재판(도쿄고등법원) 판결, 손해배상청구 기각, 원고측 상고 도쿄 변호사회, 식품안전기본법을 제안 유럽 주요 도시에서 중거리 미사일 설치 반대 시위
1982	제21회 전국소비자대회 ▶중심 슬로건 · 국민 본위의 행정개혁을 요구하고 우리들의 한 표로 평화와 생명과 삶을 소중히 하는 정치를 실현시키자 · 내외 압력에 의한 식품첨가물 규제완화를 저지하자 · 공공요금· 독점가격의 부당인상이나 대형 간접세 등 증제에 반대하고, 의료·연금제도, 독점금지법의 올바르지 못한 개선안을 저지하자 · 소비자의 자주적인 조직을 강화하고, 소비자의 권리확립을 지향해 공동 행동을 확대하자	국제소비자기구, '소비자의 8대 권리' '세계소비자권리의 날(3월 15일)'을 제창 야마가타현 가나야마마찌, 정보공개조례 시행(전국 최초)
1983	제22회 전국소비자대회 "소비자로서 선택권을 올바르게 행사하고 청렴한 사람을 국회로 보내자" 특별결의 채택 ▶중심 슬로건 · 국민 본위의 행정개혁을 요구하고 우리들 최고의 목표로 평화와 생명과 삶을 소중히 하는 정치를 실현시키자 · 내외 압력에 굽힌 식품첨가물의 규제완화를 저지하자 · 공공요금·독점가격의 부당 인상이나 대형 간접세 등 세제인상에 반대하고, 의료·연금제도, 독점금지법의 개악을 저지하자 · 소비자의 자주적인 조직을 강화하고, 소비자의 권리확립을 지향해 공동행동을 확대하자	국채 잔금 100조 돌파 후생성, 식품첨가물 11품목 지정 추가, 14품목 사용 기준 완화 에히메대학교 다찌가와 교수, 쓰레기 소각장의 남은 재에서 다이옥신 검출 발표
1984	제23회 전국소비자대회 6분과회 '물가와 가계', '예산과 세금', '유해식품과 환경오염', '식량과 식생활', '의료와 연금', '아이들의 미래를 위하여' 개최 ▶중심 슬로건 · 소비자의 자주적인 조직과 연대를 강화하고, 평화, 생명·삶을 소중히 하는 정치를 실현시키자 · 국민생활 저하를 초래하는 행정개혁 예산에는 반대하고, 복지·문화·교육을 우선시 하자 · 식생활을 재점검하고, 주요 식량의 자급률 향상과 안전을 확보하자	대법원, 석유 암거래 카르텔 사건의 상고 기각, 도매업자에게 판매하는 업자 9개사에 유죄 확정 일본·미국 농산물 교섭 타결(소고기, 오렌지 등 수입 증가)
1985	제24회 전국소비자대회(11월) 8분과회 '생활과 세금', '이용자와 교통기관', '안전·환경', '식량과 식생활', '의료와 연금', '아이들의 미래를 위하여', '소비자피해와 소비자권리', '거주문제' 개최	후쿠오카지방법원, 가네미 등유 재판으로 국가의 책임을 인정하는 판결

연대	소비자운동 테마	사회의 주된 동향
1985	▶중심 슬로건 · 건강과 안전을 지키는 기준인증제도의 폐지와 소비자행정의 후퇴를 막고, 결함상품·악덕상품을 일제히 제거하자 · 대형 간접세 도입이나 이용자를 무시하는 교통기관 재편성에 반대하고, 평화와 생활을 우선할 예산편성을 요구하자 · 소비자의 자주적인 조직을 강화하고, 민주적인 권리확립을 지향하는 공동 행동을 전국 각지에 확대하자	NTT, 일본담배상업 발족 소련, 경제개혁방침(페레스트로이카) 금융자유화 본격적으로 시동
1986	제25회 전국소비자대회 7분과회 '생활과 세금·엔고문제', '안전·환경문제', '식생활·농업문제', '의료·연금·고령자문제', '아이들의 미래와 평화를 위하여', '거주와 거주환경', '소비자 피해와 소비자 권리' 개최 ▶중심 슬로건 · 엔고와 원유의 차익을 환원시키고, '대형 간접세 도입하지 않음'의 선거공약을 지키게 하자 · 악덕상법이나 결함상품의 근절과 안전·건강 우선의 소비자행정을 확립시키자 · 소비자의 자주적인 조직과 연대를 강화하고 군사비 증대에 반대하여 생명과 삶을 소중히 여기는 정치를 요구하자	원자력발전소 사고 GATT 각료회의, 신라운드 개시 선언 채택(가트 우루과이라운드)
1987	제26회 전국소비자대회 7분과회 '생활과 세금·물가문제', '안전·환경문제', '식생활·농업문제', '의료·연금·고령자문제', '아이들의 미래를 위하여', '거주와 거주환경', '소비자피해를 없애기 위하여' 개최 ▶중심 슬로건 · 신대형 간접세 도입이나 전기·가스요금 등의 제도 개선을 막고, 국민생활을 지키기 위한 정책을 실현시키자 · 소비자피해를 일으키지 않고, 안전·안심·건강 우선의 소비자행정을 확립시키자 · 소비자의 자주적인 조직과 연대를 강화하여 군사비를 삭감하고 생명과 삶을 소중히 여기는 정치를 요구하자	정부, 매상세금 법안을 국회에 제출하다가 실질 폐안으로 국철 분할 민영화 리조트법 공표 고등법원, 도쿄등유 재판에서 상고기각 판결 환경청, 환경마크제도 도입
1988	제27회 전국소비자대회(11월) 7분과회 '생활과 세금', '안전·환경문제', '식생활·농업문제', '거주와 거주환경', '아이들의 생활과 평화', '고령자의 생활, 의료·연금', '소비자피해와 소비자 권리' 개최 ▶중심 슬로건 · 복지·교육·주택·공공요금 등으로 소비자에게 부담 전가를 허락하지 않고, 군사비의 삭감, 생명과 삶을 소중히 하는 정치를 요구하자 · 식량·환경·의료 등으로 생명과 생존을 위협하는 정책과 소비자피해를 막고, 안전·안심·건강 우선의 소비자행정을 확립시키자 · 소비자보호기본법 20주년, 세계 인권선언 40주년에 있어서 소비자의 자주적인 조직과 연대를 강화하여 소비자권리를 지키고 발전시키자	일본·미국 소고기·오렌지 교섭 결착, 수입 자유화로 합성첨가물의 전면 표시 시작 정부, 농산물 12품목 자유화를 정식 결정 행정개혁심의회, 〈규제완화 추진 답신〉
1989	제28회 전국소비자대회(11월) '즉시 소비세 폐지를 요구하는 결의', '정보공개법 제정을 요구하는 결의' 채택	소비세 실시 야당제출의 소비세 폐지법

연대	소비자운동 테마	사회의 주된 동향
1989	7분과회 '생활과 세금·물가문제', '환경·안전문제', '食이 가득 차 있는', '주택과 생활의 환경', '복지·의료·연금·고령기의 생활', '소비자의 권리와 법제도' ▶중심 슬로건 · 공동 힘으로 소비세를 폐지시키고, 금권부패를 허락하지 않고, 주권자 의지가 반영될 수 있는 민주정치를 실현하자 · 고물가를 시정시켜, 거주와 환경을 지키고, 안심·안전·건강을 우선하는 소비자 본위의 행정을 확립시키자 · 정보공개법·제조물책임법 등 소비자를 위한 법제도를 만들고, 소비자의 권리를 확립시키자	안, 참의원에서 가결(중의원에서 심의 미완료, 폐안으로) 두루오카 등유 재판, 대법원 판결－원판결파괴의 부당판결
1990	제29회 전국소비자대회(11월) '소비세 폐지를 요구하는 결의' 채택 7분과회 '물가와 세제', '생활에서 본 환경문제', '건강한 식생활을 위하여', '거주와 거리정비', '아이들의 생활·소비자교육', '만약에 당신이 누운 채 일어나지 못한다면…… 고령기의 생활과 의료·복지', '소비자 중시란 뭐니? 다시 생각하자 소비자의 권리' 개최 ▶중심 슬로건 · 인플레저지! 편승 인상, 카르텔을 허락하지 않고, 소비세 폐지를 실현하자 · 식품의 안전 확보와 안심할 수 있는 생활 보장을 최우선하여 보전된 자연환경을 아이들에게 남기자 · 정보공개, 제조물책임의 법제도를 확립하고, 소비자의 이익과 권리를 지키는 행정기관을 만들자	통산성 등, 전자제품의 결함에 대해서 리콜제도 도입방침 결정 베를린벽 철거 작업 개시 이란군, 쿠웨이트에 침공 운젠 후겐다케 분화
1991	제30회 전국소비자대회(11월) '대회선언－평화롭고 공정한 사회를 소비자의 손으로', '소비자에 의한 환경선언' 채택 '제조물책임법 제정을 요구하는 특별 결의', '쌀 자유화에 반대하고, 식량 자급률 향상과 식물의 안전을 요구하는 특별 결의' 채택 앙와 파자르 IOCU 고문을 내세워서 'Green Consumer'에 대한 논의 7분과회 '당신에게 있어서 풍부함이란? 생활·세금·물가', '생활에서 온 환경문제', '건전한 식문화를 위하여', '거주와 거리정비', '어떤 어린이에게도 살아 갈 힘을－아이에 관한 식·문화·환경·평화', '어떻게 하세요? 고령기의 생활－보건·의료·복지와 연금', '소비자 중시란 뭐니? part 2－소비자는 사회적인 불공정에 어떻게 대응할지' ▶중심 슬로건 · 기업윤리, 정치윤리를 확립시켜, 토지 가격인하와 고물가 시정, 소비세의 폐지, 복지의 충실 등 생활 우선의 정치와 사회를 실현하자 · 제조물책임법, 정보공개법 등 소비자 중시의 법제도를 실현시켜, 소비자의 권리를 확립시키자 · '食'의 안전 확보와 자급률 향상을 지향하고 환경을 보전하는 운동을 세계의 소비자와 함께 추진하자	다국적군, 대이라크작전 개시 페르시아만 전쟁 소고기·오렌지 수입 자유화 PL법 소비자전국연락회 결성 국민생활심의회, 제조물책임제도 입법화에 대한 중간보고 EC정상회담, EU창설합의(마스트리히트조약) 소련 11 공화국, 독립국가공동체(CIS)를 구성

연대	소비자운동 테마	사회의 주된 동향
1992	第31회 전국소비자대회(11월) 특별 결의 '금권부패정치의 근절을 요구하는 결의', '제조물책임법 조기제정을 요구하는 결의' 채택 5분과회 '생활중시의 실현을 우리 손으로', '환경문제 새로운 출발……', '식량과 무역－건전한 식문화를 위하여', '고령기의 생활 만들기－보건·의료·복지·연금', '소비자의 권리확립을 위하여－제조물책임법 제정을 요구하며' 개최 ▶중심 슬로건 · 제조물책임법 조기입법화와 정보공개법 실현을 목표로 소비자권리를 확립시키자 · 토지가격 인하와 주거비 부담 경감, 소비세 폐지, 고물가 시장, 복지 충실 등 소비자 중심의 정책을 추진시키자 · '食'의 안전 확보와 자급률 향상, 환경보전운동을 추진하고, 세계의 소비자와 연대하자 · 금권부패 정치를 근절하고, 생활자 중심의 청결하고 공정한 사회를 실현하자	공정거래위원회, 의약, 화장 23 품목을 재판매 지정 취소를 발표 국제연합환경과 개발회의(지구 정상회담) 국민생활심의회, PL법 제정에 대해 1년 연장 답신 독점금지법 개정안 성립(형사처벌 강화)
1993	第32회 전국소비자대회(11월) 첫째 날 분과회, 둘째 날을 '소비자 위한 제조물책임법 조기 제정을 요구하는 결기집회' 개최, 특별 결의 '우리는 소비세 인상에 반대합니다', '식품의 자립과 안전, 지속가능한 농업확립을 요구합니다' 채택 둘째 집회에서는 특별 결의 '참으로 소비자를 위한 제조물책임법의 제정을' 채택 5분과회 '인간다운 삶을 추구하면서－세금·물가·거주', '지구환경의 위기－지속가능한 삶을 만들기 위하여', '식품의 자립과 안전－세계 속에 일본의 식생활', '환자 권리에서 의료·복지를 생각한다', '지금이야말로 소비자 권리를' 개최 ▶중심 슬로건 · 제조물책임법 조기 입법화와 정보공개법 실현을 목표로 소비자권리를 확립시키자 · 소비세 세율인상 반대, 불공평한 세율 시정·소비세 폐지 등 생활중시의 세율을 확립시키자 · 세계 소비자와 연대하고, 식량 자급률 향상과 안전 확보의 운동을 추진하자 · 기업단체 헌금금지, 금권부패 정치를 근절하고, 깨끗하고 공정한 사회를 실현하자	공정거래위원회, 가전판매 4 업체의 점포표시가격 부당 구속을 독점금지법 위반이라고 인정 유기농산물 등 특별표지 가이드라인 시행 정기예금 금리 완전자유화 자민당 아닌 6당 연립내각 발족 환경기본법 성립 국민생활심의회, PL법 제정을 답신
1994	第33회 전국소비자대회(11월) 특별 결의 '우리는 소비세율 인상에 반대합니다', '식품의 안전 확보를 요구하는 결의' 채택 5분과회 '우리의 생활과 세금·공공요금', '심각한 지구환경과 생활', '쌀·식량－자급으로 선택', '건강하게 살 권리와 의료, 연금, 지역복지' '정보공개와 소비자의 권리'에 대한 자유 토론으로 '규제완화와 소비자' 개최	정치개혁관련 법안 성립(각 선거구 비례대표 병립제로) 주식용 수입쌀, 판매 개시 PL법 성립(공표 94. 7. 1 시공 95. 7. 1) 정부, 10년간 630조 엔 공공투자기본계획 결정

연대	소비자운동 테마	사회의 주된 동향
1994	▶중심 슬로건 · 소비세 인상 반대, 불공평한 세율 시정·행정재정 개혁 실시, 소비세 폐지 등 생활중시의 세제를 확립시키자 · 식량 자립, 자급률 향상과 안전 확보, 환경보전 운동을 추진하자 · 정보공개법 조기 제정, 소비자법제 충실 등 '소비자 중심' 제정을 추진하자 · 세계의 소비자운동과 연대하여 소비자 권리를 확립하자	
1995	제43회 전국소비자대회(11월) 특별 결의 '알 권리를 보장할 정보공개법 제정을' '우리는 소비세 인상을 허락할 수 없다' 채택 6분과회 '세금과 우리가 원하는 복지', '쓰레기 문제를 돌파구로(환경)' '식품의 안전과 자급을 위하여', '의료피해·약해와 환자의 권리', '우리가 원하는 정보공개법', '재해와 소비자' 개최 자유 토론 '멀티미디어란 뭐니? - 우리의 생활은 어떻게 변할까', '규제완화와 우리의 생활' 개최 ▶중심 슬로건 · 알 권리를 보장하는 정보공개법을 조기에 제정하자 · 소비세 인상 반대, 소비세 폐지 등 생활 중시의 세제와 안심하고 살 수 있는 사회보장제도를 확립시키자 · 식품안전 확보, 식량자급률 향상과 환경보전을 위한 활동에 전진하자 · 공해나 약해 등 피해를 받은 소비자의 완전한 피해구제 실현과 피해를 근절하기 위하여 힘을 모으자 · 세계의 소비자운동과 연대하여 소비자권리를 유지시키자	WTO 발족 한신·아와지 대재해 백화점·대형 슈퍼의 판매액, 전년대비 감소 가공식품의 날짜표시, 기한표시제도 변경 식품위생법 개정 지방분권추진법 공표 용기포장재생(리사이클)법 성립 PL법 시행 국제연합 세계여성회의(베이징) 주택금융전문회사 처리 6,850억 엔
1996	제35회 전국소비자대회 (11월) 특별 결의 '알 권리를 보장하는 정보공개법 제정을' '소비세율 인상 중지를 요구합니다' 채택 5분과회 '정보공개와 프라이버시', '食 태도와 건강 - 우리는 뭘 할 수 있을까', '어떻게 되나요? 우리의 생활 - 소비세증세문제와 의료제도 개혁', '진심으로 시작하자 - 환경을 지키기 위한 제도와 실천', '안전·안심한 주택과 좋은 거리 만들기' 개최 ▶중심 슬로건 · '알 권리'를 보장하는 정보공개법을 조기에 제정하자 · 소비세율 인상 중지, 소비세 폐지 등 생활자 중시의 세제와 안심하고 살 수 있는 사회보장제도를 확립시키자 · 식품안전 확보, 식량 자급률 향상과 환경 평가법 제정 등 환경을 보전하기 위한 활동에 전진하자 · 지진재해 등에 대한 공적보증제도 확립과, 공해·약해 등의 근절, 피해자 완전구제를 위하여 힘을 모으자 · 세계의 소비자운동과 연대하여 소비자권리를 유지시키자	HIV소송, 도교·오사카 양 지방법원에서 화해 성립 주택금융전문회사 처리법 등 금융관련법 성립 국제사법제판서, 핵무기위법성에 관한 권고적 의견 사카이시에서 병원성 대장균 O-157검출 식품위생조사회, 유전자 재편성 식품 7품종의 안전성 평가 승인 기후 포럼 발족
1997	제36회 전국소비자대회(11월) 대회 주제 '규제완화와 소비자권리' 행정개혁·재정개혁, COP3, 정보공개법에 관한 특별결의를 채택 6분과회 '食의 선택과 일본의 농법 - 대두를 통하여 생각하자', '생활과 사회의 Green 개혁 - 대량생산·대량소비·대량폐기에서의 탈각', '의료를 통하여 생각하다 - 우리의 생활과 재정구조개혁', '규	러시아 유조선 일본해에서 조난, 중유 대량 유출 소비세율 5%로 인상 「환경평가법」 성립

연대	소비자운동 테마	사회의 주된 동향
1997	제완화와 금융 빅뱅 정보는 올바르게 전해지고 있는가', '아이들은 지금…… 어떻게 하나 어른, 어떻게 하나 사회', '지금, 거주가 위험하다 – 거주 권리의 확립을' 개최 ▶중심 슬로건 · 소비자 이익을 지키고, 보다 풍부한 생활을 실현할 행정재정개혁으로 전환시키자 · 알 권리를 보장할 정보공개법을 조기에 제정시키자 · 지구온난화 방지를 위해 COP3를 성공시켜, 환경을 보전하기 위한 활동을 진행하자 · 식품 안전 확보, 식량 자급률 향상을 지향하자 · 세계의 소비자운동과 연대하여 소비자권리를 유지시키자	야마이찌 증권 자주적으로 폐업을 결정 기후변동조직조약 체약국회의(COP3), 교토의정서를 채택
1998	第37회 전국소비자대회 (11월) 대회 주제 '확립하자, 생활에서 소비자의 권리를' 7분과회 '석유문명 2가지 난제에서 빠져 나가기 위하여 – 주민 참가·정보공개·사회적 규칙', '서로 이야기를 나누자! 식이란 뭐니? – 자기 건강은 자기가', '금융 빅뱅과 소비자계약법', '나에게 있어서, 지역에 있어서, 사회에 있어서, 아이란 무엇인가?', '생활과 세금 – 소비세의 행방과 누구를 위한 감세', '거주와 시민참여의 좋은 거리 만들기', '알고 싶은 사람을 위한 연금·의료·간호보험 – 앞으로 어떻게 될까' 개최 워크숍으로 '전자상거래', 'NPO법으로 실현하는 시민파워사회', '정보공개강좌' 개최 전체회의는 소비자계약법에 관한 강연과 참가 단체에 의한 릴레이 토크 거행 소비자대회의 간청으로 다음 항목 채택 · 불경기 타개를 위하여 소비세율 인하·식료품비과세 및 소득세·주민세 감세를 실시하고 모든 세대가 올해부터 세 부담 감소를 정부에 요구하자 · 소비자를 위한 실효성이 있는 소비자계약법을 실현하자 · 소비자권리가 보호될 정보개시 등의 제도, 공정한 금융질서 정비를 요구하자 · 누구라도 안심하게 살 수 있는 연금·의료·간호보험제도를 요구하자 · 지구온난화와 유해화학물질 피해를 막기 위하여 소비자로서의 대처를 강화하자 · 우리의 건강을 위하여 식생활을 재고하고 풍부한 농업의 재생에 노력하자 · 아이들의 권리조약과 국제연합 '권고'에 의거해 아이들에게는 풍부한 아이들 시대를! · 시장 내맡김, 경기대책만의 주택·도시정책은 거리를 황폐화 한다 · 인간다운 생활을 할 수 있는 거주 확보와 주민이 참가할 활기 있는 거리 만들기를 진행하자	30조 엔 공적 자금 도입 등 금융기능안정화긴급조치법 성립 특정비영리활동촉진법(NPO법) 성립 피해자생활재건지원법 성립 중앙관청개혁기본법 성립 환경호르몬학회 발족 니시요도 강 공해소송, 화해 성립 지구온난화대책추진법 성립
1999	第38회 전국소비자대회(11월) 대회 주제 '우리는 주장하고 창조합니다. 안심하고 살 수 있는 공정한 사회를' 9분과회 '순환형 사회, 우리는 이렇게 창조한다 – 지역 보고', '이야기 나누자 식과 농, 연결하자 풍부한 식문화 – 생산자 100명 대 소비자 100명', '소비자와 사업자의 공정한 거래규칙을! – 소비	EU 통화 통합(euro) 시작 정보공개법 성립 가와사키 공해 소송 화해 성립 주민기본대장법 개정안 성립

연대	소비자운동 테마	사회의 주된 동향
1999	자계약법 조기 제정을 위하여', '어떻게 하세요? 당신의 돈·자산－우리 금융법을 만들자', '아이들과 텔레비전', '고령사회와 주택, 소비자의 입장', '보고 듣고 참가하고－모두 충실하게 합시다! 간호보험－', '세금이란 뭐니? 소비세의 복지 목적화란 뭐니? 진짜 복지로 쓰게 되나요?', '지금, 다시 생각하는 평화와 우리의 생활－주변 사태법·핵무기·지역의 대처' 개최 세미나 '알고 싶다, 친근하게 느끼는 국제규격' 개최 전체회의에서는 소비자계약법에 관한 강연과 각 분야별 활동을 보고하는 릴레이 토크 거행 전체회의 간청은 '우리는 주장하고 창조합니다. 안심하고 살 수 있는 공정한 사회를'과 특별 결의 '도카이촌 임해사고에 대한 특별 결의', '소비자피해구제에 도움이 되는 소비자계약법 제정을 요구하는 특별 결의' 채택	JCO도카이 사업소에서 임해사고 발생 세계인구 60억 돌파 WTO 각료회의 결렬
2000	제39회 전국소비자대회(11월) 대회 주제 '우리 소비자는 제언하고 창조합니다. 한 사람 한 사람을 소중히 여기는 21세기를!' 9분과회 '지금, 소비자의 권리는?－지방자치단체의 소비자 행정을 생각하다', '어떻게 하나! 21 세기의 환경', '간호보험·그 1년째－앞으로의 개선을 위해', '증세의 발소리·세금 낭비 더 이상 침묵할 수 없다', '나만은 의료 잘못이나 교통사고를 당하지 않는다고 생각하지 않습니까? 갑자기 법원에서 부른다면 어떻게 할 겁니까? 남이야기라고 생각하지는 않습니까? 사법제도 개회', '지금, 다시 식의 안전－생산·유통·소비', '21 세기를 생각하는 생활·헌법·평화', '아이들이 안심하고 자라는 가정·지역·학교를－아이와 어른의 새로운 관계를 구해서', '안심·안전·쾌적－계속 살 수 있는 주택을 함께 생각해 봅시다' 개최 세미나 '주목!! 소비자에 관한 새로운 법제도「개인정보보호기본법」「통일소비자신용법」전자상거래' 개최 전체회의에는 식의 안전에 대한 강연과 식품위생법개정에 관한 활동보고를 했다. 또한 각 분야별 활동을 보고하는 릴레이 토크 거행 전체회의 간청은 '우리 소비자는 제언하고 창조합니다. 한 사람 한 사람을 소중히 여기는 21 세기를!'과 특별 결의 '소비자·시민을 위한 사법제도 개혁을', '식품위생법 개정과 충실 강화를 요구하는 특별 결의' 개최	간호보험제도 시작 「순환형사회형성추진기본법」성립 ISO소비자정책위원회총회가 교토에서 개최 유키지루시유업 우유제품 식중독사고 발생 미쯔비시자동차 리콜 은폐 발각 찌요다, 교에이 등 생명보험회사의 계속적인 파산

*자료: 前後消費者運動史·資料編(国民生活センター編), 全国消費者大会資料編(消費者大会実行委員会), 消団蓮30年の歩み(全国消費者単体連絡会), 現代日本生協運動史·資料集 第3券(日本生協協同組合連合会) 참고로 번역함.

찾아보기

ㄱ

ㅊ

ㅋ

ㅌ

ㅍ